更生保護制度改革のゆくえ

刑事立法研究会[編]

犯罪をした人の社会復帰のために

現代人文社

更生保護制度改革のゆくえ
犯罪をした人の社会復帰のために

●はしがき

　本書は、『刑務所改革のゆくえ』『代用監獄・拘置所改革のゆくえ』に続く行刑改革に関する『ゆくえ』シリーズ第3弾である。政府・法務省の行刑改革関連法・法案も「刑事施設及び受刑者の処遇等に関する法律」、「刑事収容施設及び被収容者等の処遇に関する法律」に続いて、更生保護法案が提案され、現在国会審議中の状況であり、いわば改革の最後の段階に差し掛かっている。本書もこれに応じて、行刑改革の最後を締めくくる更生保護のゆくえを指し示すものとして公表した。

　刑事立法研究会では、刑事施設法案が議論の遡上に上がってきた1980年代半ば以来、監獄法改正関連立法の研究を行い、現実的でかつ理想的な改革案に関する提案を行ってきた。研究会の検討において、改革の基本的なコンセプトとして置いたことは、人権化、国際化と並んで社会化である。国際的な人権基準に照らしてどのような改革提案が妥当であるかを考え、それに沿って政府・法務省の法案を批判し、さらには研究会としての対案を公表してきた。これは、制度改革を伴う立法提案を批判する場合には、対案なしの批判では無責任であるということと、より理想的な制度改革を実現したいという思いからである。「社会化」という点については、監獄法改革の基本的柱であるとともに、「施設から社会へ」という標語に沿い、施設収容は最後の手段化し、むしろ社会内処遇を最高度に充実させることの重要性を主張し、更生保護制度の改革提案を行ってきた。

　更生保護制度の充実は国の責務であるが、他方、国家機関の一方的な働きだけによって充実することのないのが更生保護である。それは必然的に地域社会との共同・協力関係を必要とし、さらにはこの制度による社会復帰を行う主体である人々の自主的・自立的なかかわりなしには実現しない。

　「更生」という言葉は、そのままでは「更に生きる」ということであり、「甦る」という意味をもっている。罪を犯した人が「甦る」ために手助けする更生保護の制度の本来の目的である。前述したように、更生保護の担い手は国、地域社会、罪を犯した人であることを考えると、「甦る」のは、単に罪を犯した人だけではなく、他の担い手、すなわち、国、地域社会も「甦る」主体である。そうした自覚がなければ、更生保護制度の展開は本来あり得ない。「共に甦る」ことを通常の言葉で言い表すとするならば、「共に生きる」＝「共生」ということである。

　昨年（2006年）11月8日に矯正・保護研究センターと九州大学大学院法学

研究院の主催で開催された日韓社会内処遇シンポジウムに「共に生きる明日」という副題が付けられたには、そうした思いが込められている。

　現在国会で審議中の更生保護法案は、「再犯防止」を更生保護の目的として掲げている。これは上記の更生保護の本旨とはまったく逆方向に向かっている。さらに、この法案に対する意見にじっくりと耳を傾けることなく、強行採決によって衆議院を通過させるという国会審議のあり方にも、およそ「共生」という姿勢とは相反する思想が示されている。これから更生保護制度の充実を果たしていかなければならないというときに当たって、このような事態ははなはだ不幸なことである。この法案の問題点については、巻頭の土井論文をはじめ、本書の各論文において指摘されているだけではなく、本書では、更生保護のあるべき姿が多角的にかつ具体的に示されているので、本書を一読の上、読者の方々に法案の内容と照らしてその是非をお考えいただきたい。

　本書は、刑事立法研究会に設置された社会内処遇班のメンバーによって執筆されている。各論文の執筆責任は各執筆者にあるが、内容的には研究会の全体会議において報告され、討議されたものが基礎となっている。その意味では、本書に書かれていることは、刑事立法研究会の意見であるといってよい。他の『ゆくえ』シリーズももちろんそうであるが、更生保護制度については地域社会の人々との共生関係が必要であるという上記の趣旨から、本書は、研究会としての提案を研究者や保護の実務家などの専門家が理解できるものにとどめるのではなく、地域社会の一般の住民の方々にも読んでもらい、考えてもらうという趣旨で書かれたものである。各執筆者において、表現上も、できるだけわかりやすいものにするという努力がされているが、まだまだ不十分な点も多い。読者の方々からの忌憚のないご意見を頂戴できれば幸いである。

　なお、本書の基礎となっている共同研究は、龍谷大学矯正・保護研究センターの研究プロジェクトの活動の根幹的部分を構成している。

（村井敏邦／むらい・としくに）

※本書の内容については，主に，刑事立法研究会・社会内処遇班で討議を重ねてきた。執筆者一覧は奥付のとおりであるが，社会内処遇班の構成メンバーは，以下のとおりである。

刑事立法研究会・社会内処遇班一覧（50音順。肩書きは2007年4月現在）

　　甘利航司（一橋大学大学院法学研究科特任講師〔ジュニア・フェロー〕）
　　石田倫識（九州大学大学院法学研究院助教）
　　井上宜裕（九州大学大学院法学研究院准教授）
　　岡田行雄（九州国際大学法学部准教授）
　　金澤真理（山形大学人文学部准教授）
　　金子みちる（北海道大学大学院法学研究科博士後期課程）
　　斎藤　司（愛媛大学法文学部専任講師）
　　佐々木光明（神戸学院大学法学部教授）
　　謝如媛（台湾国立中正大学法律学系助理教授）
　　武内謙治（九州大学大学院法学研究院准教授）
　　崔鍾植（九州大学大学院法学研究院准教授）
　　津田博之（明治学院大学法学部准教授）
　　土井政和（九州大学大学院法学研究院教授）
　　徳丸陽子（龍谷大学大学院法学研究科博士後期課程）
　　西出一美（九州大学大学院法学府修士課程）
　　藤井　剛（龍谷大学法学部非常勤講師）
　　渕野貴生（立命館大学大学院法務研究科准教授）
　　正木祐史（静岡大学人文学部准教授）
　　森久智江（九州大学大学院法学府博士後期課程）

更生保護制度改革のゆくえ
犯罪をした人の社会復帰のために
CONTENTS

はしがき [村井敏邦]……Ⅱ

第1部 更生保護制度改革の分析視角

第1章
更生保護制度改革の動向と課題
── 有識者会議提言と更生保護法案を中心に [土井政和] ……02

1. はじめに 02
2. 更生保護の理念 03
3. 有識者会議提言にみる更生保護制度の現状認識 04
4. 望まれる改革の方向性 07
5. 非拘禁的措置の拡大充実 08
6. 更生保護法案の検討 10
7. むすび 16

第2章
戦後の更生保護制度の動向と改革の視座
[正木祐史] ……20

1. はじめに 20
2. 更生保護制度の沿革 20
3. 戦後改革の要点 21
4. その後の展開 23
5. 更生保護の生成と近年の動向に関する若干の検討 26

資料：第二次世界大戦後の更生保護に関する略年表 [藤井剛] 32

第2部 総論的検討

第3章
更生保護における社会的援助
── 3号観察を中心に [津田博之] ……42

1. はじめに 42

2. 現状　43
　　3. 更生保護における社会的援助　47
　　4. むすびに代えて　52

第4章
保護観察の法的再構成・序論
　　──保護観察者の法的地位から［金子みちる＋正木祐史］…55

　　1. はじめに　55
　　2. 3号観察対象者の法的地位　56
　　3. 4号観察対象者の法的地位　61
　　4. 国際準則の確認　63
　　5. むすびに代えて　66

第5章
更生保護におけるアカウンタビリティ
　　［本庄武＋桑山亜也］……………………………………………………69

　　1. はじめに　69
　　2. 更生保護におけるアカウンタビリティの必要性　70
　　3. アカウンタビリティの目的　75
　　4. アカウンタビリティの具体化　78
　　5. 政策の評価・査察制度について　81
　　6. イギリスの保護観察査察局の概要　84
　　7. 査察制度導入の必要性　87
　　8. 日本の更生保護行政に関わる不服申立制度の現状　88
　　9. イギリスの保護観察オンブズマン制度について　90
　　10. 更生保護行政における不服申立制度のあり方　92
　　11. 更生保護改革における評価制度，
　　　　不服申立制度の意義　93
　　12. 「更生保護のあり方を考える有識者会議」
　　　　報告書の検討　94

第3部　各論的検討

第6章
出所後の生活再建のための法制度試案
　　──資格制度、前歴調査、社会保険制度の問題点とその克服に向けて［渕野貴生］…104

　　1. はじめに──釈放によって新たに始まる苦難　104
　　2. 社会復帰理念と一貫した社会的援助の必要性　110
　　3. 刑余者の社会復帰を阻む法制度・法運用　112
　　4. 資格制限　113
　　5. 前科・前歴秘匿による懲戒解雇問題　122
　　6. 社会保障制度利用に及ぶ不利益とその解消　127
　　7. むすびに代えて　131

第7章
更生保護施設の処遇施設化について
[岡田行雄] ·· 137
    1. はじめに　137
    2. 更生保護施設における処遇の展開　137
    3. 更生保護施設における処遇の現状と課題　143
    4. 更生保護施設の処遇施設化に関する検討　151
    5. むすびに代えて　156

第8章
更生保護の担い手と関係機関のネットワーク
[藤井剛] ·· 160
    1. はじめに　160
    2. 更生保護の担い手について　164
    3. 関係機関との連携のあり方　171
    4. 更生保護の担い手の育成　178
    5. 開かれた更生保護へ　180

第9章
更生保護と被害者
[森久智江] ·· 190
    1. はじめに　190
    2. 更生保護における被害者の現状　192
    3. 検討されている施策と予想される法改正　196
    4. むすびに代えて
       ――行為者の社会復帰と被害者支援のあるべき方向性とは　205

第10章
薬物依存症者の社会内処遇
  ――保護観察の医療化と福祉化　[石塚伸一] ······································· 212
    1. はじめに　212
    2. 日本の薬物対策　213
    3. 処遇モデルの検討　215
    4. バランスのとれた薬物対策　219
    5. 簡易尿検査　222
    6. 有識者会議の薬物問題対策　225
    7. むすび　227

第11章
非行少年の処遇と更生保護制度
  ――「立ち直り」を支えるものは何か　[佐々木光明] ····················· 234
    1. はじめに　234
    2. 青少年政策の転換期における少年の更生保護　235
    3. 「保護観察」制度改革の実質は何か　243

4. 少年の更生保護改革に求められる視座　247
　　5. 少年「処遇論」の深化——社会内処遇における支援の意味　254
　　6. むすびに——支援のネットワーク化　255

第4部　比較研究

第12章　電子監視と社会奉仕命令
[甘利航司] ………………………………………………… 268

　　1. はじめに　268
　　2. 議論の前提　269
　　3. 電子監視　271
　　4. 社会奉仕命令　274
　　5. 日本への導入の可否　278
　　6. おわりに　281

第13章　韓国における社会内処遇制度の現状と課題
[崔鍾植] …………………………………………………… 291

　　1. はじめに　291
　　2. 保護観察制度　291
　　3. 社会奉仕命令と受講命令制度　303
　　4. 更生保護制度　310
　　5. 保護観察所善導条件付起訴猶予制度　316
　　6. 韓国における社会内処遇制度の課題　319

第14章　社会内処遇をめぐる台湾の現状
——2005年の法改正を中心に　[謝如媛] …………………… 328

　　1. 序説　328
　　2. 社会内処遇をめぐる法改正　329
　　3. 社会内処遇の諸措置の運用状況　336
　　4. 検討　339
　　5. 結語　344

第5部　資料編

　　更生保護に関する主な文献　[藤井剛] …………………… 352

第1部
更生保護制度改革の分析視角

第1章 更生保護制度改革の動向と課題
有識者会議提言と更生保護法案を中心に

1. はじめに

　戦後改革の中で大きな転換と前進を遂げた更生保護制度は，今，再び大転換を迎えようとしている。2007年3月2日に国会に上程された更生保護法案は，対象者の社会復帰援助よりも社会防衛へと比重を移し監視機能を強化しようとしているからである。その方向性は，奈良女児誘拐殺人事件（2004年11月）や安城市イトーヨーカ堂乳児刺殺事件（2005年2月）などを契機として設置された「更生保護のあり方を考える有識者会議」の最終報告書である「更生保護制度改革の提言——安全・安心の国づくり，地域づくりを目指して——」（2006年6月27日。以下，有識者会議提言という）にも見られる。そこでは，「再犯を防止する機能の現状に対し，国民の厳しい目が向けられ，更生保護制度全般を抜本的に検討・見直すことが急務となった」という認識のもとに，「保護観察対象者による重大再犯事件が繰り返されることのないようにする制度改革の実現を議論の原点」とすることが表明されていた。こうして，「保護観察の実効性，なかんずく再犯防止機能」に対して厳しい批判の目が向けられ，保護観察における監視機能の強化が主張された。更生保護法案は，この有識者会議提言の方向性に沿って作成され，犯罪者予防更生法にはなかった再犯防止が目的として規定されている。

　これに対し，本稿は，そのような更生保護制度改革の方向が，対象者を社会から排除し再犯を助長することはあっても，対象者の円滑な社会復帰を促進することにはつながらないこと，また，それは，戦後改革の中で誕生した更生保護の理念を根本から転換させるものであり，更生保護の健全な発展を阻害するものであること，今後目指されるべきは，厳格な犯罪対策の流れの中で拙速な制度改革を行うのではなく，対象者の人間としての尊厳を確保し，信頼関係を築きながら，その生活再建と社会復帰を援助することによって，彼らにとっても社会にとっても

有益な更生保護制度を構築することである，と主張しようとするものである。あわせて，この観点から，更生保護法案の問題点についても検討したい。

2. 更生保護の理念

　矯正保護審議会提言「21世紀矯正運営及び更生保護の在り方について」(2000年11月28日。以下，矯正保護審議会提言という) は，更生保護の基本理念について次のように述べている。「一つには，罪を犯し又は非行に陥った者であっても，社会内において立ち直ることができるとの思想に基づき，本人が自己の誤りや問題点に気付いて反省・悔悟し，自分の考えや生活態度を改め，健全な社会人として立ち直ろうとすることを援助することが必要であり，二つには，犯罪や非行の予防は，国のみで実現できるものではなく，社会全体の問題であるとの認識の下に，国民が自ら積極的に予防のための様々な活動を行うことが必要である。これが更生保護の基本理念であり，その根底には，人間尊重の精神がある」。ここでは，再犯防止は更生保護の目的としては言及されていない[1]。一般的な犯罪予防は国及び国民によって行われるべきことが主張されているにすぎない。

　ところが，今回の有識者会議提言は，「更生保護の目的は，犯罪や非行をした人の改善更生を助け，その人による再犯を防止し，社会を保護することである」と述べている。この文言だけでは，改善更生を助けることと再犯防止がいかなる関係に立っているのか明らかでないが，提言の中には，「再犯の防止」という言葉が多用されており，少なくとも「改善更生を助けること」と「再犯防止」がそれぞれ独立した目的として認識されているように思われる。しかし，そのことによって，更生保護の理念は大きく転換することになるといわねばならない。それは，まさに保護観察の運用に大きな影響を与えるからである。

　そこで，次に，戦後日本の更生保護制度の理念がいかなるものであったかを確認しておこう。犯罪者予防更生法は，本書第2章で取り上げるように，保護観察を戦前の監視を中心としたものから社会復帰援助のための「更生の措置」へと再構成し，その中核をケースワークに置いた。「更生の措置」の中心となる保護観察は，指導監督と補導援護という二つの任務を持つとされた。しかし，この二つの任務が互いに相矛盾する要素を内包しているために，戦後日本では，犯罪者予防更生法の制定以来，その両者をいかに調和させ，ケースワークへと近づけていくかが課題とされ，実務家による真摯な努力が積み重ねられてきた[2]。その努力は，補導援護を充実させていくこと，すなわち，できる限り非権力的援助を通じて対

象者の更生を促進し，その反射的効果として再犯が防止されるという方向を追求することによって，上述の矛盾を事実上解消しようとしてきた。これは，保護観察の遵守事項に対する理解の仕方にも反映され，たとえば，仮釈放に関しても，遵守事項を仮釈放の条件と捉えるのではなく，保護観察の条件と理解することによって，形式的な遵守事項違反による直接的な仮釈放取消，再収容という対応をできる限り回避し，保護観察の処遇を工夫することによって社会内で対象者の社会復帰を促す方策がとられてきた。それは，執行猶予者の保護観察にあっても同様に考えられてきたといってよい。他方，満期釈放者や保護観察のつかない執行猶予者らに対しては，更生保護施設を受け皿として，生活援護型の福祉的援助が提供され，それによる対象者の生活再建が目指されてきた。

しかし，残念ながら，これらの措置も保護機関の人的，財政的不足のために十全に機能してきたとはいえない。したがって，まず必要な改革は，再犯防止目的による監視機能の強化ではなく，その前に，これまで不十分な人的・財政的資源の中であれ，民間人の協力の下に更生保護機関によって積み重ねられてきた対象者の社会復帰支援のための努力，生活再建のための社会的援助という側面をさらに拡大・充実させることである。すなわち，更生保護の理念の実現に向けた実質的な活動を保障する人的・財政的・物的整備のはずである。それにもかかわらず，なぜ再犯の防止が更生保護の直接的な目的として掲げられなければならないのか。そこで，まず，再犯防止を強調する有識者会議提言の中で，現在の更生保護制度の抱える問題がどのように認識されているのかについて検討しよう。

3. 有識者会議提言にみる更生保護制度の現状認識

有識者会議提言は，現在の更生保護制度が抱える問題として三点を指摘し，それぞれ改革の方向性を提案している。

問題点の第一として，国民や地域社会の理解が不十分であることがあげられている。報告書は，「社会内処遇の考え方には，国民が再犯のおそれのあることをある程度受容しながら，犯罪や非行をした人と共生し，社会生活を営むことが含まれている」（3頁）と正しい認識を示している。しかし，国民が社会内処遇による再犯のリスクを引き受けることができるためには，「対象者の改善更生・再犯防止のために効果的と思われる処遇方法が具体的に示され，理解できるものでなければ」ならないが，この点に関する国民への説明が不足している（7頁），という。たとえば，仮釈放審理や更生保護行政の運営全般について，透明性の確保や国

民の視点への配慮がおろそかになっていると指摘している。この指摘は確かに正当であるが，「改革の方向性」として，もっぱら国民の自覚を求めることが重視されており，問題点として指摘された透明性の確保のための具体的な方策は示されていない。さらに根本的な問題は，国民の厳罰化を求める傾向と更生保護における再犯リスクの引き受けの要請という相矛盾する現実に対していかに対応するか，が検討されていないことである。この点こそ，むしろ現在の更生保護制度が直面している問題の根源だと考えられるが，報告書には，その点に関し何ら言及がない。今日では，国民の体感治安悪化に基づく厳罰化要求が，犯罪の激増・凶悪化という誤った理解によるものであることが明らかになっている[3]。更生保護に対する国民や地域社会の理解が不十分だと指摘する前に，犯罪現象についての誤解を解くための努力をすべきであろう。その上にたってはじめて，更生保護についての説明責任もその意義を有すると思われる。

　問題点の第二として，報告書は，民間に依存した脆弱な保護観察実施体制を指摘している。保護司及び更生保護施設への過度の依存として，保護観察官が保護司に対して十分な指導助言ができていないこと，休日・夜間等勤務時間外における保護司からの緊急連絡に対応する保護観察所の態勢も不十分であること，保護司の経済的な負担も少なくないことなどがあげられている（8頁）。いずれもそれ自体としては正当な問題の指摘だと思われる。また，更生保護施設への連携や支援が十分でなく，特に，財政措置についても現状では十分とはいえない，との指摘もその通りである。さらに，保護観察官の専門性および意識が不十分である，として，保護観察官には，専門的知識にとどまらず，「人間力」「総合的な臨床診断能力」「事実調査能力」「法的判断能力」等が求められるが，保護観察官の採用・養成システムが十全とはいえない，と指摘している（9頁）。以上の問題意識に基づき，改革の方向性として，更生保護は国の責任において実施すべきことの確認，保護観察官と保護司との役割分担の明確化，保護観察官の専門性および感受性の向上，更生保護官署の人的・物的体制の充実強化をあげている。また，民間側の基盤を整備し，「実効性の高い意味での官民協働態勢を実現」することを要請している。確かに，それぞれの問題点の指摘や改革の方向性については首肯しうる点もある。しかし，それらの問題把握や改革の方向性が比較的狭い現状認識に縛られており，制度を支えるべき理念や長期的な展望，あるいは，更生保護に関する国際的な動向などを見据えたものとはなっていない。更生保護と国民や民間団体とのネットワーク形成や連携のあり方についてもより抜本的に議論すべきであったと思われる。この点について，最近，他機関連携として，所在不明者や性

犯罪者等について，保護観察所と警察との情報交換および監督業務に関する相互協力が進んでいる[4]。確かに，歴史的には，明治41年以来，仮釈放者に対しては，警察官署による監督が行われ，仮出獄者は警察官署に対して帰住の報告，旅行の届出，転居の許可申請，毎月の出頭が義務づけられていた。しかし，戦後の保護観察は，犯罪者予防更生法施行法によって，警察官署による監督の廃止から出発し，自らのアイデンティティを確立していったことを忘れてはならない[5]。

問題点の第三として，保護観察が指導監督・補導援護の両面で十分に機能していないことをあげている（10頁以下）。三つの問題点の中でももっとも詳細に記述されている部分である。ここでは，実効性の高い積極的な処遇が不十分であること，保護観察対象者の生活実態の把握が不十分であること，更生意欲の乏しい者への対応が不十分であること，再犯防止に向けた国民の期待と保護観察官の意識にずれがあること，保護観察への導入と処遇態勢の組み方に難点があることが指摘されている。これらの問題点の指摘に共通している視点は，保護観察が再犯防止機能を果たしていないというものである。対象者のプライバシーや信頼関係を重視するあまり，対象者の住居等に出向くのを控え，生活実態の把握がおろそかになり，離脱や再犯等に至る兆候をつかむことができなくなっていると主張するのであるが，監視を強化すれば離脱や再犯等が防止できると考えるのはあまりにも短絡的といわざるをえない。また，更生意欲の乏しい者に対して仮釈放の取消し等の措置が十分に運用されていない，と指摘しているが，その前に，なぜ更生意欲が乏しくなるのかを検討する必要があろう。さらに，「保護観察官は，就労の確保や生活習慣の改善等により生活の安定を図ることを保護観察の主目標と考え，対象者の円滑な社会復帰を支援するということを重視する一方，対象者による再犯を防止して社会を保護するという意識が不十分である」（12頁）と指摘している。この指摘は，これまで保護観察をケースワークとして位置づけ，指導監督と補導援護の矛盾を生活援助による結果としての再犯防止という方向で克服しようとしてきた実務的努力を否定するものといわねばならない。両者を独立のものとして対置し，権力的強制により再犯防止を独自に追求しようとすることは，第一の問題の所在のところで指摘されていた，「社会内処遇である以上，再犯のリスクは社会全体で負わなければならない」（6頁）という認識と矛盾していると思われる。

このように，有識者会議提言の提示する改革の方向は，再犯防止のための強制的措置を強調しているがためにかえって矛盾を増幅しているように思われる。

4. 望まれる改革の方向性

　有識者会議提言は，以上のような現状認識に基づいて，次のような改革の方向性を提示している。更生保護制度の目的を明確化し，強靱な保護観察の実現をはかる，というのがそれである。具体的には，「刑事司法制度の一環」であることを踏まえ，「遵守事項違反があり，保護観察による改善更生が困難と認められる状況に至った場合には，適切に仮釈放の取消し等の措置をとり，再犯を未然に防止すべきである」(13頁)という。また，更生保護が，刑事司法の一翼を担っていることを繰り返し強調し，「保護観察官は，更生保護制度が社会を保護することを目的とすることを明確に意識」すべきだとしている(13頁)。果たしてそうであろうか。

　監獄法改正の方向づけを行った行刑改革会議提言（2003年12月22日）は，受刑者の人間性を尊重し，真の改善更生及び社会復帰を図ることを行刑理念として掲げ，そのためのコストを社会にとって必要不可欠なものだとした。その基本には，「受刑者が，真の意味での改善更生を遂げ，再び社会の担い手となるべく，人間としての自信と誇りをもって社会に復帰することが，最終的には国民全体の利益となる」(3頁)との考慮があった[6]。受刑者処遇法[7]は，受刑者の基本的人権の尊重と社会復帰の促進を目的として掲げ，また，社会との連携に関する規定を置き，保護機関等との緊密な協力を目指している。ようやく，法律上も，矯正と保護の相互理解と協力を具体化する基盤ができたのである。

　しかし，問題は，矯正と保護，すなわち，施設内処遇と社会内処遇の連携をいかなる観点から統一的にとらえるかである。受刑者の危険性を除去するための治療として処遇をとらえ，再犯防止あるいは社会防衛を強調する立場からは，満期釈放者に対しても保護観察等によるさらなる干渉の必要性が主張される。しかし，満期釈放者を保護観察に付すことは刑法の基本原則である責任主義に照らして許されない。そうではなく，本人の任意性を前提に，その生活再建に向けた社会的援助として処遇をとらえるべきであろう。この観点からは，被釈放者の社会復帰を円滑に促進することによって，その結果あるいは反射的効果として再犯防止を期待することになる。また，施設内処遇と社会内処遇との連携も有機的に追求できることになろう[8]。

　今，更生保護が目指すべき改革の方向性は，行刑改革会議提言で示された人間性の尊重を更生保護においてもさらに推進することである。対象者が人間としての誇りと自信をもって社会復帰し，再び社会の担い手となれるように，社会におい

ていかなる処遇を提供すべきかを再検討することである。

　監視機能を強化し，猶予処分や仮釈放の取消，再収容を増加させれば，アメリカがそうであるように，日本の刑務所の過剰収容はさらに深刻化するであろう。施設収容が受刑者の社会復帰をいっそう困難にすることはこれまでの実証研究でも明らかにされている。社会の中で合法的な収入の道が開かれ，人的な支援体制があれば，彼らの再犯の可能性は減少する[9]。対象者との信頼関係を築く努力をし，彼らの生活再建のための援助を提供することによって結果として再犯の防止に貢献しようとする，これまでの更生保護の理念を維持・発展させる方向こそ目指されるべきである。

　今日，更生保護機関が犯罪被害者に対する支援にいかに関わるべきかが具体的に検討されている。しかし，実務的には，犯罪をした者の更生の措置を担当すべき機関が同時に被害者の支援をも行うことについて躊躇がないわけではない。対象者の自助の精神を尊重し，信頼関係を形成しつつその支援を行うべき保護機関が同時に被害者の支援を行うことは，加害者および被害者双方から，信頼を得るよりも不信を生むことになりはしないか，また，実務を担当する保護観察官や保護司の「対象者に対するまなざし」が変わっていくことにつながりはしないか，との疑問もある。それゆえ，被害者支援は，本来，被害者支援団体によって行われるべきであり，更生保護機関はその団体との連携をはかるにとどまるべきであろう[10]。

5. 非拘禁的措置の拡大充実

　国際社会においては，国連の東京ルールズ（1990年採択）にみられるように，自由刑の弊害が認識され，拘禁刑に代わる非拘禁的措置の拡大・充実が要請されてきた。しかしながら，その後，欧米を中心とする多くの国々では，厳罰化政策のために刑務所の過剰収容が深刻化し，その打開策を模索する状況になっている。最近まで先進国の中で唯一収容者数が安定していた日本も，今やその例外ではない。過剰収容の先進国アメリカでは，2000年にアメリカ犯罪学会が，過剰な拘禁への依存に警鐘を鳴らし，刑務所拘禁が犯罪対策として効果があるという科学的根拠はなく，政策立案者や研究者は，それ以外の道を探るべきであるとの勧告を行うまでに至っている[11]。また，2000年のウィーン会議（第10回国連犯罪防止会議）で採択された宣言においても，拘禁代替措置を促進することによって過剰拘禁を防ぐことを優先的に考慮するとの規定が置かれている[12]。こうして，

現在再び，拘禁政策に依拠した犯罪対策に根本的な見直しが迫られ，非拘禁的措置への代替が真剣に検討されるようになっている。

このような国際的動向に照らしてみれば，日本における緊急の課題の一つは，根拠の乏しい犯罪不安感に依拠した厳罰化政策を見直し，過剰拘禁を早急に解決することである。現在，社会の構造的変化の中で福祉政策が後退し，セーフティネットから排除されたために犯罪に陥り，司法ネットに掬い上げられる結果になった高齢者，知的障害者，薬物依存者，生活習慣病を中心とする疾病保持者や難聴，手足麻痺などの障害者らが多く刑務所に収容されるようになっている[13]。

彼らに必要なのは，多くの場合，施設拘禁ではなく，ダイバージョンとしての社会内処遇であり，福祉的援助である。刑事司法全体の運用を再検討する中で改めて更生保護の拡大がはかられ，また，彼らの生活を再建し，生きていく上での希望を与えられる援助措置の充実こそはかられなければならない。

2006年7月，法務大臣は，法制審議会に対し，「被収容人員適正化方策に関する諮問77号」を出した。法制審議会では，保釈率を上げる方策としての自宅拘禁や出国禁止，社会奉仕命令の導入，中間処遇，満期出所者に対する処遇プログラムの受講や尿検査などの義務づけ，専門施設への入所義務づけなどが検討されることになっている。社会奉仕活動を，短期の懲役・禁固刑や罰金刑に代えて科すほかに，執行猶予や仮釈放の条件として義務づけることについても意見が求められている。

しかし，このような監視・監督的な制度の導入は更生保護の本質をゆがめる可能性がある。何よりも，対象者の心理的な負担が大きく，社会復帰の道を閉ざしてしまうことになりかねない。実際に，そのような制度を導入した諸外国においては，その導入によって再犯率を低下させるといった効果をあげていないばかりか，そのような制度の導入によって，本来ならばその対象となるはずのない者にも新たな負担を科してしまう危険（いわゆる「ネット・ワイドニング」の危険）が生じている[14]。犯罪不安に基づく厳罰化要求が広がっている状況において，社会奉仕命令・自宅拘禁命令を新設することは，施設拘禁の弊害を除去するための拘禁代替措置としては用いられず，もっぱら保護観察の監視機能を強化し，刑罰的要素を付加するものとして使用される可能性が高い。このような使用が一般化すれば，対象者の更生意欲を信じ，立ち直りのための支援を提供しようとする更生保護の本来のあり方を強制的な社会防衛の手段に変えてしまうおそれがあるといわねばならない。

以上，有識者会議提言を中心に更生保護制度改革の動向と課題について検討を行ってきた。日本の更生保護制度は，対象者の社会復帰援助よりも社会防衛

あるいは犯罪予防へとスタンスを変えようとしている。更生保護法案はその立法案とみることができる。そこで，次にこの法案を検討しよう。

6. 更生保護法案の検討

(1) 更生保護関係諸法の整理・統合と目的規定

　更生保護法案は，犯罪者予防更生法及び執行猶予者保護観察法を廃止して，両者を統合した法案となっている。更生保護関係法令は，他に更生保護事業法，保護司法及び恩赦法があり，それらを整理統合することについては，国会でも再三決議がなされてきた。歴史的には戦後改革の中で日本政府側の司法保護事業法改正案にまでさかのぼることもでき[15]，関係法令の整理・統合は政府の悲願であったといってもよい。確かに，関係法令が複雑でわかりにくさを持っていたことは否めず，更生保護基本法のようなものが制定されること自体は否定すべきことではなかろう。2006年3月，執行猶予者に対する保護観察を仮釈放者のそれと区別する理由はないとして，執行猶予者保護観察法の法改正が行われたことは記憶に新しい。しかし，執行猶予者はまさに刑の執行が猶予されているのであって，刑を執行されている仮釈放者とは自ずからその法的地位を異にしている。それゆえ，彼らに対する保護観察も，いかなる根拠で，いかなる程度の権利制約が可能なのかについて慎重な検討が必要であった（これについては，本書第4章を参照）。関係法令の整理・統合にあたって，さらに問題なのは，犯罪者予防更生法及び執行猶予者保護観察法等を貫く更生保護の目的をいかに規定するかである。

　この点では，上述のように，犯罪者予防更生法は，「犯罪をした者の改善及び更生を助けること」を目的とし，再犯防止を自己目的として規定することを避け，あくまでも対象者の更生の結果として再犯が防止されることを期待していたということができよう。「更生の措置」としての保護観察をケースワークとしてとらえる立場からは当然の結論といえよう。にもかかわらず，再犯防止を重視する主張は，最近の保護対象者による事件を待つまでもなく，繰り返し行われてきた。たとえば，上述の矯正保護審議会提言においても，「指導監督面の強化が求められる対象者に対しては再犯防止の観点に立ち，有効な保護観察処遇を行うことが求められている」として，対象者により例外的に再犯防止の観点を強調している。有識者会議提言は，これをさらに一般化し，「再犯防止機能」の強化を打ち出している。更生保護法案第1条は，この提言にならい，対象者の再犯（再非行）防止を，自立および改善更生への援助に優先させた目的規定となっている。そのことにより，

対象者の監視・監督による統制機能の強化が前面に出され，対象者の生活再建のための福祉的援助の提供は後退させられることになる。しかし，上述のように，監視強化と遵守事項違反者に対する収容措置によって再犯を防止するのではなく，なぜ更生意欲が乏しいのかその背景を調査し，必要な援助の提供が優先されるべきであろう。

従って，更生保護関係諸法を整理・統合するのであれば，その共通の目的は，対象者との信頼関係を築く努力をし，彼らの生活再建のための社会的援助を提供することによって結果として再犯を防止しようとする，これまでの更生保護の理念にあるといわねばならない。すなわち，できる限り非権力的援助を通じて対象者の更生を促進し，その反射的効果として再犯が防止されるという方向が追求されるべきである。

対象者の社会復帰援助よりも，監視機能を強化し社会防衛を目指す方向は，対象者を社会から排除し再犯を助長することはあっても，対象者の円滑な社会復帰を促進することにはならない。対象者の人間としての尊厳に配慮し，信頼関係を築きながら，その生活再建と社会復帰を援助することによって，彼らにとっても社会にとっても有益な更生保護制度を構築することが目指されるべきである。そのためにも，補導援護の充実を通じて更生を促す，ケースワークとしての更生保護が追求されるべきである。

⑵ 個人の尊厳及び基本的人権の尊重と社会的援助としての処遇

更生保護においても個人の尊厳と基本的人権の尊重がまず前提とされなければならない。1988年に国際刑務財団によって策定されたグロニンゲン・ルールズ[16]は，「保護観察対象者の社会復帰が成功するかどうかは，保護観察の担い手と対象者との間に協力関係が築けるかどうかにかかっている。対象者の協力を得るための基礎は，対象者がその人権や尊厳に対して適正な敬意をもって取り扱われることである。これが実現できなければ，対象者は，自己に課せられ，要求されていることに公正さや正義を見いだすことも確信を持つこともできないであろう」と述べている。しかし，法案には，個人の尊厳あるいは基本的人権といった文言がなく，特別権力関係論的な発想が支配的である。対象者の権利や主体性の尊重に関する規定もきわめて少ない。

更生保護における処遇においては，第一に，同意原則が遵守され，対象者との信頼関係を構築することが更生保護の形成原則とされなければならない。そのため，個人の尊厳と主体性の尊重を前提に，更生保護機関と対象者との間には

社会的援助を提供する場合にも本人の申出あるいは助言・説得と同意・納得の関係が前提とされなければならない。社会内処遇において一定の措置を行う場合には対象者の同意を必要としていることは国際準則でもすでに確立されているといってよい。たとえば，東京ルールズも「犯罪者に一定の義務を課す非拘禁措置については，正式手続・裁判の前あるいはその代替として適用されるものであったとしても，犯罪者の同意が必要である。」（東京ルールズ 3.4）と規定しており，また，グロニンゲン・ルールズにおいても対象者の同意を要求している（グロニンゲン・ルールズ第9）。しかし，更生保護法案第3条は，この同意原則を規定しておらず，第1条の再犯防止目的を考慮すると，かえって強制的処遇を前提としているようにも思われる。しかし，それは，対象者との信頼関係を困難にし，処遇効果の点で疑問であるばかりか，上述の東京ルールズにも反すると言わなければならない。

第二に，犯罪行為者の処遇を改革する方向は，人間性の尊重と社会復帰の促進にあり，刑事司法における処遇は，対象者の生活再建のための「一貫した社会的援助」という観点に立って推進されなければならない。対象者が早期から社会復帰と生活再建の準備を行いうるよう，常に社会とのつながりを持った援助措置を刑事司法の初期の段階から一貫して提供し，更生保護における援助措置へと円滑につなげることが重要である。

法案第1条の目的規定には，基本的人権の尊重と対象者への社会援助を原則とする文言を入れるべきであって，再犯防止はその反射的効果と位置づけるべきである。

(3) 適正手続の保障

人間にとって，自己決定の自由こそ，憲法の基本原則である「個人の尊厳」の実質であるとする考えに基づき，適正手続の保障は刑事司法のすべての段階において保障されなければならない。これは，更生保護にも当然妥当する。保護観察によって課せられる制限や条件が，多かれ少なかれ人権制約的な性格を持ちうることを否定できない以上，対象者の尊厳と人権の保障を確保できるように，課せられる制限及び条件は適法かつ合理的なものでなければならず，その制限について適切な情報が提供され，異議を申し立てる機会が保障されなければならない。

第一に，比例の原則が確認されなければならない。どのような根拠で，どの程度の権利制約が可能なのかが検討されなければならない。保護観察を維持するための一般的な遵守事項は必要だとしても，特別遵守事項については，施設内処遇における個別的処遇計画と同様のものと把握することによって，社会内処遇

の充実をはかることが検討されなければならない。第二に、対象者への情報の提供と情報の管理が必要である。遵守事項や更生保護における手続保障について十分な情報の提供が行われることは、同意原則の前提である。従って、自己情報について何ら異議申し立ての機会も保障されない状態での警察など他機関への個人情報の提供は制限されなければならない。プライバシーの保障を侵害し、対象者の社会復帰に対して深刻な影響を与えるからである。第三に、遵守事項違反に対する形式的対応の禁止である。自動的な（再）収容は制限されるべきである。遵守事項は保護観察の条件と理解すべきであって、その明確化が遵守事項違反の形式化を招くものであってはならない。また、引致はもちろんのこと、留置手続についても裁判所に不服申し立てができる手続的保障が必要である。第四に、不服申立権が保障されなければならない。仮釈放の申請、取消、審理過程において法的援助が認められるべきである。特に、仮釈放の審理では、本人の主体的な参加と自己情報のコントロールという観点から、単なる面接にとどまらない『聴聞』手続ならびに代理人・補佐人の選任権、情報開示請求権の保障が必要である。法案は、仮釈放の申請権も審理における聴聞手続も認めず、地方委員会による仮釈放の不許可を不服申立の対象である「決定」にも含めていないために、受刑者は仮釈放不許可に対して何らの不服申立ができない構造になっている[17]。また、取消手続に関しても手続的保障は規定されていない。さらに、引致・留置は人身の自由への重大な制限であるが、これについても司法審査なしで可能とされ、これに対する不服申立の道は閉ざされている。憲法、刑事訴訟法における身柄の拘禁に対する慎重な手続保障に比べ、著しくバランスを欠いているといわねばならない。司法的救済に関する規定を置くべきである。

(4) アカウンタビリティ

本書第5章で詳論するように、更生保護が対象者の自立を支援するためのソーシャル・ケースワークとして機能してきた伝統に鑑みれば、アカウンタビリティの目的は、効率性や再犯防止を直接の目的とするのではなく、対象者の生活再建に対する有効な支援がなされていることに置かれるべきである。そのためには、社会一般に対するアカウンタビリティと対象者に対するアカウンタビリティが相補的に機能する制度的枠組みが必要である。前者としては、個々の更生保護の担い手が実際にどのように活動しているかを評価し、問題があれば改善点を指摘するための査察機関の設置が必要である。後者としては、保護観察や更生緊急保護において対象者自身が真に必要な援助を受けられることを担保する制度が必要である。

たとえば，イギリスにあるオンブズマン制度のように簡易迅速に更生保護に対する対象者の不服・苦情を汲み上げる制度を構築できれば，対象者の納得も得られ，援助の実効性が高まるであろう[18]。

有識者会議提言は，地方委員会による仮釈放審理や更生保護行政の運営全般について，透明性の確保が必要であると主張している。しかし，法案には，これに関する規定が完全に欠落している。更生保護は刑事施設のような人権侵害的要素が小さく，透明性を主張することはかえって健全な制度運営すら硬直化させてしまうのではないかとの懸念があるのかもしれない。しかし，国民に更生保護への協力を促し，また，対象者に対して自助の責任を前提に更生を期待するのであれば，国は，国民や対象者に対し十分な情報を提供し説明責任を果たすべきであろう。

(5) 更生保護に対する国の責任の明確化と社会的ネットワークの形成

法案第2条は，更生保護における国の責務等に関する規定であるが，国の責務はきわめて消極的で，民間の団体や個人により自発的に行われる活動を促進し，連携協力し，国民の理解を得る努力を行うにとどまっている。刑事司法における身柄の拘禁等に伴う弊害を除去する義務はまず国にあることを確認すべきであり，その可能性は更生保護の段階でも考慮されなければならない。

また，地方公共団体の協力規定もきわめて一般的であり，第2条全体が，対象者の更生を促進するための社会的ネットワーク形成という点で具体的展望を欠くものといわねばならない。それは，有識者会議提言において言及されていた「就労支援と定住支援の強化」や「福祉との連携強化」などの社会的援助に関する新たな規定が法文上全く盛り込まれていないことにも示されている[19]。むしろ，個人的な問題の解決のために福祉的援助を重層的に提供できるよう『一貫した社会的援助』の観点に立って，更生保護機関と，矯正，労働，教育，医療，社会福祉等の機関やNGO，篤志家等の団体や市民との具体的な連携（ネットワーク）の構築が必要であり，対象者はそれについての情報提供や給付を申請する権利を保障されるべきである（これについては，本書第8章参照）。

さらに，官公署だけではなく，市民に開かれた更生保護ネットワークが構築されるべきである。ただし，この連携は，犯罪予防目的によるコントロールの手段として利用されてはならず，多様な社会的・福祉的援助を提供することによって対象者の生活再建を目ざすものでなければならない。

⑹ 更生保護施設の役割

戦後の更生保護関係法制定をめぐる日本政府とGHQとの間には，保護対象者のための収容施設をめぐって意見の対立があった[20]。GHQは，収容施設は福祉事業で行うべきであり，犯罪者予防更生法に収容施設に関する規定は置くべきでない，保護施設は福祉施設でなければならず，有権的な保護観察からは遠ざけられるべきだ，と主張した。日本政府は，犯罪者予防更生法に織り込まれるべく準備された保護施設に関する規定が実現しなかったため，その不備を補う趣旨で更生緊急保護法を制定し，更生保護会について規定した。その後，1970年代に始まった更生保護基本法制定の動きは，この「ねじれ」を是正することも目的とされた。更生保護基本法制定にあたって検討すべき主要問題として，保護観察における施設活用があげられ，更生保護会等の施設への居住指定が改正刑法草案における「遵守事項要綱案」にも盛り込まれている。その後，80年代には，更生保護会の特殊法人化（社会福祉法人並み）が計画され，90年代には，更生保護事業法が制定されて，更生保護法人が誕生し，更生緊急保護法は廃止された。また，特に，アルコール・薬物依存者を対象に，更生保護施設も「生活援助的機能から生活訓練的機能へ」スタンスを移すことが期待されるようになった。2000年には，更生保護施設トータルプランが制定され，同年の矯正保護審議会提言も，更生保護施設を保護観察処遇に利用できる施設として明確に位置づけることを提案している。これは，2002年の犯罪者予防更生法の一部改正によって実現した。すなわち，保護観察の補導援護の方法に，社会生活に適応させるために必要な生活指導を行うことを新たに加え，更生保護事業を営む者等に補導援護を委託できるようにした。ただし，生活指導を指導監督ではなく補導援護に位置づけたことに注意が必要である。その背景には，補導援護はともかく，指導監督を更生保護施設に委託することについて慎重論があったからである[21]。それゆえ，指導監督として性犯罪や薬物犯罪をした者（本書第10章参照）に対する強制的処遇を行うには更生保護施設ではなく保護観察所に付属する施設を新設する必要が生じた。それが，「自立更生促進センター」の新設構想である。しかし，更生保護施設からも受け入れを拒否され帰住地がないために仮釈放を受けられない受刑者の仮釈放を促進し社会復帰を促すためであれば，厚労省管轄の福祉的更生保護施設を設立することを検討すべきである。「処遇困難」と分類された保護観察対象者への監視強化のために法務省管轄の国営更生保護施設を新設するのではなく，国営の福祉施設として対象者の生活再建を目的とした援助活動を強化すべきである。また，更生保護施設を処遇施設化することによって，

本来の生活援助施設としての機能を後退させることがあってはならない。「自立更生促進センター」的なものを中間施設として構想するのであれば，保護観察官も常駐する釈放前開放的刑事施設を新設することも検討されるべきであろう。

法案39条3項及び51条2項5号は，保護観察対象者の居住指定を規定しているが，その場合，新たなラベリングを付与することがないよう居住施設の在り方については慎重な配慮が必要である（更生保護施設については，本書第7章参照）。

(7) 少年の保護観察

少年の保護観察については別法に規定すべきである。少年に対する保護観察においては，少年法の理念，社会内処遇のケースワーク機能，国際準則との整合性などの観点を踏まえたうえで，少年の成長発達・社会復帰に向けた援助が提供されなければならないからである。少年手続においては，審判段階は少年法，矯正段階は少年院法によって規定され，成人とは区別されている。捜査段階と保護段階だけが成人と区別されていないのはバランスを失している。

法案は，犯罪者予防更生法と同様，成人の保護観察と少年のそれとを区別することなく同じ目的規定の下に置いている。確かに，法案49条2項は，少年に対する保護観察においては「健全育成」に配慮すべきことを規定している。しかし，上述のように，法案は，犯罪者予防更生法とは全く異なり，再犯防止を目的規定に置いており，それは法案全体にかかるため，少年に関してもその基礎とされることになる。法案のように，再犯防止を目的とすれば，少年法の健全育成目的とは矛盾することになろう。

また，法案67条1項の規定する遵守事項違反に対する警告・施設収容制度の導入は，更生保護制度の根幹であるケースワークと矛盾し，保護観察対象者である少年との信頼関係の構築を妨げるおそれがあるといわねばならない（少年の保護観察については，本書第11章参照）。

7. むすび

本稿では，有識者会議提言と更生保護法案を中心に更生保護制度改革の現在の動向と課題について検討してきた。取り上げなければならない論点は他にも多数あるが，紙幅の関係で以上にとどめざるをえない。

有識者会議提言が指摘するように，更生保護を刑事司法の一環として再犯防止と社会防衛を目的とする刑事政策へと近づけるか，それとも，われわれの主張するように，福祉的ネットから排除された犯罪や非行をした人への生存権の保障あるいは社会復帰のための援助として福祉政策へと近づけるかは，今後の更生保護の在り方を根底から変えてしまう根本的な選択の問題である。マスコミ等によって作り出された国民の犯罪不安に基づく厳罰化政策が進行する中で，前者の方向へと大きく転換する更生保護法案が策定され，更生保護諸法を整理・統合した基本法とされることは犯罪対策として将来に大きな禍根を残すことになろう。

　更生保護が目指すべき改革の方向性は，人間性の尊重と自立的な生活再建のための社会的援助をさらに推進することである。更生保護の対象者が人間としての誇りと自信をもって社会復帰し，再び社会の担い手となれるように，社会においていかなる処遇を提供すべきかがあらためて問われている。

1　もっとも，後に述べるように，各論的な提案の中では，「指導監督面の強化が求められる対象者に対しては再犯防止の観点に立ち，有効な保護観察処遇を行うことが求められている」とも述べられている。
2　これについては, 安形静男「有権的ケースワーク論の回顧」犯罪と非行 20 号（1974 年）同『社会内処遇の形成と展開』（日本更生保護協会，2005 年）所収参照。なお，本書に関する書評として, 土井政和「書評『社会内処遇の形成と展開』」犯罪社会学研究 31 号（2006 年）。
3　浜井浩一「日本の治安悪化神話はいかに作られたか——治安悪化の実態と背景要因（モラルパニックを超えて）——」犯罪社会学研究 29 号（2004 年），浜井浩一・芹沢一也『犯罪不安社会——誰もが「不審者」？』（光文社新書，2006 年）
4　2005 年 12 月 1 日，保護観察中の所在不明者の情報を法務省側が通知し，警察が所在確認に協力する制度の運用が始まった（警察庁生活安全局長通達「所在不明となった仮出獄者及び保護観察付執行猶予者の所在調査に関する保護観察所に対する協力について」〔警察庁丙生企発第 90 号。平成 17 年 11 月 11 日〕）。対象は，所在不明となった仮出獄者又は保護観察付執行猶予者である。所在不明になった場合，法務省の保護観察所が対象者を調査するが，必要に応じて管轄の都道府県警察に所在調査の協力依頼を行う。
5　安形静男『社会内処遇の形成と展開』前掲は，仮釈放制度について次のような興味深い歴史的経緯を述べている。「仮出獄者に対しては，明治 41 年以来，警察官署による監督が行われ，仮出獄者は警察官署に対して帰住の報告をし，旅行の届出をなし，転居の許

可を請い，毎月出頭することなどを義務づけられていた」が，大正少年法（1922年）では，「仮出獄者を犯罪捜査の機関により監督させるという制度とその運用への反省から……警察官署による監督に代えて，少年保護司の観察に付することとした」（184頁）と。しかし，思想犯に対しては，保護観察機関による監督に重ねて警察官署の監督が戦後思想犯保護観察法の廃止まで続けられた（186頁）。戦後の保護観察は，犯罪者予防更生法施行法によって，このような警察官署による監督の廃止から出発した（187頁）のである。本書は，捜査機関と処遇機関の連携が対象者の社会復帰にとっていかなる影響を与えるか，その歴史的教訓を確認する必要性を示唆している。

6 行刑改革会議提言については，土井政和「行刑改革会議提言の意義」刑事立法研究会『刑務所改革のゆくえ』（現代人文社，2005年）参照。

7 受刑者処遇法については，土井政和「受刑者処遇法にみる行刑改革の到達点と課題」自由と正義2005年8月号，特集「新受刑者処遇法の諸問題」刑法雑誌46巻3号（2007年）等参照。

8 土井政和「一貫した社会的援助」刑政108巻4号（1997年）参照。本書第2章参照。

9 有識者会議提言が指摘する就労支援はその一つである。本書第6章，第7章参照。

10 土井政和「更生保護への期待」更生保護50巻1号（1999年）。さらに，本書第9章参照。

11 浜井浩一「過剰収容の本当の意味」矯正講座23号（2002年）118頁。

12 第10回国連犯罪防止会議については，「特集2　第10回国連犯罪防止会議」ジュリスト1191号（2000年）参照。

13 浜井浩一『刑務所の風景——社会を見つめる刑務所モノグラフ』（日本評論社，2006年）12頁。

14 竹村典良『犯罪と刑罰のエピステモロジー』（信山社，1999年）。

15 戦後の更生保護制度改革については，大坪與一『更生保護の生成』（日本更生保護協会，1996年）参照。

16 Standard minimum rules for the implementation of non-custodial sanctions and measures involving restriction of liberty, Groningen Meeting 8-12 October 1988. これは，国際刑務財団によって，東京ルールズ案を批判し，「非拘禁措置に付された者の権利の章典」であることを目指して起草されたものである。

17 仮釈放申請権については，土井政和「仮釈放と適正手続——受刑者の仮釈放申請権と不服申立てを中心に——」犯罪と非行108号（1996年）参照。

18 刑事施設のアカウンタビリティについては，本庄武「刑事施設のアカウンタビリティと第三者機関の役割」刑事立法研究会『21世紀の刑事施設——グローバル・スタンダードと市民参加』（日本評論社，2003年），土井政和「刑務所のアカウンタビリティ——イギリス

の制度を中心にして」井上正治先生追悼論集『刑事実体法と裁判手続』(九州大学出版会，2003年)，同「イギリスにおける刑務所の透明性の確保について」龍谷大学矯正・保護研究センター研究年報1号（2004年）参照。

19　NPO法人監獄人権センター「更生保護法案の問題点と修正すべきポイント」（2007年3月），同「資料『更生保護法案』に対するCPRの意見書」CPR News Letter No.49 (2007年) 11頁参照。

20　その後の更生保護法改正の経緯については，西岡正之「更生保護の現状と展望」ジュリスト567号（1974年），同「更生保護諸法改正の動向」時の法令862号（1974年），俵谷利幸「更生保護の歩み」ジュリスト875号（1987年）等を参照。

21　山田憲児「更生保護事業法等の一部を改正する法律について」更生保護53巻6号（2001年）参照。

（土井政和／どい・まさかず）

第2章 戦後の更生保護制度の動向と改革の視座

1. はじめに

　本章では，戦後の更生保護制度の整備状況，その後の更生保護制度の改革動向および各種施策を概観する。その内容と，前章土井論文において触れられる最近年の動向とを対照することにより，戦後改革およびその後の動向が獲得してきた理念や取組みと最近年の動向とが相反していることを確認する。合わせて，具体的には，保護観察における「権利制約」，そして，「福祉対再犯予防」という枠組みを基礎として，検討すべき課題および視点が本来どこにあるのかを明らかにしようとするものである。

2. 更生保護制度の沿革

　戦前の更生保護制度[1]は，池上雪枝の池上感化院開設による少年感化事業，金原明善の静岡県出獄人保護会社設立による免囚保護事業の開始等を先駆けとしている。それに，1923年の旧少年法施行による少年に対する全面的な保護観察の実施（少年保護司の観察処分，執行猶予・仮出獄・仮退院時の少年保護司の観察）と，1936年の思想犯保護観察法制定による成人に対する保護観察制度の創設が加わり，被釈放者保護・少年保護・思想犯保護を合わせて司法保護とされた。免囚保護事業は当初出獄者のみを対象としていたが，1890年の旧刑訴法および1905年の刑ノ執行猶予ニ関スル法律の施行によって執行猶予者・起訴猶予者も対象となった。また，同事業では司法保護委員がおかれた。
　その司法保護の事業は，民間事業が主体となって行われていたために，1937年には保護措置の法制化や保護事業経営費に対する国庫補助を求めて全日本保護事業大会が開催され，それを受けて1939年，司法保護事業法が公布・施行

された。これにより，起訴猶予者・刑執行猶予者・刑執行停止者・刑執行免除者・仮出獄者・刑執行終了者・保護処分対象者の保護を行う事業並びにその指導・連絡又は助成をする事業が司法保護事業とされ，当該保護を行うための司法保護委員が法制化された。この司法保護委員と旧少年法上の少年保護司が，現行の保護司制度の前身となっている。

3．戦後改革の要点

　戦後期の更生保護法制改革の要点をあげるとすれば，①犯罪者予防更生法（犯予法）の制定，②更生緊急保護法（更緊法）と保護司法の制定，③刑法改正と執行猶予者保護観察法（猶予者観察法）の制定，の3つになろう。

(1) 犯予法の制定

　同法の提案理由[2]で説明されている制定の背景は，概略次のようであった。犯罪が激増する一方で矯正施設においては極度の過剰拘禁にあるために，多数の犯罪者が社会に放出されているのに加えて保護監督制度がないことから，常習犯による社会不安が増大している。この対応策を考えるに，全犯罪者の施設収容は財政面からも再犯防止効果の面からも良策とは言えず，むしろ社会における保護監督により犯罪者の更生を促すことで再犯を防止すべきである。そのため，①保護観察実施による犯罪者の改善更生助長，②恩赦の適正な運用，③社会正義・犯罪予防の見地から仮釈放・刑の執行猶予その他関係制度の公正妥当な運用，④犯罪予防の活動を助長すること，の各点を図り，もって，犯罪鎮圧，社会保護，個人及び公共の福祉増進のため，犯罪対策を確立する，とされたものである。

　当初司法省は，思想犯保護観察法の全面改正による成人犯罪者一般を対象とする保護観察制度という構想を打ち出していたが，GHQのメモランダムによってその制度機構が廃止（治安維持法とともに思想犯保護観察法を廃止）された。また，例えば，GHQ当局から被釈放者保護事業の主務官庁は厚生省とすべきではないかとの指示的質問があったが，交渉の結果，司法省所管とすることになるなど，GHQ当局との交渉の中で司法保護事業法の改正草案が作成された。これは，保護観察を軸として，猶予者・被釈放者保護の展開を図ろうとするものだったが，そこからさらにGHQとの折衝の中で改訂作業が繰り返され，名称も犯罪者予防更生法となった最終案ができあがったのが1949年のことである[3]。

　同法案は，成人と少年双方の保護観察について規定するものだった[4]が，成

人の対象については，GHQとの折衝の中で仮出獄者と一部の刑執行猶予者とされた。刑執行猶予者については，さらに国会の審議過程においても議論が集中した。原法案は，懲役・禁錮につき執行猶予にする場合に必要があるときは保護観察に付することができる旨の規定を刑法に追加する内容を含んでいたが，従前よりも執行猶予者に不利益となるもので効果にも疑問があるとして，刑法改正に係る部分は審議未了となった。旧少年法では，18歳未満の少年が懲役・禁錮につき執行猶予の言渡しを受けた場合には，期間中，少年保護司の観察に付されることとされており，それが当面効力を有するとされていたため，（現在は削除された）犯予法33条1項4号にそのような修正規定が置かれた。その他小修正が加えられたうえ[5]，同法は，1949年5月31日公布，同年7月1日から施行された。

(2) 更緊法と保護司法の制定

前記犯予法の制定により，保護観察・仮釈放等に関する基本的制度は確立したが，同法の対象となっていない者への対応が課題とされ，更緊法が制定されることとなった。

同法案の提案理由では次のように説明されている。犯予法の対象外となっている満期釈放者・起訴猶予者・大半の成人刑執行猶予者等には，再犯防止に何らか的確な保護の措置を必要があるにもかかわらず，現在ではほとんど放任状態となっており，犯予法には専用の収容保護施設の規定がおかれていない。そのため，満期釈放者・起訴猶予者等のうち，再犯率の最も高いと認められる状況にある，一定の期間内の者に対して，強制力を伴わない緊急適切な更生保護の措置を講じて，その再犯防止に遺漏なからしめることを期す必要がある。

これにより，1950年5月25日に更緊法が公布され，同日施行された。これにより，満期釈放者や起訴猶予者等に対する対応と，保護施設に関連する規定が補われたことになる。

また，同法制定に伴い，司法保護事業法は廃止されることとなったが，同法中には司法保護委員に関する規定があり，民間篤志家の活動に法的根拠が必要なこと，その名称中に「司法」が含まれるのはふさわしくないことから保護司とすることとして，同日，保護司法が公布・施行された。

(3) 刑法改正と猶予者観察法の制定

前記のとおり，犯予法では成人の執行猶予者に対する保護観察が含まれなかったため，この点についての対応を図るために，1953年，刑法および犯予法の改

正案が国会に提出された[6]。刑法改正案にあっては，25条に2項を追加して執行猶予の要件を緩和し，さらに25条の2を新設することにより，初度目執行猶予者には裁量的に，再度目執行猶予者には必要的に保護観察に付するとするものであった。これに合わせて犯予法を改正し，33条1項4号（前記のとおり）少年のみを対象としていたのを改めて刑法改正案25条の2の場合と改めることによって対応しようとした。

同法案についての国会審議においては，初度目保護観察部分が削除され（これにより言渡し時少年についても保護観察が不能となった），再度目執行猶予者に限って必要的に保護観察に付するとされたほか，犯予法による対応が頓挫することとなった。その趣旨は，仮釈放されている者については刑執行の延長線上にあると考えられるのに対して，執行猶予者はまさしく刑の執行が猶予されているのであって，両者はその性格を異にするはずであり，とりわけ，犯予法中の遵守事項が課せられるといった自由制約を後者に認めることへの抵抗感が強かったことにあるものと思われる。また，保護観察が所期の効果をあげているのかというその実態に対する批判もされたのである。

上記改正にあたって，衆議院では，初度目執行猶予者に対しても保護観察の下におくようにすることが望ましいという附帯決議がなされていた。それもあり，翌1954年に再び刑法改正案が提出された。ここで，同法25条の2が改正されてようやく初度目執行猶予者にも裁量的な保護観察が可能となった。また，前年の批判にこたえて執行猶予者に対する保護観察については犯予法とは別建てとし，猶予者観察法を新たに制定した[7]。同法では，犯予法と比較すると，特別遵守事項がないこと，補導援護が指導監督に対して優位であることが指摘できる。また，刑法上，執行猶予者については保護観察の仮解除の制度がある（刑法25条の2第2項）ほか，遵守事項違反による取消における要件が仮釈放取消の場合よりも加重されている（刑法26条の2第2号）。

4．その後の展開

(1) 保護観察処遇・仮釈放関係の施策

保護観察処遇の充実という課題への取組みは，戦後一貫してなされてきたといってよい。1954年には地域常駐制度がおかれ，1971年には定期駐在制度が予算化された。また，1960年の社会党委員長刺殺事件を契機として，一種二種実験・初期観察などを経て，直接処遇班が設置される[8]など，保護観察官の関与を十

全にするための施策が行われてきた。

　保護観察対象者のニーズへの適合については，九州地方更生保護委員会での重点観察実施要領から処遇分類制を経て，1971年には処遇分類制度がおかれた[9]。また，1976年には類型別処遇制度がおかれ，数度の見直しを経て今日まで続いている[10]。

　最近年の処遇発展の取組みとしては，2000年に「更生保護施設の処遇機能充実化のための基本計画――21世紀の新しい更生保護施設を目指すトータルプラン」により，3カ年計画で国が法制度・設備・予算面の充実することが目指され，また，「ステップアップ・プロジェクト」として，更生保護施設で重点目標を設定と達成に向けた取組みがなされている[11]。

　仮釈放関係の施策としては，1966年に仮釈放準備調査制度が導入されて，長期刑受刑者の仮釈放審理の充実や仮釈放後の中間処遇が目指され，1979年には長期刑仮釈放者の中間処遇が実施されている（2000年に一部手直し）。また，1984年には，保護局長通達「仮出獄の適正かつ積極的な運用の推進について」が発出され，仮釈放の要件を満たす者に対して仮釈放を極力許し，社会内処遇が実効性をあげるに必要な保護観察期間を確保するため，仮釈放準備調査の拡充，保護観察所による環境調整の充実，更生保護施設の受け入れ態勢整備などが図られた[12]。

(2)　最近の法整備

　先に見たとおり，戦後の更生保護制度整備においては，複数の法律が複雑に絡み合う構成となった。法務省保護局内では，それらの全面整備が企図されている[13]。1974年の刑法の全面的改正に関する法制審議会の答申を機に，保護観察・仮釈放等の規定の統合，更生緊急保護関連規定の取込みにより，更生保護の措置の全領域を体系的に整備する中で，必要な修正・改正を加えることを基本方針とした，更生保護法案の作成作業が行われていった。

　現実の動向としては，1995年には，更生保護事業法（以下，事業法）が制定され，従来は民法上の公益法人だった更生保護会が更生保護法人とされるほか，罰金・科料を言い渡された者や少年院満期退院者に対象が拡大した。あわせて，従前の更緊法を廃止して，更生（緊急）保護規定を犯予法に移行する改正がなされた。また，1998年には保護司法が改正され，保護司の職務遂行方法を規定，保護司組織の法定化，保護司の任務の明確化，地方公共団体の協力を規定するなどした。

これら改正がなされたことで，保護局にとって残る課題は，犯予法と猶予者観察法の法体系上の整備ということになった。この点につき，従来の更生保護法案を参考に，新規の施策を加えた「更生保護基本法」（仮称）の構想案を作成し，21世紀を展望した基本方針を確立したうえで，具体的には，局内に更生保護制度およびその運営に関する基本的問題について調査，検討し，その改善方策を策定するために更生保護基本問題検討会を設置，その下部組織として保護司制度検討部会と基本法検討部会を設け，部会内には基本法策定プロジェクトと外国制度研究プロジェクトをおいて立法作業を進めるとされている[14]。

　他方，2000年には旧・矯正保護審議会が「21世紀における矯正運営及び更生保護のあり方について」と題する提言を行っている。更生保護の領域については，効果的な保護観察処遇の推進，仮釈放制度の適正な運用，更生保護官署における人材確保と育成，保護司制度の充実強化，社会との連携の促進，法制度整備への取組み等について各種提言がなされている[15]。

　最近年の法整備としては以下のものがあげられる。2002年には，犯予法および事業法が改正され，継続保護事業の保護内容に「生活指導」を追加，少年院満期退院者・労役場出場者等を更生緊急保護の委託対象に包含，更生緊急保護の期間を従来の6ヶ月から1年まで延長可能にするなどされた。2003年には心神喪失等の状態で重大な他害行為を行った者の医療及び観察等に関する法律が制定され，関連事務が保護観察所の所掌とされるほか，保護観察所に社会復帰調整官が配置されて精神保健観察が実施されることとなった。2006年には猶予者観察法が改正されて[16]，転居等が許可制となるほか特別遵守事項が導入され，また，犯予法の改正により地方更生保護委員会の委員人数の上限が12人から14人に変更された。

　なお，2005年に設置された更生保護のあり方を考える有識者会議が，翌2006年6月27日に「更生保護制度改革の提言——安全・安心の国づくり，地域づくりを目指して——」と題する報告書を提出しているほか，法制審議会では，「被収容人員の適正化を図るとともに，犯罪者の再犯防止及び社会復帰を促進するという観点から，社会奉仕を義務付ける制度の導入の当否，中間処遇の在り方及び保釈の在り方など刑事施設に収容しないで行う処遇等の在り方等について」とする諮問77号を受けて「被収容人員適正化方策に関する部会」が組織されて議論が続けられている。

5. 更生保護の生成と近年の動向に関する若干の検討

(1) 保護観察における「権利制約」のあり方の視座

周知のとおり、保護観察の類型は、プロベーション型、パロール型、独立処分型に分けられる。それぞれ、4号観察、2号・3号観察、1号観察が該当する。少年の1号・2号観察については本書第11章佐々木論文にゆずり、ここでは3号・4号観察に関連する部分を取り上げる。

先に見たとおり、プロベーション型たる（現在の）4号観察対象者については、戦後当初においては旧少年法の枠組みを継受したことに伴って18歳未満者のみとされていた。それが、その後の刑法改正による執行猶予範囲の拡大とセットとなって、猶予者観察法を制定することによって保護観察が実施されていくようになったのである。

その審議経過中で、執行猶予者の権利を制限することへの疑問が繰り返し示され、そこにはまた、仮釈放者と執行猶予者とを同一に扱えないという意識を見て取れることには注目しなければならない。そこにあるのは、保護観察に付されることによって、その対象者には「権利制約」が課されるという意識である。「権利制約」が課されるのであれば、その制約根拠が明らかにされなければ、どの程度の制約が許されるのか（あるいはそもそも制約自体が許されるのか）といったことを明確にすることはできない。この点はしかし、現在に至るまで十分な理論的探求がされているとは言えず、有識者会議以降の改革動向においても等閑視されているように思われる[17]。

他方、パロール型たる3号観察についてであるが、刑法改正（および猶予者観察法制定）による対応がなされた4号観察とは相違して、3号観察そのものについては刑法典は沈黙している。わずかに29条1項4号が、仮釈放の取消しに関して遵守事項違反に触れているのみである。ここから、理論的には、遵守事項は仮出獄と保護観察とのいずれに付されるのかといった問題も発生する。

旧・監獄法67条には、「仮出獄ヲ許サレタル者ハ其ノ期間左ノ規定ヲ遵守ス可シ／1　正業ニ付キ善行ヲ保ツコト／2　警察官署ノ監督ヲ受クルコト但警察官署ハ監獄ノ意見ヲ聴キ他ニ其監督ヲ委任スルコトヲ得／3　住居ヲ転移シ又ハ十日以上旅行ヲ為サントスルトキハ監督者ノ許可ヲ請フコト／主務大臣ハ仮出獄ヲ許サレタル者ノ帝国外ニ旅行ヲ為スヲ許スコトヲ得」とする規定があり、仮出獄取締細則とあわせ、警察監視が行われていた。同規定は犯予法の制定により削除され、また、思想犯保護観察法の全面改正構想が頓挫して制定されることとなっ

た犯予法1条が「犯罪をした者の改善及び更生を助け」ることを目的と定めたことにより、保護観察は、監視から、社会的援助を提供することによる社会復帰へと大きく転換したのである。戦後の更生保護制度は、ここを出発点としていることを改めて確認しなければならない。

しかしながら、詳しくは土井論文において触れられている近年の被収容者・保護観察対象者の情報・動静管理の動向は、その仮釈放審査への影響もさることながら、特に監視の部分において警察の役割が増大することによって、戦前回帰の様相を呈しているとも評価し得るものである。そのとどまるところを知らないかに見える情報・動静管理の動向は、権利制約の限界づけが明確でないことの一つの証左であるとともに、そのような権利制約の下で社会的援助に基づく社会復帰が十分になし得るか疑問なしといえず、これら情勢には改めて批判が加えられなければならない。

(2) 「犯罪（再犯）予防 vs. 福祉」という枠組み

先に触れたように、戦後の犯予法制定過程において、GHQ は、被釈放者保護事業の主務官庁を厚生省とすることを意図していたが、結果として司法省所管とすることとなった。それは、ある意味では、更生保護の領域を（可能な限り）「福祉」の問題として把握するか、それとも広い意味での刑事政策の一環として犯罪予防とりわけ「再犯予防」のためのものと把握するかの対立があり、主務官庁のレベルでは後者が採用されたと見ることができるかもしれない。

しかしながら他方で、以下のことにも目を向ける必要がある。戦後、保護観察において取り組まれたのは、保護観察という（再）収容を背景として行われるシステムが必然的に有する権威的・権力的関係に意識を払いつつも[18]、「福祉」的視点をベースとしたケースワーク思想に基づき、「処遇」を充実することにより如何にして再犯を防ぐかという問題意識に根付いた処遇技法の開発であった[19]ということを確認する必要がある。さらには、私たちの研究グループでは、いくつかの更生保護施設に対する訪問調査を実施しているが、各施設において、地方公共団体や民間援助団体との連携を図る努力を続けていることも、福祉領域との連携や社会的援助提供手段の拡充への取組みと評価することができる。

そもそも、前述したとおり、犯予法の制定によって、保護観察は、監視からケースワーク・社会的援助の提供による社会復帰の促進へとその視点を大きく転換したのである。このことは、同法において、仮釈放や保護観察が「更生の措置」として位置づけられていることに象徴的に現れている。これら「更生の措置」が翻っ

て同法1条の「犯罪をした者の改善及び更生を助け」るという目的のための手段となっており，その「改善及び更生」の主体は犯罪者自身であるとされる[20]。また，同条の「犯罪予防の活動」は一般予防的見地からの防犯活動の助長強化と理解されている[21]。これらの措置・活動を「もって，社会を保護」する，と同法は宣言していることを再確認する必要がある。

しかしながら，最近年の動向は，こういったケースワーク・社会的援助という福祉的視点を基礎において現場で連綿と続けられてきたこれまでの取組みをないがしろにするものといわざるを得ない。最近になって，保護観察については，「充実」のみならず「強化」という言葉がセットになって用いられるようになっている。これは，上記の権利制約の限界づけの議論が曖昧なままであること（あるいはむしろ，曖昧なままにすること）と相俟って，保護観察対象者への義務づけを「強化」し，処遇を強制する方向を狙ったものであるといえる。また，とりわけ情報・動静管理について警察組織が関与する動向からは，保護観察が容易に監視体制を「強化」したものに移行することは目に見えている。それらは必然的に，保護観察者対象者の選別にあたって「再犯危険性」という要因が入り込んでくることを許し，あるいは保護観察の現場に監視的要素が強く割り込んでくることを意味する。

これら動向が，戦後私たちが獲得した転換と，その後の保護観察の現場の努力を大きく減殺する現実的可能性を有していることに留意しなければならない。更生保護の現場は，戦後の発足当初より現在までを通じて財源・人材の確保を課題としてきた。ごく最近の2000年の旧・矯正保護審議会の提言においても，保護観察官の定員確保や保護司の適材を得る方策が課題として挙げられているのである。そのような状況にあって，戦前回帰ともいえる「再犯予防」ないし「監視」への再シフトは，保護観察の現場における福祉的取組みの質・量の相対的な切り下げにつながることとなる。それによって更生保護領域における社会的援助の提供が不十分となり，対象者の主体的な社会復帰が困難となるような再シフトは，21世紀の更生保護がとるべき道ではない。

(3) 検討課題とその視点

それでは，21世紀の更生保護がとるべき道を探求するために，私たちにはどのような検討課題が課せられており，その解決のためにどのような検討の視点を持つ必要があるだろうか。

まず，犯予法の目的，ひいては更生保護の理念に立ち戻って考える必要がある。すでに述べたとおり，犯予法1条は犯罪者自身の主体的な社会復帰を第一の目

的としており，その手段として「更生の措置」たる保護観察を規定している。そのためのケースワークと処遇について，現場での取組みは続けられてきたのである。この犯予法の構造は，更生保護の理念に直結しており，今なお維持すべき点の一つであるといわなければならない。それに関連して，更緊法から犯予法に引き継がれる形で，更生緊急保護が制定され拡大してきたことも改めて評価する必要があろう。更生緊急保護の存在は，更生保護全体の枠組みを考えるうえで重要な位置を占めている。更生保護が，必ずしも保護観察を前提としてしか構成できないものではなく，福祉的措置に純粋化できる方向性をも示したものと見ることもできるのである。

　次に，その保護観察については，やはりその法的構成について改めて検討する必要があろう。現在の刑事政策思潮にあって，社会復帰理念を一般的に否定することにはもちろん無理があり，また，保護観察制度そのものを否定することも現実的ではないであろう。他方で，最近年の保護観察の充実・「強化」の動向は，ここまで見てきた保護観察処遇施策の動向と必ずしも相容れないばかりでなく，保護観察対象者に対してどこまでの権利制約が許されるか，という法的視点からの検討がほぼ皆無のままになされてきたという問題を抱えている。法的問題を等閑視したままでは，これからの更生保護の枠組みが容易に変容していき，保護観察対象者への介入・干渉ばかりが「強化」されていくことを押しとどめることはできない。国際動向をも参照しながら，この問題に取り組む必要があろう。

　それらの前提として，更生保護における「処遇」の意味をも再検討する必要がある。そこでは「一貫した社会的援助」という概念がポイントとなろう。そして，矯正から引き続く，あるいは刑事手続に関与したその当初からの，一貫した社会的援助が提供されることの意義について確認し，その実践のために必要な人的物的条件と法整備のあり方を模索していかなければならない。その中では，更生保護において，ケースワークや福祉的措置が重要であること，それらや「処遇」が社会的援助の提供として構成されることの意味を確認することから，更生保護に関わる各機関・資源のあり方や福祉との関係，社会復帰に資する社会的諸条件の整備まで，広範な領域を扱うことになる。

　これらの課題は，困難なものばかりであるが，その解決方法を探究する中で，単なる対症療法ではなくして，21世紀の更生保護を展望し，改革の道筋をつけるという作業を遂げていかなければならない。

1 本稿全般に、更生保護 50 年史編集委員会編『更生保護 50 年史（第 1 編）——地域社会と共に歩む更生保護』（日本更生保護協会、2000 年）を参照した。なお、安形静男『社会内処遇の形成と展開』（日本更生保護協会、2005 年）等も参照。

2 第 5 回国会法務委員会審議録 13 号。なお、綿引紳郎『犯罪者予防更生法解説』（大学書房、1949 年）、大坪与一「犯罪者予防更生法解説 (I) 〜（完）」刑政 64 巻 9 号 58 頁・同 10 号 60 頁・同 12 号 60 頁（以上 1953 年）・同 65 巻 1 号 70 頁・同 2 号 68 頁・同 3 号 80 頁（以上 1954 年）、注釈更生保護法研究会編『注釈犯罪者予防更生法・執行猶予者保護観察法』（法務省保護局、1981 年）等参照。

3 森田宗一「少年法制定覚え書 7」ジュリスト 941 号（1989 年）84 頁。

4 少年法および少年院法は、1948 年に制定されて翌 49 年 1 月 1 日より施行されていた。犯予法は本来、この 2 法と同時制定が企図されていたが、上記のような事情により犯予法のみ制定作業が遅れたものである。綿引・前掲注（2）6 頁、森田・同前参照。

5 以上につき、綿引・同前 6 〜 7 頁参照。

6 第 15 回国会に提出されたが審議未了廃案となり、第 16 回国会に再提出された。斉藤三郎「執行猶予に伴う保護観察制度——刑法等を改正する新しい刑事政策」時の法令 99 号（1953 年）1 頁、長島敦「刑法等の一部を改正する法律」法律時報 25 巻 10 号（1953 年）940 頁、同「刑法等の一部を改正する法律の解説」警察研究 25 巻 7 号（1954 年）52 頁参照。

7 これに先立つ 1952 年には法務府が法務省となって、ほぼ現在に引き継がれることになる機構改革が行われている。

8 もっとも、1984 年に制定された直接処遇班設置要綱は、1994 年の新任保護観察官処遇実務要綱制定によって廃止され、新任保護観察官の育成機能が重要視されるようになった。「新任保護観察官処遇実務要綱の制度等について」家裁月報 47 巻 5 号（1995 年）173 頁参照。また、2004 年には直接処遇班設置運営要綱が制定されるほか、新任保護観察官処遇実務要綱の全部改正がなされている。「『直接処遇班設置運営要綱の制定について』等の発出について」家裁月報 56 巻 7 号（2004 年）193 頁参照。

9 1986 年に分類基準が全面改正されている。なお、西川正和＝大場玲子＝寺戸亮二「保護観察対象者の分類の基準に関する研究」法務総合研究所研究部報告 30 号（2006 年）等も参照。

10 『保護観察類型別処遇要領』の全部改正について（通知）」家裁月報 55 巻 8 号（2003 年）121 頁。

11 滝田裕士「更生保護施設の処遇機能充実化のための基本計画——21 世紀の新しい更生保護施設を目指すトータル・プラン」犯罪と非行 128 号（2001 年）205 頁、「特集：

更生保護振興（課）元年——トータル・プラン」更生保護と犯罪予防135号（2001年）73頁，「特集・更生保護施設——ステップアップ・プロジェクトの展開」犯罪と非行132号（2002年）110頁，今福章二「更生保護施設における処遇に関する研究」法務研究報告書89集3号（2002年），「特集・更生保護施設の処遇」犯罪と非行147号（2006年）5頁等参照。

12　もっとも，「マル特無期」と呼称される一部無期刑受刑者に対して検察庁では「適正」を別の意味で用いることにより，仮釈放を消極化しようとしている。「特に犯情悪質等の無期懲役刑確定者に対する刑の執行指揮及びそれらの者の仮出獄に対する検察官の意見をより適正にする方策について（依命通達）」最高検次887（平10・6・18）。なお，本通達については，CPRホームページ http://www.jca.apc.org/cpr/2002/887.html を参照した。

13　江畑宏則「更生保護分野における立法の動きについて」犯罪と非行113号（1997年）31頁以下参照。

14　江畑・同前参照。

15　なお，更生保護のあり方を考える有識者会議の第2回会議（2005年8月23日）における事務局配布資料で，同提言の取組み状況がまとめられている。法務省ホームページ http://www.moj.go.jp/KANBOU/KOUSEIHOGO/gaiyou02-06.pdf 参照。

16　その前後のその他の動向については，本書第1章土井論文を参照。

17　有識者会議第1回会議（2005年7月20日）の席上で「更生保護の制度は，犯罪者や非行少年の社会復帰のための制度なわけですから，その制度を考える上では社会復帰にとって有効かという点が最も重要ですが，同時に，犯罪者や非行少年の自由を制限する制度でもあるので，その法的性質や権利保障の検討も必要ではないかと思っております」とする佐伯仁志発言が見られるものの，その後の会議で具体的な検討はなされていないようである。

18　黒川昭登「プロベーションと権威の諸問題」家裁月報19巻3号（1967年）1頁，白濱謙吉「保護観察処遇における権力及び権威の諸問題」更生保護と犯罪予防76号（1985年）16頁，安形・前掲注（1）283頁等参照。

19　先に触れた各施策のほか，法務研究として，橋本詔子「保護観察における環境調整に関する研究」法務研究報告書73集5号（1987年），生島浩「保護観察における家族援助に関する実証的研究」法務研究報告書81集1号（1993年）等も参照。

20　注釈更生保護法研究会編・前掲注（2）26頁参照。

21　注釈更生保護法研究会編・同前，綿引・前掲注（2）19頁参照。

（正木祐史／まさき・ゆうし）

第二次世界大戦後の更生保護に関する略年表

(作成／藤井剛)

1945・10・4		GHQ,「政治,市民生活及び宗教の自由に対する制限の撤廃を命ずる覚書」を発する
	10・15	勅令542号により治安維持法・思想犯保護観察法廃止
	10・22	勅令590号により保護観察所廃止
1946・6・1		司法省に大臣官房保護課独立。更生保護確立の第一歩
	7・31	司法保護団体が「司法輔導所」(のちの保護施設)を続々と設置
	10・16	GHQ,「保護監督を要する児童について」の覚書。非行少年の保護については,司法省ではなく厚生省管轄が望ましいとの見解
	11・3	日本国憲法公布に伴う恩赦。この恩赦の対象者は全国で33万人を超える
	12・12	司法保護協会,「司法保護関係法規改正協議会」設置。少年法,矯正院法,司法保護事業法の改正要綱案検討へ
1947・1・7		司法保護協会,GHQ,ルイス博士に「少年法改正案」「矯正院法改正案」を提出
	2・22	「京都少年保護学生連盟」結成。各地で非行少年の善導を目的とする青少年団体が結成され,BBS会へと発展する
	3・28	「恩赦法」(1947年法律20号)公布
	10・1	内閣に「恩赦制度審議会」設置。「恩赦法施行規則」(1947年司法省令78号)公布
	10・26	刑法の一部を改正する法律(1947年法律124号)施行。刑の執行猶予要件緩和,刑の消滅規定の新設などを規定
	11・15	前科抹消制度施行
	12・17	法務庁設置法(1947年法律193号)公布。司法省廃止。矯正総務局,成人矯正局,少年矯正局が置かれ,司法保護事業は後二者が担当
1948・1・20		司法大臣官房保護課立法部,GHQ,ルイス博士に「少年法改正案」を提出
	2・15	法務庁発足
	5・3	恩赦法施行
	5・5	少年矯正局,GHQに「少年裁判所法第二次案」提出
	6・14	「少年裁判所法第二次案」を「少年法を改正する法律案」として閣議決定
	6・30	恩赦制度審議会第4回(最終)総会。11月には個別恩赦の刑事政策的活用を謳う最終意見書および勧告書により答申
	7・15	「少年法」(1948年法律168号),「少年院法」(1948年法律169号)公布
	11・22	司法保護協会の主催により「少年保護に関する全国学生代表協議会」開催。第1回のBBS全国大会となる
	12・24	「司法保護委員選考規程」制定
1949・1・1		少年法,少年院法施行
		矯正保護管区設置令(1948年政令400号)施行により矯正保護管区設置
	1・13	少年保護司の運営要綱である通達「少年保護司の運営について」発出
	3・9	「仮釈放上申手続」制定

	3・31	法務省設置法附則により少年保護団体廃止。廃止団体は、閉鎖または社会福祉施設・少年院に転換
	4・26	「犯罪者予防更生法案」、第5国会に提出
	5・31	「犯罪者予防更生法」（1949年法律142号）公布
	6・1	法務庁が法務府に変更。更生保護は法務府保護局が所管する。また、犯罪者予防更生法により中央更生保護委員会発足
	6・27	「全国BBS代表者協議会」開催
	7・1	犯罪者予防更生法施行。現行更生保護制度の発足。これに伴い監獄法から「警察監督」の規定削除
	7・13〜19	「犯罪者予防更生法実施記念フェアー」開催。「社会を明るくする運動」のさきがけとなる
	8・29	「司法保護委員令」（1949年政令318号）公布
	10・7	中央更生保護委員会、暫定規定として「仮釈放及び仮退院手続要綱」制定
1950・	5・25	「更生緊急保護法」（1950年法律203号）、「保護司法」（1950年法律204号）公布、施行。司法保護事業法廃止
	5・31	「保護司の選考に関する規則」制定
	7・1〜10	犯罪者予防更生法施行1周年を記念して、「矯正保護キャンペーン」実施
	7・4	「全国保護司連盟」結成
	11・1	「全国BBS運動団体連絡協議会」発足
		保護司の教養訓練を目的とする「更生保護」誌創刊
	11・24	全国の更生保護会の設立認可開始される
1951・	1・20	法制審議会第4回総会において、成人に対する保護観察制度の導入等が諮問される（諮問第6号）
	1・29	司法保護協会、名称を変更し「日本更生保護協会」となる
	3・29	関東地方少年委員会および同地成人委員会の委員を3人から5人とする「犯罪者予防更生法の一部を改正する法律」（1951年法律47号）成立
	5・9	法制審議会第6回総会、刑の執行猶予者に対して保護観察に付しうることとする
	7・1〜20	法務府の主唱により「第1回社会を明るくする運動」実施。翌年からは期間が1か月間に
1952・	4・28	サンフランシスコ平和条約発効に伴い、大赦令、減刑令、復権令が公布されるとともに、個別恩赦が実施され、対象者は約75万人におよぶ
	5・27	「全国更生保護会連盟」設立
	6・23	仮釈放審理の際に面接を要すること、引致状の対象者を保護観察に付されているすべてに拡大すること等を内容とする「犯罪者予防更生法の一部を改正する法律」（1952年法律208号）成立
	8・1	国家行政組織法の一部改正により、法務府が法務省となり、法務府設置法の一部を改正する法律により、更生保護の機関も改組、外局とされていた中央更生保護委員会を廃止し、内部部局として保護局を設置。また同省の附属機関として中央更生保護審査会を設置。さらに、地方少年保護委員会・地方成人保護委員会を統合して地方更生保護委員会に、少年保護観察所・成人保護観察所を統合して保護観察所に一本化。また、更生保護機関の改編に伴い、保護司法一部改正。

		第1条の「保護司の使命」定められる
	11・2	全国BBS代表者協議会を改称し、「日本BBS連盟」となる
	11・27	全国の更生保護の代表者2400人が会して第1回全国更生保護大会開催
1953・	8・10	「刑法等の一部を改正する法律」（1954年法律195号）公布。刑の執行猶予の要件緩和、執行猶予再度者への必要的保護観察を規定
1954・	3・3	中央更生保護審査会の委員数を3人から5人にすることを内容とする「犯罪者予防更生法の一部を改正する法律」（1954年法律18号）公布
	4・1	「刑法の一部を改正する法律」（1954年法律57号）、「執行猶予者保護観察法」（1954年法律58号）公布。これらにより、初度の執行猶予者への保護観察可能に。成人への保護観察体制完成
	7・1	刑法の一部を改正する法律、執行猶予者保護観察法施行
1955・	10・29	「更生保護の措置に関する規則」（1950年法務省令146号）公布。更生緊急保護法に基づく救護、援護、宿泊の供与の委託等が明定される
1956・	5・24	「売春防止法」（1956年法律118号）公布
1957・	4・1	売春防止法施行
	11・18	自由民主党所属議員によって、更生保護の充実強化を目的とする「更生保護議員懇話会」結成
1958・	3・25	「補導処分」を創設する「売春防止法の一部を改正する法律」（1958年法律16号）、「婦人補導院法」（1958年法律17号）公布。同年4月1日施行。東京・大阪・福岡に婦人補導院設置
	8・21	保護観察中の少年による「小松川高校生殺人事件」発生
	12・11	監獄法改正準備会発足
1959・	12・28	「保護統計調査規程」制定
1960・	8・29	「わが国における犯罪とその対策」と題する初の「犯罪白書」発表
	10・12	保護観察中の少年による浅沼社会党委員長刺殺事件発生
	11・11	保護局長依命通達「青少年犯罪の凶悪化に伴う保護観察の強化について」
1961・	1・16	保護観察官100人の増員決定（同年7月1日より実施）
	10・1	東京・横浜保護観察所において保護観察官の直接処遇（一種事件）開始。処遇効果についての研究の嚆矢となる（〜1963年）
	12・22	保護局長・矯正局長通達により、実験的施策として東京保護観察所の保護観察官1人を中野刑務所に駐在させることに
1962・	5・16	「行政事件訴訟法の施行に伴う関係法律の整理等に関する法律」（1962年法律140号）による犯罪者予防更生法の一部改正。地方更生保護委員会が決定をもってした処分の取消訴訟について審査請求前置主義をとること等を内容とする
	7・1	犯罪者予防更生法施行の日である7月1日を「更生保護の日」とする
1963・	10・1	保護局内に「更生保護制度調査準備会」設置
1964・	3・6	更生保護の措置に関する規則が改正され、宿泊の供与等の委託が6月の期間を超えない範囲で定めることができるようになる
	3・28	1964年3月24日に発生した少年によるライシャワー駐日大使刺傷事件を受けて、保護局長通達「青少年（特に精神障害者）の犯罪・非行対策の充実強化について」発出

	11・9	「全国更生保護婦人協議会」結成
1965・	4・1	ライシャワー事件を契機に、三大都市において青少年保護観察対象者の初期の段階で保護観察官が直接処遇を実施
	4・15	交通事件を犯した1号観察少年に対する交通問題に特化した保護観察開始
1966・	6・30	「矯正保護審議会」発足
	8・30	日更協研究誌「更生保護と犯罪予防」創刊
	10・1	仮釈放審理の充実強化を図るため、「仮釈放準備調査制度」導入（「仮釈放準備実施調査要綱」の制定）
1967・	3・29	日立製作所の寄付により「財団法人青少年福祉センター」設立
	7・25	矯正保護審議会第1回総会開催
	9・1	２３歳未満の青少年保護観察対象者を対象とする「処遇分類制度」導入
1968・	4・20	法務省、監獄法改正準備会による検討を経て「刑事施設法（仮称）素案」として構想を発表
1969・	4・1	地方更生保護委員会の委員数を3人以上12人以下とする「犯罪者予防更生法の一部を改正する法律」公布
	4・10	全国更生保護婦人協会、名称を「全国更生保護婦人連盟」に改称
	8・15	青少年福祉センター「犯罪と非行」創刊
1970・	6・16	法務省、少年法改正要綱を発表。名称を「青少年法」とし少年法適用年齢を18歳未満とする規定などを盛り込む
	6・30	矯正保護審議会、法務大臣に対し更生保護会の活用について一部答申
	8・17～26	犯罪の防止及び犯罪者の処遇に関する第4回国際連合会議（国連犯罪防止会議）開催（京都）。日本の保護司制度に注目が集まる
1971・	8・10	保護局長通達「保護観察の効果に関する調査研究の実施について」発出。東京・大阪両保護観察所を調査のための実施庁に指定
	8・31	処遇分類制度、重点観察制度を統合し、Ａ・Ｂの2種類に保護観察対象者を分類する「分類処遇制度」導入（10月1日実施）
	9・8	日立製作所の寄付により「財団法人矯正福祉会」設立
1972・	4・1	科学的な分類調査のため、「受刑者分類規程」制定。
	5・15	沖縄返還協定が発効し、沖縄県誕生とともに那覇保護観察所発足。いわゆる沖縄恩赦実施
1974・	4・1	「仮釈放及び保護観察等に関する規則」（１９７４年法務省令２４号）公布（７月１日施行）
		保護局長依命通達「青少年保護観察対象者に対する直接処遇等の実施について」発出。「直接処遇等実施要綱」を定め、東京・大阪両保護観察所において「直接処遇班」が直接処遇を開始
	5・29	法制審議会、改正刑法草案を答申。刑の執行猶予者への保護観察拡大を規定。併せて「保護観察の遵守事項に関する要綱案」公表
	6・1	保護局内に「更生保護法制定準備会」設置
1975・	3・31	中央更生保護審査会の委員4人のうち2人を常勤とする等の「犯罪者予防更生法の一部を改正する法律」（１９７５年法律２０号）公布
	9・1～12	第5回国連犯罪防止会議において拘禁刑の代替として社会内処遇の積極活用が

		謳われる
1976・3・23		国連「自由権規約」発効
3・27		法務大臣、法制審議会に監獄法全面改正について諮問
10・20		第1回全国保護司等代表者協議会開催
1977・3・25		1号観察少年について、交通の問題性について集団処遇を中心とする「交通短期保護観察制度」導入（4月1日から実施）
6・29		法制審議会、少年法改正を答申。少年の刑の執行猶予者への保護観察拡大
1978・9・27		保護局長通達「長期刑受刑者に対する仮出獄の審理及び仮出獄者の処遇の充実について」発出。無期刑および執行刑期8年以上の長期受刑者で仮釈放となった者に対する中間処遇制度創設（1979年4月1日から実施）
1979・3・24		「保護司研修要綱」制定
6・-		保護局、更生保護会の充実を内容とする「更生保護事業法構想試案」をまとめる
9・21		「自由権規約」日本国発効
1980・11・25		法制審議会、監獄法の全面改正について答申
1981・3・4		直接処遇の実施により保護観察の実効を高めることを目的に「直接処遇実施要綱」制定
1983・12・2		「国家行政組織法の一部を改正する法律の施行に伴う関係法律の整理等に関する法律」公布され、中央更生保護審査会の設置規定が、法務省設置法から犯罪者予防更生法に移される
1984・1・27		「直接処遇班設置運営要綱」制定（4月1日実施）
3・15		法務省、「仮出獄の適正かつ積極的な運用について」の通達により仮釈放の適正化策実施へ
10・1		仮釈放準備調査のため保護観察官を刑事施設に駐在させる「施設駐在」制度開始
1985・-・-		大阪・福岡の婦人補導院廃止
11・29		国連総会、「少年刑事司法の運営に関する国連最低基準規則（北京ルールズ）」採択
1986・6・1		すべての長期受刑者に対して中間処遇制度実施
7・9		分類処遇制度について、「保護観察分類処遇要領」を定め、新たな分類票を採用（8月1日から実施）
1987・12・1		「中央更生保護審査会及び地方更生保護委員会における記録の保存に関する政令」（1987年政令386号）公布、大臣訓令「地方更生保護委員会及び保護観察所における事件記録の保存に関する規程」制定
1988・10・12		国際刑務財団「自由制約を含む非拘禁的制裁および措置の実施に関する最低基準規則」（グロニンゲン・ルールズ）採択
11・16		「更生保護会設立100周年記念大会」開催
1989・2・13		昭和天皇死亡に際し大赦令、復権令が公布されるとともに個別恩赦の基準公表。復権は1000万人を超える
1990・-・-		全矯正施設（成人・少年）において仮釈放準備調査制度実施
3・22		保護観察対象者の持つ問題性、特性等について類型化して把握する「保護観察

		類型別処遇制度」導入（5月1日から実施）
	11・12	天皇即位に際し復権令公布。復権を受けた者約250万人
	12・14	国連総会、「非拘禁措置に関する最低基準規則」（東京ルールズ）採択
1992・9・2～17		1983年から中断していた刑事裁判所と保護観察所との「保護観察連絡協議会」開催
	10・19	ヨーロッパ評議会、「社会的制裁および措置に関するヨーロッパ規則」採択。
1993・10・1		矯正保護審議会、法務大臣に対し、直接保護事業を営む更生保護会の保護施設の整備促進に関する建議を行う
	11・12	犯罪者予防更生法上の処分等については行政手続法を適用しないこととする行政手続法による犯罪者予防更生法の一部改正
1994・6・29		更生保護会施設整備に対する国の補助金制度の改善を図ること等を内容とする「更生緊急保護法の一部を改正する法律」（1994年法律58号）公布、施行
	9・1	非行性進度がそれほど深くない1号観察少年に対する「短期保護観察」制度導入
	12・1	新任保護観察官の処遇能力向上等の育成策として、「処遇実習官制度」導入。直接処遇班は「直接処遇実施班」に名称と機能を変更（1995年4月1日から実施）。
1995・5・8		「更生保護事業法」（1995年法律86号）公布、緊急更生保護法廃止
	7・2	東京の財団法人更新会において生活技能訓練（SST）開始
1996・3・19		「更生保護の措置に関する規則」（1996年法務省令20号）公布
	3・26	「更生保護事業法施行規則」（1996年法務省令25号）公布
	4・1	更生保護事業法施行
	9・10	全国保護司連盟、第1回保護司制度研究会を開催し、保護司法改正の検討を開始
1998・2・26		矯正保護審議会、法務大臣に保護司制度の充実強化に関する建議を行う
	5・20	地方公共団体による保護司会への協力規定等を内容とする「保護司法の一部を改正する法律」（1998年法律61号）公布（1999年月1日施行）
1999・1・19		「保護司会及び保護司会連合会に関する規則」（1999年法務省令2号）公布
2000・1・－		更生保護法人全国更生保護法人連盟および法務省保護局、「更生保護施設の処遇機能充実化のための基本計画――21世紀の新しい更生保護施設を目指すトータルプラン」を策定
	4・1	内部部局の改編に伴い、保護局恩赦課の廃止および恩赦管理官の新設、保護局連絡調整課の廃止および更生保護振興課の新設がなされる
4・10～17		第10回国連犯罪防止会議、「犯罪と司法に関するウィーン宣言」第26項において過剰拘禁抑制のための代替手段促進を決議
	7・1	長期刑仮出獄者の中間処遇に関し、保護観察官の関与を強め、実施可能な更生保護施設を増加させる等の中間処遇制度見直し
	11・28	矯正保護審議会、「21世紀における矯正運営および更生保護の在り方について」を法務大臣に提言する
	11・29	ヨーロッパ評議会、「社会内制裁および措置に関するヨーロッパ規則実施改善のための勧告」採択
2001・1・5		矯正保護審議会廃止
	1・6	「保護司の選考に関する規則」（2001年法務省令15号）公布

	3・1	犯罪被害者等に対する受刑者の出所情報通知制度開始
	10・1	再被害防止のための出所情報通知・速報制度開始
2002・5・29		更生保護施設での保護内容に生活指導を加えること等を内容とする「更生保護事業法等の一部を改正する法律」（2002年法律46号）公布
	6・5	「更生保護施設における処遇の基準等に関する規則」（2002年法務省令37号）公布
2003・3・18		類型別処遇の充実強化を目的に「保護観察類型別処遇要領」全面改正
	5・21	全国更生保護婦人連盟，「日本更生保護女性連盟」に名称変更
	7・16	「心神喪失等の状態で重大な他害行為を行った者の医療及び観察等に関する法律」（2003年法律110号）公布
	12・18	犯罪対策閣僚会議「犯罪に強い社会の実現のための行動計画」を公表
	12・22	「行刑改革会議提言～国民に理解され，支えられる刑務所へ～」が公表される
2004・4・1		覚せい剤事犯の仮釈放者に対し、任意の簡易尿検査を開始
	11・17	奈良県で元受刑者で保護観察経験のある者による女児誘拐殺人事件発生
	12・8	「犯罪被害者等基本法」（2004年法律161号）公布
2005・2・4		安城市で仮釈放中の者による幼児殺人事件発生
	3・14	「刑事施設及び受刑者の処遇等に関する法律案」閣議決定、第162国会上程
	4・1	矯正機関・更生保護機関・職業安定機関の連携を強化し、刑事施設被収容者・保護観察対象者等への就労支援策となる「刑務所出所者等総合的就労支援対策」実施
	4・18～25	第11回国連犯罪防止会議，「バンコク宣言」第32項において刑事施設収容の弊害除去について決議。「被収容者の基本的権利章典案」は提案されるも宣言に盛り込まれず
	5・25	「刑事施設及び受刑者の処遇等に関する法律」（2005年法律50号）公布
	6・1	法務省、警察庁に子どもを対象とする暴力的性犯罪を犯した刑事施設被収容者の出所予定日、出所後の所在に関する情報提供開始
	7・15	心神喪失等の状態で重大な他害行為を行った者の医療及び観察等に関する法律施行。医療観察制度開始
	7・20	「更生保護のあり方を考える有識者会議」第1回会議
	8・29	法務省、厚生労働省と共同で「刑務所出所者等総合的就労支援対策」をまとめる。刑事施設等出所者への就労支援、保護観察対象者への就労支援、協力雇用主の拡大を主な内容とし、2005年度から実施
	9・1	法務省、警察庁に、殺人・強盗等の凶悪重大犯罪、再犯のおそれの高い侵入窃盗、薬物犯罪に関する出所情報等の提供開始
	12・1	保護観察中に所在不明となった者に対して、警察との協力による所在調査開始
	12・26	「更生保護のあり方を考える有識者会議」中間報告
	12・27	政府、犯罪被害者基本法に基づき「犯罪被害者等基本計画」を策定
2006・1・11		ヨーロッパ評議会，ヨーロッパ刑事施設規則改正についての勧告を採択。拘禁の最小化を基本原則とする
	3・31	仮釈放審理体制の強化、保護観察対象者への遵守事項の整備等を内容とする「犯罪者予防更生法の一部を改正する法律」（2006年法律14号）、「執行猶予者

		保護観察法の一部を改正する法律」（2006年法律15号）公布
	4・1	類型別処遇の「性犯罪対象者」とされた全保護観察対象者に「性犯罪者処遇プログラム」を開始
	4・14	「更生保護事業費補助金交付規則」（2006年法務省令48号）公布
	5・24	刑事施設及び受刑者の処遇等に関する法律施行
	6・8	「刑事収容施設及び被収容者等の処遇に関する法律」（2006年法律58号）公布
	6・27	更生保護のあり方を考える有識者会議、「更生保護制度改革の提言－安全・安心の国づくり、地域づくりを目指して－」を公表
	7・26	法制審議会第149回総会において刑事施設の被収容者人員の適正化を図るための諮問第77号が諮問される
	9・19	執行猶予者保護観察法の一部を改正する法律施行。保護観察付執行猶予者に対して、特別遵守事項を付すこと等が可能となる
	9・28	法制審議会「被収容人員適正化方策に関する部会」第1回会議
	12・24	2007年度予算に、初の国立更生保護施設となる「自立更生促進センター」設置のための予算盛り込まれる。設置予定地は、沼田（北海道）・福島・京都・福岡とされる
2007・	3・2	「更生保護法案」閣議決定、第166国会に上程
	3・22	日弁連、「更生保護法案に対する意見書」公表
	4・12	更生保護法案、衆議院本会議において趣旨説明・審議入り
	5・8	更生保護法案，衆議院本会議において賛成多数で可決

(1) 略年表の大部分は、更生保護50年史編集委員会編『更生保護50年史』（同編集委員会、2000年）等の更生保護関係機関記念誌を参照し、最近の動向については各種雑誌論文および法務省ウェブサイト等により補足した。なお、第二次世界大戦以前の動向については『更生保護50年史』を参照されたい。
(2) 更生保護と関わりの深い領域である刑事施設関連の動きについては、刑事立法研究会編『21世紀の刑事施設』（2003年）、同『刑務所改革のゆくえ』（2005年）、同『代用監獄・拘置所改革のゆくえ』（2005年）のそれぞれの略年表を参照のこと。

第 2 部
総論的検討

第3章 更生保護における社会的援助
3号観察を中心に

1. はじめに

　近時，更生保護のあり方が根本的に揺らいでいる。社会内処遇の中心として議論される保護観察の機能には，犯罪者予防更生法（以下，犯予法）34条1項に示されているように，「指導監督」と「補導援護」の両面があるといわれてきた。しかし，仮釈放者や執行猶予者による重大事件を契機とし，「国民の信頼」の確保を正面に打ち出している更生保護制度の再編は「指導監督」——より端的には，「指導監督」を変質させた「監視」——の強化を基軸としている。「更生保護のあり方を考える有識者会議」による「更生保護制度改革の提言——安全・安心の国づくり，地域づくりを目指して」と題する最終報告書（以下，有識者会議提言）は，その表現である。

　しかし，「監視」の強化を軸にした更生保護制度の再編——別言すれば，「補導援護」を退縮させた制度への移行——により，長期的に「国民の信頼」を確保できるかどうかには疑問がある。仮に更生保護の中心的な原理として監視を認めるとしても，もとより人的・物的資源に限りのある保護観察関係機関（保護観察官と保護司）で永続的な監視を行うことは不可能である。また，監視を中心的な原理に据える制度は，その権力性ゆえに将来における担い手の拡がりを展望できない[1]。

　監視の強化による更生保護制度の再編は，制度の対象者の問題を考えた場合にも合理性をもたない。現行制度上，たとえば満期釈放者は保護観察の対象とはならない。責任に応じて定められる刑期を超えて保護観察を行い得ないことは，近代法の基本原理からすればむしろ当然の帰結であるといえる。しかしながら，他方で，満期釈放者は多くの場合，仮釈放対象者と同様もしくはそれ以上の個人的・社会的問題を抱えている。社会復帰支援の必要性という点からいえば，両者に異なるところはないといえる。こうした現実があるにもかかわらず，監視の強化

の論理によりこれらの者を更生保護制度に無理に取り込もうとすれば，権力作用である保護観察を対象者の刑期を超えて及ぼすほかなくなる。このことは，極めて重大な形で近代法原理を破ることを意味している。そうだとすれば，やはり監視に代わる論理が更生保護制度の中心に据えられなければならないことになる。

このように考えてみると，現在においてこそ，刑事司法制度に取り込まれた個人に対する一貫した社会的援助という観点から更生保護制度を捉え直し，保護観察制度もそのためのひとつの手段として位置づけ直す必要があるのではないだろうか。その上でこそ，最終的に，安全な社会の構築と更生保護制度に対する「国民の信頼」の確保が可能であるように思われる。

以上から，更生保護段階における社会的援助のあり方について検討を加えることが必須の課題として浮かび上がる。本来ならば，更生保護段階のすべてを（さらにはその先をも）見渡しての検討が必要であるが，その総合的な検討については他日を期さざるを得ない。本稿では，仮釈放者に付される保護観察（3号観察）を主たる素材として若干の検討を加えることで，この課題への序論とすることとしたい。

2. 現状

(1) 対象者の数

3号観察および執行猶予者保護観察（4号観察）の新規受理人員数を見てみると，2005（平成17）年では，3号観察が16,420人，4号観察が4,996人である。係属人員数では，同年12月31日現在で，3号観察が7,715人，4号観察は15,413人となる。他方、2005年中に更生緊急保護ないし援護等の措置が実施された人員は、自庁保護と委託保護とを合わせて、更生緊急保護が12,990人、援護等が10,204人である（いずれも少年を含む）。

以上のように更生保護制度全体に視野をおくと，保護観察制度と更生緊急保護等を区別するとしても[2]，歴史的に，あるいは現在の関心が前者に集中していることは事実としても，数的に見てみれば，前者の論理を更生保護制度全体に単純かつ全面的に適用しようというにはあまりにも後者の役割が大きいことが明らかになる。

(2) 保護観察の担い手

保護観察官は地方更生保護委員会事務局に92人，保護観察所に781人おり，そのうち，具体的なケースに関わることが可能なのは約650名にすぎない。保護

観察官には、専門的知識をもつ公務員であるにもかかわらず、デスクワークで忙殺され、具体的なケースワークは 48,509 人を数える保護司に任せざるを得ない状況にあるともいわれている（資料はいずれも有識者会議提言より）。戦後、犯罪者予防更生法が導入され、保護観察官が大幅に増員された結果、保護観察官による直接担当が多くなることが期待されていたが、1960（昭和 35）年の 100 名増員を最後に大幅な増員は図られていない[3]。一部の保護観察が難しいと予測される対象者に対しては、まず保護観察官が担当し、その後保護司に引き継ぐという方法がとられているものの、その対象数も限られているのが現状である。

このように、国の活動である保護観察は、民間人である保護司に頼っているという実態にある。保護司の活動もボランティアであって実費を賄うのがぎりぎりという状況にあり、若手の保護司はなかなか育たないのが現実である。そのために生じている保護観察対象者との年齢差に起因するジェネレーション・ギャップは、古い考え方の一方的な押しつけ、その結果としての保護観察対象者の拒否感にもつながりかねず、対象者への援助活動にも大きな影響を及ぼさないか危惧される。こうした現実は、有識者会議提言では「民間に依存した脆弱な保護観察実施体制」という問題があり、「実効性の高い官民協働」が必要とまとめられている。しかしながら、保護観察における一貫した社会的援助の提供という視点からみれば、むしろ逆に、「民間」との連携が保護司や更生保護施設のみに限られていてよいものなのか、むしろ多様な協力者・協力機関との連携が必要であり、国家機関である保護観察所もそうした援助のネットワークのひとつとしてとらえられるべきではないか、が問われることになる。

(3) 保護観察とケースワーク

保護観察は、保護観察官と保護司の協働体制により実施される。保護観察官は、対象者との面接や関係記録等に基づき、保護観察実施上の問題点や処遇方針等を明らかにし、処遇計画を立てる。保護司は、この処遇計画に沿って、面接、訪問等を通して対象者やその家族と接触し、指導・援助を行う[4]。面接は、毎月対象者を自宅に訪問させて、指導・助言を行う「来訪」を中心に行われている[5]。

犯予法 2 条では、本人の改善更生のため必要かつ相当の限度であること、個別処遇の原則が述べられており、また、仮釈放、仮出場及び仮退院並びに保護観察等に関する規則（以下、規則）2 条では、相互信頼の原則が規定されている。これらの原則は、処遇過程における接近法としてのケースワークの基礎とされている[6]。

ここで確認しておきたいのは、「保護観察」と「ケースワーク」の原理的な関係

である。果たして，ケースワークという自発性の高い制度と保護観察が権力的契機をもつという性格との間に矛盾がないかどうかが問題になる。「ケースワークは，形成過程においては，何らかの問題，解決を要する事項があって，助力を求めてくるクライエントに対する活動として始まり，そのための技法として洗練されてきた」のに対し，保護観察の対象者は「欲しないクライエント」である，と指摘されることがある[7]。さらに，保護観察を実際に行う保護司が民間人であることから，果たして保護司がケースワーカーたり得るのかという問題が提起され，「保護司には資質，能力，活動条件にかなりの幅があり，一定の統制された技法を展開しているとはいえず，ある幅を持った活動が展開されている」[8]という指摘もなされている。その意味では，現行制度においては，更生保護の措置として，どのようなことをどの程度行なうのか，期待する効果を上げることができるかについては，担当する保護司の能力にかかっているという状況にあるといえる。

　この点、一貫した社会的援助の提供という視点からすれば、権力的契機を内在させる保護観察制度の中とはいえ、そこで実質的に行われるべきはまぎれもなくケースワークである。そうだとすればここからも、保護観察という制度を、「監視」と（とりわけ不良措置制度があることによる）「強制」という論理を基礎に位置づけるのではなく、むしろケースワークの効果的な実施という観点から、対象者自身による問題の自己解決をそれぞれの問題群に関係する専門機関が側面援助するシステムとして更生保護制度の中で位置づけていくべきことが明らかになる。

⑷　3号観察対象者に関する情報

　関連して，対象者に関する情報についても考えておく必要がある。刑事司法手続には捜査段階，公判段階，そして処遇段階とさまざまな段階があり，それぞれに必要な情報は異なっている。各段階で収集された情報は当然対象者に関わる情報であって，対象者の抱えている問題の発見，解決に向け，対象者の社会復帰に資する情報であるはずである。しかし，更生保護段階で現実に活用されている情報は，それほど豊富なものではない。

　3号観察について，刑事施設に収容された対象者に関する情報の保護段階への連絡について見てみよう。刑事施設の長は，新たに受刑者を収容したときは，速やかに，地方更生保護委員会及び保護観察所の長に対し，受刑者本人に関する身上調査書を通知しなければならない。調査書には，氏名，年齢，本籍，言渡し裁判所，判決の言渡し日・確定日，罪名，刑名，刑期，刑期の起算日・終了日，応当日，心身の状況，生活歴，犯罪の概要・動機・原因，帰住予定地・

引受人の状況，共犯者の状況，被害者の状況，釈放後の生活計画などについて記載されることになっている（規則8条）。この通知は，環境調整（規則10条），仮釈放の準備調査（規則15条）の基礎となる。この身上調査書の送付を受けた段階で，帰住予定地の環境調整が行われることになる[9]。環境調整事項として，引受人及び家庭状況，近隣の状況，本人の犯罪に対する社会の感情，被害弁償の状況及び被害者の感情，矯正施設に収容前の生活状況及び交友関係，釈放後の学業及び生計の見込み，犯罪または非行の動機及び原因，そのほか参考になる事項が挙げられている（規則11条1項）。環境調整は本人との面接，通信のほか，引受人その他の関係者との協議，矯正施設その他の関係機関の協力によって継続的に行われ，社会復帰を円滑にすることのために行われる。（同条2項）。したがって，保護観察と施設内処遇の架け橋の一つとして意味を持つことになり，ここで，刑事施設からの情報提供がなされることとなる。また，刑事施設の長は仮釈放のために必要な期間をすぎた場合，地方更生保護委員会に応答日経過通告を行うことになっている（犯予法28条）。この通告において，処遇の段階及び成績の推移，釈放後の生活計画をあげることとなっており（規則14条），対象者の釈放に向け，施設内処遇での状況が連携されることとなっている。

　地方更生保護委員会は，保護観察官に仮釈放の審理の準備のために必要な調査を行わせることができるが（規則15条），この調査には刑事施設の長が仮釈放の申請を行った後だけではなく，刑事施設の長からの申請を受理する前に，施設において仮釈放審理のために行う調査活動も含まれている。その主な内容は，「①受刑者との面接，書類精査及び矯正職員との協議などにより，仮釈放審査の適正化及び釈放後の環境改善のための資料収集を行うこと，②受刑者本人からの相談に応じ，助言を行うことにより社会復帰を円滑化することである」とされている[10]。この調査は環境調整と相まって，保護観察官が施設内での情報を収集するだけでなく，釈放後の状況も含めた情報の収集・整理を司ることになる。

　仮釈放は，刑事施設の長が申請してはじめて地方更生保護委員会で審査されることになるが（犯予法29条1項）[11]，各刑事施設では仮釈放適格者の振り分けに際して，「仮釈放及び保護観察に関する規則並びに仮釈放・保護観察等事件事務規程の運用について」という1974（昭和49）年の依命通達において，処遇関係，身上関係，犯罪・非行関係，保護関係について詳細に審査事項を例示している。各刑事施設は仮釈放審査要領，独自の採点・考査のための具体的な基準表を作成しており，一定のボーダーライン以上の者が原則として仮釈放適格を得たものとして評価されるという[12]。

このように，刑事施設が新規受刑者を受け入れた段階からさまざまな通告・調査を通じて，処遇関係の情報は保護観察官に受け継がれることになる。しかし，処遇の状況に関する情報が提供されることになっているものの，本人の抱えている問題が施設内処遇でどの程度解消されたのかという問題など，社会内処遇の展開に必要な情報の共有は，いくつかの点についてなお不十分であるといわざるを得ない。

3.　更生保護における社会的援助

(1)　意義

　それでは，更生保護におけるあるべき社会的援助の姿とはどのようなものだろうか。刑事立法研究会は，刑事拘禁法要綱案において，処遇の根幹をなす理念ないし処遇目的としての「社会的援助」を広義の社会的援助とし，「社会復帰という行刑の基本原則を具体化するもの」と捉えている。また，狭義の社会的援助は個々の被収容者に提供されるものであって，刑務作業等の個別規定には収斂できない具体性を持った内容のものとして把握される。その特徴は，「①拘禁による弊害除去にとっての社会的援助の不可欠性と国の弊害除去義務，②社会的援助の権利性（国の提供義務）・非強制性，③処遇内容としての社会的援助，④収容時から釈放後までの援助の一貫性」にあることになる[13]。これは施設内処遇に関連づけられたものであるが，刑事司法制度に取り込まれた個人には何らか弊害が発生するのであって，これに対する社会的援助は制度全般において観念できる。行刑と更生保護の関係に焦点を絞るとしても，施設内処遇と社会内処遇は一貫して社会復帰という目的を目指して行われるべきであり，社会的援助の提供は施設内で終了せずに，社会復帰に向けて社会内処遇でも継続することが必要になる。そうだとすれば，当然に，更生保護段階においても上記の原理・性格は一貫していなければならない。

　従来，社会内処遇の中心は保護観察で，その主たる担い手は保護司であったといってよい。理想的な更生保護を考える上で最も重要なのは，対象者が将来犯罪に及ばないようにその抱えている問題を解決することを目指していくことである。そうした問題としては，教育，就労，家族関係を含めた人間関係，薬物など多様なものが想定される。しかし，他方で，対象者のニーズが多岐に渡れば渡るほど，その問題の解決にあたる担い手が問題になる。仮に，更生保護の担い手を保護観察官や保護司に限定するのであれば，これらの者が過剰負担に陥ることは火を見るよりも明らかである。そうだとすれば，それぞれの問題を解決するのに

ふさわしい機関との連携，問題解決のためのネットワークを，むしろ制度の中心に据える方が合理的であり，かつ機能的であるといえる。具体的には例えば，教育支援であれば学校との連携，就労支援であればハローワークや協力雇用主との連携，職業訓練の実施が考えられるし，薬物犯罪者の場合であれば，薬物犯罪処遇プログラムを実践しているNPO法人との連携も模索する必要がある。

また，監獄法下での受刑者処遇においては，その大半を占める懲役刑受刑者の場合，刑罰内容として刑務作業が義務づけられ，個々の犯罪者が抱えている犯罪原因要素に対する処遇プログラムはほとんど行われてこなかったといってよい。就労支援になる職業訓練は一定の対象者に限って行われていたが，十分とはいえなかった[14]。刑事収容施設及び被収容者等の処遇に関する法律（以下，被収容者処遇法）では，刑務作業に代わって必要な処遇プログラムの実施が求められており，さまざまな犯罪原因要素の解消に向けた処遇プログラムの提供が刑務所に求められることになる。今後は，薬物犯罪者や性犯罪者に加えて，多様なプログラムの実践が期待される状況にある[15]。そのような施設内処遇をめぐる動き自体が，施設内処遇と社会内処遇との単なる連続性だけでなく，社会における多様な援助手段との連携・連帯を求めているといえるのである。

(2) 社会的援助と同意原則

このように考えると，更生保護の段階においては対象者の問題解決を支えるのにふさわしい多様な援助手段が用意されなければならない。その上で確認されなければならないのは，この「援助」の性質である。

社会的援助は対象者が抱えている問題を解決するためのものである。そうである以上，その前提として，対象者自身が自分の抱えている問題をきちんと把握し，援助がその問題解決に向けてどのように関わるものであるのかを理解しておく必要がある。そうでなければ，援助はそもそも対象者自身に受容されないだろうし，仮に対象者が応じたとしてもあまり効果がないものになってしまうだろう。このことから，社会内処遇として何らかのプログラムを提供するなどの援助手段を行う場合には，説明と話し合いを行った上での対象者本人の同意が不可欠になる。

社会内処遇における一定の措置が対象者の同意を前提としていることは国際準則でもすでに確立されているといってよい。たとえば，1990年に国連で採択された「非拘禁措置に関する国連最低基準規則」（東京ルールズ）も「犯罪者に一定の義務を課す非拘禁措置については，正式手続・裁判の前あるいはその代替として適用されるものであったとしても，犯罪者の同意が必要である。」（3.4）と規定

しているし,「自由の制限を含む非拘禁制裁および非拘禁措置のための最低基準規則」(グロニンゲン・ルールズ) においても, 対象者の同意を要求している (第9)。

また, 従来から保護観察のケースワーク機能が重視されてきたがケースワークを機能させるためにも対象者の同意が必要となる。ケースワークでは対象者を利用者, すなわち「クライエント」と位置づけるが, クライエントの自己決定の重要性が説かれている[16]。この自己決定の重要性は, 対象者本人の意思がなければ, 社会内処遇が有効に機能しないことを意味しているのではないだろうか。問題解決を他律的に行おうとすると, 原因となる問題の究明よりも, 表面に現れる現象, すなわち再犯の防止という形で出てくる可能性が高い。それと異なり, 社会内処遇を受ける者, すなわち「クライエント」自身の意識が課題解決に向かうことでこそ, 他の者の差し伸べる協力を「クライエント」自身が親身に感じることができるのである。その結果として, その協力は利用者本人の受容を通じて, 利用者自身の自律的なものに変化することから, より効果的なものになるはずである。

近年の仮釈放者等による再犯の発生によって, 社会内処遇での監督機能を強め, 再犯防止のためにさまざまな処遇プログラムの受講を義務づける方向を有識者会議は提言している。しかし, 上述の観点からはこの提言には賛成できないことになる。

(3) 保護観察の対象者と社会的援助

現在の保護観察制度では, 帰住地調整で親族の元に帰ることが難しい場合には, 更生保護施設が宿泊場所を提供することになる。また, 仮釈放中の保護観察は刑期満了まで, すなわち残刑期間に限られている。こうしたことから, 現行制度の問題点として,「釈放後の社会内処遇によって犯罪者の円滑な社会復帰と更生を果たそうと意図しているので, より良い収容者を選んで早期に釈放する運用が避けられない」と指摘され, その結果, 釈放後の処遇をもっとも必要とする収容者が対象から除外され, あるいは短期間しか処遇を受けられないという矛盾にさらされると指摘されることがある[17]。この問題は, 一方で, 3号観察については残刑期間を超えて保護観察を付せるようにするべきであるという主張に, 他方で, 満期釈放者に対しても保護観察をつけるべきであるという主張に結びつく可能性をもつ。

しかし, こうした主張は, 責任主義という近代法の最も基本的な原理を侵害することになる。そもそも, 社会復帰は保護観察期間中に完結しなければならないものではなく, 一般福祉への橋渡しができればよいともいえる。また, 保護観察もケースワークとして機能させることにより, 他のさまざまな社会資源との連携を図っ

ていくことこそが重要であり，他方，連携先の社会資源は保護観察中でなければ利用できないというわけではない。そう考えると，残刑期間主義を放棄してまで保護観察期間を長期化しなければならないという主張は妥当なものではないことになる[18]。

　近時の保護観察「強化」論が求めているのは，むしろ端的に監視の強化といえる。しかし，永遠に監視を続けることができない以上（あるいはそれをしたとしても），監視の論理で再犯を防ぐことは現実として難しい。仮に刑期を超えて保護観察期間を延長したとしても，監視の論理では，問題が先送りされるだけである。そうだとすれば，必要なのは，むしろ再犯原因にもなりうる対象者自身が抱える問題をいかに解決するかであり，問題の核心は，社会的援助の提供をどう充実させるか，という点にこそあることになる。対象者のニーズにどのように対応し，社会資源の活用にどうつなげていくのか，保護観察官・保護司を中心とした援助のネットワークをいかに広げ，いかに実効的に活用できるか，という問題こそが喫緊の課題なのである[19]。

(4) 施設内処遇との連携

　社会的援助の提供という観点からは，矯正と保護の連携がより一層重要なものになる。もちろん，従来においても矯正と保護の連携の必要性はことあるごとに指摘され続けてきた。しかし，施設内処遇では刑務作業がその中心をなし，社会復帰に向けた処遇がほとんど行われてこなかったといえる。こうした状態は，被収容者処遇法が新たに制定され，施設内処遇においても社会復帰に向けた改善指導，教科指導などの処遇プログラムの実践が規定されたことから（103条，104条），改革の方向にある[20]。むしろ，現在求められているのは，社会内での処遇において施設内処遇での成果を引き継ぐことによって問題の解決を図る一貫した援助なのである。その際重要なのは，対象者の危険性に基づき人格変容による再犯防止または社会防衛を目指すものとしてではなく，社会生活再建のための社会的援助として処遇をとらえることである[21]。施設内処遇と社会内処遇の情報連携にしても，そのような社会的援助に関する情報の収集と相互交換が中心とされなければならない。

　処遇プログラムという点では，2004（平成16）年に奈良県で発生した女児誘拐殺害事件を契機として策定された性犯罪者処遇プログラムが，矯正と保護が素案作成過程から協力したものとして注目に値する。プログラムに向けた研究会では，背景理論や対象者のアセスメント，処遇の枠組み，課題等の共通化，密接な情

報交換を行って連携のとれた処遇の展開，刑事施設で実施したプログラムの社会内での復習とならんで，社会内でのプログラム受講に向けた早期の仮釈放が提言された[22]。こうしたプログラムについては，それ自体の実施枠組みについて検討すべき点があるとしても，更生保護を視野に入れているという点では積極的に評価できる側面ももつ。こうしたプログラムの実施は，施設内外における処遇を対象者の同意に基づく社会的援助の提供という視点でとらえてこそ，円滑に行いうるものであることを確認しておく必要がある。

矯正と保護の連携という点では，従来から行われてきた帰住地に関係する環境調整のあり方も問題になる。更生保護施設への帰住を希望する場合にも，暴力団関係者や高齢者の場合，受け入れ拒否の事例が多いといわれている。その問題点として，受入れの判断資料となる身上調査書にマイナス材料が多く記載されていることが指摘されている[23]。これについては，対象者が抱える問題がどのようなものであり，施設内処遇でそれがどの程度解決でき，どのような課題がなお残されているのか，社会的援助のネットワークの中でどのような機関がかかわりながら残された課題を埋め合わせればよいのか，という観点から情報の伝達を行うことが重要だといえる。この点は，精神障害者で専門的な配慮を要する者や身体の障害，疾患があって引受人のない者の釈放にあたっても同様である。後述するように，矯正・保護の連携だけではなく，コーディネーターをたてて，関係諸機関とのネットワークを通じて必要な調整を行うことが期待される。

⑸　更生保護に関わるネットワーク

社会内処遇を実践していくうえで，多様な社会資源とのネットワークが重要であることはいうまでもない。

施設内処遇と同様に，社会内処遇においても，対象者が抱えている問題は多岐にわたっており，その解決を保護観察官のみが担うことは，現実的ではなく，望ましいものでもない。むしろ，偏見なく問題に正面から対処すべきことや無用のラベリングを避けるべきことを考えれば，刑事司法の外に位置するそれぞれの領域の専門機関を始めとする社会資源が更生保護領域の援助活動に積極的に関与することこそが望ましい。

社会資源のネットワーク化を実践するためには，①刑事司法的観点からの関係機関等の役割分担についての合意形成及びその内容の明確化，②社会資源ネットワークの運営に関する役割・責任分担基準の明確化と定着化・制度化，③社会資源を活用するための体制整備と予算確保，④社会資源ネットワークを動かす

核となる仕組みの創設，⑤社会資源ネットワーク整備計画の策定とその実施という基本枠組みを構築しなければならないとされている。ここで重要なのがコーディネーターの存在である。先の刑事立法研究会の刑事拘禁法要綱案では，既決被収容者処遇における社会的援助の担い手として，ソーシャルワーカーを施設に配置することとしている（第82①）。このソーシャルワーカーは，施設内処遇を決定する処遇委員会の審議に参加して処遇の実施に関与することで被収容者のニーズを把握し，保護観察官，保護司，そのほか社会内の諸機関や団体・個人と緊密に協力しなければならないとされている（第82②）。また，更生保護との相互連携を図るため，既決被収容者の申出に基づき，処遇委員会が適当であると認めたときには保護観察も担当することができる（第83）。社会との連携において，ソーシャルワーカーに求められているのは，コーディネーターとしての役割である[24]。

ソーシャルワーカーの存在をひとまずおくとすれば，社会内処遇において，保護観察官・保護司は処遇の実施主体でもあるが，対象者のニーズに応え，多様な資源を利用できるようにするコーディネーターの役割も担うべきであろう。すなわち，施設内で見いだされてきた対象者のニーズがどこまで施設内処遇で充たされてきたのか，残された課題は何なのか，社会内処遇を行うにあたって新たに見いだされるニーズとして何があるのか，それらを十分に見極めた上で，必要な資源との調整を行うコーディネーターとしての役割が期待されることになる。

4. むすびに代えて

本章では，主として3号観察を念頭に，社会内処遇における社会的援助とは何か，どのように行われるべきかということに焦点を当てて論じてきた。最後に，重要だと思われる点を確認しておきたい。

社会内処遇は対象者本人のニーズに応じて行われるものであって，そのニーズは施設内処遇との連携も図りつつ，対象者本人との面接を通じて，ケースワーク的に見いだしていくことになる。そして，その見いだされたニーズにしたがって，社会内の多様な資源によるプログラム等の受講や就労支援などの具体的な社会的援助を提供していくことになる。この社会的援助は，対象者の申し出があった場合や関係機関の助言・説得に基づいて本人が同意・納得した場合に，それを提供できるように国は準備しておく義務を負うものである。従って，社会的援助の提供は対象者自身の同意があってはじめてなされるものであり，それを受けることは義務ではないのである。社会内処遇は，対象者の抱えているニーズを充たし，犯

罪の原因となりうる問題点の克服に向けて，対象者自身が納得の上で努力し，国，関係機関が適切な社会的援助を提供していくことこそが重要なのであって，それにより対象者は社会復帰を果たすこととなり，再犯の防止はその反射的効果として期待されることになるのである。

1　この点で，治安維持機関である警察を更生保護制度の担い手に組み入れるという方向性も論理的にはありうる。しかし，それが歴史の逆行であることは，言を俟たない。
2　更生保護制度全体にあって，保護観察制度と更生緊急保護等とをどのように位置づけるか、あるいは更生保護制度と社会福祉制度との関係をどのように把握するかは、将来の展望と相俟って、それ自体が大きな課題である。
3　保護観察官による直接担当に効果が期待されたのは，保護観察官の専門性を期待してということであるが，近年ではそれに対しても懐疑的である。たとえば，有識者会議提言も「犯罪者処遇に必要な高度の専門性を獲得し，向上させる機会に十分に恵まれず，研修等も工夫の余地がある状況であって，養成システムも十全とはいえない」と指摘している（最終報告書9頁）。
4　犯罪白書平成18年版73頁。経過は毎月報告され，保護観察官は，保護司との連携を保ちつつ，状況の変化に応じて処遇上の措置を講じている。
5　山田憲児「社会内処遇の担い手の現状と課題」法律のひろば2005年1月号46頁。「来訪」のほか，保護司が対象者宅を訪ねる「往訪」も重要な面接形態であり，「来訪」を中心としつつ，定期的に「往訪」を織り交ぜているという。なお，「来訪」という面接方法は，保護司の家族の理解がなければ成り立ち得ず，新任保護司の確保にも影響しているとの指摘もある。
6　北澤信次『犯罪者処遇の展開――保護観察を焦点として』（成文堂, 2003年）125頁。
7　北澤・同前。北澤氏は，この問題は理論と実践の中で解決できていると評価している。
8　北澤・同前126頁。
9　犯予法52条では「必要があると認めるとき」に環境調整を行うとしているが，規則10条では必要的なものと取り扱っている。
10　瀬川晃『犯罪者の社会内処遇』（成文堂，1991年）186頁。
11　仮釈放を本人が自ら申請することはできない。
12　瀬川・前掲注（10）187頁。
13　正木祐史「社会的援助の理論と課題」刑事立法研究会編『21世紀の刑事施設――グローバル・スタンダードと市民参加』（日本評論社，2003）114頁以下参照。

14 2005（平成17）年の場合，職業訓練の修了者は2,141人であり，既決被収容者の一日平均人員が約66,000人であることを考えると，その対象者がごくわずかであることがわかる。なお、刑務作業のあり方全般につき、津田博之「刑務作業――刑罰内容からの解放を目指して」刑事立法研究会編・前掲注（13）156頁以下参照。

15 なお、処遇（プログラム）のあり方等に関しては、謝如媛「分類と個別的処遇」刑事立法研究会編・前掲注（13）125頁、藤井剛「個別的処遇計画の実施――『処遇の個別化』から『個別化された援助』へ」同135頁、大薮志保子「薬物依存者処遇の新時代」同165頁等をも参照。

16 鈴木美香子「ソーシャルワークと更生保護」『更生保護の課題と展望――更生保護制度施行50周年記念論文集』（日本更生保護協会，1999年）248頁。

17 土持三郎「矯正と保護の連携について」犯罪と非行101号（1994年）16頁等。

18 他方で、施設内処遇から社会内処遇へ、というソフトランディングを図るために一定の保護観察期間を確保しようという努力は必要である。刑事立法研究会ではそのために、必要的仮釈放制度を提案している。武内謙治「仮釈放制度の法律化と社会化――必要的仮釈放制度と任意的仮釈放制度の提唱」刑事立法研究会編・前掲注（13）228頁参照。

19 理論的な解明課題としては、満期釈放者や単純執行猶予者など、保護観察に付されていない者への社会的援助の提供ということまで見越して、更生保護制度をどのように再構成するか、という点がある。

20 ただし、問題点等につき、水谷規男ほか「既決被収容者処遇のあり方」刑事立法研究会編『刑務所改革のゆくえ――監獄法改正をめぐって』（現代人文社，2005年）24頁以下参照。この点、被収容者処遇法に至る過程で仮釈放について改革の議論がなされなかったという問題がある。斎藤司「仮釈放の現状と課題」同前88頁参照。

21 土井政和「一貫した社会的援助」刑政108巻4号（1997年）、同「社会復帰のための処遇」菊田幸一・海渡雄一編著『刑務所改革』（日本評論社，2007年）71頁。

22 名執雅子・鈴木美香子「性犯罪者処遇プログラムの成立経緯とその概要」法律のひろば2006年6月号13～14頁。特に処遇記録・成果の共有に関連して、共通のアセスメント・ツールを用い、プログラムの実施状況の通知、各種査定結果の相互伝達が行われ、対象者の作成した「リプラス・プリベンション計画」、使用したワークブックの受け渡しによって、再犯防止に効果の高い有用なものへと改良を目指すとしている。

23 土持・前掲注（17）18頁。

24 正木・前掲注（13）参照。

（津田博之／つだ・ひろゆき）

第4章 保護観察の法的再構成・序論
保護観察対象者の法的地位から

1. はじめに

　更生保護のなかで，保護観察は，わが国で行われている社会内処遇の中で最も中心的な位置を占めるとされる。この「保護観察」という言葉は，それ自体，非常に多義的に用いられてきた[1]。このような多義性もあってか，保護観察の対象者の法的地位についての議論はいくつか見られるものの[2]，概してその探求が進んでいるとはいえないように思われる。「更生保護のあり方を考える有識者会議」でも，その冒頭で犯罪者や非行少年の自由を制限する制度でもあり，制度の社会復帰にとっての有効性という視点だけでなく，その法的性質や権利保障の検討も必要ではないかと思われるとの指摘がなされた[3]が，結局，その検討はほとんどされないまま，報告書がまとめられた。そこでは，「保護観察の充実強化」と称して，保護観察対象者に対してさまざまな義務を課す提言がなされている[4]。

　有識者会議が目指そうとしている改革は，監視を強化し，処遇を強制することで再犯を防止しようとするものであるように思われる。しかし，例えば報告書が提言する保護観察対象者に対する義務づけが妥当なものかどうかについては，疑問なしとしない。本書第2章正木論文が述べるように，権利制約の根拠について検討しなければ，その妥当性について結論を出すことはできないであろう。その点について検討することなしに一たび保護観察制度を改めてしまえば，権利制約が際限なく続くことを押しとどめることはできず，保護観察制度の将来にとって禍根を残すこととなろう。そうしないためにも，対象者の法的地位についての考察を進める必要がある。

　なお，本来であれば，更生保護制度全体について法的検討を加える必要があり，その中での仮釈放や保護観察の位置づけ，処遇の法的性質，そしてそこに更生保護を受けている者の法的地位の考察を組み込むなど，多岐にわたる問題を整理

し解決しなければならないところである。しかし残念ながら本稿では，それらすべての課題を解決することができず，全面展開については他日を期さざるを得ない。さしあたり本稿では，権利制約の限界を探求するため重要であり，制度設計をするに際して欠かせないにもかかわらず，有識者会議前後からの議論でほとんど取り上げられることのなかった，いわゆる3号観察および4号観察対象者の法的地位について考察する。具体的には，3号観察対象者が刑の執行下にあると措定したうえで自由刑純化論を更生保護の段階にまで押し及ぼした場合，どのような構成となり得るか，その構成を採用する場合，現行制度や議論，あるいはその構成自体にどのような問題点があるかを明らかにする。それにより，あるべき制度をかたちづくるために，どのような解決課題があるかを提示するものとしたい[5]。

2．3号観察対象者の法的地位

(1) 現行法における3号観察

既決被収容者は，刑法28条の要件たる応答日を経過した後の地方更生保護委員会による仮釈放審査の結果，相当と認められたとき（犯罪者予防更生法〔以下，犯予法〕31条2項）には仮釈放となる。この仮釈放の法的性格については，その制度開始当初から第二次世界大戦までは，釈放に意味をもたせる「条件付の釈放」であると解され，恩恵的に運用されていたが，戦後の犯予法の制定整備により，刑の執行の一形態と解するのが一般的とされる。すなわち，仮釈放によって現実の拘禁は解かれるが，法律上は当該拘禁の根拠たる刑の執行に服していると理解するのである。これは，以下に見るように，仮釈放中に保護観察に付されることや，その間，本人の円滑な社会復帰を目的とする処遇が予定されていること，また，仮釈放の期間に刑期が進行することを理由としている[6]。

犯予法上，仮釈放も保護観察も「更生の措置」として第3章に規定されている。仮釈放の期間は，宣告刑の刑期から刑事施設での執行刑期を差し引いた残期間である。犯予法33条1項3号により，その仮釈放期間中は保護観察を受けるものとされており，この3号観察については，個別的な解除など良好措置の定めはない。その期間について，犯予法42条の2第4項は，保護観察停止の決定の時から刑期の進行も停止し，保護観察停止を解く決定の時からその進行を開始するとしている。また，刑法29条2項には，仮釈放の処分が取り消されたときには，仮釈放中の日数を刑期に算入しないことが規定されている。また，犯予法33条2項によれば，保護観察の期間は，言い渡された期間の経過後まで及ぶものと解し

てはならないと規定しているほか，同法42条の2第4項の反対解釈からは，保護観察の実施中は刑期が進行することが導かれる[7]。

保護観察の目的は，「改善及び更生を図ること」，すなわち犯罪者自身の主体的な社会復帰であり，その実施方法は，遵守事項を遵守するよう指導監督し，本人に本来自助の責任があることを認めて補導援護することである（犯予法34条1項）。遵守事項は，一般遵守事項（同法34条2項）と特別遵守事項（同法31条3項に基づく仮釈放，仮出場及び仮退院並びに保護観察等に関する規則〔以下，仮保規則〕5条）とに分けられる。また，遵守事項は，一定の義務を保護観察対象者に課す点で不利益（権利制約）的性格を持つものであり，その不遵守が後述の不良措置をとる理由とされていることから規範的性格をも持っている。また，保護観察を実施するうえでの指導指針たる役割も負わされている[8]。指導監督，補導援護の方法は，それぞれ同法35条，36条に規定されている。

前述のとおり，3号観察について良好措置はない。不良措置については，呼出[9]・引致（同法41条），保護観察の停止（同法42条の2），仮釈放の取消し（刑法29条1項4号・犯予法44条）がある。保護観察が停止されると，刑期の進行が停止する（犯予法42条の2第4項）一方，遵守事項違反を理由とする仮釈放の取消しができない（同条5項）。仮釈放が取り消された場合，釈放中の日数は刑期に算入されない（刑法29条2項）。

(2) 現行法上の特色と問題点

ここまで概観したように，仮釈放については，その期間中保護観察に付されること，一定の処遇が予定されていること，また，刑期が進行することから，刑の執行の一形態と理解するのが一般的とされている。そして，3号観察については，残刑期間中の付随処分としての必要的保護観察と理解されている。

その特色と問題点を概観してみると，まず，刑法上，仮釈放時の保護観察についての規定はおかれていない。犯予法33条1項・2項により，3号観察についての上記理解が導かれることとなる。

また，同じ規定から，仮釈放期間と残刑期間との一致が導き出されている。上記のとおり，仮釈放中に付される保護観察には，不利益的性格・規範的性格があることから，仮釈放中も一定の権利制約が課されることになる。施設内処遇においては，拘禁という移動の自由の権利制約があり，仮釈放中には保護観察という権利制約がある。保護観察の停止決定があった場合に刑期の進行が停止するという犯予法上の規定はそれを裏打ちしたものである。この，施設内処遇と仮釈

放中の両者を合わせて，裁判所の宣告刑期とするという趣旨であり，これは，責任主義に基づく司法判断を重視したものとして評価できよう。

ただしその場合，刑法29条2項により，仮釈放が取り消された場合に仮釈放中の期間を刑期に算入しないとされていることが整合を欠くこととなる。実態としては仮釈放中の保護観察という権利制約を受けていながら，法的評価によれば仮釈放取消しによってその期間が刑期に算入されないのである。これは，実態としての通算の権利制約期間が裁判所の宣告刑期を超えていることとなり，本来の趣旨に合わないのではないだろうか。

次に，遵守事項の位置づけが問題となる。犯予法42条の2第1項によれば，同法34条2項1号・4号に掲げる一般遵守事項（ないし特別遵守事項）にかかる違反があった場合を，保護観察の停止事由としている。また，遵守事項は保護観察における指導監督の対象でもある。これらからすると，遵守事項は保護観察の条件としての性格をもつとも考えられる。他方，刑法29条1項4号によれば，遵守事項違反は仮釈放の取消し事由でもある。この意味においては，遵守事項は仮釈放の条件として位置づけられることになろう[10]。

また，遵守事項自体の妥当性も問題となる。上述のように，遵守事項違反は，保護観察の停止や仮釈放の取消しを導くという重大な効果を持っている。その際，例えば犯予法34条2項2号の「善行の保持」のような遵守事項が，そのような効果を持つものとしていいかどうか，遵守事項そのものをもっと整理して再構成すべきではないか，ということが問題となる。

なお，保護観察の実施方法としての指導監督と補導援護の位置づけについても問題となる。両者の関係をどのように把握すべきか，また，後者の補導援護については，例えば更生緊急保護との対比からすれば，保護観察の実施として行われるべきものかどうか，といったことである。

(3) 自由刑純化論のコロラリーとしての構成

以上のように，現行法上も，保護観察をめぐってはいくつかの問題点を指摘することができる。本節では，仮釈放について一般的理解とされている刑の執行の一形態説を基礎として，施設内処遇における自由刑純化論を仮釈放段階にまで及ぼした場合に，どのような構成が考えられるか，現行の制度をどのように再構成することになるかを考察したい。このような考察方法をとる趣旨は，一方においては，仮釈放が刑の執行の一形態であるとするならば，施設内処遇においてとられる原則は仮釈放段階にも適用されるべきではないかとする問題意識があるからであり，

他方においては，この考察により，保護観察の制度の問題点や今後の解決課題をさらに明らかにしたいからである。

自由刑純化論とは周知のように，自由刑の刑罰内容，すなわち権利制約の内容は拘禁に尽きるとする考えである。その際，いわゆる「処遇」をどのように把握するかが問題となるが，ここでは，国家は，自由刑の弊害を除去する義務，自己発達権の機会を保障すべく社会復帰プログラムを準備する義務および被収容者が自ら問題解決できるよう助言等により積極的に働きかける義務を負うと解したうえで，「処遇」とは，被収容者の危険性を除去するための強制的な治療行為ではなく，被収容者の釈放後の生活再建に向けた援助と定義され，施設収容時から釈放時まで一貫して行われるものである。本人の任意性を貫徹した同意原則を採用したうえで，社会的援助の提供として把握するのである[11]。

この理論を仮釈放段階にまで押し及ぼすとどのようになるか。模式的に図化すると，次のようなことになる。

自由刑純化：
刑罰内容としての拘禁　　　　　　＋　社会的援助としての施設内処遇
　　　　　　　　　　　　　↓
3号観察：
刑罰内容としての保護観察関係維持　＋　社会的援助としての保護観察処遇

ここにいう「保護観察関係維持」とは，施設内処遇における「拘禁」に対応するもので，保護観察官ないし保護司との関係を維持し保護観察を受けている状態といったものである。「拘禁」は，物理的に隔てられた区画内にいなければならないという移動の自由の制限であるが，「保護観察関係」の場合には，任意に保護観察の下から離れることはできないという限度での移動の自由の制限を意図している。既決被収容者の権利制約が自由刑の内容としての「拘禁」という移動の自由の制限に尽きるのであれば，その自由刑の執行の一形態とされる仮釈放段階においても，「保護観察関係維持」という移動の自由の制限に尽きるだろうというわけである。「保護観察処遇」とは，保護観察の下で提供される処遇全般を指すものとする[12]。

この構成による場合，まず，犯予法33条2項および42条の2第4項とは整合したものとなる。施設内にあっては「拘禁」として刑罰が執行される期間があり，社会内にあっては「保護観察関係維持」として刑罰が執行される期間があり，両者の総計が宣告刑期と同一となるからである。また，ここから，保護観察が停止

された場合に刑期の進行が停止するという規定とも，（いわば刑の執行停止と同様であり）整合することとなる。

次に，「保護観察関係維持」という移動の自由制限の内容である。3号観察対象者の自由制限は，刑罰執行としての最小限度のもの，すなわち保護観察から離脱しないという限度での行動の自由制限のみが許されることになる。

ここからまた，遵守事項はその再編を免れない。問題点としてはまず，一般遵守事項として設定されている「善行の保持」，「正業に従事」等，むしろ道徳規範に近いと思われるうえにその内容がわかりにくいこと[13]，特別遵守事項の定め方が，「正業についてまじめに働くこと」，「他人に迷惑をかけないこと」，「誘惑に負けないこと」，「過度の飲酒を控えること」等と抽象的に定められることが多いことから，遵守事項違反か否かの判断が困難であり，したがって不良措置の運用にも困難を生じるといった点が挙げられる。また，一般遵守事項にせよ特別遵守事項にせよ，現行では，一種の行動指針・努力目標，社会において他人と共生していく上での共同生活規則ともいうべき事項までが包含されていることがある[14]。このような事項に違反した場合にまで不良措置がとられると，対象者の権利を不当に侵害する危険性がある。

3号観察対象者については，刑罰法規に触れる行為をした場合はともかくとして，前述の「保護観察関係維持」にかかる限度での行動の自由の制限以外に，一般市民と異なる権利制限を設ける根拠はない。したがって，遵守事項を権利制約性・規範性をもつべきものと，指導指針に過ぎないものとに画分し，前者のみが保護観察の停止ないし仮釈放の取消し事由として構成されることとなる。具体的に現行のもので前者に含まれるのは，犯予法34条2項1項前段および4号（ないし同法31条3項に基づく仮保規則5条2項）となろう。これらは，保護観察関係下にある仮釈放者である以上，すべての者に適用されるべきものであり，刑罰執行としての「保護観察関係維持」に必然のものである。これらの違反は，不良措置の対象事由となる。

それ以外の事項については，権利制約たる性格を持つのではなく，本人の行動指針・努力目標あるいは社会的援助として提供される「処遇」の計画と把握される，社会内処遇における「個別的処遇計画」[15]に再編すべきであろう。この個別的処遇計画に掲げられる事項については，計画のとおりに進まずともこれをもって不良措置をとることはできない。計画のとおりに進まない場合は，まず，計画の変更が検討されるものとする[16]。なお，個別的処遇計画は，対象者の同意を原則とするものであるから，計画の中に，これまで特別遵守事項として設定されてき

たような，行動指針・努力目標的事項を本人の同意の下で掲げることや，本人の自発的意思に基づく簡易尿検査の実施，処遇プログラムへの参加を盛り込むことは可能であるが，有識者会議の最終報告で提言されているように，それらを義務付けることは言わば「処遇」の強制にあたり許されないと解すべきであろう。

(4) 解決すべき課題

　以上，施設内における自由刑純化論のコロラリーとして，社会内処遇がどのように構成されるかを見てきた。そこから，今後解決すべき検討課題を整理しておくこととする。

　まず，この構成は刑法29条2項とは整合しない。そもそも，再収容後の処遇期間確保という処遇の実効性の観点があるにせよ，現行において一般的理解とされている刑の執行の一形態説自体がこの問題を内包している。理論的には，同条を削除するというのが一貫しているが，他の理論構成の可能性もあり，なお検討課題である。

　また，この理論構成による場合，保護観察関係下にあることが刑罰執行，すなわち刑期進行の実質的理由となっているため，仮釈放の全期間を必要的に保護観察としなければならないことになる。仮釈放時に裁量的に保護観察に付さないとすることや，仮釈放期間中の良好措置の導入は難しくなる。裁量的保護観察や良好措置の導入を考える場合には，理論的に構成しなおさなければならない。その場合，「刑罰内容としての保護観察関係維持」という構成を見直すか，あるいは刑の執行の一形態説そのものを見直すのか，仮釈放と保護観察とを分離して考えるときにはその法的性格や期間などをどのように把握するかといったことなど，立ち入った検討が必要な課題が多い。いずれにせよ，理論的再構成をするにあたっては，更生保護の目的に立ち返りつつ，権利制約の根拠と限界を示し得るものでなければならない。

3．4号観察対象者の法的地位

(1) 現行法における4号観察

　刑法25条は執行猶予について定める。この執行猶予の法的性格については，大別して，刑の付随処分であって刑罰そのものではないとされる。判例はそこから，執行猶予条件の変更は同法6条に言う「刑の変更」にあたらないとする[17]が，この判例に対しては強い批判があり，一個の独立した刑事処分としての性格を備え

たものとする見解が有力である[18]。猶予期間を取消しなく経過したときには，刑の言渡しの効力が失われる（同法27条）。

執行猶予の際に付される保護観察については，同法25条の2が定めている。それによれば，保護観察に付する旨の言い渡しは，刑の執行猶予が初度目の場合は裁量的に，再度目の場合は必要的に行われる。その観察期間は，（後述の良好措置がとられる場合を除き）執行猶予の言渡しが確定した日から開始され，執行猶予の終了まで継続する。

この4号観察については，執行猶予者保護観察法（猶予者観察法）に定めがある。その2条によれば，4号観察は，本人に本来自助の責任があることを認めて補導援護するとともに，同法に規定する事項を遵守するように指導監督することによって行うものとされており，また，実施に当たっては画一を避け，諸状況を充分考慮してその者に最適な方法をとるべきとされており，犯予法とは違う体裁である。また，これも犯予法と違って，同法6条として先に補導援護を，次いで7条に指導監督を定めるという構成をとっている。2006年改正（平18・3・31法15）前の同法では，遵守事項は一般遵守事項のみ[19]で，その内容は犯予法のそれと比べて緩和されていたが，その改正により，一般遵守事項の一部が改正された[20]ほか，特別遵守事項の規定が5条2項・3項として追加された。

4号観察には，良好措置として，刑法25条の2第2項による仮解除の制度がある。この場合，同条3項により，遵守事項違反が執行猶予言渡し取消しの事由とならないなどの効果が定められている。不良措置としては，猶予者観察法10条による呼出・引致のほか，刑法26条の2第2号による執行猶予言渡しの取消しがある（取消しの要件は仮釈放の場合に比して加重されている）。取り消された場合，宣告刑の全期間が執行対象となる。

(2) 解決すべき課題

4号観察については，本書第2章正木論文で触れているとおり，戦後の制定に紆余曲折があった。仮釈放者と違い，執行猶予者はまさしく刑の執行が猶予されているのであり，とりわけ，犯予法中の遵守事項が課せられるといった自由制約を後者に認めることへの抵抗感が強かったことにその原因があるとされている。

理論的に見れば，現在もなおこの点は大きな解決課題として残されているというべきであろう。すなわち，4号観察という権利制約の根拠と限界を改めて示さなければならないのではないだろうか。遵守事項が3号観察から緩和されている等のことがあるにせよ，執行猶予が上記のとおり刑の執行に入っていないのであるなら

ば，先に3号観察のところで措定したような理論構成はとり得ない。それにもかかわらず，2006年の猶予者観察法改正は，制定時の議論を振り返ることもなければ，それにふさわしい理論構成を用意することもなく，むしろ犯予法の規定に近づける形で保護観察執行猶予者の権利制約を強める方向で行われたのである。

　この課題に取り組む際，3号観察と4号観察とを同列に捉えた理論構成を目指すか，異質のものと把握する理論構成とするかという問題がある。

　前者によれば，権利制約の限界は比較的明確となりやすいが，すでに述べたとおり，刑の執行に入っていないのであるから，自由刑純化論からのコロラリーという構成はとれない。両者を同列に捉えようとするならば，自由刑純化論とはまったく別個の理論構築を試みることになろう。

　後者による場合，従前（2006年の法改正前）は，上記の制定経過や議論もあって，指導監督と補導援護の条文順序が犯予法と猶予者観察法とで違うこと，猶予者観察法では特別遵守事項の定めがないことに，一定の意義を見出すということがあり得たので，それとは親和的であるし，自由刑純化論に拘泥する必要はない。他方で，法的性格や権利制約の根拠・限界について新たな理論を構築していく必要があろう。

　その他，執行猶予の法的性格論と執行猶予保護観察の議論との関係はどのようなものか，猶予期間中の保護観察期間（＝自由制約）と執行猶予取消後の拘禁期間はどのように整理されるべきか，執行猶予期間と保護観察期間の関係（仮解除制度の評価等）など，理論的に解決すべき課題は多いと言わなければならない。

　また，その生成過程において，単純執行猶予を基礎として，そこに執行猶予者保護観察が加えられていることから，社会的援助の提供としての処遇の面についてもその構成を検討する必要がある。犯予法上の応急の救護に対応するものとして，猶予者観察法でも6条2項に「援護」の定めがあるほか，犯予法上，単純執行猶予者は更生緊急保護の対象とされているのである（48条の2第1項4号）。これらと，保護観察執行猶予者に対する社会的援助をどのように整序するかという課題である。もっとも，どのような構成をとるにせよ，処遇の強制を根拠付けることは難しいことであるように思われる。

4. 国際準則の確認

　以上で確認してきたような課題を解決するにあたっては，国際準則の参照が欠かせないであろう。そこで，この領域において国際準則がどのような規定をおいて

いるのかを確認しておくこととする。

　1957年に国連経済社会理事会決議により採択された被拘禁者処遇最低基準規則は、その60条2項で、既決被収容者の社会復帰のため刑期満了前に必要な手段をとることが望ましいとしたうえで、それは釈放準備制度やある種の監督下での試験的釈放によってもいいが、その監督は警察に委ねられてはならず、有効な社会的援助と結び付けられていなければならないとしている。また、64条では、受刑者の釈放によって社会の義務が終了するわけではなく、被釈放者への偏見を減じたり、社会復帰に有効な指導をすることのできる公私の機関が必要だとしている。前者は日本における3号観察について、後者は更生保護制度全体の設計について参考となろう。

　また、1990年の第8回犯罪防止・犯罪者処遇国連会議において採択された、「非拘禁措置に関する国連最低基準規則」(「東京ルールズ」)[21] には、以下のような規定を見ることができる。

- 3.4　「犯罪者に一定の義務を課す非拘禁措置については、それが正式手続または裁判の前に、あるいはその代替として適用されるものでも、犯罪者の同意を求めなければならない。」
- 3.8　「非拘禁措置を受けている犯罪者の尊厳は、常に保護されなければならない。」
- 3.9　「非拘禁措置の実施過程においては、犯罪者の権利は、当初の決定をなした権限ある機関によって承認された以上に制限されてはならない」
- 3.11　「非拘禁措置の適用にあたっては、犯罪者およびその家族のプライバシーの権利が尊重されなければならない。」
- 10.2　「指導監督は、権限ある機関により、法に規定された明確な遵守事項の下で実施されなければならない。」
- 11.1　「非拘禁措置の期間は、権限ある機関が法に基づいて定めた終了日を越えてはならない。」
- 11.2　「対象者の成績が良好な場合に処分を早期に終結する規定がおかれるべきである。」
- 14.3　「非拘禁措置の失敗は、自動的に拘禁措置の処分に移行するものと解釈されてはならない。」
- 14.4　「非拘禁措置の変更または取消にあたっては、権限ある機関は、これに代わる他の適当な非拘禁措置の活用に努めなければならない。拘禁刑の処分は、他に適当な代替策がないときにのみ課すことができる。」

さらに，1988年に国際刑務財団（International Penal and Penitentiary Foundation）により策定された「自由の制限を含む非拘禁制裁及び非拘禁措置のための最低基準規則」（「グロニンゲン・ルールズ」）には以下のような定めがおかれている。

第2 「非拘禁制裁・措置は，権限ある機関によって，課される当該制裁・措置に内在する苦痛を増大させないような方法で実施されなければならない。」

第3 「対象者の市民権および政治的権利は，権限ある機関の決定により必然的にもたらされる限度以上に制限されない。」

第4 「非拘禁制裁・措置は対象者の人権，市民権および政治的権利が保護され，対象者の尊厳，自尊心，家族関係を傷つけず，対象者の社会的能力を傷つけないような方法で実施されなければならない。」

第5 「非拘禁制裁・措置は対象者およびその家族のプライバシー権を尊重するような方法で実施されなければならない。」

第9 「対象者の積極的な協力を必要とする非拘禁制裁・措置は，対象者の同意の下に実施されなければならない。」

第10 「本規則が認めるどのような対象者の権利についても，対象者の信頼する人物がその権利行使を援助することを拒否してはならない。」

第13 「スーパーヴィジョン（supervision）は対象者を困惑させたり，対象者の尊厳を危険に晒したりするものであってはならず，対象者本人およびその家族のプライバシーを侵害するものであってはならない。」

第14 「行動の制限は，課された非拘禁制裁・措置の適切な実施に必要な限りでのみ行うものでなければならない。」

いずれの準則も，対象者の人権および尊厳を守ること（権利制約の最小化あるいは権利行使の最大化），家族のプライバシーの権利を保護すること，実施にあたっての同意の重要性（処遇の任意性確保につながるであろう）が明示されている。また，拘禁の最終手段性を言う規定については，不良措置の設計・運用に影響するであろう。

具体的な制度設計に当たっては，これら国際準則の理念が反映されたものにしなければならず，また，個々の規定が要請するところを実現するものでなければならない。

5. むすびに代えて

　更生保護の歴史は，社会から遠ざけられる人々に居場所を提供し続けた人々の努力によって築かれてきたものである。それは，対象者の更生の自覚を喚起しつつ，対象者が犯罪に赴いた環境的原因をできるだけ取り除くことで社会復帰を支援する営みであった。いくつかの重大事件が起こったことを契機に，わが国の更生保護制度が完全な機能不全を起こしていると判断し，これまでの援助型の更生保護から監視型の更生保護へ転換を図ることは，あまりに軽率といえるのではないだろうか。個人より社会を重視し，対象者を監視し排斥するという行為が，対象者の社会復帰の妨げとなり，再犯を誘発すること，それが結局は社会の安全を脅かす結果となることを考えなければならない。犯罪臨床にとって致命的なのは，社会がトライアンドエラーを許さないシステム設計を保護観察に求める事態であるとされる[22]。やりなおしの機会が備えられない方向に社会が進むならば，それは健全なものとはいえないだろう[23]。犯罪者の処遇を行ううえで，われわれはある程度の危険を負担しなければならないのである。制度設計を行う際はその点に留意し，介入型保護観察が場当たり的な監視型保護観察にならないような留意が必要であると思われる[24]。

　そのために解決すべき課題は多い。すでに見てきただけでも，仮釈放や保護観察，ひいては更生保護や刑罰の基礎理論に立ち戻る必要があるし，技術的な各論も多い。何より，どのような機関・個人がどのような活動を行うのか，本人についてはどうか，といった点や，さらには，本稿で取り上げなかった多岐にわたる論点をも検討したうえで，社会内処遇についてどのような制度設計を行うか，というグランドデザインを示さなければならない。その作業を踏まえなければ，これからの社会内処遇のあり方，更生保護制度の未来を見据えた議論はできないであろう。

1　辻本義男「保護観察の遵守事項」早大法研論集 11 号（1974 年）60 頁等参照。
2　更生保護あるいは保護観察と基本的人権について論じるものとして，加藤東治郎「基本的人権と保護観察」保護月報 41 号（1959 年）6 頁，西中間貢「保護観察と遵守事項」更生保護 37 巻 9 号（1986 年）17 頁，鈴木昭一郎「対象者の人権と保護観察のあり方」更生保護 38 巻 11 号（1987 年）12 頁，加藤東治郎「更生保護と基本的人権」更生保護 38 巻 11 号（1987 年）6 頁，澤登俊雄「矯正，保護における強制の根拠と限界——社会復帰処遇と人権——」更生保護と犯罪予防 101 号（1991 年）14 頁，染田惠「保護観察

における基本的人権の尊重とその方法」犯罪社会学研究17号（1992年）90頁，土井政和「社会内処遇の課題」九州更生保護17号（1994年），川崎政宏「仮釈放における遵守事項の研究」法務研究報告書83巻3号（1997年）73頁等参照。

3　有識者会議第1回会議（2005年7月20日）における佐伯仁志発言。

4　これに先んじて2005年12月1日からは，所在不明者に対する保護観察所と警察との協力体勢が強化され，翌2006年には猶予者観察法が改正されて，4号観察についても転居等の許可制・特別遵守事項が導入された。前者につき，「所在不明となった仮出獄者及び保護観察付執行猶予者の所在調査に関する保護観察所に対する協力について（通達）」（平17・11・11警察庁丙生企発90）警察庁ホームページ http://www.npa.go.jp/pdc/notification/seian/seianki/seianki20051111.pdf 参照。

5　その意味で，本稿で示す構想は，必ずしもとるべきと考える方向性と一致するものではない。

6　その他に刑の一形態と解する説がある。以上につき，大塚仁＝河上和雄＝佐藤文哉＝古田佑紀編『大コンメンタール刑法（第二版）第1巻』（青林書院・2004年）655頁［吉永豊文＝林眞琴］。

7　このため，有期刑の場合には，その刑期の終了時に保護観察も終了するが，無期刑受刑者は，終身保護観察を受けることとなる。なお，この保護観察の法的性格についても議論がある。先述のとおり，現行刑法においては3号観察についての規定はなく，刑罰や保安処分と並ぶような独立の処分としては承認されてはいないとされる。井上正治「現代法と刑罰」平野龍一編『現代法と刑罰』（岩波書店，1965年）215頁等参照。また，3号観察を保安処分そのもの（狭義の保安処分）とする解釈はされていないようであるが，「広義の保安処分の一種」とする見解がある。小川太郎『自由刑の展開』（一粒社，1964年），染田・前掲注（2）等参照。これらの詳細については他日を期したい。

8　川崎・前掲注（2）11頁以下参照。

9　呼出は必ずしも不良措置としてのみ行われるわけではない。

10　この点につき，川崎・前掲注（2）19～20頁参照。

11　正木祐史「社会的援助の理論と課題」刑事立法研究会編『21世紀の刑事施設――グローバル・スタンダードと市民参加』（日本評論社，2003年）114頁。なお，土井政和「一貫した社会的援助」刑政108巻4号（1997年）54頁，土井政和「社会的援助としての行刑（序説）」法政研究51巻1号（1984年）35頁も参照。

12　「施設内処遇」に対応する語としては「社会内処遇」があるが，例えば応急の救護や更生緊急保護，そして保護観察の下で提供される処遇など，「社会内処遇」が包含し得るものは多様であり，各語の関係についてはなお整理すべき課題がある。そのため，ここでは

さしあたり「保護観察処遇」の語を用いる。

13　川崎・前掲注（2）31 頁によれば，「善行」とは，一般社会人以上の模範的な生活態度の維持や一日一善といったある種の道徳的行為を積極的に行うことまでを意味するものではなく，一般の健全な社会人と同等の生活態度を続けていくことを指すとされている。また，「正業」とは，一般的に風教上害のない仕事，本人の更生に支障のない仕事と解され社会通念により決定され，本人に就業の意思があっても適当な仕事が得られない場合，心身の状況により就業できない場合，あるいは就業の必要のない境遇にある場合等もあるため，不就業がかならず問責されるわけではないと解されている。これらの文言は，いずれも一般での用いられ方とも意味合いが異なり，対象者にとっても一般人にとってもわかりにくく曖昧なものといえる。

14　この点，有識者会議の最終報告においても「遵守事項に生活指針，努力目標的なもので違反に対する問責が困難な事項も含まれており，その性格があいまいなものとな」っていることが指摘されている（16 頁）。

15　「個別的処遇計画」については，藤井剛「個別的処遇計画の実施──『処遇の個別化』から『個別化された援助』へ」刑事立法研究会編・前掲注（11）135 頁参照。

16　なお，社会内処遇における個別的処遇計画は，「一貫した社会的援助」を提供するために，施設内処遇におけるそれを引き継いで随時更新されるべきものであろう。

17　最判昭 23・6・22 刑集 2-7-694。

18　大塚ほか編・前掲注（6）491 頁以下［豊田健］参照。

19　猶予者観察法 7 条による「指示事項」はある。

20　5 条 1 項 2 号改正。旅行・転居について届出制だったのが許可制となり，長期旅行が 1 箇月以上とされていたのが 7 日以上となった。

21　杉原弘泰「『東京ルールズ』と拘禁代替策」ジュリスト 972 号（1991 年）81 頁，富田正造「非拘禁措置についての国連基準規則（東京ルールズ）」罪と罰 28 巻 2 号（1991 年）23 頁等参照。

22　生島浩「保護観察の現状と課題」ジュリスト 1293 号（2005 年）4 頁。

23　冨田正造「無期刑受刑者の社会復帰──社会復帰促進のための仮釈放のあり方」犯罪と非行 145 号（2005 年）27 頁。

24　後藤弘子「保護観察の現状と課題」犯罪と非行 145 号（2005 年）42 頁。

（金子みちる＋正木祐史／かねこ・みちる＋まさき・ゆうし）

第5章 更生保護における
アカウンタビリティ

1. はじめに

　本稿は，更生保護分野[1]に，アカウンタビリティの思想を導入することを提言するものである。アカウンタビリティの思想とは，近年行政のあらゆる場面において強調されるようになってきており，かつ先般の行刑改革においても一定程度その視点が導入されたものである。

　更生保護分野は，刑事司法の最後の段階を担う重要な一部門であるにもかかわらず，従来，この分野においてアカウンタビリティが論じられることはあまりなかった。しかしながら保護観察対象者の再犯事件等を契機とし，改革のための「更生保護のあり方を考える有識者会議」（以下，有識者会議という）も設置されるなど，更生保護の分野も広く社会一般から注目されるようになってきており，何をしているのか外部からわからないという状況は許されなくなってきていると思われる。そこで，本稿では更生保護においてアカウンタビリティ概念はなぜ必要なのか，必要だとした場合に誰に対してどんなアカウンタビリティを果たすべきか，アカウンタビリティを果たすための具体的な制度はいかにあるべきかについて検討したい。

　検討に先立ち，本稿で念頭におくアカウンタビリティの概念について簡単に言及しておく。アカウンタビリティとは，力の付与または力の行使に関して課された責任を果たしたかどうかを説明する責任と定義される。もともと会計学の世界で用いられてきた概念であり，「会計責任」と訳されてきたが，現在では政治・行政など社会のいたる場面で登場する概念として「説明責任」と訳されるのが一般的である。アカウンタビリティには，力を付与された者が付与した者に対して，あるいは力の行使者がその力の行使によって影響を受ける者に対して果たすべき垂直的アカウンタビリティと，力を持っている者がその力を行使することによって影響を受ける者に対して果たすべき水平的アカウンタビリティがある。たとえていうなら，前者は上司

と部下の関係での責任であり，後者は同業者や社会一般に対しての責任である。アカウンタビリティは民主主義社会の根幹である自由と平等の実現に奉仕するものであるとされる[2]。

　以下では，最終的に一般市民を名宛人とする水平的アカウンタビリティを問題とするが[3]，そこでのアカウンタビリティのあり方は多様であることに注意を要する。まずある政策のあり方が，同業者すなわち専門家の評価に耐えられるものかという観点と，当該政策について利害関心を有する社会一般に対してわかりやすい説明をしているかという観点がある（社会に対するアカウンタビリティ）。専門家の承認が得られるということは，間接的に社会一般の政策への信頼を向上させることにつながるのであり，両者は市民の支持を得られる政策を実現するという点で民主主義の実現に奉仕する。他方で，特定の個人に対してある一定の処分等がなされる場合，名宛人である特定の個人に対してアカウンタビリティが果たされなければならない（個人に対するアカウンタビリティ）。これは当該処分の適正さの保障に寄与し，実効的な権利擁護に奉仕することで国民主権原理を体現することになる。社会に対するアカウンタビリティは，間接的に個別の処分等の適正化に寄与し，特定個人の権利擁護にもつながる。他方，個人に対するアカウンタビリティは，間接的に政策への社会の信頼を向上させることにつながるのであり，両者は相補う関係にあるといえる。社会一般の支持と名宛人たる個人の納得が乖離する場合もありうるが，両者の適切な調和点を見いだす政策が最善の政策であり，アカウンタビリティの目標となる。

2. 更生保護におけるアカウンタビリティの必要性

(1) 近年の潮流

　近年行政運営一般において，アカウンタビリティの必要性が強く主張されているのは周知のとおりである。1993年に制定された行政手続法1条が「透明性の向上」を，1998年に制定された「行政機関の保有する情報の公開に関する法律」1条および2001年に制定された「行政機関が行う政策の評価に関する法律」1条がともに「政府の有するその諸活動を（について）国民に説明する責務が全うされる」ことを目的として掲げる等，実定法のレベルでも行政活動の透明性を確保し，説明責任を果たしていくことの重要性は承認されているといってよい[4]。これらの法律に見られる透明性やアカウンタビリティは，行政法学においても新しい一般原則としての地位を付与されるに至っており[5]，その必要性はもはや自明のことと言って

よいであろう。

　次に更生保護と密接な関係を有する行刑の分野においても，近時アカウンタビリティ強化の流れが強まっていることが認められる。行刑密行主義を問題視する見解は以前から見られたが[6]，周知のように名古屋刑務所事件（2003 年）を契機として設置された行刑改革会議において大きく取り上げられ，その後の「刑事施設及び受刑者の処遇等に関する法律」（以下，受刑者処遇法という）の制定により実定法上の基盤も獲得した。「行刑改革会議提言〜国民に理解され，支えられる刑務所へ〜」（2003 年）では，①受刑者の人間性の尊重，真の改善更生・社会復帰の実現，②刑務官の過重な負担の軽減と並ぶ 3 本柱の 1 つとして③国民に開かれた行刑が掲げられた。具体的には，行刑運営の透明性の確保として，刑事施設視察委員会の創設，内部監査の充実強化，情報公開，地域社会との連携が，また人権救済のための制度の整備として，公平かつ公正な救済のための独立機関の設置，裁決を義務付けた不服申立制度および被収容者が受けるすべての処遇を対象とし誠実に処理されることとされる苦情申立制度の新設が提言された。受刑者処遇法においては，このうち刑事施設視察委員会の設置，不服申立制度等が規定された。行刑改革会議提言や受刑者処遇法の予定するアカウンタビリティのあり方には，なお十分ではない点があると思われるが，従来に比べ一定程度前進したことは疑いないであろう[7]。

　このように行政活動一般についてアカウンタビリティが定着し，更生保護と密接な関係を有する行刑の分野でも一定の前進があることからすれば，更生保護においてもアカウンタビリティが果たされるべきことは当然のようにも思える。実際に，2000 年の矯正保護審議会提言「21 世紀における矯正運営及び更生保護の在り方について」でも，保護観察処遇について「行政の透明化が叫ばれ，政策評価等に対する国民の関心が高まりつつある今日，保護観察処遇においてもその有効性に対する説明責任が求められてきている。もとより，刑事司法の分野における評価については様々な要素が絡み，困難が伴うが，保護観察実施に伴う費用対効果のバランスには常に留意し，処遇効果や有効性の検証の在り方についても，実施体制を含む具体化のための検討を重ねる必要がある」と述べられていたところである。

　しかし，現実に更生保護においてアカウンタビリティのための取組みは鈍い。矯正保護審議会提言後の具体的取組みは，法務総合研究所に対し，具体的な施策に関する効果の検証を依頼するにとどまっており[8]，今般の有識者会議においても限定的に取り上げられるにとどまった（本章 **12.** 参照）。

(2) アカウンタビリティ消極論の検討

なぜ更生保護においてアカウンタビリティが語られることが少ないのか，その理由自体が分析の対象となる。

第一に，アカウンタビリティの導入はそのための資源を必要とするが，更生保護分野においては圧倒的にマンパワーおよび財源が不足している。この点は実際上，最大の問題であるが，理論上の障害ではない。人的・物的資源の強化の必要性は実務・学説ともに一致して認めるところであり，今回の有識者会議提言を契機に大幅な拡充が望まれるところである。なおアカウンタビリティの拡充により，十分な施策を行うだけの人的・物的資源が不足していることが客観化されれば，人員・予算の強化に追い風になるという側面もあることを看過してはならない。

第二に，更生保護のなかでもとりわけ保護観察における国と対象者の法律関係は，裁判所または行政官庁の命令に基づいて設定された一定の期間と条件によって，自由を制限される特別の公法関係である，との見解がある[9]。この見解が，国と対象者の関係は特別権力関係であるということを意味するならば[10]，対象者の基本的人権は包括的に制約され，そのための法律の根拠は必要なく，それに対する司法審査も及ばないということになる。そうなれば，理論上，保護観察においてアカウンタビリティを求める余地はないだろう。

しかし国と対象者の関係をこのように理解することは，日本国憲法の趣旨に合致せず[11]，行刑関係についても学説上否定され，裁判実務においてももはや採用されていない[12]。また在監関係が特別権力関係であるとされた根拠は，国の設置する営造物を利用することに求められていたのであり，自由を制限されることから直ちに特別の関係が導かれるわけではない[13]。そうなると通常の行政活動と同様，保護観察の場面でもアカウンタビリティを果たすべきということになるであろう。

第三に，更生保護においては，社会内で処遇がなされるところから，行刑の場合に比して権利制約の程度が高くないため，アカウンタビリティへの特別な配慮は必要ないと考えられている可能性がある。確かに閉鎖的な施設内に拘禁され，職員との高密度の接触が予定されるため，自律性を発揮する余地が（いかに被収容者の主体性が承認されたとしても）低い行刑の場面では，法律上・事実上権利が制約される場面が容易に想定され，アカウンタビリティの必要性は高い。それに対して，「犯罪をした者の改善及び更生を助け」（犯罪者予防更生法〔以下，犯予法という〕1条）ることを目的とする更生保護においては，対象者に「本来自助の責任があること」（同34条1項）を前提として，主体的な社会復帰への取組

みを支援することに重点がおかれるのであり，権利制約性は相対的に弱いということが認められる。実際にも，行刑については訴訟の場に持ち込まれた紛争が多数見られるのに対し，更生保護についてはそのような紛争は相対的に少ないといえよう[14]。

しかしながら，保護観察において遵守事項に違反した場合は，呼出・引致，仮釈放の取消等の不良措置がとられうるのであり，身体の自由に対する重大な制約が予定されている。刑事施設という権利制約性の強い場への収容が予定されているという意味では，被疑者・被告人・自由刑確定者に保障されるのと同様の強い権利保障が求められるといえる。また担当者との個人的関係の中でオーダーメイドの処遇が展開されることからすれば，担当者への依存性や対象者のプライヴァシー領域への介入度もそれだけ高まるにもかかわらず，行刑の場合とは異なる意味で，その関係は外部からは見えにくいという構造がある。しかも更生保護は完全に自律した社会復帰と境を接する段階であることからすれば，対象者の自律性を尊重しつつ処遇を行う必要性がそれだけ高くなり，援助的措置の実効性についてもより高度なものが要求される。

保護観察の場面でも適正手続を保障し，対象者に対するアカウンタビリティを果たすことの必要性は，十分に根拠付けられるであろう。

第四に，更生保護はソーシャルケースワークの手法を採用し，福祉的な色彩が強い援助のための措置であるとの基本的性格がある。対象者に利益となる援助的措置なのであるから，説明責任などとうるさいことを言う必要はないという考え方もありうると思われる。

しかしこの考え方も福祉領域においてアカウンタビリティが浸透しつつあると見られることからすると，説得的な根拠にはならない。社会福祉では，画一的弱者像から，能動的権利義務主体への利用者像の転換があり，セルフ・アドボカシーとエンパワーメントを基本理念とする実効的な権利行使の擁護が求められるようになってきている。そのための狭義の権利擁護システムとして，成年後見制度および地域福祉権利擁護事業があり，広義のシステムとして，少なくとも総合的・専門的な相談窓口と情報提供，苦情解決・不服審査の制度，ならびに福祉サービスの質を点検・評価することにより間接的に権利擁護に寄与する第三者評価制度などがあると整理されている[15]。実定法としての「社会福祉法」は，社会福祉事業者に事業に関する情報開示を求め，また福祉サービスの質の向上のためにサービス評価を行う等することを求め（75条以下），また利用者の意向を尊重するために，苦情の適切な解決を求め，そのための機関として運営適正化委員会の設置

を要求している（80条以下）。「措置から契約へ」の流れの中で，社会福祉領域はもはや援助者と利用者だけの閉鎖的な空間で援助が実施されれば足りるとは考えられていない。援助措置であっても，援助の質が不問に付されることはなく，また利用者の意向を無視して行われてはならないのである。

　これに対しては，更生保護の対象者は自ら主体的に社会復帰を遂げようとする意欲に溢れた存在などではないため，アカウンタビリティを求めるニーズが存在しないという再反論が想定されうる。統計を見ても，大部分の仮釈放者の保護観察期間は1年以内であるが，再入率が出所当年に比べ翌年，翌々年と急増するというデータ[16]からは，保護観察期間は保護観察の働きかけのおかげで何とか踏みとどまっているが[17]，保護観察が途切れてしまうと再犯に陥ってしまうという主体性のない人物像が浮かび上がってくる。対象者は説明など求めていない。従って，少なくとも対象者に対するアカウンタビリティは重要でないとされる可能性がある。

　反面でこのデータからは，従来のやり方では保護観察期間中はうまくいくものの，その後自律して社会復帰を遂げる能力を養うことができないのではないかという懸念が生じる。（無期刑の仮釈放中の場合はさし当たり別として）更生保護制度はあくまでも完全な社会復帰へのつなぎでしかなく，対象者はいずれ，一般社会福祉等の力を借りつつ自らの力で再び罪を犯すことない生活を送れるようにならなければならない。そのためには，更生保護の対象であるうちから，自らの社会復帰のために何が必要かを考え，自らのニーズを表明するよう促していく必要がある。これはきわめて困難な課題であろうが，更生保護の利用期間だけ再犯がなければよいというのではないかぎり，他の選択肢はありえないと思われる[18]。なぜなら，更生保護の後見性が強すぎるとかえってその後の生活にマイナスとなる可能性があるためである。

　確かに自らの意思でサービスを受けることが基本となる福祉の利用者像と更生保護の対象者像をまったく同一視することはできないであろう。しかし対象者が自らのニーズを自覚して必要な援助を選び取っていくようになるためには，一般福祉以上に対象者に対してアカウンタビリティを果たすことで，対象者の人間の尊厳を尊重し，納得感を高め，自律を促す必要がある。

　以上のように，更生保護の権利制約的側面も福祉的援助の側面もともに，この領域におけるアカウンタビリティの確立を要請している。保護観察における援助は，権力的契機を孕み，施設収容につながる可能性を持つため，一般福祉における援助とは異なる形になるとの指摘があるが[19]，その具体的な意味は対象者本人および社会に対して一般福祉以上のアカウンタビリティを果たすことであると理解さ

れなければならない。今後は，議論の焦点を，更生保護においてアカウンタビリティは必要かではなく，その目的・対象は何かという点に移行させる必要がある。

3. アカウンタビリティの目的

(1) 効率化目的とアカウンタビリティの関係

アカウンタビリティの充足は，理論的には，特定個人の権利を保障するための本来のシステムである裁判の限界を補うことで国民主権原理に奉仕するものとして，また行政上の政策決定プロセスを可視的にして民主主義を実現するものとして位置づけられる。

しかし現実にアカウンタビリティが導入される過程においては，こういった本来の目的とは異質な効率化という目的が目指される場合が多い。

たとえば，政府の行政改革委員会の「最終意見」（1997年）は，事前規制型の行政から事後チェック型の行政への転換，業者行政から市場行政への転換のために，なぜそのような規制をしているのか，規制の方法や水準は妥当か，他に適切な方法はないかなど，所轄官庁はその施策の合理性を国民に説明する責任があるとして，行政手続法制と情報公開法制の深化・充実を期待するとして，アカウンタビリティを規制緩和政策を正当化するための一手段として位置づけていた。「『透明性』概念および『説明責任』概念は，行政スタイルの変革を越えた規制緩和，国の機能の縮小といった非法的な観点から実定法化されたことは否定できない」[20]と指摘されているところである。また社会福祉におけるアカウンタビリティの導入は，「措置から契約へ」の流れの中で公的責任の範囲を縮小し，受益者や国民一般に一定の費用負担を求めることと引き換えであったことも事実であろう。

これらの場面では，アカウンタビリティは専ら効率性との関係で論じられており，納税者たる国民に対して税金の使途を説明できなければならないという側面が前面に出ている。政策の問題である以上，効率性という概念が重要であることはいうまでもないが，効率性だけを偏重するならば，本来の目的である権利保障の充実が等閑視されるおそれがあり，注意を要する。

アカウンタビリティ導入の本来の意義は，国民主権原理の確立のための実効的権利保障を図ること，および民主主義原理の確立による有効な政策決定に資することにあるということが，繰り返し確認されるべきである。効率化は結果として実現されるにすぎない。福祉においては，アカウンタビリティの導入が，効率化のた

めに利用者に負担を求める「措置から契約へ」の改革と一体化していたが，両者の結びつきは必然ではないのである[21]。

　更生保護は，個人個人への根気強い働きかけが行われることを要請しており，本来的に効率的・画一的な業務遂行にはなじまない分野である。効率性の視点を強調しすぎるならば，本末転倒となる危険がある。しかももともと民間ボランティアたる保護司への依存度が高く，意図的にではないにせよ安上がりにやりすぎていた面があり，これ以上の効率化を目指す必要もない。必要かつ有効な分野に重点的に予算や人を配分することが真の行政改革であるとすれば，更生保護は今後重点的に強化されるべき分野なのである。

(2)　再犯防止目的とアカウンタビリティの関係

　従来から犯予法1条1項の「犯罪をした者の改善及び更生を助け……もつて社会を保護し，個人及び公共の福祉を増進することを，目的とする」という規定の解釈として，更生保護の目的は社会を保護するために，特定の者の犯罪防止または再犯予防を実現することにあるとする見解が出されていた[22]。近時，改めて再犯防止目的が強調されることが多い。有識者会議冒頭の法務大臣あいさつは，まず第一に「重大再犯事件」の発生・発覚を受け「保護観察の実効性，なかんずく再犯防止機能に向けられる国民の目は，厳しい」との認識を示したうえで，「国民の期待に応える更生保護」についての検討を指示している。また再犯率の正確な統計がないことをもって，説明責任を果たせていないと述べる論者もいる[23]。法務省保護局策定による「重大再犯事件の再発防止に向けた検証システムの強化策」も，①統計の充実，②重大再犯事件の原因分析・検討のための効果的な検証システムの充実，③内部監査の充実を掲げ，この面でのアカウンタビリティ強化を意識する。

　刑事政策の一環である更生保護において再犯の防止が究極の目標となり，社会に対するアカウンタビリティの中核的部分を占めることはそのとおりであろう。また再犯の原因を探ることが有意義であることも疑いない。しかし，再犯防止を直接の目的とする場合，再犯防止のために最も有効な施策をとれているかが可視的になることがアカウンタビリティの目標となる。その名宛人は，第一義的には「更生保護に対して厳しい目を向ける国民」ということになり，更生保護の対象者に対してアカウンタビリティを果たすことは重視されないことになる。更生保護システムはわずかな再犯のおそれも見逃さないように，絶えず対象者を監視することを求められ，従来の運用とは異なって遵守事項違反は不良措置へと直結することになる。

そのような施策が本当に更生保護を充実させることにつながるのか疑問が多い。

　監視を強めることは更生保護の基本であるソーシャルケースワーク関係の構築を困難にする。絶えず自らを監視している援助者との間で信頼関係を築くことは難しい。過剰なまでに頻繁に呼出しを行うこと等が行われれば，円滑な社会復帰を妨げることになりかねない。また監視を強化するとしても，24時間の監視体制を敷くのでなければ，再犯に怯える「国民」の不安を解消するのは難しいであろう。かといって，24時間の監視体制を敷くならば，極度の監視社会を招来させることになってしまう[24]。遵守事項違反を施設収容に直結させることは，拘禁の可及的回避という社会内処遇の本来の使命に悖ることになり，施設内の過剰収容状況にかえって拍車をかけることになる[25]。そしていくら保護観察期間中に監視を強めたとしても，監視の目から解き放たれた瞬間に再犯をするというのであれば，何ら解決にならない[26]。社会に対するアカウンタビリティは，対象者の自律性を促進するというアカウンタビリティの重要な一内容と両立可能な形で目指されるべきであろう。

(3) 社会復帰目的とアカウンタビリティ

　犯予法2条において，更生の措置は，「本人の改善及び更生のために必要且つ相当な限度において」行われ，「その者にもつともふさわしい方法を採らなければならない」と規定されていることからもわかるように，更生保護においては，対象者との信頼関係の構築を前提とするソーシャルケースワークを通じて，円滑な社会復帰が実現できるよう援助し，それにより間接的に再犯防止目的をも果たすことを目指すべきであろう。

　これは行刑改革会議提言の方向性とも一致する。提言は，できるかぎり，国民に行刑施設内の情報を明らかにして，行刑運営に対する国民の理解を得るとともに，その運営のあり方などについて，社会の常識が十分に反映されることを確保しなければならないとしてアカウンタビリティを意識しているが，それは究極的には「受刑者の人間性が尊重され，真に改善更生と社会復帰に資する行刑運営を実現する」ためであるとしているのである。

　行刑における改革の契機が刑事施設内での暴行事件であったのに対し，更生保護の場合は再犯事件であったという点で，両者の改革の契機は外見上相違しているかに見える[27]。しかし，いわゆる重大再犯事件から汲み取るべきは，仮釈放者に対する就労支援の不十分さや執行猶予者の転居後の連絡ミスなど，保護観察の働きかけが十分でなく対象者が放置されていたという問題であろう。すで

に今般の一連の事件以前の「重大再犯事件」を分析した結果,「保護観察開始時点での,保護観察官の見立てとして,本人にかかる問題点等の指摘はできているのだが,具体的処遇の展開の中での手当てに問題が認められる例が多い。すなわち,危機のシグナルの見落としや,時期を失した保護観察官の緩慢な対応,家族関係者等の,本人を取り巻く社会資源との連携不足などが挙げられる」[28]との指摘がなされていたことを見逃してはならない。行刑と更生保護は,社会復帰に向けていかに有効な支援を行うかという共通の課題を有しているのであり,求められているのは施設内と社会内での一貫した社会的援助を構築することなのである。

　以上のように,更生保護においてまず目指されるべきは援助の充実であるとすれば,アカウンタビリティの名宛人は第一義的には対象者でなければならず,制度一般の検証も援助が有効となるような環境整備を目的とすべきということになる。そして更生保護が有効な社会復帰の援助をなしえていることが社会に対するアカウンタビリティとなるという形で,対本人と対社会のアカウンタビリティは両立するのである。

4. アカウンタビリティの具体化

(1) 対象者本人に対するアカウンタビリティ

　更生保護の対象者へのアカウンタビリティは,援助的措置の充実に主軸がおかれるべきである。更生保護の実施機関には,自らが提供できるサービスや福祉機関等で提供されるサービスの内容について適時の情報提供が求められる。また援助的措置の実施の際には利用者への丁寧な説明を行って同意を得ることが必要となる[29]。福祉領域で主張されているように,自己決定が可能となるように支援すること(エンパワーメント)と本人の意思を引き出す支援をすること(セルフ・アドボカシー)が重要となる[30]。そのために,後述するように外部の第三者機関による活動が必要となるが,それと並び,サービスの実施主体の日常の職務に付随して活動する内部的アドボカシーの充実が必要となる。更生保護においては,伝統的に保護司と保護観察官の協働態勢のあり方が議論され,近年では保護観察官の専門性の充実が叫ばれているが[31],アドボカシーはそれとは別の協働態勢のあり方を要請する。第1次的には直接の担当者との間で信頼関係を構築し,自律した社会復帰を展望したうえで具体的に今何をすべきかを明確化し,実行していくことが必要である。しかし担当者との間で良好な関係が築けないときなどに気軽に

相談をし，担当者から不当な取扱いを受けた場合に簡易に苦情を申し立てることのできる人物が存在している必要があるだろう。場合によっては，担当者の交替も考慮されるべきであろう。このような役割は，直接の担当者が保護司である場合の保護観察官に期待されるのであるが，保護観察官が担当者である場合には別の保護観察官の存在を要請する。この体制整備は，更生保護に対する利用者の納得を得ることを促進するであろう。

　他方で，強制的契機が内在する保護観察においては，アカウンタビリティは純粋な福祉的措置の場合に比べ一定の変容を受ける。伝統的に有権的ケースワークが成立するかという問題につき論じられてきたことと関係する。実務家の立場からは保護観察における権威性・権力性を適切に用いることで対象者の自助の努力を刺激することができ，権威性・権力性は対象者の自発性を損なっているとはいえないという見解が示されている[32]。これに対して，このような曖昧な立場がどこまで維持でき，どれだけ効果的か疑問であるとして，対象者の援助に徹することが必要であるとの見解もある[33]。更生保護の場合，利用者に必ずしも援助を受けたいとの意欲があるとはかぎらないことからすれば，完全に福祉的援助に純化できるかはなお疑問が残るが[34]，はっきりしていることは，強制的契機をケースワークを成立させるためのきっかけとして用いることはできるが，それを前面に出した場合はケースワーク関係は成り立たないということであろう。目指すべき方向性は，権力性を可能なかぎり縮減させ，援助的色彩を強めていくことであろうと思われる。利用者の苦情や不服を適切に処理する仕組みを構築し，また更生保護における援助が充実するよう政策評価を行うことは，この方向性を促進させることにつながる。

　これに対しては，苦情や不服を丁寧に聴取し応答するという仕組みを作った場合，対象者が権利ばかりを主張して，援助に乗ってこないという事態を懸念する向きもあるだろう。しかし，与えられる援助に対する不満を表明する機会を保障したとしても，その不満が正当なものでなければ毅然とした態度で対処することは当然の前提である。ただし理由を付して丁寧に説明することが必要である。むしろ，義務と勧奨の限界を曖昧にしたままで保護観察を実施することを許せば，仮に担当者の対応が適切でない場合でもそれを是正する余地がないことになり，対象者はかえって不満を募らせ援助に乗ってこないという事態もありうる。公正さを担保する仕組みを用意し[35]，いざというときに利用できるようにしておくことは，むしろ信頼関係の構築にプラスに働くのである[36]。

(2) 社会に対するアカウンタビリティ

社会に対するアカウンタビリティのあり方[37]については，①法や規則の遵守を求める法的アカウンタビリティという最も初歩的な段階から，②適切で有用性の高い手段の使用を求めるプロセス・アカウンタビリティ，③経済的な手段の能率的な運営を求めるパフォーマンス・アカウンタビリティ，④プログラムの目標の設定とその達成に対して責任を負うプログラム・アカウンタビリティ，⑤政策の選択に対して責任を負う政策に関するアカウンタビリティへと次第に洗練・精緻化されていくとされ，現在は④の段階まで進化しているが，政府活動の民営化や規制緩和が全世界的規模で進められている今日，実際には③が中心となっている，とされている[38]。

　更生保護領域でも，前述した矯正保護審議会提言に見られるように，費用対効果のバランスに常に留意しつつ，処遇効果・有効性を検証することが主張されており，②から③の段階のアカウンタビリティが問題とされている。このような視点が一般論として重要であることは疑いなく，とりわけ権利制約的色彩を持つ施策については厳格な評価による有効性の裏付けを要求すべきである。しかし，援助的施策についてそれと同様の基準で評価することが妥当であるとは思われない。そして，評価の客観性を維持しようとして数量的評価に馴染むもののみを対象とした場合，その手段の有している価値が正しく評価されないおそれがあり，これが，経済性・効率性の視点と結合すると，経験を通して培われてきた貴重な援助的措置が切り捨てられてしまうおそれがある。また評価の重点が特定の処遇プログラムにおかれると，更生保護の基盤を形成している生活再建のための援助が軽視されることにもつながりかねない。更生保護の施策を総合的に評価するためには，更生保護の目標を円滑な社会復帰のための援助と規定するところから出発し，その達成のための総合的なプログラムのあり方はいかにあるべきかを問うプログラム・アカウンタビリティでなければならない。そして，その際には対象者の満足度や社会復帰の意欲を促進する程度などの観点も折り込む必要があると思われる。また社会に対するアカウンタビリティは，更生保護が有効な政策であることの説明を果たすことに尽きるものではなく，更生保護のプロセス自体の透明性の確保も重要となる。そのためには実態を適切に把握するための査察制度等の導入が必要となるだろう。

　評価の結果とそれに対するフィードバックとして講じられた対策について，広く一般に公開されることで，更生保護実施機関に自己改革を行う動機付けを与えることができ，市民の関心を喚起することにもつながる。

(3)　2つのアカウンタビリティの関係

以上のように，アカウンタビリティには直接には個人に対するものと社会に対するものの両方がある。しかしこれらは究極的には相互に補完しあうものである。個人の苦情や不服を適切に処理することは，制度の歪みを是正することにつながり，特定個人以外の対象者にも効果を及ぼすほか，社会に対しても制度の健全さを訴えることにつながる。また社会に対して十分な説明責任を果たすためには，対象者のニーズの把握が不可欠となり，それを反映させた形での説明は制度の改善を促し，引いては個々の対象者にとってもよりよい制度となる。制度構築にあたっては両者が有機的に連関しうることを意識しておかなければならない。以下では，このような視点から要請される制度的枠組みとして，政策評価・査察および不服申立のための第三者機関の設置について検討する。

（本庄武／ほんじょう・たけし）

5. 政策の評価・査察制度について

(1) 日本における政策の評価制度の概要

　更生保護行政に特化したアカウンタビリティの施策ではないが行政活動全般に対する政策の評価制度は存在する。従来は，総務庁（当時）による行政監察制度のみであったが，その後一連の行政改革を経て，2001年度より「政策評価制度」[39]が実施されており，法務省による自己評価は定期的に行われるようになった。政策評価の目的は，①国民に対する行政の説明責任（アカウンタビリティ）を徹底すること，②国民本位の効率的で質の高い行政を実現すること，③国民的視点に立った成果重視の行政への転換を図ること，の3点であるが，とくに，①については，政策評価の実施を通じて，行政と国民との間に見られる行政活動に関する情報の偏在を改善し，行政の透明性を確保することにより，アカウンタビリティを徹底し，行政に対する国民の信頼性の向上を図るとする[40]。

　また，各省庁における行政評価結果を受けて，複数府省庁にまたがる政策の評価に関する「政策の統一性又は総合性を確保するための評価」および「各府省の政策評価の客観的かつ厳格な実施を担保するための評価」を総務省の行政評価局が行い，さらに行政評価全体の基本方針等に関する大臣の諮問機関として「政策評価・独立行政法人評価委員会」が設けられるに至っている。

(2) 更生保護行政における政策評価の現状と課題

実際，更生保護分野に関する政策評価はどのように行われているのだろうか。まず，法務省による自己評価について，ウェブサイトで公開されている2001年度以降の政策評価報告書より「平成16年度法務省事後評価実施結果報告書」を例にとって検討してみたい。

同報告書上では，更生保護分野に関する実績評価[41]において「更生保護活動の推進」との項目があり，以下のような目標が挙げられている。

　　基本目標1：保護観察対象者が改善更生する
　　　達成目標1：保護観察処遇の充実強化を図る
　　　達成目標2：保護観察対象者の就業を確保する
　　基本目標2：保護司制度がより活性化される
　　　達 成 目 標：保護司を幅広く確保し，研修を充実させる
　　基本目標3：犯罪予防活動を助長する
　　　達成目標1：社会を明るくする運動への参加を促進させる
　　　達成目標2：更生保護ボランティア団体の活動を促進する
　　基本目標4：更生保護施設における犯罪前歴者等の社会復帰を促進する
　　　達 成 目 標：築後おおむね20年以上経過し，老朽化が進んだ更生保護
　　　　　　　　　施設について，順次改築・補修する

たとえば，「基本目標1」の「達成目標1：保護観察処遇の充実強化を図る」の評価指標は，「施策の実施状況」，「社会参加活動の実施回数」および「社会参加活動への保護観察対象者の参加人数」によって測られている。社会参加活動の実施回数と参加人数についてはその増加率がいずれも「基準年次（前年度）に比して5％増加」というように目標値が設定され，前年度との数値の比較が行われている。一方，保護観察処遇の実施状況については，数量的な実施状況が示せるもの（たとえば，類型別処遇について簡易尿検査の実施庁，回数，人数など）はこれを示し前年度との比較を行い，数量的な評価ができないものについては実施状況の概要と課題とが示されている。他の目標についてもほぼ同様の方法で評価が行われている[42]。

以上のような法務省の自己評価に対する第三者的評価として，先に挙げた総務省行政評価局による「各府省の政策の統一性又は総合性を確保するための評価」と「各府省の政策評価の客観的かつ厳格な実施を担保するための評価」とについて検討する。前者は，主要な行政課題や各行政機関に共通する制度などにつ

いて重点的に行う評価であり定期的に継続して行われるものではないが，後者の「客観性担保評価活動」は「各府省の政策評価のやり方点検」であり年度ごとに行われている。

　この評価活動では「目標の設定状況」とその「目標の達成度合い」とが点検される。たとえば，目標の設定状況については「①目標に関し達成すべき水準が数値化されているなど具体的に特定されているかどうか。②目標の達成度合いを検証する際の基準とする時期（基準年次）及び目標を達成しようとする時期（達成年次）が設定されているかどうか。③目標設定に関し，目標設定の考え方やその根拠は明らかにされているかどうか」といった点が検討され，目標の達成度合いについて「判定基準を定量的に示すなど具体的で明確になっているかどうか」との点が検討される[43]。つまりは数量的な目標値の設定と評価が中心であることがわかる。

　このような政策評価制度が整備され，行政活動についてより具体的な基準に基づいて評価が行われ，それが公表されるに至ったことは，行政活動の透明性や正しい理解につながるという意味で有意義である。しかし，法務省および総務省のいずれについても公表されている報告書を見ると，概して結果だけが示されており，しかも非常に概括的な記載にとどまるため，どのような事実に基づいてその結果に至ったかというプロセスが見えにくいものになっている。これは，そもそも法務省の自己評価における達成目標が抽象的であることに由来する。さらに，総務省による評価は，第三者的な立場での評価と位置づけられているが，その調査対象は，法務省が作成した報告書にかぎられるため，評価結果が表面的であり，独自の視点を欠いているとの印象をぬぐえない。それが現行の政策評価制度の趣旨に鑑みてやむをえないのであれば，現在の制度の枠組みとは別の評価の仕組みを考えねばならないであろう。

　では，更生保護行政を対象とした場合にどのような点を考慮して評価の仕組みをつくるべきであろうか。

　まず，数量的な基準による評価には限界があることを認識しなければならない。更生保護行政について見れば，たとえば保護司制度の活性化にしてもその人数や年齢だけでは測れない成果があり，当該結果に至ったプロセスにおいてどのような努力がなされ，それでも克服できない課題にはどのようなものがあるか，などがより具体的に示されることも必要となろう。また，「一貫した社会的援助」を受ける権利の保障という視点から評価基準や方法を考えていくならば，省庁や部局ごとの目標達成だけでは十分ではなく，横断的なテーマごとに評価を行うことも必要

である。

　そのためには，定期的あるいは長期的な評価活動をじっくりと行える評価主体が考えられるべきである。総務省の行政評価は，あらゆる行政活動について一律の基準や方法によって行われるものであり，最終的には各省庁の予算や人事に反映する基礎資料にすることが念頭にある。よって，それとは別の基準が必要とされる更生保護，あるいは矯正と保護両者に特化した独自の評価のあり方というものが考えられてもよいのではないか。とくに，幅広い民間団体やボランティアとの連携を更生保護においても進めていくうえでは，数値によって測りうる効率性だけで幅広い担い手の活動を切り捨ててしまうことによって，本人の社会復帰を支えるコミュニティの形成や維持が阻害されてしまうということも考えられる。

　また，現行制度では法務省による自己評価が基本であるため，達成目標の設定が一面的になるとの可能性がある。どのような組織であれ，人的・物的な実際の制約から改革的な視点を自己評価に入れることは困難なものである。よって，評価主体については，より独立性，第三者性を備えた機関によることも考えられるべきであろう。

　さらに評価方法について，更生保護という行政サービスを受ける利用者自身，そのサービスに携わる職員やボランティアといった現場の声を生き生きと反映させることができる評価のあり方も考えられるべきであろう。評価の過程で評価主体自らが，そうした人々から直接意見を聴取することができ，あるいは現場に足を運ぶ方法がとられることが重要ではないかと考える。

　以上のような課題を受けて，次項では，更生保護分野に特化した独立機関による査察制度（保護観察査察局：Inspectorate of Probation）をもつイギリス[44]の事情について紹介することによって評価基準や方法に関する今後の議論の素材としたい。

6.　イギリスの保護観察査察局の概要

(1)　査察局の組織と法的根拠

　保護観察査察局は，保護観察分野に特化した査察を行う公的な機関である。査察官らは内務大臣による任命を受け，また財政面では内務省予算のもとにあるが，組織としては独立している。首席査察官は1名であるが，首席査察官補佐官4名，査察官9名などその他複数のスタッフによって運営されている[45]。もともとは1936年に内務省内に設置され，当初は保護観察官の研修や任命にも関わっ

ていたが，1987年にこうした職務は他の機関に移譲され，現在のように保護観察分野の査察業務に特化するようになった。「1991年刑事司法法（Criminal Justice Act 1991）」によって，保護観察査察局ははじめて制定法上の機関となり，現在は「2000年刑事司法および裁判サービス法（Criminal Justice and Courts Services Act 2000）」によって改称され，その権限などが法定されるに至る[46]。

(2) 独立性の担保——とくに内務大臣との関係性について

内務大臣の査察局に対する権限と責任については，「2000年刑事司法および裁判サービス法」に規定されている。内務大臣は保護観察査察局について，首席査察官その他査察官の任命（6(2)条）のほか，その構成人数，および報酬や費用等を決定でき（6条），業務内容や報告書の形式などの指示を行うことができる（7(2)，7(4)，7(6)条）。しかし，内務大臣が査察官を辞任させることはできず[47]，査察官は，内務大臣や査察対象である保護観察サービスの意思決定や政策実施の機能からは独立を保つことを基本としている[48]。その独立性は，次のような査察局の行動綱領の中に現れている。すなわち，「サービスの利用者の視点をもつこと」「査察するサービスの管理者による厳しい自己査定を促すこと」「偏りのない証拠（evidence）を用いること」「判断を形成するにあたって用いた基準を公開すること」「査察の過程についてオープンであること」などの点である[49]。なお，首席査察官は内務大臣に直接進言することもできる[50]。

(3) 査察局の目的と役割

保護観察査察局は，全国保護観察サービス（NPS：National Probation Service）および未成年者犯罪チーム（YOT：Youth Offending Teams）の業務と成果について，とくに再犯を減少させ社会を保護するという目的のもとに，犯罪者や未成年者を取り扱う業務の実効性（effectiveness）について内務大臣に報告することを主目的とする機関である[51]。査察を行うことを通しての保護観察サービスにおける政策策定，方針の決定等において事実上重要な役割を果たしている。査察を行うにあたり保護観察査察局が評価基準を設定するが，これが公表されることによって，そうした基準が保護観察サービスに関わる立法や政策等の改善の基礎となるのである[52]。また，査察官は他の刑事司法機関のために設置された査察官とも協力して業務を行っている。

ところで，「査察」という言葉には抵抗を感ずる向きもあるだろう。イギリスにおいても評価によって失敗事例を報告することに対して，それが保護観察サービス

(Probation Service)で働く者の自信を失わせることになるのではないか，とマイナスの影響を心配する意見もあるという。しかし，保護観察査察局は保護観察サービスの成果の向上に寄与することを目的として査察を行うのであって，そのために成功事例の紹介など査察対象を「賞賛すること」と問題点を指摘するなどの「批判すること」との両方のバランスを保ちながら査察が行っている点が重要なのである[53]。

(4) 保護観察サービスの変化に伴う査察官の役割の変化

1990年代以降，査察対象である保護観察サービスのありようが大きく変化したことに伴い，査察官の機能もまた変化している。とくに，保護観察サービスについて，2001年に大きな改革が行われ，それまでは各地方にそれぞれ独立して存在していた組織を2001年4月から現在の「全国保護観察サービス」に一本化したのである[54]。この機構改革に伴い保護観察査察局にも大きな変化がもたらされた。

それは，その組織の改変のみならず，いわゆる「実証に基づく実務」(Evidenced Based Practice)や公平な処遇方法の導入を重視した「ホワット・ワークス施策」(What Works Initiative)のなかで開発，実施された「認可プログラム」(accredited programme)の査定を行うという役割が加わったことである[55]。また，査察手法の傾向として，一律に同じような査察を繰り返すやり方ではなく，入手可能な証拠に基づいて，重点的で，特定のテーマや地域を設定した手法をとるよう変化してきているという[56]。

一方で，上記のような保護観察サービスの一連の変革に対しては「中央集権化の指向があり」「職員の創造性と社会や地域のニーズを反映させた処遇が失われてしまう」[57]，また従来重視されてきた「地域とのつながり」を支えるボランタリーな団体との連携，すなわち処遇におけるパートナーシップのあり方に影響を与えるのではないかとの懸念があるという[58]。

そうした背景によるのか，現在査察局では，「ホワット・ワークス施策」の実効性と各地域における多様性とを両立するような評価方法のための試行錯誤が行われているようである。ここでは，そうした評価方法のうち比較的最近用いられた「実効的監視査察プログラム」(Effective Supervision Inspections：以下，ESIという)を例にとる[59]。この査察プログラムは従前のそれと比べて，いかに当該処遇プログラムのプロセスがその目的や成果に結びついたものになっているか，を重視するのみならず，ユーザーすなわち対象者本人の経験や認識に重点を置いたものになっている[60]。

ESIは，2003年6月より3年のサイクルで42の地域に対して実施している査察プログラムである。地域の広さや人口が似通っている地域の特徴を同じ年に査察しこれを比較する。この査察プログラムは，本人への保護観察の実効性に焦点を当て，一定の基準に基づいて得点が与えられるというものである。その基準とは，①マネジメント（全国的な目的や方針との適合性，資源・人員の適切配置，パートナーシップなど），②対象者の査定（再犯の可能性判断の基準適合性，記録のあり方など），③介入（保護観察実施の適切性，対象者の多様性を反映した介入など），④初期結果（Initial Outcomes）（再犯防止目的の達成度合いとその持続性，入手可能なデータに基づいているかなど）と大きく4区分からなる。

これらの基準をもとに，査察が2～4週間にわたって行われる。査察官は，文書資料を基礎とした査定のほかに保護観察官や対象者本人，そのほか関係者にインタビューを行い，決められた基準に基づいて得点をつける。項目によっては，保護観察の対象者本人にインタビューする場合もあり，各保護観察管区に対して無作為に100名ほどの対象者を選出しておくよう要請される。さらに，査察官は地域の保護観察官や委員会のメンバーのほかこれらの人々と連携して保護観察活動に携わる公的機関および民間団体のメンバーなどともミーティングを行う。

なお，査察基準の解説書には，上記4基準について判断する際の詳細と根拠として考慮すべき事実（evidence）がまとめられている[61]。たとえば，上記①のうち「パートナーシップ／コントラクティング・アウト（外注）」に関する査察項目においては，その考慮すべき事実として，委員会や保護観察官がその活動を実施するにあたって，パートナーシップの確保を方針として立てていること，パートナーシップのための予算に関する情報が十分であること，などが示されている。また，③のうち対象者の多様性（とくに女性，マイノリティ，障害者など）については，そうした多様性に鑑みた介入方法がとられているか，保護観察業務にあたるスタッフの構成に多様性が反映されているか，などが考慮されるべきであるとする。

7. 査察制度導入の必要性

イギリスにおける査察局の役割やその査察手法のあり方については，いまだ試行錯誤の段階にあると見られ，上記に紹介したあり方が必ずしも最善であるとは言えない。しかし，査察という方法によって保護観察業務を評価する仕組みが機能しており，刑事施設における査察と同様参考になるものと思われる。また，保護観察業務が多様なファクターによって担われており，対象者が抱える問題も多

様であるということに鑑みて，一定の方針に基づいてより具体的で多岐にわたる評価基準を策定し，現場の声や入手可能な情報といった具体的な証拠に基づいていることも重要である。さらに査察のプロセスについて，査察局としてはどのような方針をもって査察に臨み，そして具体的にどのような方法を用いたかが報告書によって公に示されていることも参考となる。

第三者的な機関が評価を行い公表することは，透明性の確保や国民の理解に寄与するのみならず，多様な視点から評価を行うことにより行政活動の改善・改革を促進させる，という意味においても重要である。よって上述のような機関の設置を具体化するにあたっては，その独立性や権限の実効性についてなお積極的な議論がなされるべきである。

8. 日本の更生保護行政に関わる不服申立制度の現状

更生保護行政に関わる現行の不服申立制度については，行政不服審査法による不服申立が可能である。よって同法にいう「処分」，すなわち「法令に基づき優越的立場において，国民に対し権利を設定し，義務を課しその他具体的に法律上の効果を発生させる行為」でかつ「継続的性質を有する事実行為」については同法による不服申立をすることができる[62]。保護観察に係わる審査請求対象処分としては，①特別遵守事項の設定，②転居・旅行の不許可，③保護観察の停止，④仮出獄の取消し，⑤仮解除の取消し，などがあり，そのうちでも④仮出獄の取消しに関する遵守事項違反の存否を問うものが多いという[63]。

とくに犯予法49条および執行猶予者保護観察法12条によって，地方更生保護委員会が決定により行った処分につき，中央更生保護審査会に対して審査請求をすることができる[64]。過去7年間の審理請求の受理状況は下記のとおりであるが，仮出獄取消決定処分（犯予法44条）に対する不服申立がその多くを占めていることがわかる。

審査請求事件の受理状況（件数：値は前年繰越分と当該年新規受理分の合計）[65]

	1999年	2000年	2001年	2002年	2003年	2004年	2005年
仮出獄取消決定処分に対する不服	14	17	26	20	17	13	31
仮解除取消処分に対する不服	0	0	0	1	0	0	0
その他	0	1	5	4	6	8	6

審査請求に対する中央更生保護審査会の採決までの期間は，審査請求を受理した日から60日以内（犯予法51条の2）とされており，ほとんどの請求が同年度内に処理されているが，表の過去7年間では請求が認容された事案はなく，その多くが請求棄却ないしは却下されている。

　審査請求は対象者本人が行うことが規定上可能であるが，刑事施設に収容中の場合には当該収容施設の長に対して行い，施設長がこれを審査会に対して送付しなければならないとされている（同法50条）。本来受刑者本人にとっては不利益処分である仮釈放棄却決定について本人から直接不服申立ができないわけだが，受刑者に仮釈放請求権が認められていないことを反映した規定であるとされる[66]。

　上記の申立件数や採決結果の推移を見るに，現行の不服申立制度は，十分に活用されているとは言いがたい状況にある。矯正行政に比べ不服が生ずる契機が少ないということも考えられる。しかし，行政不服審査法の目的は「行政庁の違法・不当な処分に対する個人の権利・利益の簡易迅速な救済」のみならず「行政の自己統制つまり客観的な法秩序，行政の適正な運営の確保」という点にもある[67]。更生保護行政においては，たとえば対象者と保護観察官はサービスのユーザーと提供者という関係にもとらえることができるのであって，こうした内部的な不服申立制度においてユーザーの声を聞き，行政サービスの向上に役立てるという観点において，より一層の活性化が図られるべきである。

　現行の不服申立制度は，その対象を上述のように法的効果を発生させ継続的性質をもつ「処分」に限られており，これに至らない苦情等については制度化されていない。また，現行制度は中央更生保護審査会あるいは法務大臣を審査庁とする内部的な制度であると見ることができ，簡易性および迅速性という点では利点がある一方で，不服処理の客観性や公正性の担保には限界がある。不服申立制度は，客観性や公正性を担保することにより援助を提供する側と利用する側との信頼関係の構築に寄与するために必要なのであるから，簡易な苦情を含めて幅広く声を聞く第三者による不服申立の仕組みも考えられるべきではないだろうか。

　以上のように現行制度を改善するにせよ，新たな不服申立制度を設置するにせよ，更生保護に関して，第三者が関与する不服申立制度はどのようにデザインされうるのだろうか。その際には，一般の行政活動に対するもののみならず，更生保護の独自性も加味して不服申立制度を考えるべきであろう。ここでも，保護観

察サービスに対する不服申立制度について現在さまざまな不服申立制度の整備が進められているイギリスの現状と課題とを参照することとしたい。

9. イギリスの保護観察オンブズマン制度について

　最初に，イギリスの内部的な不服申立制度に触れておく。なお，以下「不服」を complaints の邦訳とするが，日本の法律上の「不服」概念より広い，保護観察サービスに関わるあらゆる苦情・不服を含めた概念として用いることに留意されたい[68]。

　仮釈放決定に対するものを除く，仮釈放委員会が行った業務（サービス）に対するあらゆる不服は，同委員会に対して申し立てることができる[69]。あらゆる個人と団体がこの申立を行うことが可能で，委員会において特別に指名された不服申立官（Complaints Officer）がその取扱いにあたる。申立の方法は，口頭でも文書でもまた電子メールでも可能である。ただし，この不服申立制度は，委員会が自ら「失敗から学ぶ」ために設置したもので，個別の不服事案について救済を図るというよりは，不服申立によってフィードバックを受けることにより委員会の施策を向上させるための仕組みであることがその目的として明示されている。2004年4月からはより迅速に申立を受け，これを施策に反映させるためのより厳格な不服申立制度の運用を始めている[70]。

　こうした内部的な不服申立の仕組みのほかに，イギリスにおいて非常に特徴的なのは，独立した不服申立機関としてのオンブズマン制度が保護分野にも存在することである。すでに刑務所オンブズマンは知られているが，2001年9月からは保護観察中の対象者本人からも不服申立を受け付ける保護観察オンブズマン制度が設けられたので以下紹介する。

　「刑務所および保護観察オンブズマン」（以下，オンブズマンという）は，現在，刑務所サービス（Prison Service）と全国保護観察サービスによって行われたほぼあらゆる取扱いに対する不服申立を受け，これを調査する機関である[71]。オンブズマンは内務大臣により指名されるが，刑務所サービスおよび保護観察サービスの組織とは完全に独立した存在である。また，いわゆるオンブズマンは一人であるが，そのほかにオンブズマン代理，アシスタント，調査員など多数のスタッフによって運営されている[72]。

(1) 不服申立の方法

保護観察サービスに関連してオンブズマンに申し立てることができる内容は，仮釈放決定など例外を除いた保護観察サービスが行うあらゆる取扱いである。ただし，最初からオンブズマンに不服申立ができるわけではない。最初は各地の保護観察事務所に対し非公式のかたちで申立を行い，その取扱いに納得できない場合には次に書面により首席保護観察官に対して公式な申立を行い，それでも納得できない場合には地方保護観察委員会（Area Probation Board）に対して異議申立を行い，そしてこの異議申立の取扱いにさらに納得できない場合にはじめてオンブズマンに申し立てることができる[73]。ただし，異議申立に対する回答を受けてから1カ月以内に申立を行わなければならない（なお，異議申立に対する回答が6週間以内に届かない場合には，なお申立が可能である）。

　申立方法は書面によるが，必ずしも定められた書式によらなくてもよいとされている。申立に対して適格性の有無に関する回答は10日以内になされ，適格性なしとして受理されない場合には理由が示される。受理された場合には調査が行われるが，申立者本人，保護観察サービスなどから情報を収集し，申立者と各地域の保護観察委員会との両者の合意か，それができない場合には書状や報告書を作成する。申立内容がオンブズマンによって承認された場合には，報告書には改善勧告が含まれる。申立内容に対するオンブズマンの調査結果は理由とともに示される。調査を始めてから12週間以内に上述のいずれかの解決を図ることが目指されているが遅滞することもあるという。

(2)　申立内容と結果

　オンブズマンに対する不服申立の内容やその調査結果については，毎年，年次報告書にまとめられ公表されている。2004〜2005年の年次報告書[74]によると，保護観察サービスに関連する申立は刑務所のそれに比べて数は非常に少ない。2004年4月1日から2005年3月31日までの間で，保護観察サービスについての申立件数は309件であり，そのうち適格性を認められ受理されたものは41件（13％）である。不受理の主な理由は，オンブズマンに至る前の手続を踏んでいないというもので，不服申立手続の正しい理解が課題となっている。とはいえ，制度の運用開始時から比べると，申立件数と適格性を認められた件数が増加し続けている点は注目すべきであろう。

　次に申立の処理状況について見る。実際に2004年4月1日から2005年3月31日までのあいだに調査が行われた件数は19件であり，最終的に申立を承認した件数は，全面的な承認が1件で，部分的な承認が6件となっている（前年度

は両者あわせて12件）[75]。

　保護観察サービスに関するオンブズマン制度が始まって2年目の年次報告書によれば，刑事施設収容に関する不服申立と比較して，保護観察に関する申立は，より複雑で多様な申立が多いこと，また個別の保護観察官に関する申立（たとえば，担当保護観察官を変更してほしい，という訴えなど）が多いことがその特徴とされている[76]。2004～2005年の年次報告書によると申立内容は，たとえば以下のようなものが含まれている。

　○保護観察官による判決前報告書について，申立者本人の生活歴について良好な面についての言及がなく人格が損なわれる内容となっている。またリスク・アセスメントに納得できず前歴についても誤った報告がなされているとの申立について，良好な面についても記載がありリスク・アセスメントも公平になされているが，どのようにリスク・アセスメントがなされたかについて追加情報が必要であるとして申立は部分的に承認され，申立者の記録上にオンブズマンの見解を記載しておくよう勧告がなされた。
　○仮釈放の際に定められた住所地と配偶者との同居の禁止事項についての申立について，住所地の制限と配偶者との同居禁止については合理的なものとされたが，保護観察管区が仮釈放決定について開示しなかったことにより，本人の異議申立が妨げられたとして，オンブズマンから仮釈放計画の時期と方法を本人に告知する際の配慮をするよう意見がついた。

　申立が全面的に承認されることは非常に少ないが，紹介された事案を見るかぎり，オンブズマンが意見を述べることによって，少なくとも保護観察の諸手続においてその適正性を担保していると見ることができる。

10. 更生保護行政における不服申立制度のあり方

　刑事施設については第三者機関による不服申立制度の必要性が主張されているが，更生保護に関してもその設置が模索されるべきである。
　確かに，日本やイギリスの現状を見るに更生保護分野に関する不服申立は非常に少ないので不服申立制度の整備はそれほど求められてはいないのではないか，と見ることもできる。それは，刑事施設に収容されている状況に比べ閉鎖性が低く強制的な取扱いがなされる契機が少なく，また，たとえ不服が存在しても一般

社会で生活をしていることから他の手段によって解決する可能性も高いことが考えられる。

しかし、更生保護分野についても不服申立制度が必要とされるのは、（たとえ申立件数が少なくとも）それが何らかの問題が起こった際の個別救済の契機となり、そうした窓口を幅広く設けておくことが必要だからである。またそれだけでなく、申立事案とその処理が蓄積していくことにより更生保護行政を全般的に改善する契機となるという点でも必要である[77]。また、個別の申立を受け調査することで本人に対するアカウンタビリティを果たしているのみならず、年次報告が公表されることにより社会や専門家に対するアカウンタビリティを果たすことになり[78]、幅広い理解と信頼を得ることもできるのである。

実際の制度設計については、不服処理に関わる第三者について、可能なかぎり社会の多様性を反映したものでなければならず、申立事案についてあらゆる調査を行うことができる権限が付与されることが必要である。さらに申立の受理や審査方法、基準については、法律等において明記されるべきである。

11. 更生保護改革における評価制度，不服申立制度の意義

以上、更生保護行政におけるアカウンタビリティの仕組みとして、日本とイギリスにおける政策の評価・査察制度と不服申立制度を紹介・検討してきた。イギリスの制度紹介は、同国の制度を日本に移植しようという趣旨ではない。提供者や利用者、さらには地域社会の生き生きとした声を吸収して政策改善に活用し、それを定期的にあるいはアドホックに社会に対してできるだけ具体的な形でフィードバックしようという姿勢のもとに制度が作られ、運用しまた現在もなお変化し続けているそのあり方を参考にしつつ、日本社会に適合する具体的な制度設計がなされるべきものと考えるのである。

幅広い担い手によって動かされる「一貫した社会的援助」の実現のためには、その改革のプロセスが具体的に、利用者を含めたあらゆる担い手のあいだで共有されることが必要となる。すでに述べたように評価・査察や不服申立は問題になった部分を取り上げて批判するだけが目的ではない。むしろ2つの制度は成功も失敗も含めた情報を収集しフィードバックをするものであり、それは改革のサイクルにおいて不可欠な存在なのである。

（桑山亜也／くわやま・あや）

12. 「更生保護のあり方を考える有識者会議」報告書の検討

　前項まで，更生保護におけるアカウンタビリティの必要性とその内容，さらに具体的な制度設計について論じてきた。以下では，これらを受けて，2006年6月に提出された，「更生保護のあり方を考える有識者会議」報告書（以下，最終報告書という）を検討することで，本稿を終えることにする。

⑴　最終報告書におけるアカウンタビリティのとらえ方

　最終報告書は，社会内処遇の目的として，改善更生と再犯防止は正に不即不離の関係にあると捉え，施設内処遇との対比において社会内処遇の考え方には，国民が，再犯のおそれのあることをある程度受容しながら，犯罪や非行をした人と共生し，社会生活を営むことが含まれているとする（3頁）。

　そのうえで「更生保護制度の役割や重要性が国民や地域社会に十分に理解されるには至っていない」ことに問題の所在があるとし，また「社会内処遇である以上，再犯のリスクは社会全体で負わなければならないものであること」は国民に理解されるべきことがらであるが，その理解の前提として，施設内処遇との対比において，社会内処遇の有効性が確認でき，再犯のリスクを上回る意義がなければならず，この点について国民への説明が不足していると指摘する。

　その原因としては，保護観察処遇が，対象者のプライヴァシーの保護に配慮し，密行性を重視しすぎ，更生保護の役割等に関する広報までもが消極的になりがちであり，仮釈放審理や更生保護行政の運営全般について透明性の確保や国民の視点への配慮がおろそかになっている点，および民間に依存し，批判にさらされることがなくまた批判を受けにくい制度となっている点があるとする。よって，以上の現状認識をもとに示された改革の方向性として，国民が「地域社会における安全・安心の確保を自らの問題としてとらえ，更生保護への応分の寄与を果たす」ことができるように，更生保護制度の役割や重要性について理解することが目指されている（6～7頁）。

　この目標のために打ち出された改革提言としては，「仮釈放のあり方の見直し」（20頁）ならびに「広報活動の充実等」および「第三者機関の設置」（28頁）が主なものと言えよう。まず仮釈放審理の透明性等を高めるために，地方更生保護委員会の委員に民間出身者等を積極的に登用すべきこと，受刑者本人に仮釈放申請権までは付与しないものの，審理開始の申出，釈放後の生活設計の主体

的提示，仮釈放申請棄却理由の告知などにより本人の関与を拡大することが述べられている（20〜21頁）。

次に「広報活動の充実等」においては，現行の「社会を明るくする運動」の一層の活用と学校等における教育機会の拡充が言われているほか，「更生保護における各種施策の効果について」の検証とその結果の公表によって，国民に説明責任を果たすべきであるとする。また，「第三者機関の設置」では，地域住民の代表が参加する第三者機関を設置し，「仮釈放や保護観察の運用を説明して理解を得る機会を設け」，「必要に応じて提言を受ける仕組み」を検討する場と位置づけることが述べられている（28〜29頁）。

(2) 最終報告書に対する意見

以上が，最終報告書に示された，更生保護におけるアカウンタビリティに触れた部分であると考えることができる。全体として，更生保護の透明性を促進することが意識されたという点には異論はない。しかし，以下のような問題を指摘することができる。

まず，最終報告書は，改善更生と再犯防止は不即不離としつつ，国民に再犯のおそれを受容させるためには，有効な処遇方法が国民に示され，理解されることをアカウンタビリティの目的としており，対象者自身の視点に立った理解というものが，更生保護制度においてどのように尊重されうるのか，との視点に欠ける。

すでに述べてきたようにアカウンタビリティは，対象者自身および社会一般に対してなされるべきものであり，処遇の有効性や再犯のリスクについてのアカウンタビリティは，対象者の自律性を促進する方向でのそれと両立可能な形で果たされなければならない。最終報告書において，保護観察における義務づけの強化が大きなウェイトを占めていることからは，国民の理解という旗印のもとに再犯防止効果ばかりを前面に打ち出し，主体的な社会復帰を実効的に支援するという視点が稀薄な制度設計がなされることが危惧される。対象者本人に対するアカウンタビリティという視点が仮釈放審理への関与という点を除き，稀薄であるのは問題であろう。

確かに，対象者による仮釈放審理への関与拡大は自律的・主体的な社会復帰にとって重要であり，この点では積極的に評価できるが，それを超えて，更生保護制度全般において，受刑者または対象者がどう主体的に関わるべきか，を考えるべきであったと思われる。

たとえば，最終報告書が述べるところの「更生保護における各種施策の効果」

の検証は，保護観察や更生緊急保護において対象者自身がニーズに即した真に必要な援助を受けられている，という対象者自身の声を反映したものでもなければならず，よって，この対象者自身の声を実質的に反映させる仕組みとして，対象者による苦情・不服申立先としての第三者機関の設置が考えられえたのではないか，と思う。すでに述べたように，対象者の苦情や不服を適切に処理することは，制度の歪みを是正することにつながり，対象者自身に対して良い効果を及ぼすのみならず，社会に対しても制度の健全さを訴えることにつながるからである。

　また，最終報告書は「第三者機関」の設置を提言したが，その意義，目的および具体的な内容が判然としない。2005年12月26日に有識者会議が公表した「中間報告」では，行刑における刑事施設視察委員会などと同様の「国民参加の機関を創設するべき」との意見があったことが示されていたが，最終報告で示された「第三者機関」は，「説明して理解を得る機会」であり「必要に応じて提言を受ける仕組み」であるとされており，刑事施設視察委員会とは相当に異なるものと位置づけられているようである。その目的が「国民や地域の理解を得るための一助」だとすると，単なる広報機関にすぎないこととなるが，広報のためだけであれば，なぜあえて「第三者機関」が設置されなければならないのだろうか。

　有識者会議第15回における議論では，複数の委員から，費用対効果や保護観察官の業務負担の増大といった観点から，第三者機関設置の必要性に対して疑問が呈されたが，広報のためであれば，当然の疑問といえよう。有識者会議では，第三者機関が果たすべき役割についての認識が十分共有されていたとは言いがたい。

　本稿が第三者機関の設置を提案する理由は，更生保護行政の評価および不服申立への関与を通じて，社会的援助の質の向上が期待できるからである。「第三者」が多様な視点から意見を提出し，また多様な意見や申立の受け皿となることによって，更生保護の改善ないしは改革サイクルが作られる。たとえば，実際に行われている措置が不適切であればその中止や変更を促すだけでなく，適切であればそれを継続し向上させていくことを促し，また，とられるべき措置がなされていなければ当該措置をとるよう促す，といった役割を果たすことができる。外部の目を入れることが，絶え間ない改革のサイクルの継続を保障することにつながるからこそ，多少のコスト増大にもかかわらず，第三者機関を設置する必要性が認められるのである。

　「国民や地域の理解を得る」ことも重要であるが，それにとどまらず，むしろ，自律的社会復帰へ向けた援助の実効性を向上させることにこそ，第三者機関設

置の意義はあると思われる。以上の観点が，今後検討されるであろう具体的な制度設計において考慮されることを望む。

（桑山亜也＋本庄武）

1 　更生保護とは，本来，仮釈放・恩赦・犯罪予防活動等も含む概念であるが，ここでは保護観察制度および更生緊急保護制度を念頭において検討する。
2 　以上につき，碓氷悟史『アカウンタビリティ入門』（中央経済社，2001年）を参照した。
3 　垂直的アカウンタビリティの問題としては，スーパーバイザーとしての保護観察官が保護司のニーズをどれだけ汲み取れているかという問題が存在する。問題点の指摘として，後藤弘子「保護観察の現状と課題」犯罪と非行145号（2005年）37頁以下参照。
4 　以上に加えて，「行政機関の保有する個人情報の保護に関する法律」（2003年制定）第4章が「何人」に対しても個人情報の開示・訂正・利用停止請求権を認めていることも，特定個人に対する説明責任履行の1つの表れであると言えるであろう。
5 　宇賀克也『行政法概説Ⅰ——行政法総論』（有斐閣，2004年）50頁，大橋洋一『行政法——現代行政過程論（第2版）』（有斐閣，2004年）42頁以下等参照。
6 　柳本正春「刑罰執行の閉鎖性と透明性——民主主義社会における行政の有り方」亜細亜法学31巻1号（1996年）136頁以下，本庄武「刑事施設のアカウンタビリティと第三者機関の役割」刑事立法研究会編『21世紀の刑事施設——グローバル・スタンダードと市民参加』（日本評論社，2003年）236頁以下，土井政和「刑務所のアカウンタビリティ——イギリスの制度を中心として」『刑事実体法と裁判手続——法学博士井上正治先生追悼論集』（九州大学出版会，2003年）303頁以下，同「イギリスにおける刑務所の透明性の確保について」龍谷大学矯正保護研究センター研究年報1号（2004年）141頁以下など。
7 　行刑改革会議提言の批判的検討として，桑山亜也「行刑運営の透明性の確保／人権救済のための制度の整備」刑事立法研究会編『刑務所改革のゆくえ——監獄法改正をめぐって』（現代人文社，2005年）47頁以下などが，受刑者処遇法の批判的検討として，土井政和「受刑者処遇法にみる行刑改革の到達点と課題」自由と正義56巻9号（2005年）29頁以下などがある。
8 　有識者会議第2回配付資料「矯正保護審議会提言の取組状況」参照。
9 　染田惠「保護観察における基本的人権の保障とその方法」犯罪社会学研究17号（1992年）95頁参照。
10 　小川太郎『自由刑の展開』（一粒社，1964年）186頁参照。

11　土井政和「更生保護への期待」更生保護50巻1号（1999年）17頁。
12　関連する文献・裁判例は多数存在するが、最近のものとして、桑山亜也「受刑者の人権保障における司法の役割——矯正処遇判例の検討から」龍谷大学矯正・保護研究センター研究年報2号（2005年）104頁以下がある。
13　榎本正也「保護観察の法律的構造について」『更生保護の課題と展望』（日本更生保護協会, 1999年）237頁以下参照。そうではなく、犯罪を犯したがゆえに特別権力関係に入るのだとすると、犯罪者は権利を剥奪され、市民としては死亡したものと見なされる（Civil Death）とする、古くコモンロー上、採用されていた概念を採用することになってしまうであろう。
14　公刊された裁判例では、少年院への戻し収容および執行猶予取消しの事例が散見される程度である。
15　河野正輝「『地域福祉権利擁護』の基本課題」法政研究66巻2号（1999年）470頁以下、西田和弘「社会保障の権利擁護・救済手続き」『講座社会保障法第1巻』（法律文化社, 2001年）167頁以下など参照。
16　『平成16年版犯罪白書』353頁および341頁参照。
17　ただし、同じく成人の保護観察でも仮釈放者より執行猶予者の場合のほうが、取消率がかなり高くなっている。対象者が異なり、仮釈放者の場合より保護観察期間が長期にわたるため単純な比較はできないが、期間が長くなるほど、保護観察による支えが効かなくなってしまっている可能性もある。同上書359頁および353頁参照。
18　対案として、再犯のおそれがなくなるまで保護観察を継続するという不定期の考試期間主義を採用することが想定されうるが、責任主義・罪刑法定主義との緊張関係が生じるほか、それを正当化するだけの確実な危険性予測も不可能であろう。
19　竹村典良「刑罰と福祉のエピステモロジー」『犯罪と刑罰のエピステモロジー』（信山社, 1999年）39頁以下参照。
20　本多滝夫「『行政スタイル』の変容と『説明責任』」公法研究65号（2003年）185頁。
21　1997年の児童福祉法改正で保育所の入所が、措置制度のまま保護者の選択方式に移行したことからわかるように、措置制度のままでも、利用者を制度の主体として位置づけ、アカウンタビリティを導入していくことは可能である。
22　保護観察についてこの解釈を採用するものとして、染田・前掲注（9）93頁以下参照。
23　生島浩「保護観察の現状と課題」ジュリスト1293号（2005年）4頁以下。
24　生島・前掲注（23）4頁。
25　藤本哲也「他山の石：危機に直面するカリフォルニア州の刑務所」罪と罰42巻4号（2005年）38頁以下は、パロール対象者の再入所率が約60％にも達するが故に、過剰収容を招いたカリフォルニア州の状況を伝えている。

26　その後は情報提供を通じて警察の監視に委ねるというのでは，絶望的な監視社会が到来することになるし，そもそも更生保護の存在意義が疑われることになるであろう。

27　後藤・前掲注（3）30頁は，刑務所における待遇や処遇の改善といった自らの行為を改革の対象とした矯正の場合，改革はある意味で容易で結果が見えやすいものであったが，自らの制度改革や努力だけではどうすることもできない再犯という出来事をきっかけとした更生保護の改革はかなりの困難を伴うと指摘する。

28　熊坂俊二「最近の更生保護をめぐる諸問題」矯正講座24号（2003年）78頁。

29　土井・前掲注（11）18頁参照。

30　阿部和光「福祉従事者の要請と権利擁護」河野正輝・関川芳孝編『講座・障害を持つ人の人権・第1巻権利保障のシステム』（有斐閣，2002年）138頁以下参照。

31　協働態勢論については，北澤信次「保護観察官と保護司の協働態勢論の変容」『犯罪者処遇の展開』（成文堂，2003年）64頁以下等参照。

32　鈴木美香子「ソーシャルワークと更生保護」『更生保護の課題と展望』（日本更生保護協会，1999年）249頁以下参照。

33　吉岡一男「更生保護の理想と保護観察」『刑事制度論の展開』（成文堂，1997年）258頁以下参照。

34　更生保護の一般福祉への解消の問題点の指摘として，土井政和「社会内処遇の課題」九州更生保護17号（1994年）5頁以下参照。

35　そのためには，更生保護の対象者が法的な援助を依頼できる体制作りも必要となる。この分野でも弁護士が活躍する余地は存在しているのであり，リーガルサービスの普及に期待したい。

36　適正手続の充実は，教育的・福祉的機能と調和しうるものであり，むしろ後者は必然的に前者を求めるものであるとの少年司法領域での議論を参照することが有用であろう。前野育三「司法福祉論と少年法」加藤幸雄ほか編『司法福祉の焦点』（ミネルヴァ書房，1994年）18頁以下等参照。

37　なお社会に対するアカウンタビリティとは独立に，被害者に対するアカウンタビリティを求めるかという問題があるが，結論的には直接被害者に対してアカウンタビリティを負うべきではなく，被害者も社会の一員として，円滑な社会復帰が促進されることの説明を受けるにとどまるべきであろう。被害者の納得を重視すると，利用者本人との信頼関係が破壊されてしまうおそれがあるからである。被害者に対するアカウンタビリティも重要であるが，本来的に更生保護とは別の機関が果たすべき課題であり，更生保護が担いうるとすれば，せいぜい対象者本人へのアカウンタビリティと両立可能な範囲ということになろう。

38　山谷清志「行政責任論における統制と倫理」修道法学13巻1号（1991年）156頁

以下参照。

39 「行政機関が行う政策の評価に関する法律」による。ここにいう「政策評価」とは「国の行政機関が主体となり，政策の効果等に関し，測定又は分析し，一定の尺度に照らして客観的な判断を行うことにより，政策の企画立案やそれに基づく実施を的確に行うことに資する情報を提供すること」と定義されているが，本稿において同制度の説明以外で「政策評価（制度）」を用いる場合には，行政活動をさまざまな視点から評価する仕組み，という程度に広くとらえ必ずしもこの定義によっていない。

40 「政策評価に関する標準的ガイドライン」（2001年1月15日政策評価各府省連絡会議了承）による。財団法人管理研究センター編『政策評価ガイドブック』（ぎょうせい，2001年）113頁参照。

41 省庁の政策評価は①事業評価，②実績評価，③総合評価の3つに分けられるが，実績評価は，「行政の幅広い分野において，あらかじめ達成すべき目標を設定し，それに対する実績を測定しその達成度を評価することにより，政策の達成度合いについての情報を提供することを主眼とする」（前掲注(40)126頁）。

42 以上，法務省「平成16年度実績評価実施結果報告書」32頁以下。〈http://www.moj.go.jp/KANBOU/HYOUKA/hyouka41-04.pdf〉

43 総務省による各省庁の評価報告書に対する個別の評価結果は，〈http://www.soumu.go.jp/hyouka/kyakan_f.htm〉を参照。

44 以下「イギリス」とは主にイングランドおよびウェールズ地方を指す。

45 本稿執筆時の首席査察官は，Andrew Bridges。スタッフの人数は，Her Majesty's Inspectorate of Probation 2004/2005 Annual report, at 78-79〈http://inspectorates.homeoffice.gov.uk/hmiprobation/about-us.html/annual-reports.html/〉による。

46 以上の経緯については，査察局ウェブサイト〈http://inspectorates.homeoffice.gov.uk/hmiprobation/about-us.html/history.html/〉ほかを参照。

47 ロッド・モーガン「英国における保護観察首席査察官の役割」〔講演〕矯正講座23号（2002年）218頁。

48 Jane Furniss, Probation Service Performance and Accountability: the Role of Inspection, in ed. David Ward, John Scott, and Malcolm Lacey, *Probation: Working For Justice*, at 309 (Oxford Univ. Press, 2002).

49 査察局ウェブサイト〈http://inspectorates.homeoffice.gov.uk/hmiprobation/about-us.html/code-practice.html/?version=1〉を参照。

50 モーガン・前掲注（47）218頁。

51 査察局ウェブサイト〈http://inspectorates.homeoffice.gov.uk/hmiprobation/about-us.

html/statement-purpose.html/?version=1〉を参照。

52　Furniss, *supra note* 48, at 311.

53　*Id.* at 315-316.

54　さらに，2004年には刑務所サービスと保護サービスとを一体化し，National Offender Management Service が設置されている。これら一連の改革の経緯については，河原田徹「英国における社会内処遇の変革と『地域性』の再建」矯正講座24号（2003年）129頁以下，西川正和＝河原田徹「英国の保護観察制度に関する研究」法務総合研究所研究部報告28（2005年）11頁以下を参照。

55　Her Majesty's Inspectorate of Probation 2001/2002 Annual Report, at 14,〈http://inspectorates.homeoffice.gov.uk/hmiprobation/about-us.html/annual-reports.html/〉.

56　Rod Morgan, Thinking about the Future of Probation Inspection, *The Howard Journal* Vol.43 No1, February 2004, at 81.

57　西川＝河原田・前掲注（54）31頁。

58　モーガン・前掲注（47）228頁。

59　以下，査察局のウェブサイト〈http://inspectorates.homeoffice.gov.uk/hmiprobation/inspection-programmes.html/〉を参照。

60　Morgan, *supra note* 56, at 84-85.

61　HM Inspectorate of Probation, Effective Supervision Inspection CRITERIA 2003〈http://inspectorates.homeoffice.gov.uk/hmiprobation/inspection-programmes.html/effective-supervision.html/?version=1〉による。

62　田中真次＝加藤泰守『行政不服審査法解説』（日本評論社，1963年）27, 36頁。

63　熊坂・前掲注（28）73頁。

64　犯予法等の中央更生保護審査会に対する審査請求制度は行政不服審査法制定以前より存在したが，1962年の同法施行以降，行政不服審査法による不服審査制度のなかに組み入れられることになった（法務年鑑昭和37年164頁）。

65　法務年鑑平成11年〜平成17年各々の保護局観察課「審査請求事件の処理」の頁参照。

66　平野龍一は「受刑者に仮釈放申請権を認めるならば，その申請が却下されたときは，受刑者から不服を申し立て，許可されたときに刑務所長から不服申立をするのが当然であろう」が現行法では逆になっていると指摘する（『矯正保護法〔法律学全集44〕』〔有斐閣，1963年〕107頁）。

67　塩野宏『行政法Ⅱ　行政救済法〔第3版〕』（有斐閣，2004年）11頁。

68　イギリスにおいて仮釈放決定などの法的効果を生じさせる行為についての不服（異議）

申立は別の手続が存在するが，より広い苦情・不服を対象とした制度提案をする意図から，ここでは紹介していない。

69　Parole Board, Procedure for Reporting, Investigating and Resolving Complaints 〈http://www.paroleboard.gov.uk/publications/default.htm〉に概要が説明されている。

70　Annual Report and Accounts of the Parole Board for England and Wales 2003-04, at 7.（http://www.ppo.gov.uk/annureps.htm より入手可能。以下同様）上記にはどのような不服申立がなされたかを年次報告書において報告する予定であると記載されているが，本稿執筆時において入手できず実際にどのような変化が見られたか，については検討することはできなかった。

71　保護観察サービスについての不服申立の受理は，2001年11月からオンブズマンの任務に加えられた，また，2004年4月からは，刑事施設や入管施設を含む収容施設中，保護観察中，および移送中の死亡事案を調査することもその任務となった。

72　本稿執筆時のオンブズマンは，Stephen Shaw。また構成員は〈http://www.ppo.gov.uk/ombassis.htm〉を参照。

73　オンブズマンへの不服申立の条件や方法については，〈http://www.ppo.gov.uk/faq.htm〉を参照。

74　以下，Prisons and Probation Ombudsman for England and Wales, Annual Report 2004-2005 による。

75　調査件数には前年度からの持ち越しのものも含まれるので上記41件の内数ではない。なお，承認件数が確認できる年次報告書（2002年4月以降）を参照したが，調査件数と承認件数および割合は必ずしも一定していない。最新の報告書によれば、オンブズマンの活動全体においてではあるが、不服についてよりインフォーマルな解決法が選択されてきているという事情があるという（Annual Report 2005-2006, at 11 参照）。よって、承認件数によってのみオンブズマンの不服に対する対応状況を測ることはできないものと見られる。

76　Prisons and Probation Ombudsman for England and Wales, Annual Report 2002-2003, at 78.

77　イギリスの保護観察行政においても同様の理由について言及がなされている。2001年11月，保護観察分野に対するオンブズマン制度設置にあたっての Beverley Hughes 刑務所および保護大臣（当時）の発言（Annual Report 2001-2002），およびオンブズマンニュースレター（2002年夏号）での Stephen Shaw の発言を参照。

78　土井・前掲注（6）「刑務所のアカウンタビリティ」319頁。

第3部
各論的検討

第6章 出所後の生活再建のための法制度試案

資格制度、前歴調査、社会保険制度の問題点とその克服に向けて

1. はじめに——釈放によって新たに始まる苦難

(1) 釈放後の生活実態

　自由刑の執行を受けていた施設被収容者は，釈放によって，本格的に社会復帰へ向けて歩を進めることになる。しかし，現実には，多くの刑余者が，あまりにも厳しい条件のなかで新たな社会生活のスタートを切らざるをえない状況にある。

　刑余者が釈放後直面する困難にはさまざまな種類のものがあるが，なかでも経済的困窮は刑余者にとって大きな桎梏である。人は，最低限の生活資金なくして円滑な社会生活を送ることはできない。ところが，現在，刑務所では，作業に対して賃金が支払われる仕組みになっておらず，恩恵的に作業賞与金が支給されるのみである。その額はきわめて低額で，被収容者に支給される作業賞与金の一月あたりの平均額は，2004年度において約4,050円にすぎない。その結果，出所時に支給される作業賞与金の総額を見ても，5万円を超える者も約30％いるが，その一方で，1万円以下の者が20％を越えている[1]。被収容者が作業賞与金以外に持っている自己資金はわずかなものである場合が少なくないから，たとえ，5万円を超える者であっても，出所後の生活条件はきわめて厳しいといわざるをえない。つまり，刑余者の多くは，出所したとたんに，日々の生活の糧を得るのにも事欠く状況に追い込まれるといっても過言ではないのである。実際，やや古い例ではあるが，1978年に刑事政策研究者によって行われた受刑体験者に対する聴き取り調査において，ある刑余者は，出所時に10日か20日くらい仕事を探せる余裕があるくらいの額の作業賞与金を支給してほしいと訴えている[2]。現在の物価と先ほどあげた最近の作業賞与金の月平均額とを照らし合わせると，刑余者が刑務

所から支給される金銭に対して抱く思いは、現在も当時と大きくは変わらないように思われる。現に、やや新しいところでも、受刑体験を漫画にした花輪和一の『刑務所の中』において、仮出獄を控えたある被収容者が、「正月に出てもよう、仕事がねえべ、金も全然ねえし、いやまいるな、どうするかな」「作業賞与金が6万円近くあるだけだ」と嘆き、周囲の被収容者から、反則して仮出所を取り消して満期で出たらどうか、などと冗談とも本気ともつかないアドバイス（？）を受けるエピソードが描かれている[3]。

しかも、以上の苦境に輪をかけるのが、就職の困難さである。就職問題が刑余者の社会復帰にとって大きな障害になっているという指摘は古くからたびたびなされてきた[4]。たとえば、荒木龍彦は、更生保護施設でのグループワークにおける施設利用者の発言から、刑余者の就職が困難であること、そしていったん就職しても、前科を知られることで職場での人間関係がうまくいかなくなったり、前科があることを職場の同僚に知れることをおそれながら勤務することを強いられたりするがゆえに、職場への定着が難しい実態があることを指摘している[5]。また、伊福部舜児は、1955年から1978年までの雇用指数や鉱工業生産指数などの産業統計と出所5年後の再入所率などの犯罪統計との相関関係を分析し、全体としての雇用が増加しても、その恩恵は刑余者にまではなかなか波及しないことを明らかにしたうえで、人員整理の際に最初に整理されるのは刑余者であり、人員募集があっても、保証人を見出すことさえ困難な彼らが採用されるのは最後でしかないと分析している。また、そのような就職困難な事情が再犯率ときわめて高い相関関係を示していることを指摘し、就職できないことが刑余者の社会復帰にとって大きな障害になっていることを実証的に明らかにしている[6]。

そして、刑余者の就職が困難であること、そのことが生計を行き詰らせる結果となっていることは、やはり現在においても変わりはない[7]。このことを犯罪統計に現れた数値をもとに確認しておこう。表1は、1996年以降の刑余者の無職率の推移を手続段階ごとに見たものである。この表からまず、仮出獄した者のうち保護観察開始時に無職（学生・生徒および家事従事者を除く。以下同じ）である者の比率を見ると、近年、一貫して70％を超えており、2004年は75.7％に達していることがわかる。また、表2を見ると、生計状況が「貧困」と認定される者も30％を超えている。確かに、保護観察終了時には無職率は30％程度にまで減少しており、保護観察中に就職できる者も少なくはないが、それでもなお無職率はかなりの高率であるといえよう。しかも、これらはいずれも仮釈放を得られた者の数値であり、満期釈放者の場合は一層厳しい状況に置かれていることが推測される。実

表1 刑余者の各手続段階における無職率

年	1996	1997	1998	1999	2000	2001	2002	2003	2004
3号観察対象者保護観察開始時	70.2%	72.2%	72.0%	72.6%	74.3%	76.2%	76.1%	75.9%	75.7%
3号観察対象者保護観察終了時	21.2%	21.5%	25.5%	28.8%	29.5%	29.0%	31.2%	30.7%	29.4%
刑の執行終了者更生保護施設委託終了時	31.2%	31.7%	41.3%	40.0%	40.4%	37.8%	40.1%	40.9%	41.4%

※1 保護統計年報より作成。
※2 無職者には、学生・生徒および家事従事者は含まない。

表2 3号観察対象者保護観察開始時の生計状況

	総数	貧困	貧困率
1996年	12,316	4,374	35.5%
1997年	12,829	4,307	33.6%
1998年	12,948	4,422	34.2%
1999年	13,256	4,519	34.1%
2000年	13,254	4,453	33.6%
2001年	14,423	5,225	36.2%
2002年	15,318	5,345	34.9%
2003年	15,784	5,176	32.8%
2004年	16,690	5,722	34.3%

※ 保護統計年報より作成。

図1 刑余者の各手続段階における無職率

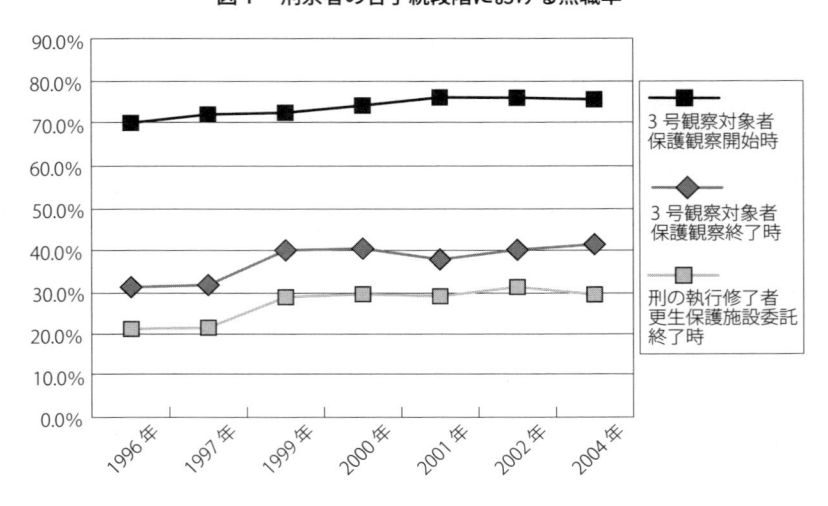

際，刑の執行を終了して更生緊急保護の対象となった者の更生保護施設委託終了時の無職率は1998年以降，40％前後で推移しており，社会内処遇による支援の機会が得られない者ほど就職も厳しく，社会復帰がますます困難になるという悪循環に陥っているように見受けられる。

さらに，表1をグラフ化した図1を見ると，無職率に関しては，以上に見たいずれの段階，場面においても上昇する傾向が窺われる。この傾向に，現在の刑事施設が言葉や身体面でハンディキャップをもつ受刑者を多く抱え，あわせて一般社会以上に急速に高齢化が進みつつある現状を加味するならば[8]，刑余者の就職困難は，多少の好景気で改善するような問題ではなく，むしろ今後一層深刻度を増すことが容易に予測されるのである。

(2) 出所後の生活実態に対する国側の認識と対策の現状

以上に指摘したように，再び社会に戻った刑余者が生活を再建し，就職を果たし，通常の市民生活を送るには，非常に厳しい条件が突きつけられている。それでは，刑余者が直面している以上のような問題について，国側はどのように認識し，対処しようとしているだろうか。

①法務省，厚生労働省

刑余者の生活再建の国側の担い手としては，第一に法務省があげられる。法務省保護局が中心となり，仮釈放者の保護観察や刑期満了後の更生保護制度を通じて，刑余者の社会復帰や生活再建施策を所掌している。法務省は，刑事司法を所管する省庁として，刑余者の多くが社会生活に必要な資金や住居の確保などの生活基盤を整えることができないままに刑事施設を出所せざるをえず，円滑な就労もままならない状況にあることは十分認識しており，従来，刑事施設に入所中から被収容者の労働意欲の喚起や職業的技術の習得が目指され，職業訓練も積極的に行ってきている。また，出所後は，保護観察における補導援護の方法の1つとして職業補導・就職援助を掲げ（犯罪者予防更生法34条，36条），更生緊急保護や更生保護施設を通じて当座の生活資金や生活拠点の提供を行っている。また，協力雇用主の拡大という形で，雇用の積極的な掘り起こしについても継続的な努力が続けられている。しかし，就業にしても，生活資金ならびに生活拠点の確保にしても，法務省が有している制度だけで刑余者の支援をすべてまかなうには限界があり，刑余者の社会復帰の実現には，一般的に提供されている就労支援や各種の社会保障制度の利用がどうしても必要となる。

ところが，これらの一般的な就労支援や社会保障制度の中心的担い手である厚生労働省は，これまで必ずしも刑余者について，高齢者や障害者のようにとくに重点的な支援が必要なカテゴリーとして位置づけてはこなかったように思われる。確かに，刑余者に対しても，一般的な支援や制度利用の可能性は開かれている。しかし，彼らが受刑のゆえに抱えることとなったハンディキャップは決して小さくなく，一般的に制度の利用が可能であるというだけでは，実際の利用にまでなかなかたどり着けないのが現実である。

　このように，従来，法務省と厚生労働省とは，基本的にそれぞれ独立して刑余者の社会復帰にアプローチしてきた。しかし，このようなやり方では必ずしも刑余者の実効的な生活再建に結びつかないという課題が次第に認識されるようになり，近時，両省が刑余者の就労支援について連携して支援対策をはじめる動きが見られるようになっている。すなわち，両省は，2005 年 8 月，刑務所出所者等総合的就労支援対策を発表した。そこでは，これまで矯正機関・更生保護機関と職業安定機関との就労支援に関する連携が十分でなかったことを認め，「刑務所出所者等の生活基盤整備及び就労支援を総合的・一元的に実施するスキームを設けるとともに，矯正機関・更生保護機関と職業安定機関との連携体制の強化を図ることを内容とする」総合就労支援対策を実施するとされており，具体的な施策として，刑事施設被収容者に対するハローワークからの求人・雇用情報の提供，刑務所とハローワークとをインターネットテレビ電話で結んだ遠隔企業説明会等の試行，厚生労働省の試行（トライアル）雇用奨励金の支給対象に刑余者を含めること，ハローワークによる職場適応・定着支援の新設などが掲げられている[9]。

　このように，法務省と厚生労働省とが積極的に連携をして刑余者の生活再建に向けた施策に取り組もうとしていることは，既存の制度枠組みに基づく支援の限界を打ち破り，刑余者の効果的な社会復帰を実現するきっかけになりうるものとして，注目し，また積極的に評価すべきである。しかし，現在のところ，具体的に掲げられている対策は主として就労支援にとどまっている。刑余者が実際に社会復帰できるための実効的な支援のあり方としては，社会保障を含めた社会福祉全般との一層の広域かつ重層的な連携が必要であり，それを推進していくための具体的な検討が課題として残されているように思う。

②「更生保護のあり方を考える有識者会議」報告書
　保護観察対象者による重大再犯事件が相次いだことをきっかけとして，更生保護制度全般の抜本的な改革を実現するために法務大臣により設置された「更生

保護のあり方を考える有識者会議」が 2006 年 6 月に提出した「更生保護制度改革の提言」も,「刑務所等で矯正教育を受けても, 自立していける人ばかりではなく, 定住や就労等に困難を抱える人も多い」として, 刑余者の生活再建および就職が容易ではない現実があることを指摘している。そのうえで報告書は, 提言事項として, 就労支援および定住支援の強化の必要性をあげ, 次のようにまとめている。すなわち,「保護観察終了時において無職であった者の再処分率が, 有職者のそれの約 5 倍に達することからも明らかなように, 犯罪や非行をした人の改善更生を図り, その再犯を防止するためには, これらの人を定職に就かせることが極めて重要である」(16 頁)。そして, 問題の解決のためには, 就労意欲や責任感を喚起するための取組み, 厚生労働省との連携による総合的就労支援対策の一層の充実, 更生保護と民間の経済団体等との連携の強化が必要であるとしている。

　提言が, 刑余者の就職, 生計の維持がきわめて困難な状況にあることを認識し, その認識を提言項目に結びつけたことは積極的に評価されよう。しかしながら, 問題の本質に対する理解の仕方には, 疑問を持たざるをえない。また, 問題把握の仕方のずれに起因すると思われるが, 具体的な提言の点でも, 刑余者の社会復帰を実現する方策としては不十分であるといわざるをえない。

　第一に, 提言は, 刑余者が職に就けないこと, 住居の確保がままならないことが有している問題の意味を「再犯リスクの増加」として捉えているように見える。しかし, 問題の本質は, 就労し, 文化的で最低限の市民生活を送ることが保障されていないこと自体にあるのではないだろうか。就労・定住による再犯リスクの低減というのは, それらの権利を保障したときに生じる結果であって, 再犯リスクの低減を実現するための単なる道具ではない。嚙み砕いていえば, 再犯リスクが低くなるかどうかに関わりなく, 本来, 刑余者が一般の市民に比べて職を得にくく, 通常の社会生活を送ることが難しい境遇に置かれていることそのものを解決課題と位置づけるべきであるように思われるのである。

　第二に, 提言は就労・定住を実現するための具体的対策として, 協力雇用主の 3 倍増, 就労支援のためのセンター機能を発揮できる支援体制の構築, 地方公共団体に対する住宅確保の支援要請などをあげている。法務省と厚生労働省とが共同で打ち出した「刑務所出所者等総合的就労支援対策」とあわせて, それぞれの具体的提言はどれも重要かつ有効であると思われる。とりわけ, 厚生労働省や地方公共団体との連携が謳われている点は, 既存の刑事政策的資源の枠内での解決にこだわらない考え方として, 注目に値する。

　しかし, 劣悪な条件のもとで社会生活の再スタートを切らざるをえない刑余者

が真の社会復帰を実現するためには，刑事政策領域にとどまらず，社会福祉領域に幅広くアプローチする横断的・総合的な対応の可能性を一層，幅広くかつ具体的に検討する必要があるように思われる。とくに，後に検討するように，現在の日本の法体系では，他方で社会復帰を阻害しかねないような制度が併存しているといわざるをえず，したがって，そのような法制度の存在意義を問い直す作業が必須不可欠であるように思われる。

本稿は，提言や総合的就労支援対策が抱える以上のような問題点と限界を見据え，刑余者の生活再建・社会復帰の権利・利益性の理論的根拠を明らかにし，真の社会復帰を実現するために取られるべき法制度改革および政策の一案を提示することとしたい。

2. 社会復帰理念と一貫した社会的援助の必要性

就職や生計の困難は，犯罪を犯した者がいわば自業自得として，原則として自ら背負い込まなければならないものなのだろうか。かかる考え方に対応して国家は，恩恵的に，あるいは治安目的など他の目的を実現する道具として，刑余者の就労・生活再建を支援すれば足りるのであろうか。そうではないように思う。

自由刑の言渡しを受けた者が，制限を甘受しなければならない権利は原則として移動の自由のみのはずであり，懲役刑を前提とするとしても作業の義務が加わるだけである。移動の自由以外の権利の剥奪を法は正当化していない。しかし，他方で，刑罰の内容をいかに身体の拘禁の点に純化していったとしても，施設に収容されて社会とのつながりを部分的にせよ断たれることに伴い，被収容者にはさまざまな不利益が付随してしまうのが現実である。生計の途や仕事という本稿のテーマとの関係で考えてみても，施設への収容によって，多くの場合には従前の職をいったんは失うことになるし，収容期間が長期化すればするほど復職することは困難になる。

しかしながら，繰り返していうが，自由刑の執行に伴って付随的に被収容者に降りかかる不利益は刑罰の内容ではない。つまり，本来，負わせてはならない不利益である。犯した犯罪の責任の範囲で自由刑を科すことは正当化されるが，自由刑を科されることであわせて余分な不利益まで課されているとしたら，刑の執行を受けた者には，そのような不利益を負わせた国家に対して，かかる不利益の除去・塡補を求める権利が認められなければならず，かかる権利に応じて，国家の側には，本来正当化されないはずの付加的・付随的不利益を除去すべき義務が

あるというべきであろう[10]。

　ドイツにおいては，すでに1973年の連邦最高裁レーバッハ判決において，「犯人が社会的に存在するに当たって人生を決するほどに重要であるところの自由な共同体に再び統合される機会」を阻害されないことは人間の尊厳および人格の自由な発展を求める権利の具体的なあらわれであるとの理解が示され，人格権としての社会復帰権が認められている[11]。さらに日本においても，ドイツにおける議論を参照しつつ，さらに権利概念を発展させて，人格の自由な発展の機会を受刑によって阻害されてしまった者には，被った権利・利益侵害を救済するための具体的な援助を求めることができるべきであり，国家は，自由刑の弊害を除去し，自由な自己発達を可能にするためのプログラムを準備すべきであるとして，社会的援助の権利性を積極的に導き出そうとする見解も強く主張されている[12]。そして，この立場は，「一貫した社会的援助」を指導理念とする刑事立法研究会改訂要綱案のスタンスでもある[13]。

　確かに，社会復帰や社会的援助について権利性を主張することに対しては，日本においてはまだ議論が熟していないとの異論もあるだろう。しかし，犯罪を犯した者が再び通常の市民生活を送ること，すなわち社会復帰を果たすことについて少なくとも法的保護に値する利益を有しているというところまでは，現在の理論状況および，ノンフィクション「逆転」判決[14]における最高裁の考え方に沿って考えた場合にも，充分に共有できる余地があるのではなかろうか。

　ノンフィクション「逆転」判決に対しては，プライバシーの権利を認めたものという理解が一般的である[15]。しかし，同判決において最高裁は，「前科が名誉や信用に関わり，みだりに公表されないことに対して法的保護に値する利益を持つ」という叙述に続けて，「そして，その者が有罪判決を受けた後あるいは服役を終えた後においては，一市民として社会に復帰することが期待されるのであるから，その者は，前科等に関わる事実の公表によって，新しく形成している社会生活の平穏を害されその更生を妨げられない利益を有する」と判示している。この判示は，社会復帰する利益と公表されない利益とを並列させて位置づけていると解することができるようにも読める。そして，仮にそうだとすると，前段の前科の公表について述べたところは，前科にかぎらず人に知られたくない事実一般の公表から保護されるということのなかで前科を例示した趣旨であり，それとは独立の利益として，前科ある者に固有の社会復帰の利益を認めたと見ることも不可能ではないように思われるのである[16]。

3. 刑余者の社会復帰を阻む法制度・法運用

ところで，現在の行刑および更生保護では犯罪を犯した者の社会復帰がめざされており，行刑保護実務も社会復帰を目標として掲げて，目標に応じたさまざまな処遇，政策を取っている。したがって，犯罪を犯した者の社会復帰に法的な権利性あるいは保護すべき利益性を認めるか否かという問題に対する答えをさしあたり留保したとしても，刑余者の円滑な社会復帰は，行刑および更生保護問題に関わる人々にとって共通の課題であるといえる。ところが他方で，現在の制度には，刑余者の社会復帰にとって非常に重要な就職および生計の維持を積極的に阻害しかねないような制度や法運用が散見される。

まず，上述したように，刑事施設において賃金制が実現していないために，多くの刑余者は出所直後から生活に行き詰ることになる。統計が表しているように，かなりの割合の刑余者が出所してすぐに働き始めることができないでいる。また，出所時に就職が決まっていたとしても，住み込みである場合や身寄りのある人を除いては，アパートを借りなければならない。更生保護施設への入所という方法も残されてはいるが，在所できる期間には限りがあるし，収容定員との関係ですべての人の希望を満たせるわけではない。刑余者に限ったことではないが，新しい土地，環境のもとで新生活をスタートさせるために，最低限必要な衣食住，とりわけ住居を確保しようとすると，現在の日本ではそれなりの資金が必要なのである。ところが，刑事施設では作業に対しては報酬が支払われず，その他の時間も自由に使える時間はほとんどない。とどのつまり，刑余者は，受刑中に釈放後に備えて資金を準備したくても，稼ぐ手段を奪われてそうすることもできず，いきなり社会に放置されるといっても過言ではないのである。

また，賃金制が採用されていないことから派生して，刑事施設に収容された者は各種社会保険の保険料納付がきわめて難しくなる。そして，その影響はやはり出所後に及び，刑余者は，年金保険の受給要件を欠いたり，給付額が減少するとか，収容中に申請期間の期限が過ぎてしまって失業保険の受給ができなくなるなど，各種の社会保険制度が利用不能になったり，あるいは利用に制限を受けるといった事態に陥ることになる。出所時の資金が充分でない刑余者にとって，社会保険を利用できるかどうかは生計の維持にとって無視できない問題である。しかしながら，この問題に対しても，制度上，特段の手当てはなされていないようである[17]。

そうとなると，刑余者は，ともかく出所後速やかに職を得て，日銭を稼いでなんとか暮らしていくしかない。ところが，就職しようとする際にも，刑余者にはさらに

制度上の障碍が立ちふさがるのである。

　刑余者の就職にとって直接的な制約となりうる典型的な制度として、第一に、資格制限制度をあげることができよう。この制度は、刑罰歴があることを理由に一定の職業資格を取ることを一定期間不可能にするものである。取得が制限される資格の範囲が非常に広範であることと相俟って、刑余者が求職するにあたって大きなハンディキャップとなりうる。

　また、そもそも雇用の場面一般において、現在の法運用は刑余者の社会復帰を阻害する危険性を持っている。すなわち、一般に就職活動では、その過程で雇用者に対して履歴書を提出する。ところが、履歴書には通常、賞罰欄が設けられており、この賞罰欄に刑罰歴を記載しなかったこと、つまり雇用者に刑罰歴について告知しなかったことは、解雇事由（しかも、懲戒解雇）になりうるという労働判例法理が形成されているのである。その結果、刑余者は、協力雇用主のもとで職を得るという例外的な場合を除いては、自らの刑罰歴を正直に告知して採用を拒否されるか、さもなくば、前科・前歴がばれて解雇される危険を甘受しつつ、刑罰歴を隠して就職活動をするかのいずれかの選択を迫られるのである（なお、以下本稿では、刑の効力が存続している間の刑罰歴を指すときには「前科」、刑の失効後の刑罰歴を指すときには「前歴」という語を用いる）。

　このように、資格制限制度や就職にあたって刑罰歴の告知を必要とする法運用は、刑余者の社会復帰目的と矛盾する契機をはらんでいる。したがって、社会復帰を達成目標として掲げてきた刑事政策関係者が繰り返しこれらの法制度や法運用を批判的に検討し、制度・運用の廃止・縮減を主張してきたのは自然の成り行きといえよう[18]。ましてや、社会的援助の権利性を認める立場に立つならば、社会復帰を阻害する危険性を持つこれらの制度・運用の可及的撤廃は、単なる政策論を超えて刑余者の権利保障の問題として位置づけられなければならない。以下では、一貫した社会的援助理念の観点からみて、資格制限と刑罰歴告知法理などの制度・運用が果たして理論的に成り立ちうるものなのかを改めて検討し、刑余者の就職、生計の維持を実現するために行われるべき改革の方向性を呈示することとしたい。

4. 資格制限

(1) 資格制限制度の概要

　現代の社会においては、希望する職種に就くためには当該業務に関する資格の

取得が必要になることが少なくない。ところが，現在，多くの資格において，刑罰歴があることを根拠に一定期間，当該資格の取得が制限されている。刑罰歴を理由とする資格取得制限の有無および範囲は，それぞれの資格ごとに個別法令において定められているが，その数は非常に多く，また職種の範囲も多岐にわたっているために，矯正保護関係者でさえ網羅的な把握が容易でないとされ，制限資格をまとめた便覧が作成され，活用されているほどである[19]。

しかしながら，そのような広範な資格制限が正当化されうるのかは，はなはだ疑問であるし，上述したように，そもそも資格制限という制度一般が理論的に正当化されるのかということ自体も問い直される必要がある。社会的援助の権利性を認めるならば，あるいは少なくとも，社会復帰の利益を法的保護を与えられる利益に高めていく現実的基盤があると考えるならば，そのような権利・利益の制約を正当化するためには，よほどの根拠，言い換えれば社会復帰の権利・利益を侵害してでも守るべきより高次の利益が存在しなければならないはずである。それぞれの資格にそこまでして守るべき利益があるのかが厳格に吟味されなければならない。

とはいえ，現に存在する資格制限を1つ1つ取り上げて，逐一検討しても無意味であろう。むしろ資格を制限する理由の当否を中心に，資格制限が認められる場合があるかないか，あるとすればいかなる場合かについて，一般的論拠を示すことが有益であると思われる。そこで，検討に先立って，従来の一般的な分類を基本としつつ，本稿の課題に取り組むための必要性という観点を加味して，多種多様な資格制限を分類しておくこととする[20]。

第一に，制限の対象となる犯罪類型の範囲に関して，犯罪類型を限定しない「非限定型」と当該職種に関連して行われる犯罪に限定した「関連犯罪限定型」とに分けることができる。非限定型の資格としてはたとえば弁護士資格がある。弁護士法7条1号は，「禁錮以上の刑に処せられた者」は，「弁護士となる資格を有しない」と定めており，資格が制限される罪種を限定していない。一方，関連犯罪限定型の例としては，毒物劇物取扱責任者があげられる。毒物及び劇物取締法8条2項4号は，「毒物若しくは劇物又は薬事に関する罪を犯し，罰金以上の刑に処せられ，その執行を終り，又は執行を受けることがなくなつた日から起算して三年を経過していない者」は，「毒物劇物取扱責任者になることができない」と定めており，資格制限を毒物・劇物および薬物の取扱いに関連する犯罪に限定している。

また，警備業のように両方の型をあわせ持つ場合もある。すなわち，警備業法3条2号は，「禁錮以上の刑に処せられ，又はこの法律の規定に違反して罰金の

刑に処せられ，その執行を終わり，又は執行を受けることがなくなつた日から起算して五年を経過しない者」は「警備業を営んではならない」と規定し，まず罪種を問わず禁錮以上の刑に処せられた者を対象に資格を制限したうえで，さらに警備業に関連する犯罪を行った場合には罰金刑の場合であっても資格制限の対象に含めている。

　第二に，法令に掲げられた犯罪・刑罰に当てはまれば自動的に（必ず）資格取得が制限されたり，資格を喪失したりする「絶対的欠格事由型」と法令に掲げられた犯罪・刑罰に当てはまっても，さらに個別の審査を経たうえで，資格取得制限や資格喪失が行われるかどうかが決まる「裁量的欠格事由型」とに分けることができる。たとえば，上述の弁護士，毒物劇物取扱責任者，警備業はいずれも絶対的欠格事由型にあたる。他方，たとえば，医師法は「免許を与えないことがある」（4条3号）あるいは「免許を取り消し，又は期間を定めて医業の停止を命ずることができる」（7条2項）という定め方をしており，したがって医師免許は，裁量的欠格事由型にあたる。

　第三に，資格が制限される期間に関して，刑に科されたのち期間を区切って資格を剥奪する「有期型」と刑を科されたことを根拠に終期の定めなく資格を剥奪し続ける「無期型」に分けることができる。たとえば，毒物劇物取扱責任者および警備業者は，上述のように，それぞれの法律で3年とか，5年といった資格制限期間が設けられているので，有期型に位置づけられる。これに対して，このような規定の置かれていない医師，弁護士などは無期型ということになる。ただし，無期型の場合も，当該法令では無期限だが，刑法34条の2により，刑の執行終了後，禁錮以上の刑については10年，罰金以下の刑については5年が経過すれば刑が消滅し，刑が消滅すれば，「刑に科された」状態ではなくなるから，多くの場合は，完全に無期限というわけではない。しかし，無期刑であった場合は，一生涯刑の執行は終了しないから，恩赦を得ないかぎりは，本当に無期限に資格制限がかかり続けることになる。

　第四に，資格の性質として，何らかの試験等を課して必要とされる能力・適正の有無を審査し，審査を通った者のみに資格を与える「免許型」と，そのような個別の能力審査を行わず，一定の要件が整っていれば届出のみで資格を与える「届出型」とに分けることができる。たとえば，医師の資格は，「医師国家試験に合格し」なければ免許を与えられないから（医師法2条），免許型にあたる。他方，警備業の資格は，上述の犯罪歴を含むいくつかの要件にあてはまらなければ，公安委員会に認定申請書を提出することによって取得できるので届出形にあ

たる（警備業法4条，4条の2）。この分類は資格そのものの性質であって資格制限固有の性質ではないので，資格制限を扱った文献で一般的になされている分類ではないが，後述するように資格制限の根拠論と密接な関連性を有すると考えられるため，分類しておく。

(2) 資格制限の根拠づけについての従来の見解

さて，それでは以上のような多様な資格制限を行う理由は，どのように説明されてきたのであろうか。

第一に，当該職種に対する信頼を維持するという理由があげられている[21]。信頼感というのが何を意味しているのか，いまひとつ具体的に把握しにくいが，一般意思の形成に犯罪者の参加を許さないであるとか[22]，高い品位が求められる職業である[23]といった説明がなされているところから推測すると，特定の職種に対しては一般に高潔というイメージが持たれており，犯罪歴を持つ者が含まれるとそのイメージを崩され，職種全体の存立基盤が失われるということであろうか。医師等に対する資格制限の説明として，「職業の性格上，不正を行うと社会的影響が大きいからあらかじめ過去に罪を犯した者を排除する」とされているのも同じであろう[24]。実際，論者の説くところを見ると，この点から制限が根拠づけられる職種を公職，法曹などに限定する傾向が見られる。

第二に，再犯防止も資格を制限する理由としてよくあげられている。要するに，過去に犯罪を犯した事実から再び過ちを繰り返すおそれが一般の人よりも高いとの推定を働かせて，当該職種に就く適格性を否定するという理屈であろう。この点からの根拠づけは一般に，関連犯罪限定型の資格制限に結びつくといえる[25]。

第三に，一部ではあるが，資格制限を刑罰類似の性格を有するものと位置づける考え方も見られる[26]。

このように，資格制限の理由としてはおおむね，職種に対する信頼保護，再犯防止，刑罰類似の3つがあげられているが，注意すべきであるのは，多くの論者は，それぞれの理由を積極的に資格制限を正当化するために持ち出しているわけではないということである。つまり，根拠づけについての記述は多くの場合，現に存在する資格制限の意味を説明するとすれば，それぞれの理由によることになるだろうという趣旨で触れられているにすぎず，資格制限制度に対する評価としてはむしろ消極的，したがって理由として掲げられている点に対しても懐疑的な捉え方をしている論者が少なくないのである[27]。そして，本稿は，以下で検討するように，論者が現在の資格制限に対して抱く疑義は基本的に正当な疑念であると考える。

⑶ **検討**
①刑罰類似機能

　まず，行為に対する責任は言い渡された刑罰によって完全に評価しつくされているはずであるから，それ以上に実質的に刑罰にあたる制裁を科すことが許されないことは，多言を要しないであろう。実際には刑罰によっては完全に責任を尽くしてはいないという理由から付加的な制裁を正当化するならば，明らかに罪刑法定主義に反してしまう[28]。

　また，罪刑法定主義の問題と理論的には共通の問題であるが，過去の犯罪を根拠に刑罰に加えて刑罰以外の不利益を課すとすれば，二重処罰の禁止との関係でも問題となろう。

　この点，最高裁は，行政上の処分は刑罰ではないという理由で二重処罰禁止にはあたらないという判例を作り上げている[29]。しかし，かかる論理はあまりにも形式論にすぎるといわざるをえない。これでは，刑罰を二重にさえしなければ，どんな不利益を積み重ねてもよいということになり，二重処罰による過剰な権利侵害を避けようとした憲法の趣旨に反する。行政法学者で現在最高裁判事の藤田宙靖が「国民の基本的人権の保障は，このように，行為の形式如何に重点を置いて判断することを以て足りるのか，それとも，国民にとってその国家行為が実質的にどのような意味を持つかをより重視すべきではないのか，という基本的問題との関係で，なお疑念が完全に消失したとは言い切れない」，とりわけ，現代の国家活動において，1つの行為の活動目的が常に単一であるとはいえないから「"刑罰ではなく行政上の措置"であるという最高裁の割り切り方が果してこのような状況にふさわしい思考方法であるかどうかには，なお問題が残る」と述べているところからしても[30]，最高裁の論理に従うことはできない。

　したがって，いずれの観点からも，自由刑純化論に立つかどうかの以前の問題として，刑罰類似的機能を果たさせる目的で資格制限を正当化することは不可能であるが，あわせて，資格制限を刑罰類似のものとして位置づけることは，社会復帰理念とのあいだにも矛盾を生じさせることになる。そして，矛盾は自由刑純化論および一貫した社会的援助の立場に立つ場合に最も先鋭化し，根本的な問題を発生させる。

　自由刑純化論は，自由刑における刑罰の内容として正当化されるのは拘禁のみであり，そのほかの自由の制限は原則として認められないという立場に立つ。そのうえで，刑罰の中身を自由の拘禁に純化してもなお，拘禁すること自体が社会復

帰を阻害する要素を持っていることを直視して，拘禁による弊害を除去し，施設への収容時から出所後の社会内処遇まで一貫して被収容者の主体的な社会復帰を充分にサポートする必要性を認める。その帰結として，必要的仮釈放を定め，なるべく早期に社会のなかでの生活を再スタートさせ，ケースワーカーを中心とする支援を受けながら通常の市民生活を送れるようになることがめざされるわけである。通常の市民生活を送るためのステップとして，早期に拘禁を終了し，社会内処遇にバトンタッチしたのに，社会に出てきたところで刑罰が足りないからとして社会復帰を直接的に妨害する制度のもとに出所者を置くというのは矛盾以外のなにものでもなかろう。

このように，社会的援助の権利性を認める場合に，社会復帰と資格制限の刑罰類似利用との矛盾は最も先鋭化した形で表れる。しかし，権利性を認める立場に立たずとも，更生保護はもっぱら刑余者の社会復帰を目的として行われるべきであるし，行われているという認識を共有する者にとっては，程度の差こそあれ，この矛盾は等しく突きつけられることになろう[31]。結局のところ，社会復帰理念からも，資格制限に刑罰類似機能を持たせるという論理は導きえないのである。

②再犯防止
それでは次に，再犯の機会を持たせないことによって社会の安全や潜在的被害者を保護し，あるいは前科者自身を再犯者にすることを防止するという理由は資格制限を正当化する根拠足りうるだろうか。

ある人物が過去において，これから取得しようとしている資格を使う職種に関連した犯罪を犯したことがあるとしても，過去の犯罪経験が現在の彼／彼女の行動形式をどのように規定しているかは明らかではない。しかも，私たちは，日々，その時々ごとに刻々と変化する社会環境，人間関係のなかに身を置き，それら外部の環境との相互関係のなかから行動を決定していく存在である。そして過去のすべての経験（犯罪の経験にかぎられない）が現在の自分の考え方や行動様式に影響を与えている。要するに，過去に犯罪的行動を行ったときと現在とでは，外的な条件はもちろん，本人の思考形式や行動形式も異なっているといえるから，本来，過去の行動から未来の行動を推測することは適切ではないし，推測したとしてもそれはあやふやなものにならざるをえない。いかなる人に対しても「前回犯罪を犯したのだから，次も同じことをやるに違いない」との予測を立てることは不可能なのである。そうであるとすれば，不確かな推測に基づいて職業選択の自由を制約し，社会復帰を阻害することは許されないといわなければならない。

確かに，関連法令に違反したということは，違反した時点において当該職種を遂行するうえで必要な技術や適性が水準に達していなかったことの表れと見ることは可能であろう。したがって，与えていた資格をいったん剥奪することは正当化されよう。しかし，この剥奪は，将来の再犯を予測し，防止するために行われるのではない。過去の行為に基づき，剥奪の時点で，その人の適性・技術が資格を保有できる水準を満たしていないという確定的な状態にあるがゆえに行われるものである。

　そして，犯罪の時点では技術・適性を欠いていたことが明らかになったとしても，次の機会に，再び一般の人と同じ基準で審査されて技術・適性水準をクリアしたならば，資格を制限する根拠はないはずである。たとえば，医療ミスを犯して業務上過失致死傷罪に問われた医師が，再び医師国家試験を受けて医療技術の水準を満たしていると判断されたならば，その者に医師として必要な技術がないとは言えないはずである。

　これに対しては，単に審査を受けて水準を満たしているからという理由で再び免許を与えた結果，再び医療ミスを起こしたらどうするのか，という意見があるかもしれない。しかし，仮にそのような事態が起こったとしたら，それは受験者の側の問題ではなく，適切にスクリーニングできていない審査制度のほうの問題である。かかる事態が頻発するとすれば，はじめて医者になろうとして審査を受けた者のなかにも，本当は技術水準を満たしていないにもかかわらず審査をすり抜けて免許を与えられている者が多数存在するということを意味し，それこそ過去に過ちを犯した者だけを取り除けばすむというような話ではない。

　要するに，学習による技術水準の向上がありうる以上，いったん技術がないということが明らかになったとしても，その状態が次の機会にも「変化していない」とみなすことはできない。もし，「変化していない」とみなしてよいとするならば，1回目の審査（はじめての受験）で合格しなかった人すべてについて一定年限，次回の受験機会を制限するとしなければ一貫しない。

　換言すれば，いったん剥奪した資格の再取得の機会を一定期間奪うということは，その期間は，審査もせずに，技術・適性を欠いていて再び同じ過ちを繰り返すおそれがあるという再犯予測を行っていることにほかならないのである。しかし，かかる予測には根拠がないこと，それゆえ権利制約を正当化することはできないことはすでに述べたとおりである。また仮に，審査では技術はともかく適性の有無は判定できないとしても，結論は変わらない。確認できないにもかかわらず，適性はないと「みなして」，権利の行使を制限することは許されないからである[32]。

一方，当該資格が試験を経るものではなく，単に届出によって発生する場合はどうだろうか。この場合，違反行為が技術水準の不足を徴表するものだとすると，届出までの期間を制限しなければ，技術不足が解消しないままに直ちに次の届出をして資格を再取得することが可能になり，結果的に処分の実益が失われてしまう，そしてそのことによって当該届出制度自体の意義が崩壊してしまう，と言われることがある。しかし，届出制にした時点で，技術・適性について特別の審査は必要ないとの判断をしていることが前提になっているはずだから，技術・適性水準が不足しているかどうかを問うこと自体が本来，届出制と矛盾するように思われる。一定水準の技術・適性が必要なら，最初の段階で単に届出で足りるとせずに，実質的な確認（試験）をすべきである。

　このように検討してくると，再犯防止という根拠についても，関連犯罪限定型の資格制限についてさえ正当化される場合は見出しがたい。そうすれば，非限定型の資格制限を正当化する余地は一層ないといわなければならない。なぜなら，過去に犯した犯罪が当該職種とまったく無関係な犯罪である場合には，当該職種に関連する犯罪を犯すとの予測を立てることはますます根拠がないからである。

③職業の信頼維持

　資格制限を設ける根拠としては，さらに当該職種あるいはシステムに対する信頼の維持・保護があげられることが多い。たとえば，法曹が罪種を問わず犯罪歴を有する者を有資格者から排除しているのは，犯罪歴を持つ者が業界に存在することで高潔であるという法曹職に対するイメージが傷つき，さらに法曹という職業に対する信用性が失われ，ひいては当該職種を必須の構成要素としている制度自体が崩壊してしまう（法曹であれば司法制度）ことを防ぐ目的があるとされる。

　しかし，ある資格に対する信頼感は，まず何より，有資格者が提供しようとしているサービスや製品が期待に見合ったもの，すなわち一定の水準を保っているかどうかによって決まるはずである[33]。たとえば，弁護士を頼もうとする人は，自らが抱えている法律問題について自分の権利や正当な利益を守ってくれる形で解決に導いてくれることを望んで依頼しているのであり，そのこと以外に何かを期待しているわけではない。医師のもとを訪れる人は，病気を治してもらいにきているわけであり，適切に治療をしてくれさえすれば所期の目的は完全に果たされているはずである。いずれも犯罪歴があるかどうかは依頼者の満足度とは関係しない。犯罪歴があろうとなかろうと，勝訴し，健康になれば満足だし，逆に，不適切な弁護・代理で不利益を負わされたり，不適切な治療で病気が治らなかったら不満足なのである。

そして，そうだとすると，資格を付与すべきかどうかも，当該人物が資格の要求する水準に見合ったサービスを提供したり，製品を製造する技術・適性を有しているか否かによって決定されるべき，という結論に至るのが合理的であるように思われる。

　もちろん，人格とか倫理観といった要素が，今の日本の社会において，現実には職種の信頼感に寄与していることは否定できない。しかし，人格や倫理観に対する漠然とした不安感も突き詰めて冷静に分析してみれば，結局，依頼した業務を（さぼって，あるいは技術不足で，あるいは故意に）きちんと遂行してくれないのではないか，という不安に結びついたものといえよう。

　以上の考察に基づき，職種に対する信頼感という概念のもとで問われる人格・倫理観とは，適性・技術水準（要するに提供されるサービス，製品の品質である）に結びつくかぎりでの人格・倫理観であり，それゆえ，審査基準は適性・技術水準以外の要素ではありえないと整理したうえで，なお前科があることを資格を与えない理由とするならば，それは，前回行った犯罪の原因となった技術，倫理観・人格の問題点が今度も原因となって再び過ちを繰り返すかもしれないとの再犯予測に基づいて資格制限を課していることにほかならない。結局，職種の信頼保護というのは，突き詰めれば再犯防止目的に収斂してしまう根拠なのである。しかし，そうだとすれば，再犯防止を根拠とする資格制限に対する批判がそっくりそのままあてはまることになる。

　すなわち，第一に，不確かな再犯予測に基づいて社会復帰という重大な利益を侵害する資格制限を認めることはできない。第二に，確かに倫理感の欠如が職業の遂行の場面であらわれた場合には，サービスや製品の水準に影響を与えると予測される場合も皆無ではなかろう。しかし，倫理感の欠如が職業の遂行に悪影響をもたらす場合も含めて適性の欠如という現象は，犯罪歴のあるなしにかかわらず，すべての人にありうることである。したがって，仮に，資格取得希望者の人格のある側面が当該資格を使って行う業務の遂行に具体的に支障を来たすことについて因果関係があることが実証的に明らかになる場合があるとしても，審査項目にその点を盛り込み，犯罪歴のある人もない人も一律に審査にかけて振り分ければすむ話である。いずれにしても犯罪歴を理由に資格を制限する理由にはならないのである。

　さらにいえば，職業への信頼感が，高潔な仕事かそうでないかで（こういった区別自体が不適切であるという問題点はさておき）求められたり求められなかったりするのもおかしな話である。いったい，仕事をするにあたって職業倫理が求めら

れない職種があるだろうか。一般に刑余者がさまざまな職種から排除された結果流れ着く建設現場や運送業にしても，手抜きで工事をやられたり，配達をサボったりされたら，生じる被害は大きいのであり，ミスや手抜きをしてはならないという倫理はどの職域であっても共通に求められるはずである。したがって，当該職業の信頼感を守るという理由で前科による資格制限を認めていくと，結局のところ，すべての職業から前科者を排除することを理論的に否定できなくなる。現に資格制限を設ける職種は，現在，非常に広範囲に広がってしまっており，このような指摘は決して絵空事ではない。このように，職種に対する信頼感を守るという理屈で資格制限を認めることは，社会復帰処遇という観点からも深刻な矛盾を引き起こすのである。

④小括

以上の検討から，刑余者の社会復帰の利益を阻害してまで資格制限が正当化される場合を見出すことはできなかった。前科のある人に仕事をしてもらうことに対して，なんとなく気持ち悪いという感覚があるのかもしれないが，いうまでもなく，かかる感覚論は他人の法益を制限する正当な理由にはならない。

そのうえでさらに，一貫した社会的援助の観点からは，資格取得に対する積極的な援助を行うことが考えられてよいように思う。なぜなら，拘禁によって，刑余者は職業生活からいったん切り離され，出所後，新たに労働市場に参入していかなければならないという拘禁に伴う追加的な負担を負っているうえに，雇用する側の回避的指向のゆえに労働市場で一般の人と競争して職を得るには不利な状況のもとに置かれているため，労働市場を1人で勝ち抜いていくのはきわめて困難であるからである。一般の人とのハンディキャップを少しでも埋めて対等に闘うためには，資格を取得するというのは非常に有効な方法であり，社会復帰を支援するための国の責務の果たし方の1つに加えられてよいように思う。また，一般に技術は使わなければどんどん低下していくものだから，拘禁は不十分であった技術・適性をさらに低下させるという側面の弊害も有している。したがって，この点からも，施設内処遇，社会内処遇のいずれの段階においても，技術・適正の向上を図る機会を提供する国の責務が認められてよいように思われる。

5. 前科・前歴秘匿による懲戒解雇問題

(1) 問題の所在と実務上の運用状況

ところで，資格制限は，刑余者の就職を難しくしている要因の1つではあるが，すべてではない。実際の就職活動においては，資格が必要な職種であれば有資格者間の，不要な職種であれば就職を希望するすべての人とのあいだの競争に勝ち抜いてようやく採用までこぎつけることができる。ところが，雇用契約の締結の場面でも，現在の日本では，刑余者の就職を困難にする法運用が行われているのである。

　通常，求職活動をする際には履歴書を提出するが，履歴書には賞罰を記載する欄があるのが普通である。しかし，履歴書に刑罰歴があることを正直に記載したら，選考の際に不利に扱われるのは火を見るより明らかである。そこで，刑罰歴を記載せずに選考を受け，就職できたとする。ところが，そのようにしてせっかく仕事を得ても，就職後，刑罰歴を秘匿していたことが雇用者に知れてしまうと，経歴詐称を理由に解雇されてしまう可能性があるのである。

　すなわち，刑罰歴不告知による解雇の是非が争われた裁判例を見ると，信義則違反を根拠に刑罰歴不告知が解雇事由にあたりうることを是認する判例が少なくない。たとえば，名古屋地判昭和56年7月10日は，面接の際に前歴について質問されたにもかかわらず，採用時から見て15年以上前の2度の窃盗による刑罰歴を秘匿したことが懲戒解雇事由にあたるか否かが問われた事案であるが，判決は，「使用者は，入社希望者の採否に当って，その労働力の評価に誤りなきを期するため，全人格を調査の対象とし，これを認識するために必要な諸事項について調査することを常としており，刑罰歴も人格，性向等を知るためのものとして調査対象としていることが明らかである」として，一定の限界があるという留保はつけつつも，刑の効力が消滅した刑罰歴をも含めて，原則としてすべての刑罰歴を回答する義務がある，と判断した（懲戒解雇は著しく妥当性を欠くとして認めなかった）[34]。また，東京地判昭和30年3月31日（東光電気事件）も，「労働力の評価はその発現の源である全人格を基本とし先ずこれに向けられる」から，労働者は使用者から前歴に関する履歴書の提出を求められたときには右の目的に副うよう真実を記載すべきであり，「このことは雇用契約締結における信義則上の義務と解すべき」と判断したうえで，住居侵入事件で有罪判決を受けた事実は「履歴に関する重要な事実に他ならない」から，その事実を隠蔽して履歴書に記載しなかったのは「一応懲戒解雇事由に値する」と評価している（結論は，懲戒解雇は酷に失するとして無効にした）[35]。

　判例のなかには，刑の消滅をきたした有罪判決を隠したことは信義則違反にはあたらないとして，告知すべき範囲を限定しているものも見られる[36]。しかし，こ

の判例も使用者が労働者の労働力を的確に把握するために，学歴，職歴，犯罪歴等その労働力の評価に影響を与えうる事項につき告知を求められた労働者は原則としてこれに正確に応答すべき信義則上の義務を負担しているという前提に立っている点では共通している。また，これらの判例は，採否決定の判断のために思想・信条等を調査することを適法とした三菱樹脂事件最高裁判決[37]の考え方とも平仄をあわせているといえる。

(2) 労働法学説による問題提起

一方，労働法学説は，先に取り上げた東光電気事件判決が，懲戒処分の目的を経営秩序の維持に求めていたことなどから，判例は，信義則に違反し，企業秩序を紊乱したことを刑罰歴の秘匿・詐称に基づく懲戒処分の根拠としていると理解したうえで，紊乱の危険として具体的危険が必要か否か，告知すべき刑罰歴の範囲と刑の消滅とのあいだに関連性があるかなどの点が議論されている[38]。学説のなかには，刑罰歴は，基本的人権，内心の自由，プライバシーに関わるので，無制約な告知を求めることは不当な人権侵害となりうるとの問題意識から[39]，当該詐称が職務内容との関連において労働契約関係の継続を客観的に困難にするものか否か，という観点から厳格に評価されるべきと主張する論者も見られる[40]。また，刑の消滅の意味について，刑の言渡しは国家刑罰権に基づいてなすものであるから，国が刑の効力を否定する場合にはあらゆる関係において刑罰に処せられなかったことにしようとするものと理解して，刑消滅後の真実告知義務を否定しようとする見解もある[41]。さらに，三菱樹脂事件最高裁判決に対してはもともと学説の多くは批判的であったし[42]，同判決が提起した問題は，思想信条に関する質問の可否という問題にとどまるものではないことを指摘したうえで，年齢，障害，健康状態，血液型，星座などを理由とした採用拒否を違法なものと評価するかどうかという点を今後の課題として呈示する論者も見られる[43]。とすれば，当然，犯罪歴に関して質問することの是非も今後一層議論の的になるであろう。労働省(現厚生労働省)自身が，近時のプライバシー保護の要請の高まりを受けて，「労働者の個人情報保護に関する行動指針」(2000年12月20日)において，業務の適正な実施に必要不可欠な場合を除いて「社会的差別の原因となるおそれのある事項」を収集してはならないとしている点にも注目されるべきである。

以上に紹介した真実告知義務の範囲を限定しようとする見解はいずれも，社会的援助の権利性，一貫した社会的援助の視点からも支持されるべき考え方である。ただ，企業側が，経済活動の自由の一環として雇用の場面での自由を有して

いると解されている以上，プライバシーなどの一般の市民にも等しく保障される権利のレベルのみで，職務内容と関連する場合も含めて，一切の告知義務を否定するのは理論的に相当に困難であると考えざるをえない。労働法学説も一般に，そこまで踏み込んで告知義務を否定しようとは考えていないようである。

(3) **検討**
①社会的援助の権利からのアプローチ

しかしながら，社会的援助の権利性という観点からこの問題を捉えるならば，もう一歩踏み込んだ積極的な措置を要求できるのではなかろうか。すなわち，自由刑の執行にともなって刑余者にはさまざまな利益侵害や弊害が発生しているのであり，いわば通常の市民に比べてハンディキャップを負わされた状態で社会に戻ってきているといえる。国家には，この利益侵害を補填し，弊害を除去する義務があり，その義務履行の1つの方法として，ハンディキャップを解消するための積極的な措置を講じる義務を導き出すことが不可能ではないように思われる。ハンディキャップをもった人には，一定の配慮をすることではじめて実質的に平等が図られるのであり，ハンディキャップを背負った集団の典型である刑余者も，積極的なバックアップがあってはじめて社会復帰が現実に可能になるからである。

ハンディキャップをもった人に対して積極的なバックアップをするという制度は，福祉の領域ではとくに珍しいことではない。現に，雇用の場面でも，障害者の雇用を促進するための積極的な措置が取られており，ハンディキャップを持った人に対する積極的な支援の実績はすでにあるともいえる。

②前科・前歴調査の禁止、前科・前歴秘匿を理由とする解雇の禁止

そうすると，たとえば，前科・前歴を理由とした就職差別を労働法上禁止するという制度，そしてこれを実際に実現するために，就職の際に履歴書に賞罰（とくに罰）を記載させたり，面接で前科・前歴の有無について聞いたりすることを禁じるといった措置を考えることができないだろうか。この点，先に取りあげた刑の消滅と告知義務の解除とを連動させる学説が手がかりになりうる。

すなわち，本稿の立場のように，資格制限が正当化される余地はないとすると，敷衍すれば，犯罪を犯したことによって甘受しなければならない不利益は刑罰の内容にかぎられるという考え方を貫くとすると，刑の効力規定は無意味な規定となる。なぜなら，刑罰の効力はもともと自由刑なら拘禁，財産刑なら金銭の支払いの面にかぎられ，そのほかにはいかなる点にもその効力は及ばないという前提に立

つことの帰結として，刑の執行終了後に刑の効力を存続させても，そこから刑余者に負わせるべき負担あるいは義務（いわば刑の効力の中身）を引き出すことはできず，刑の効力の中身は「空」にならざるをえないからである。中身に入れるべきものがない箱（刑）を存続させる意味はないから，結局，資格制限が成り立ちえないのならば，刑の執行終了と同時に刑は消滅するという結論に至ることになる。そうすると，刑が消滅すれば応募者に告知義務を負わせる根拠はなくなるという主張と自然に結びついて，前科・前歴調査の全面禁止を導くことができるように思われるのである。

もちろん，解雇と採用とでは，使用者と被用者・求職者の権利・利益関係は同一ではない。一般に，採用の場面のほうが使用者側の選択の自由度は広く認められており，上述したように，使用者側が有する経済活動の自由を考えれば両者の相違には理由がなくはない。しかし，採用時に刑罰歴を秘匿しても，刑の効力を根拠とした告知義務違反という理由でもって解雇されることはないというだけでも（したがって，当然刑罰歴不告知全体が解雇事由として正当化されないことになる），刑余者の採用の機会，雇用継続の可能性は飛躍的に高まることが予想される。前科・前歴についての質問・調査禁止というところまで理論化するには，なお検討すべきことがらが多いとしても，犯罪歴秘匿を理由とした解雇禁止ならば，理論的に正当化できる可能性は充分にあるように思う。

③雇用促進のための積極的是正措置制度の導入

他方，刑余者が躊躇することなく犯罪歴を秘匿できるようになったとしても，人事選考のプロセスにおいて，犯罪歴が事実上雇用者に知れてしまうことがあることは否定できないように思われる。また，犯罪歴情報が漏れておらず，したがってその点では通常の求職者に比べて不利ではない場合でも，施設への収容にともなって生じてしまった技術力や職業適性，適応能力，プレゼンテーション能力の低下によるハンディキャップを取り戻せていない刑余者もいるだろう。そのような刑余者にとっては，さらに最後の砦として，障害者雇用促進法と同じ発想に立ち，刑余者を一定割合雇用することを義務づけたり（障害者雇用促進法43条），あるいは義務づけないまでも積極的に雇用する企業に対して経済的援助を行い，そのための資金の納付を企業全体に対して義務づける（同法50条1項，53条，54条2項）といった方策も考えられてよいように思われる。とりわけ，刑余者の積極的雇用に対する財政的な支援に関しては，上述したように厚生労働省と法務省の連携の一環として，試行（トライアル）雇用奨励金の刑余者への適用が実施されようとして

おり，すでに政策としての現実性を帯びつつある。

他方で，いずれの提案も，厳密な理論的検討は今後の課題である。これらの積極的是正措置を単なる一時的な政策で終わらせないようにするためにも，労働法学における雇用関係に関する理論的枠組みとのすりあわせをはかりながら，権利論としての構成可能性を検討する必要性は高いといえよう。刑余者の社会復帰を実現する重要な論点として，問題提起しておきたい。

6. 社会保障制度利用に及ぶ不利益とその解消

(1) 社会保障制度利用者としての施設被収容者・刑余者

自由刑の執行に伴って社会から断絶されることにより，被収容者・刑余者は社会保障制度の利用に関してもさまざまな不利益をこうむる。最終的には生活保護が最後のセイフティーネットの役割を果たすことが予定されてはいる。しかし，まずは，生活保護制度に行き着く前のさまざまな保障をなるべく利用しやすくするのが本来の筋である。また，生活保護について，ほかに利用できる手段がないにもかかわらず，生活保護の受給が必ずしもスムーズに行われていない現実があるとの指摘がなされている現状においては[44]，個別の社会保障制度を有効に活用していく必要性は一層高いといわなければならない。社会保障制度には各種のものがあり，すべての制度を網羅的に検討する紙幅はないので，本稿では，刑余者の多くが共通して直面する年金保険と失業保険に絞って検討することとする。

(2) 年金保険利用にかかる困難・不利益

犯罪を犯したとして自由刑を科され，刑事施設に入所する人は，ほとんどの場合，被疑者として刑事手続に関わることになってから以降のいずれかの時点で，従前の職を失ってしまう。したがって，もともと自営業を営んでいた人などと同じく，刑事施設に収容されている人は，ほぼ例外なく国民年金の第1号被保険者に該当することとなり（国民年金法7条1項），国民年金法のもとで保険料の納付を義務づけられる（国民年金法87条）。しかし，周知のとおり，刑事施設に入所中はわずかな金額の作業賞与金を除いて収入を得ることはできないから，入所前に相応の資産を有しているのでないかぎり，被収容者が月額13,000円を超える保険料を納付することは不可能である。他方で，将来，年金の支給を受けるためには，最低25年以上の期間，保険料を納付していなければならないから，被収容期間の長期化に伴って支給要件を満たさなくなることを防ぐために，保険料の免除が

必要になる。

施設被収容者の場合も，保険料の免除制度の適用を除外されているわけではない。所得がないから免除の要件を満たす場合も少なくないものと思われる（国民年金法90条1項）[45]。実際，施設入所時あるいは入所後適切な時期（入所時の前年度に一定以上の所得がある場合には，入所時には免除要件を満たさない場合がある）に免除の申請手続を行う機会および施設側からの免除制度等の教示が与えられることになっている[46]。

しかし，仮に，施設収容中に首尾よく免除の申請をすることができ，かつ免除が認められたとしても，なお問題は残る。なぜなら，保険料免除期間は支給要件の算定期間には含まれるが，免除されていた期間は年金額の算定の際に3分の1（全額免除の場合）に減額されて算入されるからである（国民年金法27条）。つまり，将来の年金額が減ってしまうのである。確かに制度上は，免除されていた期間が10年以内であれば，支払い能力を回復したときに免除されていた期間の保険料を遡って追納し，減額分を回復することが認められている（国民年金法94条1項）。しかし，10年以上の長期間，施設に収容されていた場合は，遡及しきれずに減額分をすべて回復することができない事態が生じうるし，そもそも日々の生活資金にも難渋することの多い刑余者にとって，遡及納付の制度が用意されているといっても実益はないに等しいであろう。

(3) 雇用保険利用にかかる困難・不利益

刑余者が刑事施設へ入所する前に労働者として雇用されていた場合は，雇用保険の適用を受ける資格がある。しかし，現行の雇用保険法ではさまざまな制度上の制約があり，施設被収容者および刑余者が実際に雇用保険制度を利用して失業給付を受けることは不可能に近いといわざるをえないのが実情である。

第一に，失業給付を受けるためには，被保険者が失業していることが必要だが，失業と認められるためには，離職，労働の意思などとあわせて，「労働の能力」を有していなければならない（雇用保険法4条3項）。ところが，雇用保険法でいうところの「労働の能力」とは精神的，肉体的能力のみならず環境上の能力を含むと解されているため，刑事施設へ入所している人は労働の能力を有していないと判断されて，結局，給付を受ける前提となる「失業」要件を満たさない者として扱われてしまうのである[47]。

もちろん，施設被収容者が失業者にあたらないというのは行政解釈であり，法律上，そのような明文規定があるわけではないから，現行法の解釈論として施設

被収容者を失業要件を満たす者として位置づけることは不可能ではない。しかし，仮に失業要件を満たすことができるとしても，さらに制度上の難関がある。というのは，雇用保険法では，失業給付を受けようとする者は，定められた日ごとに管轄公共職業安定所に出頭し，失業の認定を受けなければならないことになっているからである（雇用保険法15条）。改めていうまでもなく，現在，刑事施設に収容されている者が，ほぼ1月に1回のペースでハローワークに出頭することなどおよそ考えられない。したがって，少なくとも入所中は，失業給付を手にすることは事実上，不可能であるといわざるをえないのである。

　もちろん，刑事施設から出所すれば，ハローワークに出頭することは可能になる。当座の生活資金の確保という観点から見れば，施設入所中に給付を受けたうえで貯蓄をしておき出所後の生活に備えるという形であっても，出所後に給付を受け始めて，そこで得た金銭で社会復帰後の生活をスタートさせるという形であっても，大きな違いはない。しかしながら，結論からいえば，出所後に給付をスタートさせるという方法もほとんどの場合難しい。というのは，失業給付には受給期間にかぎりがあり，原則として離職後1年を経過すると給付を受けられなくなるからである（雇用保険法20条）。したがって，離職してから出所するまでの期間が1年以上に及んだ刑余者は，雇用保険の基本手当を受給することはできないのである[48]。

　確かに，雇用保険法15条によれば，天災その他のやむをえない理由のために職業安定所に出頭できない場合には，理由を記載した証明書の提出によって失業認定を受けることができるとされている。同様に，雇用保険法20条および雇用保険法施行規則30条2号によれば，管轄公共職業安定所長がやむをえないと認める理由がある場合には，例外的に受給期間を4年まで延長することになっている。しかし，受給期間の延長に関しては，受刑により就職できないという事情が，雇用保険法20条および雇用保険法施行規則30条2号にいうやむをえない理由に該当するか否かという点について，これを否定する裁判例が出されているところから[49]，刑余者が受給期間の延長を得て失業給付にこぎつけることはもちろん，証明書の提出による失業認定を受けることも，現実には難しいといわざるをえないのである。

(4) 困難・不利益解消のための検討

　しかし，社会的援助の権利性の観点に立つ場合にはもちろん，権利性の点はともかくとして，少なくとも刑余者の社会復帰を正当な利益と認め，あるいは正当な刑事政策として位置づけるのであれば，現在の社会保障制度のあり方には問題があることを率直に認めざるをえないように思われる。すでに，論者のなかには，社

会保障上の権利について規定した被拘禁者処遇最低基準規則61条などをよりどころにしつつ，受刑者にも社会保障上の権利を認めるべきであり，そうすることは社会復帰にも役立つと主張して，失業保険の受給期間の延長を否定した裁判例を批判するものも見られる[50]。すなわち，社会保障の受給権を制限するという制裁の仕方は，被拘禁者の人間の尊厳と社会復帰を重視する現代の刑事政策の動向に逆行するものであり，また，被拘禁者の基本的人権の必要最小限度の制約の範囲を超えた不合理な差別であるとされるのである。

論者の主張するように，受給期間の延長が社会保障の権利と社会復帰の利益から根拠づけられるとするならば，同じ論理は刑余者に対するほかの社会保障制度上の問題にも等しくあてはめることができるはずである。そうすると，まず年金保険については，保険料納付免除が実効的に行われるべきことは当然の前提として，そのうえで，そもそも被収容者は保険料を納付したくても，刑事施設に収容されている期間は元手となる所得を得る機会を奪われているわけだから，その結果生じる納付能力の欠如を根拠として年金を減額することが果たして許されるのか，改めて検討する必要があるように思われる。もちろん，受刑以外の原因で無収入に陥った人のなかにも本人の責めに帰すことが適当でない理由で収入の道が閉ざされた人も多いと考えられるから，この問題は受刑者・刑余者だけの問題に矮小化して捉えるべきではなく，納付能力のない人に対する年金のあり方全体を考えるなかで受刑者・刑余者が抱える問題も扱うというのが本来の筋であろう。受刑者・刑余者固有の解決方法としては，むしろ刑事施設における賃金制の採用，さらにいえば刑務作業に対する労働基準法の適用が追求されるべきである。賃金制が採用され，労働基準法に従って賃金が支払われれば，保険料納付を免除する必要はなくなり，免除に起因する減額問題も解消するからである。

また，雇用保険についても，第一に，施設内での作業を労働と位置づけない現在の枠組みを前提とした場合には，一方で国家が労働でない作業に拘束することで「労働」をしたくてもできない状態に置いておきながら，他方でそのような状態を捉えて労働能力がないとか職業に就くことができない状態にはないなどと評価することの不当性が認識されるべきである。そのうえで，受給期間の延長を認めるべきであるのは当然として，それにとどまらず，証明書の提出による失業認定の手続を被収容者の場合にも認めるべきである。しかしながら，雇用保険についてもやはり根本的な解決は賃金制の採用であるといわなければならない。賃金制を採用すれば，施設内での作業も労働と位置づけることができ，仮に就職先が見つかっていない状態で出所したとしても，保険事故たる失業は出所時に発生するとい

う理屈になり，受給期間もその時点から起算されることになる。したがって，施設へ収容されているあいだに受給期間が満了してしまうといった問題やハローワークに出頭できずに失業認定が受けられないといった問題に頭を悩ます必要もなくなるのである。

7. むすびに代えて

本稿では，刑余者が生活を再建し，社会復帰を遂げていこうとする際に阻害要因になりかねない現行法制度をいくつか取り上げ，理論的，実践的問題点を検討した。そのうえで，問題点を克服するために行われるべき改革の方向性について試案を提示した。しかし，問題点の検討についても，改革提言についても，多くの課題を積み残している。最後に，今後の検討課題を確認することで，むすびに代えることとしたい。

第一に，本稿の検討では，刑余者の生活再建に関わるすべての制度を総合的に網羅することができなかった。前歴・資格制限問題については，雇用の場面における契約の自由と結果として生じる刑余者に対する就職における不利益との関係を理論的にどのように構築すべきか，具体的には，刑罰歴を理由とした不採用や解雇の禁止といったところまでを理論的に根拠づけることができるのか，についての検討は十分に行えなかった。また，社会保障制度の利用に関しては，医療保険や労災保険の検討にはまったく踏み込むことができなかった。また，両保険制度について触れられなかったことも一因となって，施設内における社会保障制度の適用・活用のあり方とこれらの制度の出所後の活用のあり方とを関係づけたトータルかつ一貫した枠組みを提示できなかった。

第二に，本稿で扱った項目についても，なお多くの検討課題を残している。とりわけ，住民登録と各種社会保険の利用との関係は重要である。というのは，たとえば健康保険や国民健康保険をみると，各制度は日本国内に住所を有することを前提として制度設計されており，被保険者資格の取得，喪失，そのほか必要とされる事項の届出は市町村に対して行われることになっているからである（国民年金法7条，105条等，国民健康保険法3条，7条，9条等）。ところが，すでに指摘されているように，刑事施設への入所により被収容者の住居は事実上移転することになるが，他方で，刑務所は法的に住居とみなされていないために，刑事施設へ入所した者は，住民登録を抹消される可能性がある（住民基本台帳法3条，8条）[51]。その結果，住民登録を抹消された刑余者は，出所後，改めて住

民登録をしなおす必要に迫られることになるが，そのためには安定した住居を確保しなければならない。また，運よく住民登録を抹消されなかった刑余者も，受刑前の住所に戻るのでなければ，本来は住所変更の手続を取らなければならないが，手続を取るためにはやはり安定した住居を確保しなければならない。しかし，本稿で繰返し述べたように，刑余者が社会保険を利用しようとする理由は，そこで得られる資金をもとに住居と食事を確保するところにあるのだから，安定した住居が得られていることを事実上の受給条件としている制度は，刑余者にとって，実際上，きわめて使いづらいものになっているのである。かかる矛盾をどのようにして克服するかという点も大きな課題であるが，この点も含めて，以上に確認した課題の検討は他日を期したい。

1　2004年度の場合，21.4%である（矯正統計年報より算出）。なお参照，平成17年版犯罪白書107頁。
2　監獄制度研究会「受刑体験者に聞く・その5」法律時報50巻2号（1978年）78頁。
3　花輪和一『刑務所の中』（青林工藝舎，2000年）107頁以下。
4　安形静男『社会内処遇の形成と展開』（日本更生保護協会，2005年）5頁以下，森本益之「受刑者の社会復帰とその障害の克服」法学セミナー増刊『監獄の現在』（日本評論社，1988年）114頁以下，山田浩司「中間処遇制度の変遷と今後の展望」犯罪と非行147号（2006年）109頁以下。
5　荒木龍彦「スティグマとしての『前科』とその超克」武蔵大学人文学会雑誌28巻3号（1997年）99頁以下。
6　伊福部舜児「犯罪前歴者に対する社会の許容量について——時系列分析による試み」犯罪社会学研究5号（1980年）71頁以下。
7　犯罪者の処遇を特集した平成16年版犯罪白書356頁以下においても，同様の認識が示されている。近時の状況を分析するものとして，なお参照，岡田和也「更生保護における就労支援——犯罪者・非行少年の就労状況を中心として」矯正講座27号（2006年）72頁以下。
8　60歳以上の新受刑者は，1973年には1.3%であったが，2003年には9.3%に達している。参照，平成16年版犯罪白書290頁。被収容者の高齢化を指摘するものとして，なお参照，浜井浩一「刑務所から社会が見える——刑務所は治安の最後の砦？」法学セミナー595号（2004年）60頁以下（浜井浩一『刑務所の風景』〔日本評論社，2006年〕所収）。
9　法務省＝厚生労働省「刑務所出所者等総合的就労支援対策」厚生労働省ホームペー

ジ（http://www.mhlw.go.jp/houdou/2005/08/h0829-2.html）参照。

10　正木祐史「社会的援助の理論と課題」刑事立法研究会編『21世紀の刑事施設』（日本評論社，2003年）115頁以下。

11　レーバッハ判決（BVerfGE35 S.202）については，参照，石塚伸一『社会的法治国家原則と刑事立法政策』（信山社，1997年）34頁，208頁以下，渕野貴生『適正な刑事手続の保障とマスメディア』（現代人文社，2007年）123頁以下。

12　土井政和「社会的援助としての行刑（序説）」法政研究（九州大学）51巻1号（1984年）91頁以下。

13　正木・前掲注（10）117頁以下，土井政和「刑事施設における社会的援助と市民参加」刑事立法研究会編『21世紀の刑事施設』（日本評論社，2003年）68頁。

14　最判平成6年2月8日・民集48巻2号149頁。

15　斉藤博「ノンフィクション『逆転』の前科公表に対する慰謝料請求訴訟の最高裁判決」法律のひろば47巻11号（1994年）69頁以下，堀部政男「ノンフィクション作品と前科等にかかわる事実の公表」ジュリスト1053号（1994年）85頁以下，滝澤孝臣「ある者の前科等にかかわる事実が著作物で実名を使用して公表された場合における損害賠償請求の可否」法曹時報49巻2号（1997年）177頁以下など。

16　この判示の意味するところについて山本敬三が，社会復帰の利益を法的に保護に値する利益として認めたからこそ，前科に関わる事実もプライバシーに属する事実として公表から保護されるという意味で，前科を公表されない利益は，それ自体保護されるべき利益であるところの犯罪者の社会復帰の利益を媒介としてプライバシーに属すると理解しているのも，プライバシーには収まりきれない前科ある者に固有の社会復帰の利益を認めたものといえよう。参照，山本敬三「前科の公表によるプライバシー侵害と表現の自由──ノンフィクション『逆転』訴訟を手がかりとして」民商法雑誌116巻4＝5号（1997年）134頁，146頁。

17　刑事施設における作業に対して対価が支払われないことの理論上および刑事政策上の問題点や賃金制不採用と社会保障の利用不能との関連性について論じたものとして，参照，津田博之「刑務作業──刑罰内容からの解放を目指して」刑事立法研究会編『21世紀の刑事施設』（日本評論社，2003年）156頁以下。そのほか，刑事施設への収容を経ることで各種の社会保険制度が出所後も制度上あるいは事実上利用不可能になるという事情が刑余者の社会復帰を一層困難にしていると指摘するものとして，たとえば参照，小川太郎「行刑と社会保険」刑政68巻6号（1957年）43頁。なお，刑事施設被収容者および刑余者に関する社会保険の運用については，参照，澤田健一「矯正業務と関連法令（6・完）資格に関する法令」刑政98巻12号（1987年）74頁以下，瀧川清人「行刑と社会保障」亜細亜大学大学院法学研究論集4号（1980年）16頁以下。

18 久保裕「前科と資格の制限」法曹393号（1983年）47頁，福田雅章「犯罪前歴者に対する職業制限を克服するための法理——アメリカ法の展望に関する覚書」一橋大学研究年報法学研究14号（1984年）102頁，前野育三『刑事政策論〔改訂版〕』（法律文化社，1994年）164頁以下，吉岡一男『刑事政策の基本問題』（成文堂，1990年）219頁など。法務省保護局恩赦課が編集する『資格制限法令ハンドブック』（ぎょうせい，1992年）からして，中央更生保護審査会委員長石原一彦による「現在の資格制限すべてが整合性を保っているかどうかは疑問なしとしない」との「すいせんの言葉」が寄せられている。

19 法務省保護局恩赦課編『資格制限法令ハンドブック』（ぎょうせい，1992年）。

20 多様な資格制限について，有益かつ明快に分類整理したものとして，参照，安形・前掲注（4）9頁，森本益之「犯罪者の社会復帰と資格制限」阪大法学44巻2＝3号（1994年）316頁以下。本稿の分類も両文献に負うところが大きい。

21 安形・前掲注（4）10頁，大芝靖郎「制裁による烙印づけとその払拭」宮澤浩一＝藤本哲也編『講義刑事政策』（青林書院，1984年）195頁以下，法務省保護局恩赦課編・前掲注（18）2頁など。

22 大芝・前掲注（21）195頁以下。

23 西村春夫「犯罪者の社会復帰を妨げるもの再考」JCCD23号（1982年）9頁以下。

24 久保・前掲注（18）47頁。

25 実際，資格制限の根拠として再犯防止をあげる際に，多くの論者は，制限の対象となる罪種を職務関連犯罪に限定すべきことをあわせて主張している。たとえば参照，大芝・前掲注（21）195頁以下，小暮得雄「資格制限」大塚仁＝宮澤浩一編『演習刑事政策』（青林書院新社，1972年）425頁，福田・前掲注（18）82頁以下，131頁以下，森本・前掲注（20）324頁以下，榎本正也「アメリカ法における前科を理由とする制限とその回復手段」更生保護と犯罪予防14巻3号（1980年）11頁以下。

26 米山哲夫「資格制限の目的と機能」駿河台法学5巻2号（1992年）29頁以下。

27 たとえば，安形・前掲注（4）10頁は，資格制限の根拠としてあげられる再犯防止は，確実な証拠に基づくというよりも市民感情に支えられたものであるという。また，長島敦『犯罪防止と犯罪者の処遇』（成文堂，1984年）292頁も，前科者が一般人とは異なる特殊危険な人というのは根拠のない迷信であると喝破する。そのほか同様の指摘をするものとして，西村・前掲注（23）9頁以下。

28 すでに正木亮『刑法と刑事政策』（有斐閣，1963年）190頁において，この点についての指摘がなされている。

29 最判昭和33年4月30日・民集12巻6号938頁，最判昭和45年9月11日・刑集24巻10号1333頁。これらは税法上の義務違反を理由とする加算税について憲法適合性

を判断した事例であるが，資格制限に「制裁的要素」を入れて，加算税における「義務違反に対する制裁」という位置づけとの共通性を見出そうとすれば，資格制限にも「応用」される可能性はあるといえるだろう。

30　藤田宙靖『第四版行政法Ⅰ（総論）【改訂版】』（青林書院，2005年）278頁以下。

31　この点を指摘するものとして，参照，吉岡・前掲注（18）219頁。

32　再犯防止目的による資格制限に関して，しばしば「裁量的欠格事由型」に限定する必要性あるいは，「絶対的欠格事由型」の禁止が主張される。たとえば，参照，平野龍一『犯罪者処遇法の諸問題〔増補版〕』（有斐閣，1982年）141頁以下，森本・前掲注（20）329頁以下，中野次雄『逐条改正刑法の研究』（良書普及会，1948年）63頁以下，大塚仁編『新刑事政策入門』（青林書院，1995年）281頁以下〔船山泰範〕。これらの主張は，資格制限の縮小・限定を意図した提言として高く評価されるべきであるが，なお問題点を残しているといわざるをえない。なぜなら，そのような提言は，「個別の刑余者ごとに再犯予測が可能である」という前提に立たなければ成立しない考え方であるが，まさにその点こそ本稿が疑問としたいところだからである。

33　吉岡・前掲注（18）214頁以下は，法曹職を例にあげて，被害体験・受刑体験のあるほうが，当事者・対象者の問題を真に理解し，民主的かつ節度を持って職務を行いうるともいえるとの指摘を行っているが，この指摘は，「理想的には，刑罰体系と切り離した参加資格のチェック機構が考えられるべきである」との記述に続けてなされていることから考えて，本稿同様に，過去の刑罰歴を理由に当該資格が要求する技術・適性水準を満たしていないとみなすことの不合理性を強調するものといえよう。

34　労民集32巻3＝4号403頁。

35　労民集6巻2号164頁。

36　仙台地判昭和60年9月19日・労民集36巻4＝5号573頁，東京地判昭和33年10月31日・労民集9巻5号661頁など。

37　最判昭和48年12月12日・民集27巻11号1536頁。

38　参照，福島淳「経歴詐称──炭研精工事件」菅野和夫＝西谷敏＝荒木尚志編『労働判例百選〔第7版〕』（有斐閣，2002年）154頁以下。

39　奥山明良「犯罪歴秘匿を理由の通常解雇と刑の消滅をきたした前科の告知義務──マルヤタクシー事件」ジュリスト901号（1988年）109頁以下。

40　盛誠吾「経歴詐称を理由とする解雇の法的構成とその効力」労働判例389号（1982年）12頁以下。

41　小西国友「経歴詐称を理由とする解雇の法理（六）──判例法理の検討を中心にして」労働判例270号（1977年）19頁以下。

42　樋口陽一『憲法〔改訂版〕』（創文社，1998 年）211 頁，島田陽一「採用の自由——三菱樹脂事件」菅野ほか・前掲注（38）21 頁，今村成和「思想調査は企業の自由か——三菱樹脂事件最高裁大法廷判決批判」ジュリスト 553 号（1974 年）54 頁など。

43　水町勇一郎「採用の自由」角田邦重＝毛塚勝利＝浅倉むつ子編『労働法の争点〔第 3 版〕』（有斐閣，2004 年）131 頁。

44　比較的最近の文献として，たとえば，参照，尾藤廣喜「生活保護をめぐる争訟の特徴と今後の課題」法律時報 71 巻 6 号（1999 年）79 頁以下，竹下義樹＝吉田雄大「生活保護裁判の意義と現状」福祉のひろば 391 号（2002 年）66 頁以下，尾藤廣喜「林訴訟——野宿者の生存権の確立をめざして」同 395 号（2002 年）58 頁以下，竹下義樹「柳園国賠訴訟」同 396 号（2002 年）62 頁以下，笹沼弘志「最低生活保障は住居を含む——静岡事件裁決の意義」同 399 号（2003 年）53 頁以下など。

45　なお，国民年金法 89 条 3 号，同施行規則 74 条の 2 は，厚生労働省令で定める施設に収容されるときには，保険料の納付義務の法定免除事由に該当する旨の規定を置いているが，刑事施設は，法定免除対象施設には指定されていない。なお，参照，有泉亨＝中野徹雄編・喜多村悦史著『国民年金法』（日本評論社，1983 年）235 頁以下。

46　参照，平成 12 年 3 月 31 日矯正局長通達「矯正施設収容中の者の国民年金の取扱いについて（通達）」および，平成 12 年 3 月 31 日矯正局保安課長通知「矯正施設収容中の者の国民年金の取扱いについて（通知）」。

47　失業保険審査会（現在は労働保険審査会）審査最決例昭和 28 年第 12 号（労働省職業安定局編『雇用保険法解釈総覧』〔労働法令協会，1988 年〕71 頁による）。なお参照，澤田・前掲注（17）76 頁。

48　離職から出所までの期間が 1 年未満の者であっても，受給期間は離職した次の日から 1 年間に限られているから，たとえ所定給付日数が残存していたとしても，離職から 1 年が経過した時点で基本手当の支給は打ち切られ，その時点で残存していた所定給付日数分の手当ては受給できないことになる。

49　東京地判昭和 58 年 1 月 31 日・判例タイムズ 497 号 144 頁。

50　松林和夫「受刑と雇用保険受給期間の延長」佐藤進＝西原道雄＝西村健一郎＝岩村正彦編『社会保障判例百選〔第 2 版〕』（有斐閣，1991 年）168 頁以下，坂本重雄「雇用保険の受給期間延長制度と受刑者の延長申請不承認処分」労働判例 404 号（1983 年）8 頁以下。

51　菊田幸一『日本の刑務所』（岩波新書，2002 年）26 頁以下。

（渕野貴生／ふちの・たかお）

第7章 更生保護施設の処遇施設化について

1. はじめに

　更生保護施設とは，1995年に制定された更生保護事業法に基づき法務大臣によって認可を受けた民間団体である更生保護法人が主に設置する施設をいうが，同法制定前は更生保護会と称され，更生緊急保護の枠内で，食事や宿泊する場所の提供を中心に福祉的サービスを行うものであった。

　ところが，2002年の更生保護事業法等の改正によって，更生保護施設において，利用者（更生保護事業法上の被保護者との用語は本稿では用いない）に対して生活指導の名の下に集団処遇を中心とするさまざまな処遇を行う法的根拠が整えられた。本稿では，このような状況を更生保護施設の処遇施設化と呼び，これについて検討することが課題となる。

2. 更生保護施設における処遇の展開

(1) 更生保護施設の位置付け

　更生保護施設の処遇施設化の検討に入る前に，更生保護施設をどのような者が利用しているのか，そしてその利用者の現行法上の法的地位を確認することにしよう。

　まず，更生保護施設の利用者は，①保護観察または更生緊急保護の対象者で，保護観察所から委託された者と，②更生緊急保護の所定期間（最長1年）経過等のため委託が終了した者などで本人から保護の申し出があった者に，大別される。なお，施設側から見ると，①の委託がある場合は「委託保護」と呼ばれ，更生保護施設は国からの委託費を受けられるが，②の場合は，更生保護施設が任意に保護するため，「任意保護」と呼ばれ，施設自らが費用を負担しなければ

ならない。

さらに，①については，①-a 刑事施設から仮釈放された者や少年院を仮退院した者などの，犯罪者予防更生法に基づく保護観察に付されている者が，更生のための保護を必要としている場合，①-b 刑の執行猶予を受け保護観察に付された者が，執行猶予者保護観察法による補導援護の措置によっては，必要な援護が得られずに，本人の更生が妨げられるおそれがある場合，①-c 自由刑の執行を終わる等，保護観察に付されずに身体の拘束を解かれた者が，親族からの援助もしくは公共の施設からの保護を受けられず，またはこれらの援助もしくは保護のみでは更生できないと認められる場合，に細分される。

ところで，上述のように，更生保護施設の利用者には福祉的サービスが提供されてきたが，更生保護施設の職員が同時に保護司である場合には，事実上，①-a の場合には，犯罪者予防更生法に基づき，①-b の場合には，執行猶予者保護観察法に基づき，一般遵守事項および特別遵守事項を守るよう指導監督することが可能となりうる。このように，もともとは，利用者の法的地位の相違によって，宿泊所を供与する等の純粋に福祉的援助のみが可能な場合と，保護観察において遵守事項を守らせる権力的作用を担う指導監督（犯罪者予防更生法35条，執行猶予者保護観察法7条）まで可能な場合とに明確に分けられてきた。

ところが，2002年の犯罪者予防更生法・更生保護事業法の改正は，このそれぞれの更生保護施設の利用者に対して，「社会生活に適応させるために必要な生活指導」を行うことを可能にしたのである。確かに，法律上は，この生活指導は，保護観察における非権力的援助作用を担う補導援護（犯罪者予防更生法36条，執行猶予者保護観察法6条）に位置づけられており，指導監督とは異なるものとされている。しかし，名称そのものが紛らわしいこともあり，生活指導の名の下で指導監督が行われる懸念がある。

それでは，どのような経緯で，保護観察対象者への指導監督と紛らわしい，補導援護としての生活指導が更生保護施設の業務として位置づけられることになったのであろうか。

(2) 更生保護施設の歴史的経緯とその背景

更生保護施設の沿革をたどると，1888年に民間の篤志家・金原明善が静岡に設立した「静岡県出獄人保護会社」に行き着く。その後，度重なる恩赦がなされたこと等から国は免囚保護事業を奨励したため，宗教関係者等の民間の篤志家や監獄関係者によって今日の更生保護施設の起源となるような団体が次々と設

立され，保護の対象者も刑務所からの出所者だけでなく，刑の執行猶予を受けた者，起訴猶予を受けた者等へ拡大した。1939年に司法保護事業法が制定されるまでは，国は奨励金を支出するだけで，民間篤志家が自由に保護事業を営んでいたとされる。

しかし，昭和期に入り，思想犯保護観察法が成立（1936年）し，思想犯も保護の対象とされるに及び，国もしばしば釈放者保護事業の法制化を企図したが，戦時体制と軍事費の増大のためこれを果たせず，代わりに，民間の篤志家等によって設立された団体による保護事業を認可制にし，国の監督下に置くこととしたのが前記司法保護事業法である。もっとも同法においても，国費の支弁は奨励金等に止まった。

敗戦後まもなく，司法省は司法保護事業法の全面改正を検討し，刑余者と保護観察に付された者を保護する施設として司法保護施設を位置づけようと企図したが，連合軍総司令部（GHQ）が，釈放者保護は社会福祉の一環として厚生省の管轄であること，保護観察の担当を民間ボランティアに行わせることは適当でないこと等を主張し[1]，また，犯罪の前歴を持つ者（以下，「犯罪前歴者」）を特殊の国民として刑事政策的措置の枠内に閉じ込め，社会福祉政策の対象から除外することは犯罪前歴者の更生を確保することにならず，憲法の基本的人権保障の理念等が考慮されたため，法務省の企図は挫折させられた。結局，1949年の犯罪者予防更生法に司法保護施設についての規定は置かれず，代わりに，1950年に更生緊急保護法が制定され，満期釈放者等の公的監督下にない犯罪前歴者を中心として，法務大臣の認可を受けた更生保護会に国が委託費を支弁し，更生保護会が宿泊所・食事等のサービスを提供する形で更生保護が国の責任において実施されることになった。もっとも，それは，親族・縁故者の保護または公共の衛生福祉からの保護を受けることができないか，それらの保護では不十分な場合に限られ，保護観察に付されている者には，保護観察所の長から委託があった場合に限られた。

その後，1959年には更生保護会を経営する団体数は戦後最高の172団体に達したが，高度経済成長期以降利用者の減少に伴い，国からの更生保護委託費が減少したことにより，更生保護会の多くが経営難に陥り，1990年代に入ると100団体を切る有様となった。また，かつては満期釈放者等の更生緊急保護対象者が多かったものの，1970年代に入ると，保護観察における救護・援護の対象者が多くなってきた[2]。そこで，更生保護事業の活性化を目的に，更生緊急保護法に代わり，1996年に更生保護事業法が施行され，更生保護施設を運営す

る団体に更生保護法人としての法人格を与え，社会福祉法人と同様に公益性が高い法人として税制等において特別の優遇措置が受けられるようになった。もっとも，同法は，更生保護施設を運営する民間団体への国の監督を強化し，保護観察における救護・援護の対象者も，更生緊急保護の対象者と同列に更生保護施設の利用者と位置づけた点で，大きな転換をもたらしたものといえる。なぜなら，戦後 GHQ によって挫折させられた法務省の企図に同法は大きく歩みを進めたものと位置づけることができるからである。

こうして財政的に若干の優遇を受けられるようになった更生保護施設において，その福祉的機能に加え，利用者の内面に働きかけ，その改善・更生を援助する処遇機能を充実すること，つまり更生保護施設の処遇施設化が次の課題として掲げられるようになったのである。

もっとも，更生保護施設での処遇については，長期受刑後の仮出獄者に対する中間処遇（以下，「中間処遇」）が，その嚆矢といえる。これは，仙台や広島での試行に基づき，1978 年に「長期刑仮出獄者中間処遇等実施要領」が定められ，翌年から，無期刑と執行刑期 8 年以上の受刑者を対象に，更生保護施設以外に帰住予定地がない場合等に，本人の同意を得たうえで，仮釈放を受けた後 3 カ月を原則として更生保護施設に居住させ，社会生活機能の回復，職業についての指導・援助といった処遇プログラムを実施することを，その内容としている。その後，1986 年には，中間処遇実施対象者と実施施設を拡大し，実施期間を 1 カ月にする等の改正がなされ，2000 年には，実施施設を広く全国の処遇に適した更生保護施設に大幅に拡大する「長期刑仮出獄者処遇等実施要領」が新たに定められ，実施に移されている。

こうした中間処遇制度における各施設の取組みをも基礎にしたうえで[3]，法務省保護局と全国更生保護法人連盟は，「更生保護施設の処遇機能充実のための基本計画」（以下，「トータルプラン」）を 2000 年 1 月に策定した。それによれば，2000 年度からの 3 年計画で，国が中心となって更生保護事業法等の改正による制度の充実，予算の充実，施設職員に対する研修の強化等に取り組む一方，更生保護施設では，各施設が独自に重点目標を定めて処遇強化を図るステップアッププロジェクトに取り組むこととされた。その結果，施設職員等がリーダーとなって，友人から飲酒を誘われた場面や就職面接など日常生活においてストレスを生じやすい場面を設定し，利用者同士でロールプレイを交えながら実際の場面での対応の仕方を学ぶ生活技能訓練（SST），利用者が雑誌やパンフレットから好みの人物や風景を自由に切り取り，画用紙に張り付けて自分なりの作品を作り，指導に

当たる職員等とその作品の意味ついて語り合うことを通して、自然な形で信頼関係を構築でき、利用者本人も気づかぬうちに作品に自分が抱える問題が表れる点に意味があるコラージュ療法、そのほか酒害教育などが、施設内で実施されるようになったのである。

さらに、矯正保護審議会が2000年12月に残した「提言」である、「21世紀における矯正運営及び更生保護の在り方について」[4]は、その第3章第6節の冒頭で、「いわゆるハード面の枠組みが整いつつある現在、更生保護施設は、そのソフト面、すなわち処遇機能の充実を目指す段階に入った」との認識を示したうえで、更生保護施設における処遇の充実強化を求め、具体的には、個別処遇の充実、集団処遇その他の処遇プログラムの導入促進、そして中間処遇制度の充実を課題として掲げた。さらに、同章の第8節で法制度整備への取組みとして、更生緊急保護の委託対象の拡大も掲げている。

このように見ると、補導援護として生活指導を追加し、更生緊急保護の対象を拡大した2002年の更生保護事業法等の改正は、トータルプランや矯正保護審議会の「提言」を踏まえたものであり、それまでに更生保護施設で取り組まれたSST等の処遇を生活指導として位置づけたものと評することができよう。

ところで、こうした更生保護施設の処遇施設化の背景としては、矯正施設収容者の急増による出所後に更生保護施設の保護を必要とする者の増加、高齢者・薬物依存者等の処遇困難者の増加[5]、凶悪・重大事件の増加等が挙げられ、従来の物的・経済的援助だけでなく、対象者の社会適応を促すためのより積極的な処遇を行うことにより、その問題性を解消させて早期の自立を促すことが不可欠だからである、とその必要性が説明されている[6]。

しかし、より注目すべきは、これらの背景に加えて、この30年程のあいだで、かつては更生保護施設の利用者の多数を占めていた満期釈放者等の更生緊急保護の対象者に代わり、仮釈放された者を中心とする保護観察対象者が入所者の過半数を占めるようになり、現在では保護観察対象者が利用者の7割を占めるに至っている事情も挙げられている[7]点である。確かに、保護観察対象者の増加は、社会適応を促すための積極的な処遇を必要とする者の増加とも言いうる。しかし、同時にそれは、保護司でもある更生保護施設の職員による指導監督を受けうる者が、補導援護としての生活指導までしか受けることのない者を数的に圧倒することも意味している。とすれば、多数を占める保護観察対象者に行われる指導監督が、補導援護として位置づけられる生活指導に、その名称の紛らわしさもあって、紛れ込む危険性はより高まることになる。さらには、それこそが、戦後挫折した法務

省の企図の実現にもう一歩近づくことといえるのではなかろうか。

(3) 更生保護施設をめぐる2つの「提言」

果たして，更生保護施設における処遇を今後も生活指導という名の補導援護の枠組内に止めることが，法務省において構想されているのであろうか。この点について，先に見た矯正保護審議会の「提言」が重要な示唆を私たちに与えるものと思われる。

すなわち，この「提言」は，その第3章第6節で，更生保護施設の利用者の「約7割が仮出獄者を中心とする保護観察対象者で占められていることから」，更生保護施設が「効果的な保護観察処遇の場として機能することが強く求められている」と指摘し，更生保護施設整備の計画的推進，職員体制の整備，個別処遇の充実，集団処遇その他の処遇プログラムの導入促進，中間処遇制度の充実に加え，更生保護施設を保護観察処遇に利用できる施設として明確に位置づけること，国による更生保護センター設置を将来的に検討することを具体的に提言している。そして，同章第8節で法制度整備への取組みとして，先述した更生緊急保護の委託対象の拡大や更生保護施設を保護観察処遇に利用できるようにすることのほか，保護観察対象者の処遇における指導監督面の強化を図ること等を掲げているのである。具体的には，一定期間更生保護施設に居住を義務づけること，社会参加活動への参加や保護観察諸所が実施する集団処遇や講習への参加を義務づけること，覚せい剤事犯対象者に対して尿提出を義務づけること等が挙げられている[8]。

また，2006年6月27日に，「更生保護のあり方を考える有識者会議」(以下，「有識者会議」)によって「更生保護制度改革の提言」がまとめられたが，そこでは，改革の方向性として，「国民・地域社会の理解の拡大」，「実効性の高い官民協働」，「強靭な保護観察の実現」が掲げられ，更生保護施設に関連して次のような改革の必要性が示されている。すなわち，「国は，更生保護施設への連携や支援を必ずしも十分に行ってきておらず，更生保護施設に対する財政的措置についても，現状では十分といえない」[9]という認識を前提として，地方公共団体が更生保護事業に対し積極的な関与・協力を行うよう必要な働きかけを地方公共団体に行うこと，そして，社会福祉法人など更生保護法人以外の者による更生保護事業への参入の促進が挙げられる。さらに，民間の更生保護施設への支援の強化として，保護観察官による更生保護施設の入所者に対する直接的な処遇関与の拡充，そして入所者の再犯を防止する処遇施設としての機能をさらに高めるべきとして，処遇施設にふさわしい能力と専門性を備えた人材を更生保護施設が確保・育成で

き，更生保護施設に生活技能訓練や酒害・薬害教育等の効果的な特別の補導援護処遇を，通所する保護観察対象者も含めて委託できるような予算措置を講じることが挙げられる[10]。こうして，財政的に強化された更生保護施設は，有識者会議の「提言」においては，現在の生活環境では改善・更生が困難と認められる場合に，濃密な保護観察や性犯罪者処遇プログラム等を効率的に実施するために，必要な期間入所・居住を義務づける場所として位置づけられることになる[11]。

　したがって，このような2つの「提言」の内容に鑑みると，更生保護施設における処遇の充実の意味するところは，決して，補導援護としての生活指導を充実することに止まるものではなく，むしろ，国の関与を強めた更生保護施設において積極的に保護観察対象者にさまざまな義務を課し，指導監督を行うことまで含んでいることは明らかであろう。

(4) これからの検討の視点

　以上見た，更生保護施設の位置づけ，そして，そこで処遇が行われるに至る歴史的経緯，さらに近時の更生保護施設をめぐる2つの「提言」を踏まえると，更生保護施設ですべての利用者に行われることが可能となったSST等の生活指導は，利用者への義務づけを中心とする指導監督に事実上なりかねないことが明らかである。そうなると，更生保護施設の処遇施設化とは，満期にせよ仮にせよ刑事施設を出た者にとって，新たな社会内の刑事施設類似施設に収容されることにつながりかねないものであるといえよう。現に，2006年の有識者会議の「提言」においては「強靭な保護観察」を更生保護施設で行う方向での改革が示されているのである。

　したがって，以下では，このような強制の契機を強めようとしている更生保護施設における処遇が，果たして妥当なものであるのかどうか，検討を加えていくことにしよう。

3. 更生保護施設における処遇の現状と課題

(1) 『更生保護施設における処遇に関する研究』

　ところで，更生保護施設における処遇のあり方について検討を加えるにあたり，まず，更生保護施設における処遇の現状について概観しておく必要があろう。

　そこで，2002年に公刊された今福章二による『更生保護施設における処遇に関する研究』を手がかりに，更生保護施設における処遇の現状がどのように把握

されているかを見ることにしよう。

　本書は，更生保護施設における再犯防止に有効な処遇の解明をその主たる課題としており，その第3節では，更生保護施設における処遇の現状を取り上げ，全国の更生保護施設に対して実施されたアンケートへの回答を元に，処遇理念，処遇方針，個別処遇・集団処遇等・その他の処遇の状況を次のように紹介している[12]。

　すなわち，処遇理念としては，「人格を否定されてきた者の人間回復の場であるから，相手の価値を認め，対等な人間関係を持てること」，「信頼関係を構築すること」など，そして処遇方針としては，就職の確保・職場への定着・勤労習慣の確立，貯蓄の励行および金銭管理，自立能力のかん養が，各施設に共通して指摘されている。

　そのうえで，個別処遇としては，出勤時・帰寮時における接触が最も一般的な形態となっており，全98施設のうち90.7％で行われているが，これには「就労届・給与明細の提出による状況把握」から「声を掛け様子を見て，必要とあらば事務室に招じ入れてじっくり話を聞く」などの形態までさまざまな形が含まれている。なお，個別面接の実状については，何か問題があったときというイベントでなされるよりは，特段の問題がなくても，定期的に個別面接を実施する例が増えつつあり，調査によると全施設の約半数（46施設，47.4％）がこのような定期的・継続的な個別面接実施を実施しており，実施回数は，在所者1人につき月平均で2.9回（最小1回，最大10回），1回あたりの平均所要時間は22分（最小5分，最大90分）であった。

　集団処遇として位置づけられる「連絡や意見聴取のための定例集会」，「誕生会，親睦・娯楽行事，宗教的・季節的行事」や「奉仕活動」の実施水準は1990年に行われた同種調査とあまり変化が見られず[13]，これらを少なくとも1つ以上実施している施設は98施設中81施設ある。

　さらに，注目されるのは，SSTや断酒会等のより専門的な処遇の実施状況であるが，1990年調査では断酒会がわずかに6施設で実施されているにすぎなかったが，今福による2000年9月時点での調査によれば，断酒会が17施設，SSTが15施設，コラージュ療法・教養講座等のその他の集団処遇が44施設で実施されている[14]。今福は，トータルプランにおけるステップアッププロジェクトの3年計画の初年度半ばの実績であるので，近い将来さらに増えることを予想している。また，SSTに代表されるように，集団の相互作用を最大限に活かしながら，犯罪前歴者という点で共通項を有する者たちによるセルフ・ヘルプ・グループの趣を持っ

た集団処遇が急速に定着したことが最近の特徴であり，これらの集団処遇は個別処遇の限界を補うものとして位置づけられると指摘している。

　なお，その他の処遇としては，金銭管理と居室の整理・点検が挙げられている。前者については，ほぼすべての施設において，利用者に対して施設に金銭を預けるよう指導する形で実施されており，その出し入れの際には，稼動状況の把握，職業・貯蓄・生活の指導が行われていることが明らかにされている。他方，後者については，1990年調査と比較すると，毎日点検するという施設が33施設から19施設へと減少し，随時的に点検する施設が40施設から64施設に増加しており，その実施頻度は少なくなっている。この点について，今福は「限られたマンパワーの中で効率よく指導を行おうとする方向性や，個人の生活を尊重しながら自己の生活を律することのできる人を育てる処遇を重視する傾向」の反映と考えられると指摘している。

　ところで，これらの処遇を支える更生保護施設の職員については，今福が調査した時点で，98施設に主幹，補導主任，補導員等の直接利用者に対する処遇を担当する職員が434人で，炊事担当者等を含めても612人しかいないことが明らかにされている。つまり，1施設あたり4〜5人で利用者の処遇を担っているのである。

　なお，更生保護施設の利用定員は1990年代以降2,200人程度で推移し，定員充足率も70%を超えるとされることから[15]，1,600人近くの利用者を400人強の職員で担当しており，職員1人あたり利用者4人を担当する計算となる。しかしながら，利用者はさまざまな問題を抱えるうえに，職員も利用者の処遇以外に多様な職務をこなさなければならず，また必ずしも処遇の専門家でもないのであるから，更生保護施設で実際に集団処遇等を行うことがかなりの職員負担になることは容易に想像できよう。今福の調査によれば，職員間で処遇協議を定期的に実施している施設は回答のあった施設の35%に止まり，他方で，利用者ごとに担当職員を割り当てる担当制が実施されていない施設は回答のあった施設の76%に上り，利用者定員が20人以下の小規模施設ほど，担当制が実施されていない割合が高いことは，その裏づけと評価することもできよう。

　このように，今福による研究によれば，1990年と比較するかぎりで，更生保護施設におけるSST等の集団処遇がより活発に実施されていることが明らかになった。しかし，そこでは，多様な利用者を抱えつつも，マンパワー不足に悩む施設側としては，集団処遇の実施に多くの困難が伴うことも明らかとなっているのである。したがって，利用者が集団処遇に参加することすら期待できない場合もあるこ

とが容易に理解できよう。

(2) 実態調査から見える処遇の現状

次に，私たちが行った実態調査から明らかとなる現状について見ることにしよう。この実態調査は，刑事立法研究会社会内処遇班のメンバーが2004年2月以降，全国の更生保護施設のうち9カ所を訪問し，その際に施設長や施設職員に聴き取りを行う形で実施された。

それによると，生活指導として実施されるSSTの状況については，「利用者6～7人に対して，職員2名，保護司1名で，飲みに誘われた場面などにどう対応するか等について行っている」，「月平均1～2回で，あいさつ，面接の受け方，人間関係，職場での諸対応など実社会で即応用できそうなものをマニュアルに基づいて実施」していること等が明らかになった。

もっとも，利用者が積極的にこうした集団処遇に参加しているかといえば，必ずしもそうではないようである。たとえば，「コラージュ等は，希望者を募って行なっているが，なかなか積極的に参加してもらえないので，受け入れの際に，『処遇への参加』を約束してもら」うほか，「彼らの顔を見ながら，関係性を作りつつ，完全な強制にならないように，どうしても逃げる人は仕方ないが，本人が怒らない程度に勧め」るという回答に見られるように，施設職員の側が利用者への働きかけに苦心している様子も窺える。

なお，こうした新たな集団処遇の効果に関しては，「まだ効果がわかる段階ではない」との回答が得られている。

さらに，その他の生活指導に関しては，「会の規則について，入所前に周知させ，誓約書を提出させ」，「会則に違反した場合，注意し，始末書を書かせる」が，表面だけの反省で「会則に繰り返し違反」することがあっても，それだけを「理由に退会させることはしていない」という回答に見られるように，指導に反する場合であっても，それを契機にさらに本人への関わりを深めようとの姿勢が窺える。強い生活指導としては，「近隣住民に迷惑がかかったり他の入所者の生活に影響するなど限界の場合は退会勧告をすることもありうる」という回答が目立つ程度である。

さらに，保護観察中の利用者に対する指導監督についても，「保護観察中の者が遵守事項に違反した場合も，一度目は始末書で済ませ，以降指導を強化」するという回答が得られたが，これから明らかなように，一度の違反で利用者を直ちに切り捨てるという関わり方が必ずしも取られているわけではないのである[16]。

このように，私たちが行った実態調査からは，施設側としては，さまざまなジレンマに悩みつつも，利用者が集団処遇に自発的に参加できるようさまざまな工夫を行うとともに，個別処遇において，利用者が指導に従わない場合であっても，それを契機に利用者を切り捨てることを極力避けようとする姿勢が窺える。つまり，更生保護施設における生活指導と称される処遇は，本人の自覚を喚起するものであり，あくまで利用者への援助として行われているといえよう。ちなみに，この実態調査に際して得られたある施設の回答に，集団処遇は効果が薄く，個々の特性にあった指導を行ったほうが効果的であり，基本は「ほめて直す」こと，というものがあった。ここにこそ，更生保護施設における処遇の本質が表れているように思われる。

(3) 生活指導を実施するうえでの課題

　以上，更生保護施設において，生活指導の枠組みで行われている処遇の現状について見てきた。更生保護施設は慢性的な人手不足に悩まされており，実際に専門的な技法を用いる処遇を実施しようとすれば，外部の協力者獲得[17]が大きな課題となることはいうまでもない。

　このほかに，1つの県に1施設という所も多く，その利用者が抱えている問題が多種多様である更生保護施設において集団処遇を実施する困難性については，すでに以下のような指摘がなされている。

　すなわち，課題設定の難しさがそれである。たとえば，酒害を課題に設定すれば，すべての利用者が飲酒に問題を抱えているわけではなく，それゆえ集団処遇への参加は自由にせざるをえないが，それでは本当に問題を抱えた者も参加しない可能性がある。さらに，薬害のように反社会的な行為を集団処遇の課題に設定しようとすれば，処遇に参加することが，自らがそうした反社会的行為をしていたことを示すことになるため，利用者の参加への抵抗感がきわめて強くなってしまう，と[18]。

　そこで，自己表現の方法や対人関係の築き方を学ばせる処遇技法であるSSTのほうが，多くの利用者に共通する問題に対応でき，集団処遇で実施するとしてもほぼ全員の参加が可能であるため，多くの更生保護施設でSSTを導入しようとの動きが見られるのであろう。

　しかし，私たちの実態調査を通じて，SSTについても，「IQが限界域の人が多く，年齢構成もばらばらであれば効果が薄い」といった指摘が施設側からなされていることは注目に値するように思われる。つまり，多様な利用者を抱える更生保

護施設であるほど，内部のマンパワーの限界も相俟って，生活指導の名の下で集団処遇を行う際の課題が大きくなることが窺えるのである。

(4) 中間処遇の課題

ところで，近時更生保護施設で実施されるようになったすべての利用者を対象とする処遇に比べると長い歴史を持つ，長期刑仮出獄者を対象とする更生保護施設における中間処遇についてはどうであろうか。

この点について，太田達也は，1986年に中間処遇の対象者と実施施設を拡大して以降，対象者が確実に増加しており，無期刑受刑者を含めた長期刑受刑者全体で仮釈放審査が厳しくなったため，今後，対象者が若干減少する可能性はあるものの，受刑期間が長くなる分，社会適応訓練としての中間処遇の重要性は増すものと考えられるという。

しかし，同時に太田は，次のような中間処遇に関する課題も指摘する[19]。すなわち，中間処遇の具体的内容である就業指導・援助については，中間処遇終了後の帰住地が，中間処遇実施施設以外で，とくに実施施設から遠方の場合，中間処遇の1カ月間では具体的な就職活動が困難であり，そのために処遇が間延びし，利用者が落ち着かない，といったものである。また，中間処遇の目玉とされる社会生活訓練についても，刑事施設における釈放前教育の内容などを踏まえたものとなっているかどうか疑問が残るうえに，更生保護施設の職員が半日ないし一日付き添って回らねばならないことから，職員の負担が大きいというものもある[20]。

なお，私たちの実態調査においても，中間処遇施設に指定されたために，1カ月しかいない人が入ってくると他の利用者との関係がちぐはぐになるといった課題が指摘されている。

(5) 処遇施設化をめぐる議論

すでに見たように，更生保護施設においてさまざまな形で利用者に対する処遇が実施されており，このような動向を更生保護施設の処遇施設化と捉えた場合に，それはどのように評価されているのであろうか。この点を確認するために，以下ではいくつかの見解について参照することにしたい。

たとえば，守山正は，今回の更生保護事業法等改正の「最大の特徴は，更生保護施設の犯罪者処遇施設としての明確の位置づけである」とし，改正の内容を概観したうえで，「もっとも，このような更生保護施設における保護観察，更生緊急保護の充実は，一面で施設の国家化，民間性の希薄化を意味」し，更生

保護施設の発展史や「施設独自の費用によって賄われる任意保護も活発に行なわれてきた経緯に鑑みると，今回の改正の方向性につき，疑問の声も聞かれよう」とも指摘する。しかし，「現在の犯罪情勢，更生保護施設の財政的状況，さらには処遇経験を有する施設職員の専門性の活用といった観点からは，この方向性は否定すべきではないと思われる」と結論づけ，更生保護施設の処遇施設化に賛意を示す[21]。

　また，太田は，「更生保護施設の抱える状況が施設毎に大きく異なる」ため，「こうした施設の事情に配慮した議論が不可欠であ」り，「施設や地域の事情に応じた当該施設なりの発展の仕方を検討していくべき」と指摘したうえで，更生保護施設における処遇機能充実のための課題を挙げる[22]。たとえば，未就労の利用者を集めて就職面接場面を設定したSSTや職業訓練のための技能教育を実施することなどがそれであり，その実施に向け，職員体制の強化，施設の財政状況改善が必要であると説くのである。

　このように，更生保護施設の処遇施設化は概ね肯定的に評価されているように見受けられる。しかし，他方で，宮澤浩一は，更生保護施設の現状について，次のような懸念を表明している[23]。「施設によっては，矯正関係のOBが主幹を務めている例が少なくないが，その場合，往々にして」，「門限を厳守させ，細かな行動の指針を順守させる」等，「更生保護施設内の規則で縛った生活を」，利用者に「強いている例が少なくない」。「しかし，行動の自由を厳しく制限されていた矯正施設から移って来た者にとっては」，矯正「施設内と変わらない規則ずくめの生活を強制されることは息の詰まる話ではないか」。「普通の社会生活に戻れば，すべては自由であり，その者の責任において暮らさなければならなくなる」。したがって，「更生保護施設で矯正施設内と余り変わらない"他律的な"生活を経た者は，応用力を欠いたまま"自律"を要する生活へとほうりだされかねないのである」と。

　また，「更生保護施設ウィズ広島」の主幹である山田甚一は，同施設における中間処遇について触れた論稿において，「余白に書きしるしておきたいことがある」として，次のように述べている[24]。すなわち，「それは，更生保護施設の《処遇》が孕む危うさ」であり，それは，「生活の共同性，日常性，近親性等を包摂し，情緒の安定と自立化に向けて働きかけ」，「家族にも似て」いる更生保護施設に「指導監督を含む処遇を付与する」ことにある。また，「補導援護ならばいざ知らず，今のままで指導監督が更生保護施設に委託されることに危惧を感じている。それは，民間人が行なう更生保護事業の歴史的精神と具体的事業に変質をもたらすと考えるからだ」と。

このように，更生保護施設の処遇施設化は概ね肯定的に評価されているが，その処遇機能強化が，更生保護施設の「社会内刑事施設」化や，民間人が指導監督を行うことによる更生保護施設の変質をもたらすことへの危惧もまた表明されていることに注意が必要である。

(6) 国際的要請

ところで，すでに見たような更生保護施設の処遇施設化の動きは，国際的な観点で見た場合にどのように評価されるべきであろうか。

この点に関連して，1988年に国際刑務財団（IPPF）が作成した「自由の制限を含む非拘禁制裁及び非拘禁措置のための最低基準規則」（以下，「グロニンゲン・ルールズ」）は，保護観察等の「自由制限を含む非拘禁措置についても，人間の尊厳と人権の保障の確保に向け，制限等の賦課等について法的規定を設けることが重要」[25]であるとして，次のような定めを置いている。すなわち，その「制限等は適法かつ合理的でなければならず，制限等について事前に適切な情報が対象者に提供され，対象者がそれについて異議を申し立てる機会が保障されねばなら」ず，「制限を遵守できない場合も，適正手続保障の上で公正な判断を受け，正当で合理的措置を受けられるようにすることが必要」であると。

ところで，本稿において，グロニンゲン・ルールズが注目される理由は，このように対象者の自由に対する制限を伴う非拘禁措置における適正手続保障の重要性を強調するだけでなく，対象者への救・援護を行う場合の適正手続保障の重要性を説いている点にある[26]。すなわち，グロニンゲン・ルールズは，「非拘禁措置が成功するか否かは，実施機関と対象者との間で協力関係が築けるかどうかにかかって」おり，「対象者の協力を得るための基礎は，対象者が彼の人権や尊厳さに対して適正な敬意をもって取り扱われることであ」り，「これが実現できなければ，対象者は自分に科せられ要求されていることに，公正さや正義を見いだすことも確信を持つこともできない」[27]と指摘する。つまり，グロニンゲン・ルールズは，非拘禁措置が援助的なものであっても，対象者との信頼関係の構築，換言すれば，援助内容の説明が対象者になされ，対象者本人の同意が得られるという意味での適正手続保障を求めているのである。

このようなグロニンゲン・ルールズの観点からは，更生保護施設における処遇が，たとえ援助的・福祉的なものであるとしても，利用者に対して生活指導の意義と内容についての説明がなされ，利用者がそれに同意したうえで実施されるという適正手続が保障される必要がある。さらには，利用者が具体的な援助等に対し

て不服や不満を抱けば,いつでもそれを申し立てられることも必要であろう。逆に,たとえば,「就労援助に熱心なあまり,本人の意向を聞かずに仕事を決めてしまったという場合には適正手続を欠いたというべきであろう」[28]。したがって,こうした国際的な要請からすれば,更生保護施設における処遇は,福祉的・援助的なものであっても,施設と利用者との信頼関係に基づかねばならず,利用者に対して決して押し付けられるものであってはならないのである。

なお,この点に関連して,日本の社会福祉事業においても,そこで提供されるサービスについて事前の説明と,利用者からの苦情の適切な解決に努めることが義務づけられている(社会福祉法76条,82条)ことが参照されるべきであろう。つまり,日本の社会福祉においても,すでに福祉サービスであることを理由としたサービスの押し付けからの脱却が志向されているのである。

4. 更生保護施設の処遇施設化に関する検討

(1) 論点

以上で概観した,更生保護施設における処遇の現状,そして,そこで明らかとなっている課題と処遇施設化をめぐる議論,さらには国際的なスタンダードを踏まえると,更生保護施設の処遇施設化に関して具体的に検討すべき論点としては,①中間処遇のあり方について,②保護観察業務について,③生活指導のあり方について,④国公立の更生保護施設のあり方についての4点が考えられる。そこで,以下,各論点について検討することにしたい。

(2) 中間処遇のあり方について

上述したように,長期刑仮出獄者に対する中間処遇がその他の利用者への集団処遇の基礎となっており,先に見た矯正保護審議会の「提言」においても,相応の効果を挙げていると評価され,一層効果的な中間処遇プログラムの開発に努め,中間処遇対象者の拡大について検討する等の中間処遇の充実が求められている。

しかし,中間処遇については就業指導・援助や社会生活訓練に問題が少なくなく,更生保護施設側からも,対象者が拡大されてからその罪種等が多様化し中間処遇を複雑・困難にした[29]との指摘がなされているほか,私たちの実態調査においても,先述したように他の利用者との関係がちぐはぐになるとの問題が指摘されている。

また，そもそもこの中間処遇制度は，長期刑で仮釈放を受けた者に同意を取ったうえで実施されることになっているが，有力な身元引受人がいない受刑者にとっては，仮釈放を望むかぎり拒否する自由はないという点で，同意は形だけのものとなり，実質的には居住指定となる危険性がある。

　それでは，中間処遇制度は今後どうあるべきであろうか。この点に関しては，私たちの実態調査の結果において，更生保護施設の利用者が保護観察対象者であっても，彼らへの処遇が指導監督を通して強制的に行われているわけではないことに注目する必要があるように思われる。すなわち，これを踏まえると，中間処遇のプログラムが充実されるべきだとしても，それは決して指導監督という形で実施されるべきでなく，また，対象者のニーズに真の意味で合致した福祉的なものでなければならないといえよう。そして，中間処遇が実質的な居住指定制度となることを避けなければならないのであるから，その対象者が真の意味で同意したうえで実施されるようになる必要がある。

(3) 保護観察業務について

　次いで，先に見た矯正保護審議会や有識者会議の「提言」で言及されている，更生保護施設を保護観察処遇に利用できる施設として位置づけ，特定の者に対して，一定期間の居住，集団処遇への参加等を義務づける法整備についてはどうであろうか。

　これについては，すでに紹介したように，更生保護施設の側から疑問が提起されているだけでなく，宮澤が指摘する現状以上に，更生保護施設を息苦しい場所としてしまうものであり，更生保護施設を出た際に利用者が感じる施設内での生活と一般社会での生活とのギャップをますます大きくしてしまうという点で疑問を感じざるをえない。

　また，更生保護施設における職員の現状に鑑みると，更生緊急保護対象者と保護観察対象者とを区別したうえで後者に指導監督を行うことだけでも過重な負担となる可能性があるし，そもそも現実に保護司としての資格を持つ職員がいる施設であっても，保護観察対象者に対して指導監督にならないよう配慮されているのである。

　確かに，更生保護施設の利用者を保護観察対象者へシフトして，満期釈放者をさらに締め出せば，理論的には問題がないように見える。しかし，そうなると，今度は，援助が必要な身寄りのない満期釈放者等が，生活保護等の社会福祉制度と更生保護施設との隙間で放置されるという別の問題が生じることになろう。

また，仮に，職員が増え，職員のスキルアップのための研修制度が整備されるとしても，やはり更生保護施設を保護観察処遇に利用できる場所として位置づけることには疑問が残る。その理由は，以下の3点に集約できる。第一に，そもそも，集団処遇への参加義務づけを行うのであれば，それが対象者の更生に向け大きな効果があることが前提でなければならないはずであるが，自由参加形式である現状の集団処遇ですら利用者の更生に向けて有効であるとの実証研究はいまだない状況にあること。第二に，確かに更生保護施設の側からは現状の集団処遇には一定の効果が認められるとの指摘もあるが，その効果が利用者の自発的な参加から生じているとすれば，処遇等の義務づけを正当化する根拠とはなりえないこと。第三に，そうした義務づけは，これまでに更生保護施設で培われてきた処遇理念である，利用者の価値を認め，対等な人間関係を持ち，信頼関係を構築することと矛盾を来すこと。

　したがって，更生保護施設の担い手が質・量ともに増強されるべきことは当然であるとしても，それが更生保護施設を保護観察処遇に利用できる場所とすることと結びつけられるべきではないのである。

(4) 生活指導のあり方について

　以上の検討から，更生保護施設において，指導監督はなされるべきではないという帰結が導かれたが，それでは，現在更生保護施設で実施されている補導援護としての生活指導はいかにあるべきであろうか。

　更生保護施設において，身寄りのない元受刑者が安心して暮らせるよう，衣食住に関する福祉的サービスが提供されるべきことはいうまでもない。しかし，彼らは一生を更生保護施設で過ごすわけではない。長くとも1年で施設を出ることになるのである。したがって，衣食住に関する福祉的サービスだけでなく，彼らが施設を出て社会で生活する際に必要なスキルを身につけられる機会も提供されるべきである。つまり，社会福祉サービスを現状では受けられなかった元受刑者である利用者に特有の問題に対する手当てが必要なのである。こう考えると，現在の更生保護施設で実施されている生活指導としてのSST等の集団処遇は，利用者が社会に出る際に役立ちうるものということはできよう。

　しかし，こうした集団処遇はあくまでも補導援護，つまり援助の一環なのであるから，利用者に対して強制されることがあってはならない。先述したように，社会福祉施設における援助にあたっても，利用者の権利保障が求められているのであるから，こうした集団処遇の実施は，あくまでも利用者の自発的な参加が前提と

されねばならない。それこそが，グロニンゲン・ルールズの趣旨を踏まえ，国際的な要請に適うことといえよう。さらには，現実の更生保護施設においても，多くの場合，本人の意思が尊重されているのである。

もっとも，従来から，更生保護の領域をも「司法福祉」に位置づけ，そこでは，ワーカーが法律上の権威を与えられ，対象者が進んで治療的処遇を受けるものではないという特殊性を踏まえ，社会福祉の一般原則が修正される必要性も説かれてきた[30]。そこで，集団処遇に自主的に参加しようとしない利用者への対策として，更生保護施設内の規則を通して集団処遇への参加を事実上義務づけることも今後考えられる。しかし，いかなる形であれ，更生保護施設内で集団処遇を強制することはなされるべきではない。あくまで，利用者が自発的に参加することが必要であり，それまでに利用者に欠けていた出会いの場の提供という点に集団処遇実施の意義が置かれるべきだからである。利用者が犯罪や非行に走ることがないようにするためには，彼らの自尊心を育てることに重きが置かれねばならず，そのためには集団処遇を強制することは徹底的に排除されるべきである。その代わりに，集団処遇参加への利用者の動機づけを強める仕掛けが求められる。集団処遇の質を高めることが1つの方法としてありうるが，職員のマンパワーが質・量ともに不足している現状では容易ではないであろう。そこで，すでに指摘されているように，まず更生保護施設側がこれまで以上に外部のボランティアとの連携を進めることが必要であろう。

(5) 国公立の更生保護施設のあり方について

最後に，更生保護施設の処遇施設化をめぐる議論においても言及され，また，2つの「提言」の中でも現れている，国家や自治体の関与をこれまで以上に強めた更生保護施設については，どのように評価されるべきであろうか。

そこで，まず，すでに藤本哲也によってその構想が示されている，国が運営する「社会内処遇センター」を例にとって検討してみよう[31]。これは，構成員の50％を矯正と保護の職員である公務員とし，残る50％を更生保護会の職員と保護司等の民間ボランティアから選ぶ半官半民の全国8カ所くらいに設置される施設であり，そこで処遇困難者等を受け入れ，多様なニーズに応える処遇を行うことが想定されている。なお，藤本は「こうした主張をした場合に，それはもはや『更生保護』ではなく『強制保護』ではないかという批判」がありうるが，そうした批判に対しては，「大部分の対象者である保護観察中の者は……裁判所で言い渡された刑期を執行中の者であるということを忘れた批判ではないかという反論も可能で

あろう」と指摘する。したがって，ここでの処遇は必然的に指導監督を中心とした強制色を帯びることが想定されているといえよう。

　しかし，この藤本による構想に見られるような更生保護施設が設立されるのであれば，それは，やはり更生保護施設を「社会内刑事施設」に至らせるものといわざるをえない。こうした指導監督が強化された施設に居住を強制されることは，外部通勤が可能な刑事施設に収容されることと実質的に異なるのであろうか[32]。また，全国に8カ所程度設置するという点にも問題は残る。なぜなら，現状の中間処遇の場合よりも広い地域から対象者が集められる以上，結局，利用者はこの施設から遠隔の帰住先に戻らねばならず，帰住先に定着するためにさらなる困難を抱えざるをえないからである。

　ところで，更生保護事業法の制定による更生保護法人化以降，更生保護施設に対して国（法務省）の監督が強化され，さまざまな書類作りに追われているという施設からの声も上がっている。書類作りのために職員が利用者の社会復帰に向けた暖かい助言といった働きかけを行う時間が減ってしまい，ケースワークを十分に行えなくなるというのでは本末転倒であろう。国による監督の強化が，施設職員を多忙にするだけというのであれば，むしろ問題である。

　したがって，更生保護施設に対する国による財政的な支援が現在以上に手厚くなされるべきことはいうまでもないが，それは，指導監督的処遇を強化させるためのものであってはならず，あくまで更生保護施設における福祉的サービスを充実させるためのものでなければならない。また，国による更生保護施設への監督の強化が単なる報告書作成で職員を多忙にしてしまう本末転倒も避けられねばならない。

　また，矯正保護審議会の「提言」で「設置についても将来的に検討することが望まれる」と指摘されている更生保護センター（仮称）や，有識者会議の「提言」，その構想の推進が掲げられている自立更生促進センター（仮称）についても，前者は，民間の更生保護施設では対応が困難な対象者に対する受皿として構想されており，後者は，必ずしも国立施設にかぎられず，公立施設も含まれているようであるが[33]，やはり社会復帰のための強力な支援と強靭な保護観察実現のためのものである点で，やはり「社会内刑事施設」となる危険性を内包していると言わざるをえない。

　確かに，更生保護施設の充実・強化に向け，「更生保護施設職員に対して国が研修を行なう必要性が高まっていることなどに対応するためにも，専門的処遇に関する調査研究及び更生保護職員の研修の機能をも備える」機関の必要性は

認められるが，それは，あくまで更生保護施設の「社会内刑事施設」化を防ぐ方向で理解されねばならないのである[34]。その点では，むしろ，国や地方自治体の更生保護施設への関与強化が検討されるにしても，関与する機関が，なぜ厚生労働省ではなく法務省でなければならないのかが，本来問われるべきであろう。

(6) 小括

以上，更生保護施設における処遇がどのようにあるべきかとの関係で，いくつかの論点について検討を加え，次の諸点が明らかになったように思われる。

まず，中間処遇は，そのプログラムの充実がなされるべきであるが，それは対象者のニーズに合致した福祉的なものでなければならず，その実施にあたっては対象者が真の意味で同意することが必要である。ついで，更生保護施設における保護観察業務は，更生緊急保護対象者の放置につながりかねず，また指導監督を通した集団処遇等の義務づけについても利用者の更生に効果がある実証的データもなく，これまでに積み重ねられてきた更生保護施設での処遇理念と矛盾すること等から，行われるべきではない。さらに，生活指導についても，これまで以上に利用者の同意を得たうえでの自発的な参加の確保がなされねばならず，利用者の参加への動機づけを強めるために，集団処遇の質を高める必要がある。最後に，国公立の更生保護施設が設置される場合であっても，それは社会福祉的サービスの充実を目的とするものでなければならず，更生保護施設の「社会内刑事施設」化をもたらすものであってはならない。

つまり，更生保護施設の処遇においては，これまで以上に，利用者と施設側とのあいだの信頼関係に基づき，多くの場合で社会的な困難を抱えた利用者の更生に必要な援助を行うという意味でのソーシャル・ケースワークが意識されなければならないのである。それこそが，これまで更生保護施設で献身的に働いてこられた職員によって積み重ねられた実践とよりよく合致するのではなかろうか。

5. むすびに代えて

本稿においては，更生保護施設における処遇施設化のあるべき姿について検討を加えた。結論をまとめるとすれば，法務省において構想されているといえる，指導監督強化型の更生保護施設は，更生保護施設の「社会内刑事施設」化にほかならず，民間人が担ってきた更生保護施設の歴史的成果を否定し，かえって利用者の社会復帰を困難にしかねない点で，望ましいものではない。むしろ，保護

観察対象者と更生緊急保護対象者とが交じり合って利用する更生保護施設における処遇とは，社会復帰に向けたニーズがあるにもかかわらず社会福祉サービスが受けられない利用者に権利として必要な福祉的サービスの提供が保障されることとなるべきである。そうした意味での処遇施設化こそが更生保護施設の歴史的経緯と現状，そして国際的要請に沿うものといえよう。少なくとも理念上，社会福祉施設において必要とされるサービスと利用者の権利保障が，更生保護施設においても実現されなければならない。

　したがって，更生保護施設の処遇施設化に向けて，国によって予算的な措置が講じられるとしても，それが指導監督的な処遇や，国による監督だけの強化に終わらないようにしなければならない。

　こうして，長年にわたり民間人の献身的な努力によって支えられてきた更生保護施設を，利用者と施設職員とのあいだの信頼関係に基づくソーシャル・ケースワークの実践の場として位置づけることこそ，施設職員にとっても望ましく，更生保護施設の利用者が現在置かれている困難な状況を打開していくために必要なことではないだろうか。

　刑事施設を出た者等の利用者を更生保護施設の中でがんじがらめに縛ることは，利用者の犠牲のうえに一時の平穏をもたらすかもしれないが，それが真の意味での利用者の更生，つまり，社会内で刑法に触れない自律的な生活を送れるようになることと矛盾しかねないことを私たちは決して忘れるべきではないのである。

1　西中間貢「更生保護の組織機構の変遷と課題」『更生保護の課題と展望』（日本更生保護協会，1998 年）172 頁以下参照。
2　保護統計年報によれば，1964 年には，救護・援護対象者が 8,000 人で更生緊急保護対象者が 10,579 人であったが，1974 年には救護・援護対象者が 4,809 人で更生緊急保護対象者が 4,586 人と，更生保護会に占める割合は逆転している。
3　更生保護施設ウィズ広島では，中間処遇対象者向けの処遇プログラムが他の利用者にも広げられていったことが，山田勘一によって紹介されている。山田勘一「処遇の差異と受容」犯罪と非行 132 号（2002 年）117 頁参照。
4　これについては，法務省のホームページ（http://www.moj.go.jp/SHINGI/001128-3-1.htm）で参照可能である。
5　更生保護施設の入所者に関する調査（1999 年 5 月実施）によれば，更生保護施設入所者のうちに，60 歳以上の高齢者が占める割合は 11.4％，身体障害または虚弱・病弱

である者が8.0%，薬物問題者が13.3%，飲酒問題者が12.7%，受刑歴6回以上の者が7.8%などとなっている。

6　岩崎吉明「更生保護施設の処遇機能の充実強化」法律のひろば55巻5号（2002年）13頁。なお，今福章二は，更生保護施設に説明責任が求められるようになったことも処遇施設化の背景として指摘している。今福章二『法務研究第89集第3号　更生保護施設における処遇に関する研究』（法務総合研究所，2002年）24頁。

7　滝田裕士「更生保護施設の処遇機能充実化のための基本計画」犯罪と非行128号（2001年）207頁。ちなみに，保護統計年報によれば，1974年にはほぼ同数であった救護・援護対象者と更生緊急保護対象者は，1984年には前者が7,191人で後者が4,442人，1994年には前者が5,703人で後者が3,130人，2004年には前者が6,155人で後者が3,733人となっている。

8　こうした提言の下敷きとなった研究としては，染田惠の研究が挙げられる。染田惠「日本における犯罪者の社会内処遇の多様化の新しい可能性」犯罪と非行118号（1998年）145頁以下参照。

9　「更生保護のあり方を考える有識者会議」報告書「更生保護制度改革の提言」（2006年）8頁。

10　有識者会議・前掲注（9）24頁。

11　有識者会議・前掲注（9）14頁参照。

12　今福・前掲注（6）100頁以下参照。

13　1990年調査では，定例集会が62施設，誕生会等が合わせて81施設，奉仕活動が25施設で実施されていたところ，今福による調査では，定例集会が53施設，誕生会等が56施設，奉仕活動が27施設となっている。今福・前掲注（6）105頁参照。

14　なお，2004年度の段階では，SSTは40施設，酒害・薬害教育は27施設，コラージュ療法は7施設，男の料理教室が9施設で実施されていることが明らかになっている。板谷充「更生保護施設の変貌」犯罪と非行147号（2006年）26頁参照。

15　太田達也「更生保護施設における処遇機能効果の課題と展望」犯罪と非行132号（2002年）42頁以下参照。

16　なお，「更生保護法人報徳更生寮」補導主任の石井精司は，SSTの導入当初は「強制的に全員参加としていたが，意志に反し参加した者は実施中も拒否的態度をとり，必然的に全体の雰囲気を沈滞させる」ので，「検討を重ね，入所初回のSSTは原則参加とし，以後は任意参加とした」と更生保護施設での取組みを紹介していることも注目すべきであろう。石井精司「更生保護施設に集団処遇を根付かせる」犯罪と非行147号（2006年）59頁以下参照。

17　柿澤正夫「更生保護施設の処遇機能の充実強化」法律のひろば55巻5号（2002年）23頁参照。
18　柿澤・前掲注（17）24頁参照。
19　太田・前掲注（15）64頁以下参照。
20　近時，中間処遇の今後の課題として，対象者の高齢化とF級受刑者を考慮に入れた処遇プログラムの作成も指摘されている点も注目に値する。山田浩司「中間処遇制度の変遷と今後の展望」犯罪と非行147号（2006年）117頁以下参照。
21　守山正「更生保護の沿革・現状及び課題」法律のひろば55巻5号（2002年）8頁以下。
22　太田・前掲注（15）39頁以下参照。
23　宮澤浩一「更生保護施設における社会復帰処遇について」犯罪と非行132号（2002年）34頁以下参照。
24　山田・前掲注（3）120頁以下参照。
25　International penal and penitentiary foundation, Standard minimum rules for the implementation of non-custodial sanctions and measures involving restriction of liberty, p. 18.
26　土井政和「更生保護への期待」更生保護50巻1号（1999年）18頁参照。
27　International penal and penitentiary foundation, *supra note* 25, p. 19.
28　土井・前掲注（26）18頁。
29　山田・前掲注（3）112頁参照。
30　鈴木昭一郎『更生保護の実践的課題』（日本更生保護協会，1999年）81頁以下参照。
31　藤本哲也「社会内処遇の展望――社会内処遇センター設立の提言」更生保護45巻10号（1994年）17頁以下参照。
32　染田は，ある程度厳しい監督の下で，通常の社会生活を営むことを可能にする制度は「社会内自由刑」と呼びうる実体を備えているとし，これと開放型拘禁刑はその実態において接近すると指摘している。染田・前掲注（8）165頁以下参照。
33　なお，有識者会議・前掲注（9）24頁以下参照。
34　なお，このような帰結は，現状の刑事施設とあるべき更生保護施設とのあいだに別の施設を構想することを否定するものではない。更生保護施設とは別に，被拘禁者が外部通勤を行いつつ，釈放後に生じうる一身上または経済上の困難を克服し，生活関係を再建するための社会的援助をより手厚く受けることができる刑事施設は一考の余地があろう。

（岡田行雄／おかだ・ゆきお）

第8章 更生保護の担い手と関係機関のネットワーク

1. はじめに

(1) 更生保護が直面する課題

　2004年から2005年にかけて発生した保護観察対象者による重大再犯事件を契機として，更生保護制度全般のあり方の見直しが求められている。法務省は「更生保護のあり方を考える有識者会議」（以下，「有識者会議」）を発足させ，2006年6月27日には再犯防止に比重をおいた同会議報告書「更生保護制度改革の提言——安全・安心の国づくり，地域づくりを目指して」（以下，「有識者会議報告書」）が公表された。

　他方，これに先立つ2003年に政府は，「治安水準の悪化と国民の不安感の増大」を根拠として，「『世界一安全な国，日本』の復活を目指し，関係推進本部及び関係行政機関の緊密な連携を確保するとともに，有効適切な対策を総合的かつ積極的に推進すること」を目的とする「犯罪対策閣僚会議」を設置し，更生保護を含む警察・刑事司法制度全般についての検討を開始しており，同年12月の同会議のアジェンダである「犯罪に強い社会の実現のための行動計画」（以下，「行動計画」）においては更生保護制度の充実強化が唱えられていた[1]。そのため前述の有識者会議は，「治安悪化」を根拠に設置された犯罪対策閣僚会議の行動計画の枠内で議論が進められることとなったのである[2]。

　しかしながら，「治安強化」を旗印とし，街頭犯罪抑止，組織犯罪対策等のタフな政策や警察力の強化を中心課題とする行動計画の文脈で更生保護制度のあり方を論じてもよいものであろうか。

　保護観察制度が監視（指導監督）と援助（補導援護）という二律背反的な機能を有することは周知のとおりであるが，監視機能を「治安強化」の文脈でやみくもに強化することは，戦前の警察監視的な状況に保護観察の対象者を置くこ

とはあっても，決して当該対象者の円滑な社会復帰に結びつくことはありえないのではないだろうか[3]。刑務所人口が増大するこんにち，必要とされているのは施設内処遇から更生保護への一貫した援助的機能の強化であり[4]，そのための人的・物的インフラの整備と効果的な保護観察処遇であると考える。

本稿では，こうした援助機能を有効に作用させ，更生保護制度の対象者が円滑に社会復帰できるための基本的条件としての担い手のあり方について論じ，もって更生保護を支えるネットワークがいかにあるべきかを検討することとしたい。

(2) 更生保護における福祉的視点

まず，更生保護はひとり刑事司法機関内で完結する制度ではないことを確認しておく必要があるだろう。

保護観察制度が権力的措置を背景に行われる「有権的ケースワーク」であるため，古くから「刑事政策としての更生保護」という視点を強調する言説は少なからず見られたが，社会福祉思想の発展やソーシャル・ケースワーク技法の深化等により，近時，更生保護における福祉的な視点は，権力的な視点よりも重視される傾向にあるといってよい。2000年の矯正保護審議会「21世紀における矯正運営及び更生保護の在り方について」においても，効果的な処遇の実施や適切な援助のために福祉機関等関係機関との連携，情報交換，人事交流等を一層促進することが提言されている[5]。

その意味では，現行の社会福祉制度との対比を中心とした「社会福祉としての更生保護」についての検討がどうしても必要である。

とりわけ，地域社会が変容し，対象者のニーズが多様化しているこんにちにあっては，その視点はより一層強調されるべきものと考えられる。また，バブル経済崩壊後の長期不況や福祉後退・規制緩和社会のなかで，本来は一般の社会福祉がセイフティー・ネットとして機能すれば刑事司法機関の門をくぐることのなかった人々（高齢者や障がい者など）が多く刑事司法機関内で処遇されている状況からしても[6]，たとえそれが刑事政策上の処分であったとしても福祉的な視座は重要であると考えられる。

また，従来，保護観察対象者の抱える問題への対処は，居住，就労，医療など個別に考えられてきたのであるが，近年の対象者のうち少なからぬ数の者がこれらの問題を複合的に抱えているといってよい状況にある。

犯罪白書においても，保護観察付執行猶予者について生計状況が「貧困」である者が増加する傾向にあるとの指摘がなされているし[7]，初犯・再犯ともに犯罪

行為者の高齢化が問題とされている[8]。また, 高齢再入者については窃盗と詐欺（すなわち無銭飲食）の比率が約6割を占めているという[9]。

　そうであるからこそ, このような者の問題状況については, 単に居住, 就労, 医療, 介護といった行政の縦割り的な枠組みで把握するのでなく, 生活全般の「貧困」という包括的な問題として把握したうえで, 総合的な社会的援助策を講じることが重要であろう[10]。

　社会的援助としての更生保護は, インテイク（受理）の局面が単に刑事司法機関であっただけで, そのあり方は, こんにちの社会福祉が抱える課題と共通なのである。それゆえ, 更生保護における福祉的援助策は, 先行する社会福祉施策に接近し, 統合されなければならない。

(3) 更生保護と社会変容

　さて, 更生保護のあり方を論じる際には, その前提として, 縷々説かれている社会の変容について検討する必要がある。すでに1970年には, 保護司制度の基盤をなしていた地縁共同体が徐々に解体していくことが, 所一彦によって論じられていた[11]。また, 少なくない論者が高度成長期からバブル経済期をひとつの画期として, 都市化や私事化が進行することで社会統制力が低下し, 戦後直後に構築された更生保護制度が十全に機能しなくなったとしている[12]。

　確かに, 都市化や私事化等の要因によって地域社会が変容したことは首肯できよう。しかしながら, そうした都市化や私事化は不可逆に進行したものであって, それらによって旧来地域社会が有していた統制力等が失われたのであるならばいたしかたないというほかはない。

　そのうえで, フォーマルな統制に頼らず, インフォーマルな統制で問題解決が図られるならばそれに越したことはない。地域や家庭の統制が失われたというならば, 新たにそういった統制力を回復させる方途を考案するのである。そこに, 地方公共団体が取り組む「まちづくり」との接合点を見出せよう。

　いずれにしても, 「古き良き社会」への回帰か, 過去とは異なる新たな社会像の模索かと問われるならば, 私たちには後者の選択肢しか残されていない。刑事立法研究会は, 地域に根ざした施設内処遇として「コミュニティ・プリズン構想」を主唱しているが, このことは社会内処遇にもあてはまる。中川孝博が主張するように, グローバル化や情報化に見合った社会で刑事施設の被収容者や保護観察対象者のノーマライゼーションを実現し, 新たにコミュニティを創造することが必要なのである[13]。

他方，コミュニティが犯罪問題に積極的に関与することによる負の側面についても言及しておかねばなるまい。
　1990年代までは，犯罪行為者の社会復帰，とりわけ社会内処遇のあり方に関し，こんにち澎湃（ほうはい）と沸き起こっているような更生保護の問題点を指摘する声はそれほど大きくはなかった。
　その理由としては，まず，「犯罪不安」や「治安悪化」という言説に象徴されるような犯罪問題への社会の関心がそれほど高くはなく，政治化されることが稀であったためであるといえる。特異な事件はあくまでもケース・スタディ上の一事例にすぎず，特異な事件をもって政策が変更されることはなかったのである。
　その背景には，バブル経済崩壊までは保護観察対象者といえども比較的安定した雇用が望め[14]，仮に地域社会が更生保護の対象者の帰住を拒んだとしても，新たな雇用先の下での生活再建が期待できたことがあるといえよう。正規社員が派遣社員に置き換えられ，パート・アルバイト等非常勤雇用が全労働者の約3割を占める現代の「雇用不安社会」とは決定的に異なる状況である[15]。
　「格差社会」「勝ち組・負け組」が流行語となり，働いても生活保護受給世帯水準以下の収入しか得られない「ワーキング・プア」などの不安定雇用層が不断に社会から周縁化され，ヤングが1980年代にイギリスで指摘した「社会的排除」[16]が日本で現実になろうとしているこんにちであるからこそ，刑事政策と地域との関係を考える際には，猖獗（しょうけつ）を極める「犯罪不安」[17]が実際の犯罪情勢と無関係であることについて，「社会を明るくする運動」に見られるような抽象的なスローガンのレベルにとどまるのではなく，科学的かつ理性的に検討することが必要不可欠となってくるのである。

(4)　更生保護ネットワーク論の諸相

　犯罪者予防更生法57条1項では，「審査会，地方委員会及び保護観察所の長は，それぞれ，その権限又は所掌に属する事務を完全に行うため，公務所，地方公共団体，学校，病院，公共の衛生福祉機関又はその他の団体に対し，必要な援助及び協力を求めることができる」として，関係機関への協力要請を可能としている。
　ただ，その協力のあり方が，「官民協働」「他機関との連携」といったものから，具体的な社会的資源等諸機関間の「ネットワーク」へと意識的に志向され始めたのはそれほど古いことではない[18]。
　その代表的論者である染田惠は，社会資源のネットワークの必要性について，

①処遇の多様化実現の前提，②社会資源活用に際しての人的・時間的・場所的制約の解消方策，③更生保護制度の広報制度の一助という3点をあげている[19]。とりわけ，①の処遇の多様化と，②の人的・時間的・場所的制約の解消については，保護観察官がオーバーロードであり，効果的な処遇を十分になしえない現状では喫緊の課題であると考えられる。

染田は，さらに論考を進め，「刑事司法的観点から見た効果的な社会資源のネットワーク化」[20]に関しては，カナダ，スウェーデン，アメリカ合州国，イギリス等の参考事例をもとに，①犯罪者の社会内処遇の多様化（援助的措置，監督措置，複合的・集中的措置），②犯罪予防活動の充実，③更生保護制度に関する効果的広報（認知度上昇，情報公開，社会資源ネットワークの構築）の3点をネットワーク化の目的として据えている。その問題意識は，縦割りの刑事司法機関の限界性や犯罪・非行現象の多様性についてであり，その点では首肯できるものである。しかしながら，刑事司法的な観点を優先させてネットワークを展望する場合には，集中監視的な保護観察の実施等や強制的措置が多用されるだけでなく，施設への再収容等の強制的契機が保護観察の背景に置かれることとなり，福祉的な観点からのネットワーク形成とはおのずと性格を異にすることとなろう[21]。現在，法務省が警察庁等刑事司法機関との情報交換・情報提供等を推進しているモデルは，まさに染田が主張するネットワーク論を具現化したものであるといえるが，果たして更生保護関係者や刑事司法機関が合理的なネットワークを形成することによって，保護観察対象者が真に生活再建や社会復帰を成し遂げられるのかにはなお疑問がある。

2. 更生保護の担い手について

(1) 協働態勢論

さて，次に更生保護の担い手について検討することとしよう。

日本の保護観察は，常勤の国家公務員である保護観察官と民間ボランティアである保護司を中心に，更生保護施設等関係機関との協力の下に実施されていることに特色があるとされてきた。有識者会議報告書においても，保護司をはじめとするボランティアの献身的かつ誠実な関与に対しては賞賛の言葉が述べられている。他方，「民間に依存した脆弱な保護観察実施体制」が問題であるとして，保護観察官と保護司の協働態勢のあり方についてより実効性の高いものを求めている。

北澤信次は，更生保護について「篤志家志向」と「専門職員志向」があるとし，

前者を保護司，後者を保護観察官がそれぞれに担い，協働することによって更生保護制度が維持されているとする[22]。とくに，戦後の更生保護草創期におけるその協働態勢は「保護観察における保護観察官の役割と保護司の役割は，家庭教育を例に取れば，ちょうど子女に対する厳父と慈母のそれのようなもので，父性愛と母性愛とのまったき調和があってはじめて子女の訓育が豊かな実を結ぶようになることに比しえよう」[23] と喩えられ，「厳父慈母論」として展開された。矯正において改善刑が過度に強調されたのと同じくパターナリスティックな介入が是とされたようである。

しかしながら，そのような更生保護の協働態勢については，平野龍一から，従来の協働態勢論がはたして上手く機能しているのかについて疑問が投げかけられた[24]。

次いで厳父慈母論に代わって1960年代に登場したのが「共同治療論」である。北澤らによって主唱された共同治療論とは，精神科医療において精神科医と心理療法家とが共同して治療にあたるがごとく，1人の保護観察対象者に複数の機能の異なるワーカーが並列的に対応することをいう[25]。この共同治療論における機能の異なるワーカーとして，専門性を有する保護観察官と地域性を有する保護司が想定されていたようである。このように協働態勢論のモデルとして，厳父慈母論と共同治療論という両極をなすものが提唱されはしたが，実際にはケースごとにさまざまな形態での協働態勢がなされてきたといえる[26]。

しかしながら，前述のように，高度成長等による家族観など諸価値観の変化や，いつまでたっても増員されない保護観察官の問題，保護観察対象者の側の条件の変容等によって，もはや「理想的な厳父慈母」はどこにも見出すことはできないというべきであり，更生保護の担い手の協働のあり方は擬似家族的なものではありえない。今後の協働態勢は，専門性，地域性等保護観察に必要な知見を相互に補完し合える対等なパートナーシップの関係でなくてはならないだろう。

また，そのパートナーシップについては，後に述べるように，従来の共同治療論で展開されたような保護観察官と保護司だけに閉じられた関係ではなく，広く更生保護に関心を有する人々や地域に開かれたものでなくてはならないのではないだろうか。

(2) 保護観察官のあり方について

具体的な更生保護の担い手としてまず論じるべきは，保護観察官のあり方である。

その前提として，保護観察官署職員の組織上の問題がある。現行制度の下，保護観察所職員定員は約 1,100 人であり，そのうち保護観察事件を担当する保護観察官は約 650 人にすぎない[27]。更生保護制度の対象者が年間約 6 万人であり，実際の観察業務が約 5 万人の保護司に委ねられていることからすれば，保護観察官が圧倒的に不足していることはいうまでもないであろう。実際，現在の更生保護制度が発足した 1949 年の保護観察所職員が約 700 人（うち保護観察官約 300 人）であり，制度改編と特異な事件を契機とした増員が 30 年以上前になされて以降は，1990 年代後半以降の行政改革による定員削減によりかえって減員傾向にある[28]。有識者会議の「脆弱な保護観察実施体制」という指摘を待つまでもなく，保護観察官の大幅増員は何十年も前から更生保護関係者によって訴えられてきた最も重要な課題の 1 つであるといえる[29]。

　このようにわずかな保護監察官定員の下でも，上述の協働態勢論やケースワーク理論の発展のなかでその専門性のあり方がさまざまに論じられてきた[30]。それらに共通するのは，ケースワークを通じて自ら成長していく保護観察官像である。確かに，教科書的な心理学，社会学，教育学に長けているだけでは現実の保護観察対象者のニーズには応えきれない。ケースワーク理論を実践するために，保護観察官は直接処遇や共同研究，実験的研究を多く積み重ね，専門性の向上のための取組みを続けてきたと評価できるのである。

　2000 年の矯正保護審議会最終提言においても，数十年にわたる更生保護官署の試行錯誤の意を汲み取り，大幅定員増を前提としつつ，処遇技法の習得等のための研修，民間との協同態勢づくり等ネットワーク形成能力の向上，外部専門家の知見の反映，刑事司法・教育・福祉等との人事交流の促進，執務体制の整備（担当官に加え，複数主任官制，交通班，薬物班などの機能分化，地域への密着）などが専門性の向上のための諸方策として謳われている。

　ところで，有識者会議報告書では，保護観察官の専門性の向上は認めつつも，性犯罪，覚せい剤事犯，飲酒等の問題性に即して「重大再犯を防止するため」に「濃密な保護観察を実施すべきである」とし，「特別処遇部門」の設置を提唱している。保護観察官の役割分化については，矯正保護審議会の提言においても見られたところではあるが，再犯の防止をストレートに前面に押し出し，その専門性を発揮させるという点は，従来のケースワークを基礎にした保護観察官の専門性の議論とは様相を異にするといわざるをえない。

　ケースワークを前提にしない専門性向上の議論は，ともすれば保護観察対象者の再犯リスクの査定のあり方の議論へと傾斜しかねず，その結果は監視機能の強

化をもたらすだけである。

　実際，20世紀初頭から保護観察官によるソーシャル・ケースワークを基礎にした保護観察を行ってきたイギリスでは，1990年代以降，「公衆の保護（public protection）」が強調され，犯罪行為者の社会復帰を目的としたケースワーク機能は後退することとなった。また，矯正および保護観察の組織再編が行われるとともに[31]，「ワット・ワークス施策」[32] のもとで保護観察に付された者のリスク査定を行うようになり，結果，監視機能が強化され，遵守事項違反等によって刑事施設に拘禁される者が増加している現状がある[33]。

　また，イギリスでは，保護観察の実施にあたってボランタリー団体との連携の伝統を有していたのであるが，上述の一連の組織再編のなかで競争原理が導入され，それまでの地域に根ざした関係から契約的な関係に転換することとなった[34]。その結果，ボランタリー団体には企業経営に類似の発想が求められることとなり，安価さのみを追求することによるサービスの低下や小規模ボランタリー団体の淘汰への懸念が高まっているという。

　日本における更生保護のあり方の再編については，イギリスに倣うところが少なくないようであるが，イギリス流に安易に社会復帰の理念を放棄したり，競争原理を導入するならば，ボランティアたる保護司にその多くを依存している現行の更生保護制度の根幹を揺るがしかねない事態を招来する結果となるのではないだろうか。

　なお，刑事立法研究会の改訂刑事拘禁法要綱案では，犯罪行為者に対する一貫した援助を掲げ，施設内処遇の初期の段階からソーシャル・ケースワーカーたる保護観察官が被収容者の社会復帰に向けた処遇に関与し，社会内処遇への円滑な移行を行うこととしている。

　社会内処遇においても保護観察官は，保護観察対象者に対する援助者として生活再建の助力を行う。そこで想定される保護観察官像とは，単に一方的かつ有権的な保護観察の施主などではなく，当該対象者が居住し，生活再建をめざす地域における重要なハブの1つとして，当該対象者に情報提供や助言等の必要な援助を行うほか，他機関等諸団体や諸個人への橋渡しを行うものである。町医者，マチベン（町医者のような弁護士）という言葉があるように，同要綱案における保護観察官像とは，保護観察対象者にとって必要なときに必要に応じて多様な援助を提供できる存在として想定されているのである。

⑶　保護司のあり方について

保護司とは、「社会奉仕の精神をもつて、犯罪をした者の改善及び更生を助けるとともに、犯罪の予防のための世論の啓発に努め、もつて地域社会の浄化をはかり、個人及び公共の福祉に寄与することを、その使命とする」(保護司法1条) 存在とされている。

また、犯罪者予防更生法20条においては「保護観察官で充分でないところを補い、地方委員会又は保護観察所の長の指揮監督を受けて、同法の定めるところに従い、それぞれ地方委員会又は保護観察所の所掌に属する事務に従事するものとする」として、実質的な保護観察の実施者として貴重な人的資源であるといえる。保護司は定員が52,500人であるところ、2006年1月1日現在、48,688人に委嘱されており、細分化された保護区でその民間性・地域性を活かしながら保護観察業務に従事している。保護観察官の定員の少なさの問題は措くとして、約5万人の民間人が社会内処遇に携わっているというのは、他国に例を見ない制度であるといえる。

非常勤の国家公務員とはいえ、民間ボランティアにすぎない保護司には当然、専門的な処遇や指導監督的な保護観察は行いえない。そうすると必然的に保護司が有する地域性を活かした補導援護を行うことになる。

この地域性については、「一定範囲内での定住と社会参加の経験から個人が会得する地域内事情への通暁性」のようなものにまとめられるという[35]。確かに、全国を約900の保護区に分け、各地の実情をそれなりに把握している人的資源が保護司に活用されていることに鑑みるとこの指摘はあながち間違いではないだろう。保護司は、地域への通暁性に基づき、保護観察対象者の環境調整や就労支援ができるというのである。

他方、都市化の進展等により、当該地域に通暁する人材は年々減少する傾向にあり、保護司による保護観察の基本形である来訪形式を通じた処遇が困難となりつつあることや、地域社会そのものの変容によって保護司の役割が相対的に低下したりするという問題を抱えている。さらには、人格および行動に社会的信望があり、職務遂行に必用な熱意や時間的余裕を有し、生活が安定しているといった保護司委嘱の条件のために、定年退職した者など比較的高齢の人材に依拠せざるをえない現実があり、法務総合研究所の近年の調査によれば平均年齢は60歳代半ばであり、70歳代の者も約4分の1存在する[36]。

ただ、法務総合研究所による調査によれば、保護司の多くは社会への貢献等によってその職責に誇りと満足感を得ているとされ、経験年数を重ねれば重ねるほどその充実感は増すとされているため、一般にいわれているような対象者との年

齢差による距離の問題等，あながち平均年齢の高齢化のみをもって保護司の抱える問題を論ずるのは短絡的にすぎるきらいがないわけではない。

矯正保護審議会提言では，①国民各層から適材を得る方策，②保護司研修の充実，③保護司の待遇の改善等があげられていたが，③の待遇改善に関しては，上記の法務総合研究所の調査では特段強い要望は存在せず，むしろ②に関して保護観察官による処遇指導の充実や保護司同士による情報交換が重要であると考えられている[37]。

しかしながら，有識者会議報告書は，保護観察所による保護司への対応の充実について提言はするものの，公募制等による保護司適任者確保の方策のほかは，実費弁償や面接指導場所の確保のための方策を提言するのみであり，上述の法務総合研究所の調査で判明した保護司の意識との乖離があるといわざるをえない。

また，あまり指摘されることのない問題であるが，保護司にも保護司としての「専門性」が必要なのだろうか。当然，その「専門性」には従来からいわれている地域性の要素が大きな割合を占めている。ただそれだけではなく，犯罪情勢の動向や処遇技法の進歩等，本来保護観察官が把握していれば足りた問題について保護司が知ることは，保護司の充実感の向上という面からも有用であろう。また，76歳定年制の導入による「若返り」の問題だけでなく，多様な人材を保護司に委嘱することにより，社会近似，あるいは保護観察対象者に身近な保護司像が新たに描けるのではなかろうか。

ただ，ここで注意すべきは，保護司は強制力を有さない民間人であり，近時問題とされている性犯罪者処遇等において再犯防止の役割を負わせることはできない。被害者対策に関しても，従来犯罪を行ってしまった者の生活再建を親身になって見守る役割であった保護司に担わせるべきではないということである[38]。

上述の法務総合研究所の調査では，保護司は最初から完全な保護司として存在するのではなく，保護観察対象者と接し，対象者と苦難をともにするなかで，相互作用的に更生保護の担い手として成長するものであり，その手助けとして保護観察所から専門的な知見の研修を受け，保護司同士でのネットワークを拡大していくものであることが明らかとされたが，確かに保護司の処遇能力といったものは時間をかけて培われるのであろう。

さらに付言すれば，保護司が抱える問題はそもそも保護司で完結する問題かという点がある。

保護司がはじめから保護司として存在していないように，保護観察所が人格識

見等で委嘱するのではなく，地域がほんとうに必要とする人材が保護司として活躍できるような発想の転換が必要なのではないだろうか。問題は，「保護司の地域性」ではなく，地域における更生保護ネットワークの一環として，地域社会でさまざまなニーズを満たせる保護司の発見，活用とその他の社会資源とのパートナーシップなのではなかろうか。

(4) その他既存の更生保護協力組織のあり方について

保護観察官および保護司が，地域における更生保護で重要な役割を果たしていることはすでに述べた。

このほか，既存の更生保護協力組織としては，直接保護観察に従事せず，「社会を明るくする運動」への参加等による地域の犯罪予防活動や子育て支援活動などの地域づくりを通じ，側面から更生保護を支える更生保護女性会や，非行少年に身近な存在として接するBBS会などがある。とりわけ，更生保護女性会は，2006年4月1日現在の会員数196,806人，団体数1,315であり，人的資源としては非常に大きな可能性を秘めた団体である。有識者会議報告書では，「民間ボランティアによる地域社会におけるネットワークの構築と更生保護の考え方の普及」の項目で，「更生保護施設サポートチーム」を更生保護女性会を中心に結成し，更生保護施設を地域における更生保護活動の拠点とすることを求めているが，約20万人を擁する更生保護女性会には，それだけにとどまらず，刑事施設，更生保護官署，保護司，更生保護法人をはじめ，地方公共団体や民間企業，NPO等における更生保護の対象者の生活再建を援助する取組みにも積極的に関与できるような方策が講じられるべきではなかろうか。

BBS会は，2006年4月1日現在の会員数5,036人，団体数556であり，若年ながら更生保護に理解のある者として有用な社会的資源である。将来的には少年専門の保護司制度や相談員など，更生保護における新たな職域を開発していくなかで，BBS会の経験を活かす場を創設することはできないのだろうか。

このほか，保護司とともに就労支援を行っている協力雇用主が全国で約5,000存在し，保護観察対象者の生活再建にとって非常に重要な役割を果たしている。その業種の内訳については，登録上は製造業，建設業，サービス業，運送業，農林漁業など多岐にわたっているものの，雇用されている者は圧倒的に建設業が多い[39]。周知のとおり，建設業は日雇い形式をとるものが多く，就労機会に断絶が生じやすく，他の業種に比べ非常に不安定な就労形態であるといえる。そのため生活再建資金の蓄積には困難がともないやすい。建設業が，保護観察対象者

の就労の受け皿となっている現実は否定すべくもないが，本人の特性や施設内処遇で習得した職業技能等を活用できるような幅広い業種の開拓が必要であると同時に，実際の就労機会を保障する制度が必要である。有識者会議報告書では，協力雇用主を3倍程度増加させるべきであるとしており，法務省ホームページ等でも協力雇用主募集の呼びかけが積極的になされているが，単に数値目標を掲げるだけでなく，経済諸団体や地域の商工会等とも密に情報交換・連携を行い，保護観察対象者が安定的に雇用されるサービス業や製造業の領域での雇用の開拓・創出が求められているのではなかろうか。

ところで，総じてこれら更生保護協力組織は「官製ボランティア」と評されるように，官への従属志向，柔軟な組織論の不在，既存の制度に没批判的であることなど，それぞれの組織が内包する限界性は明らかである。

また，保護観察官，保護司など保護観察に従事する者はそれぞれの担当区域（保護司であれば「保護区」）のなかで保護観察事件を受け持っており，保護観察対象者の転居等，担当区域に異動がある場合などでは，他の保護観察所や保護観察官，保護司に当該事件を円滑に引き継ぎえていないことがあるという。これは，保護観察所の事務を監督する地方更生保護委員会を頂点としたピラミッド型の中央集権的な組織の弊害であるといえなくなかろうか。

更生保護におけるネットワークを構想するとき，これらの更生保護官署，保護司，協力組織の既存のネットワークを抜きに考えることはできないが，21世紀の新たな更生保護像といったパラダイムシフトを考えるうえでは，これらの組織とは異なる原理・形態で活動する団体・個人とのネットワーク形成がより重要となるであろう。

3. 関係機関との連携のあり方

(1) 厚生労働省等他省庁との連携

いうまでもなく，更生保護の対象者の生活再建のために必要なものは，生計を得るための就労であり，住居であり，対象者の年齢，疾病，障がいの程度如何によっては医療や介護のサービスである。とりわけ，就労については生活の糧を得るためだけでなく，「生きがい」といったものを与え，さらには仲間づくりという社会性を与えることから，犯罪対策にとっては有用なものとされてきた。

ところが，日本においては就労，住居，医療等を所管する官庁や内部部局がそれぞれに縦割りであるために，刑事施設からの出所時，保護観察期間中，保護観察終了時等，そのときどきに就労の問題に直面せざるをえず，その連携の悪さ

は常々指摘されてきたところである[40]。

とりわけ，刑事施設からの満期出所者や保護観察対象者の生活再建に不可欠な領域を所管する厚生労働省と法務省との連携は，従来からも主張されてはきたが，保護観察が国家的刑事政策であることにより，社会福祉諸法から更生保護の対象者は除外されるなど，法的な面での不備も少なくなかった[41]。

こうした状況に対しては，2005年5月から，法務省矯正局，保護局，厚生労働省の職業安定局，職業能力開発局で対策検討チームを結成し，トライアル雇用として刑事施設出所者に対する総合就労支援対策を講じることとなっている[42]。

この対策では，矯正機関・更生保護機関と職業安定機関による協議会の実施，刑事施設被収容者，少年院在院者に対する就労支援の推進，保護観察対象者・更生緊急保護対象者に対する就労支援の推進，協力雇用主の拡大などがあげられている。

なかでも，刑事施設被収容者等への就労支援では，刑事施設及び受刑者の処遇等に関する法律の下に「受刑者の集団編成に関する訓令の運用について（依命通達）」という通達が発出され，義務化された矯正処遇のうち，「就労支援指導（R6）」という指標が盛り込まれ，生活技能訓練（Social Skills Training；SST）を中心とした職場定着のための特別改善指導が行われることとなったことや[43]，釈放前におけるハローワーク職員による相談・情報提供がなされることとなったことが注目される[44]。

また，保護観察段階では，保護観察所において就労支援プログラムを策定し，ハローワークとも連携しながら職業紹介を実施するとのことである。これらは，保護司を中心に就労支援を行っていた従来のあり方からは大きな前進であるといえるだろう。

また，社会的自立を支援し，同時に協力雇用主を拡大するという観点から，試行的に刑事施設出所者を雇用した事業主に奨励金を支給するという事業も開始された。実際，2006年度には厚生労働省とあわせ総額6億円規模の予算が組まれ，協力雇用主に最大3カ月15万円の「雇用奨励金」が支給されるとのことであり，更生保護の領域での新たな就労支援策として評価できる。

しかしながら，そもそも協力雇用主の業種は上述のとおり不安定かつ苛酷な就労形態をともないがちな建設・土木業に偏重しており，更生保護の対象者の少なくない割合が高齢や傷病を抱えている現状にあっては十分なものとはいえない。対象者の多様なニーズに対応可能な軽作業労働や各種サービス業等の雇用主の開拓が急務である[45]。また，単に雇用実績が上がればよいというものではなく，実

際に対象者の生活再建が成し遂げられることが重要である。協力雇用主への雇用奨励金制度導入にあたっては，この制度のひな形であると考えられる「試行雇用奨励金」制度において，就労がより困難であると考えられている母子家庭，障がい者，日雇労働者・野宿生活者等の就労や生活再建がどれほど達成されているかについての検証が必要であるし[46]，更生保護における就労支援についてもその実効性の不断の見直しが必要である。

また，高齢や障がいなど，更生保護の対象者が問題を複合的に抱え，当該機関に「処遇困難」であると判断されがちな者ほど，「たらい回し」の現象が起きやすく，セイフティー・ネットからこぼれ落ちる可能性が高いことをそれぞれの機関は意識すべきであり，各種協議組織を設置し，医療・福祉・労働行政と更生保護行政の間隙を制度的にも埋める必要性があるといえるだろう。

(2) 地方公共団体との連携

更生保護制度改革のため，厚生労働省との連携を中心に政府部内での連携が進行していることは述べた。

しかし果たして，中央官庁のみの連携で更生保護の対象者の生活再建，社会復帰は成し遂げられるのであろうか。実際，刑事施設からの出所者や保護観察終了者が帰住するのは，いずれかの地域社会である。

当然，地域社会，そしてその基本単位である地方公共団体と更生保護との連携を考えなければならないだろう。

ところが，かつて，地方公共団体を規律する地方自治法2条10項には「普通地方公共団体は，次に掲げるような国の事務を処理することができない」とされ，その2号において「刑罰及び国の懲戒に関する事務」が明記されていた[47]。そのため，国家刑罰権の一翼である更生保護制度については，地方公共団体は一切の関与が禁止されていた[48]。

しかし，1997年に成立した地方分権一括法によって地方自治法の上記の規定も削除されるに至り，地方公共団体は「刑罰及び国の懲戒に関する事務」を「処理することができない」わけではなくなった。ただし，他の自治事務のように積極的に明定されているわけではないので，あいまいなものになったとの評価にとどめておくべきであろうか[49]。

いずれにせよ，更生保護という社会福祉に隣接する領域に関しては，地方公共団体の関与の余地がようやくにして法的にも認められる条件が整ったわけであり，地方公共団体は，更生保護の対象者の生活再建，社会復帰につき，「住民に身

近な行政」（地方自治法1条の2第2項）と捉え，積極的な施策を講じるべきときである。

なお，この地方分権一括法の制定と相前後して，更生保護関連法規でも地方公共団体との関係を規定する条文が入れられた。更生保護事業法3条2項，保護司法17条である。これらにおいては，地方公共団体は更生保護に協力することができることとなっている[50]。これらの規定は，1990年代半ば以降，人的，財政的な問題を抱える保護会や保護司会からの切実な要求を受け入れて新設または改正されたものであるが，あくまでもその規定ぶりは「協力をすることができる」にとどまり，地方公共団体の関わりの程度はさまざまである。

これに対して，地方公共団体が自治事務として行う一般の社会福祉はどうであろうか。

パターナリズムが長らく支配してきた日本の社会福祉は，従来の「措置」からサービスの「利用」へ，というスローガンのもと，この約20年間，社会福祉利用者の主体性を最大限尊重する形で大きな変革を遂げてきた。

そのなかでも注目すべきは，2000年に大改正された社会福祉法である。

従来は，社会福祉事業者のための法律であったものを，社会福祉利用者本位の制度確立のために，社会福祉事業法を全面的に改正し，サービス利用者と提供者の対等な関係を確立するものへと制度趣旨を転換することとなった。利用者の力を信じ，利用者と提供者とのパートナーシップに基づく協働的な関係のなかでその力を引き出す「ストレングス視点」に基づく改変である[51]。社会福祉法1条では，「福祉サービスの利用者の利益の保護」が第一に謳われ，「福祉サービスの適切な利用」（情報提供，苦情の処理），「地域福祉の推進」（地方公共団体によるスキーム作成）が新たに規定された。この社会福祉法で掲げられる事業には，生活保護法，児童福祉法，老人福祉法，身体障害者福祉法，知的障害者福祉法，精神保健及び精神障害者福祉に関する法律等に関する施設を経営する事業などおよそすべての社会福祉が対象とされている。しかしながら，同法2条4項1号では更生保護事業法に規定する更生保護事業は社会福祉事業に含まれないとされている。ここには，やはり「刑罰及び国の懲戒に関する事務」は社会福祉ではないとの思想が見え隠れする。

しかし，である。有識者会議報告書が「地方公共団体との連携強化」を主張し，「社会福祉的な面における連携，保護司適任者確保への協力，犯罪予防活動の共同実施，保護司と学校との連携活動のほか，保護司に対して地方公共団体が何らかの役職を併任して保護司活動の支援をすることに加え，刑務所出所者

等の就労支援や住宅確保の支援を行うことなどを積極的に検討されるよう地方公共団体の自主性・自立性に配慮しつつ，地方公共団体及びその住民に要請したい」としているのであるから，単に現行の更生保護事業法や保護司法の解釈の枠内にとどまるのでなく，更生保護事業法，保護司法をさらに改正して，社会福祉法類似の地方公共団体の積極関与の規定を設けることはできないだろうか。

具体的には，地方公共団体に国（保護観察所）ができない，きめ細かな社会資源発掘や更生保護の地域社会での窓口となる担当部署を設置することなどがあげられよう[52]。

国の機関としての保護観察所と，地方公共団体の更生保護に関する窓口が相乗り的に更生保護の対象者のケースに対応し，当該対象者が身近に接することができるようになれば，環境調整，就労支援，居住の安定，医療・介護サービスの受給等，本人にとって格段に利用しやすい制度となるばかりでなく，当該対象者自らの力を発揮して生活再建に臨めることになるのではないだろうか。

(3) 警察との連携

次に，警察との連携であるが，警察と更生保護官署との連携は，ここまで論じてきた社会福祉的な観点とは様相を異にする。なお，少年警察と更生保護官署は，少年の健全育成の観点から従来から情報交換を行ってきたためここでは特段論じない。

問題は，社会内処遇を受けている成人の場合である。犯罪の予防，鎮圧等を目的にする警察と，犯罪者の社会復帰を援助し指導・監督を行う保護観察所では本来的に任務が異なる。

ところが，周知のように，2005年2月に発生した安城市幼児殺害事件や同年5月の北海道・東京連続女性監禁事件のような，仮釈放者または保護観察付執行猶予者の所在を把握できなかったために発生した事件を契機として，所在不明となった仮釈放者および保護観察付執行猶予者に関し，警察に情報提供を行い，所在調査を行わせるべきであるとの主張が多くなされるようになった。

有識者会議においても，事務局からその必要性が何度も説かれており[53]，同会議の結論を先取りするようにして法務省は，2005年12月から，法務省が保有する仮釈放または保護観察付執行猶予による保護観察中に所在不明となった者の人定情報を警察に提供することを開始した。この情報提供に基づき，警察が保有する情報とのマッチング等を経て所在調査が行われるのであるが，所在調査とはいいつつも，警察の調査は警察が従来行っている指名手配に基づく犯罪捜査の

手法に酷似している[54]。

　確かに，保護観察中の者が所在不明になった場合，当該保護観察を継続することが困難になるという不都合はある。しかし，保護観察とはそもそも再犯のリスクを承知のうえで社会内で処遇を行うものであり，一定の所在不明者が出るのはやむをえないものとされていたはずである。

　警察における所在調査は，再犯の防止と位置づけられており，保護観察対象者の社会復帰の援助という視点は存在しない。所在調査によって発見され，引致を前提とする即時連絡の場合には保護観察が取消しになることも予想されるが，単に所在を報告するだけの通常通知によってもとの保護観察関係に戻ったとしても，当該対象者は警察の潜在的な監視下に置かれることになるであろうし，そうであれば当該対象者の社会復帰にとっては障害にしかならない。

　警察がケースワーク機能を有しないため当然といえばそれまでであるが，かつての警察監視への真摯な自己批判から，現行の保護観察制度が開始されたことを忘れてはならないだろう。

　2005年12月1日から2006年5月末日までに，仮釈放者153人，保護観察付き執行猶予者117人の所在が判明したというが[55]，この情報提供によってほんとうに再犯防止の目的が達成されているのかは疑わしい。

　保護観察対象者を単に再犯のリスクを負った者としかみない警察が更生保護に関与することは，監視的側面を強化するだけであり，ケースワークの理念とは相容れないものであり，警察とのネットワークは消極的に考えられるべきであろう。

(4) 民間（ボランティア）団体との連携

　ここまで，国，地方公共団体，警察との連携のあり方を概観してきたのであるが，現在の更生保護制度のネットワーク化で最も重要であるのが，民間団体との連携である。

　既存更生保護ボランティア組織については，有識者会議報告書が述べるように，更生保護女性会のマンパワーの活用，協力雇用主の発掘と組織化といった観点から，さらなる支援と連携が必要である。

　ただ，それだけでは現状の更生保護制度は真の意味での社会に根ざした制度とはなりえないのではなかろうか。

　確かに，現在の保護観察所においても，医療，居住，労働の各分野で活動する諸団体の情報は収集され，保護観察所がスキームを決定する際に協力を依頼している[56]。犯罪と刑罰に関わる更生保護制度ゆえ，対象者のプライバシーが最

大限保護されなければならない性質上，保護観察所と保護司がそれぞれのケースについて一元的に情報を集約していること自体は正当である。

しかしながら，予算・人事や法令，さらには先例に拘束されがちな官公署の行う施策は，ケースワークといえども硬直化しがちである。

これに対して，非営利で社会的な活動を行うNPO等は，従来の発想にとらわれない観点から施策を提言できるというメリットを有している。こうしたNPOにも，①政策提言型，②行政監視型，③行政代行型等さまざまな形態があるだろうが，いずれにしても行政の硬直性への批判から生起したものである以上，これらの団体とのネットワーク化は必用不可欠である。

刑事施設から出所した人々への社会的援助について先進的な取組みがなされてきたイギリスでは，「ナクロ」というNGO団体が，政府から独立したボランティア組織として刑事施設出所者の帰住を中心に40年以上にわたって活発な活動を展開しており，政府機関と対等な関係で保護観察対象者への社会的援助を行っている[57]。また近年では，このナクロの活動から，犯罪を行った精神障がい者の社会復帰などのスキームに特化した社会的援助団体が生み出されている。

日本においても，たとえば，精神科医療ユーザーや弁護士によって劣悪な精神科病院を告発することから創設された「大阪精神医療人権センター」[58]は，現在，精神科病院に対するオンブズマン活動や当事者同士による相互援助活動であるピアサポートのほか，当事者の観点から精神科医療に対する各種提言を行っているが，精神保健福祉法で保護観察所長に措置入院に関する通報義務が課せられていることに鑑みるならば[59]，同センターのような行政から独立した組織との連携は不可欠であろう[60]。

また，就労や居住の面で何らかの問題を抱えざるをえなかったために野宿状態に置かれた人々を支援するNPOについても，少なくない人々が刑事施設と野宿生活を往還していることに鑑みれば連携する意義は小さくない。北九州で野宿者支援を行っている「北九州ホームレス支援機構」[61]では，刑事施設を満期出所したり，更生保護施設を退所した人々が多く訪れるという。同機構では，個々人の状況に応じたきめ細やかなケースワークに基づく自立支援住宅の提供や就労斡旋等の事業を通じて，野宿生活者を生まない社会を模索しているのだという[62]。

さらに，家族関係，債務問題等法律にまつわる問題を抱えることによって生活再建が困難な対象者に関しては，弁護士会等法律家団体による社会的援助が不可欠である。

このほか，「ダルク（DARC）」[63]に代表される薬物等個別テーマでグループホー

ムの運営等を行う民間団体や高齢者福祉・医療に関する民間団体は，数え切れないほど存在するのであるから，これら民間団体に更生保護制度の意義を理解してもらいつつ，協働できる取組みを模索することは喫緊の課題である。

　筆者は，現在の更生保護制度について危機的な状態であるとは考えていないが，他方，今後予想される社会変動に対処していくためにも，従来の閉じた更生保護・刑事司法ネットワークからの脱却は必要であると考える。

　それは単なるスローガンとしての中央集権的保護観察制度から地方分権・官民協働型保護観察制度への移行ではなく，地域に根ざした社会福祉と水平的かつ柔構造的なネットワークの形成でなくてはならない。そうすることによってはじめて更生保護の対象者に真に望む援助を差し伸べることができるようになると考えるからである。

　犯罪歴を有し，刑事司法機関の客体として扱われ，場合によっては社会から排除されてきた者は，自己イメージを低く持つ傾向が少なくない。しかし，上述のような更生保護制度を経て本人が真に望む援助が得られることによって，彼彼女らは自信を取り戻し，主体を回復する契機を見出すことができるのではないだろうか。

4. 更生保護の担い手の育成

(1) 社会福祉の先例

　更生保護の担い手の現状については上述のとおりであるが，社会福祉施策に接近し，統合されなければならないという本稿の問題意識からすれば，更生保護の担い手も社会福祉において先行している人材養成策に倣うべきである。

　社会福祉法に改正される以前の社会福祉事業法では，1992年に法改正を行い，国，地方公共団体に社会福祉事業従事者確保のための施策を講じる義務を課すこととなった。

　地方公共団体に更生保護に関する窓口を設置するのであれば，更生保護に関しても同様の義務が国および地方公共団体に課せられるべきである。

　この社会福祉事業法の改正により，社会福祉事業従事者の労働条件や福利厚生は改善されることとなった。さらには，人材育成のための福祉人材センターや福利厚生センター等の設立，ボランティア活動のための基盤整備等に関して予算措置がなされることとなった。

　現在，保護司会や更生保護施設が人材および資金で困難を抱えている問題もこのような人材養成義務を課すことで大きく状況は改善されるのではないだろう

か。地方公共団体にも積極的に人材育成を行わせ，予算措置をともなう「更生保護人材センター」といった施設を設置し，更生保護の対象者の社会復帰に資するソーシャルワーカーを育成することはできないものだろうか。大学に社会福祉学部・学科は数多あれど，更生保護の人材育成の学科がまったくないのは，このような人材育成のための施策の立ち遅れを示している。たとえば，イギリスにおける「保護観察研究学位」のように[64]，更生保護に携わるソーシャルワーカーとしての国家資格創設を行い，更生保護に関わる職業がいかに魅力的であるかを伝えることができるならば，更生保護の対象者の社会復帰に意欲的に関わろうとする者も増えようというものである。

更生保護制度が大きく人（そして人間関係）に負うものであることは誰しもが否定しない。そうであるならば，更生保護に関わる人材育成策の真剣な検討は百年の計としても考慮に値するものである。

(2) 保護観察官等の人材登用・研修制度

保護観察官の絶対数が不足していることについては，すでに述べた。ここでは増員の問題ではなく，ソーシャルワークの専門家としての保護観察官の育成のあり方について考察したい。

現在の保護観察官は，国家公務員試験に合格し，地方更生保護委員会や保護観察所に法務事務官として採用され，一定の期間，更生保護行政に携わった後に補職されることとなっている。具体的には，I種試験については，行政・法律・人間科学IおよびIIの区分，II種試験であれば行政の区分で合格した人が中心となっており，他の国家公務員と入口に違いはない。そのため，更生保護に強い関心を抱き保護観察官を志望する者であっても，一般の国家公務員試験に合格しなければならない。逆に，特段更生保護に強い関心を有していなくとも，国家公務員試験に合格し更生保護官署に採用されれば，一定期間の後には保護観察官に就くことができてしまう。国家公務員試験の競争率が高まり，国家公務員への登用が狭き門となっているなか，このような任用システムでほんとうに更生保護にふさわしい人材を十分に得ることができるのかは疑問であるといわざるをえない。

有識者会議においても専門（職）試験の導入の検討が謳われているが，先述のイギリスにおける学位制度に倣うことが困難であるとしても，犯罪者予防更生法19条2項がいみじくも規定するように，心理学，社会学，教育学，社会福祉等の専門的知識が必要不可欠な保護観察官の採用にあたっては，矯正領域における法務教官や鑑別技官と同様に専門職試験によることが望ましいだろう。

また，保護観察官には単に採用時に専門性が求められるだけでなく，採用後の研修制度による専門性の研鑽も重要であると考えられる。保護観察官の研修制度については，直接処遇が志向された 1960 年代以降さまざまに論じられているが[65]，ソーシャル・ケースワークによって保護観察対象者だけでなく，更生保護の担い手自身も変化し成長するという視点が見受けられ，いずれも首肯できるものである。

　こうした成長や変化は，保護観察対象者との関係や保護観察官と保護司との関係だけでなく，これまで論じてきたネットワークを活かすことによってさらに実り豊かなものが期待できるのではないだろうか。

(3) 更生保護ボランティア等の育成

　更生保護の担い手は，それを職業とするものだけではない。保護司だけでなく，更生保護に関与する諸団体への人的・物的支援が不可欠であるのはいうまでもない。ただ，それだけにとどまらず，更生保護制度の広報や，初等・中等教育における法教育の内容として，犯罪を行わざるをえなかった人々の社会復帰の問題を盛り込み，社会連帯の意識を早期に涵養しておくことが重要である。

　そのような社会連帯の意識こそ，更生保護ボランティアが成り立つ基盤であり，犯罪行為者が円滑に社会復帰を行うための必要条件なのである。

　また最近，防犯等に関して「コミュニティ・インボルブメント」や「まちづくり」が強調され，「防犯ボランティア」の育成が叫ばれているが，防犯という排除的な方向でなく，社会統合的な観点からも，まちづくりを考えてみる必要があるだろう。更生保護の対象者が生活再建を果たすことは，地域社会が当該対象者を受容することでもある。この相互作用によって，犯罪を契機に応報に傾斜しがちな地域社会は，より懐の深い寛容なものに成長することができるのではないだろうか。

5. 開かれた更生保護へ

　以上，本稿では社会福祉としての更生保護という視点から，その実現のためにはいかなる担い手がいかなる連携を行えばよいかを論じてきた。

　ここで制度論として論じてきた事項の多くは現行の更生保護制度を前提とすれば夢物語に思われるかもしれない。しかし，社会福祉は 20 年以上前から夢物語を語りつつ，その実現を果たしてきたのである。

　確かに，近い将来，部分的な制度改変によって，更生保護制度も社会福祉に近似するかもしれない。ただ，それだけでは不十分なのである。

犯罪を行ったがために，社会から非難を浴び，刑事司法機関から客体として扱われ，さらには帰住すべき場所も，迎え入れる人もいない，そのような人々が，いま，私たちが生きる社会に少なからず存在することを忘れるべきではない。

　私たちは，そのような犯罪を行ってしまった人々がどうすれば主体を回復し，社会で生きる自信を取り戻せるかを考えなくてはならないのである。

　本稿では，法務省用語であるところの「保護観察対象者」という語を用い論じてきた。しかしながら，更生保護は施設拘禁から脱し社会で生活を再建するための重要な過程であり，その主体は「対象者」と呼ばれている人々にほかならない。その意味では，社会福祉同様，彼彼女らは「対象者」という客体ではなく，主体的な「利用者（クライアント）」なのである。

　また，更生保護制度は単に「刑事司法制度の最終段階の重要な一環」ではなく，犯罪行為から立ち直ろうとする人が地域社会で生きるための重要な社会復帰援助の過程である。その援助のために保護観察官は存在し，保護観察官との協働主体としての保護司や更生保護関係組織は存在するのである。こうした更生保護関係官署・団体は，民間団体とのネットワーク化に関して論じたように，他の社会福祉団体，地域団体，NGO 等と水平かつ対等な関係を結びつつ，理想とすべき更生保護のあり方について相互連携，相互批判を行うことを通じて，さらなる内容の豊かさと懐の深さを持つことが可能となるのである。

　2005 年，「更生保護と地域福祉の連携に関する研究」と題するシンポジウムが開催され，更生保護の利用者の社会復帰の困難性と福祉関係者の関心の希薄さが改めて浮き彫りにされたという[66]。またこのほかにも，ソーシャル・インクルージョンに関するヨーロッパの事例が報告され，日本における更生保護と地域福祉との接点が模索され始めているという[67]。

　本稿でも縷々，社会連帯やネットワーク化の必要性について論じてきたのであるが，更生保護関係者，社会福祉関係者が，犯罪行為者の社会復帰の問題に真剣に取り組まなければ，単に画餅に終わるどころか，先に述べたような「排除社会」が真に到来することとなろう。また，更生保護制度は単に社会福祉への橋渡し役ではない。更生保護もれっきとした社会福祉の一領域である。私たちは，改めて更生保護制度を地域社会福祉として再構成し，現代社会が直面している社会的貧困，社会的排除の問題性を見据えたうえで就労支援，居所提供，医療的援助等，社会的援助のあり方を考えていくべきなのではなかろうか。

　更生保護制度は，地域更生保護であり，地域社会福祉でなくてはならない。

1 「年々増加する収容保護希望者に対応し，その処遇環境を改善するため，更生保護施設の計画的な整備を推進する。また，増大する仮釈放審理事件等に対応するための体制の強化，長期刑受刑者及び覚せい剤事犯者等再犯危険性が高い者への処遇の強化，更生保護制度の充実強化のための要員の確保，施設職員や保護司の研修の充実，幅広い層からの保護司の適任者の確保等を推進する。さらに，薬物事犯者，精神障害者，生活困窮者の処遇に関し，医療機関，福祉機関との連携を強化する」（「犯罪に強い社会の実現のための行動計画」第5「治安回復のための基盤整備」）。
2 更生保護のあり方を考える有識者会議第6回会議議事録における杉浦正健法務大臣（当時）の発言参照。
3 監視機能の強化の問題については，本書第1章土井論文参照。
4 一貫した社会的援助の意義については，本書第1章土井論文参照。このほか，土井政和「社会的援助としての行刑（序説）」法政研究51巻1号（1984年）35頁以下，同「一貫した社会援助」刑政108巻4号（1997年）54頁以下など参照。
5 矯正保護審議会における基本的視座は「地域社会の理解と協力が不可欠」というものであり，その具体策として，①地方公共団体との緊密な協力関係の維持・発展，②「社会を明るくする運動」を中心とした犯罪予防活動の充実強化，③教育，福祉，医療等関係機関・団体との関係強化，④保護司，更生保護婦人会，BBS会，協力雇用主等の更生保護ボランティアの活動の支援，⑤メディア等を通じた更生保護広報の効果的展開の5点が謳われていた。
6 浜井浩一「刑務所の風景（1）刑務所から社会が見える」法学セミナー595号（2004年）60頁以下。また，山本譲司『累犯障害者』（新潮社，2006年）では，刑事司法と社会福祉の連携の悪さによって数多の悲劇が生み出されていることが実例を持って示されている。
7 2004年版犯罪白書356頁。
8 2004年版犯罪白書290頁以下。
9 2004年版犯罪白書292頁以下。
10 岩田正美＝西澤晃彦『貧困と社会的排除』（ミネルヴァ書房，2005年）は，貧困を特定の経済的困窮者だけのものとするのでなく，「われわれの社会の出来事」として捉え，福祉社会が転換するなかで「社会的排除」が顕在化していると指摘する。岩田，同書6頁以下。2005年2月に公表されたOECDによる貧困率（等価可処分所得の中央値の半分の金額未満の所得しかない人口が全人口に占める比率）調査によれば，日本の貧困率は15.3％であり，OECD加盟国中第5位と高位に位置していることからもこのことは裏付けられる。Michael Förster and Marco Mira d'Ercole, *Income Distribution and Poverty in OECD Countries in the Second Half of the 1990s* (OECD Social, Employment and Migration Working

Paper No. 22)。また，貧困の問題はひとり所得の多寡の問題に逢着するのではなく，社会的不平等とも密接な関係を有しているとブレイスウェイトは分析している。Braithwaite, J., 1979, *Inequality, Crime and Public Policy*, Routledge and Kegan Paul, London. なお，2006年版犯罪白書215頁においても，完全失業率と財産犯の動向に相関があるとの指摘がなされている。

11　所一彦「地域社会と保護観察」『刑事政策の基礎理論』（大成出版，1994年，初出1970年）179頁以下は，日本には地縁共同体が安定的に存在しており，対象者と保護司の間の庇護＝従属関係に代表される関係が保護司制度を支えているとする。ただし，これは次第に支柱を失いつつあるとする。

12　藤野豊「地域社会の変容と更生保護の課題」更生保護50巻9号（1999年）18頁は，地域社会の変容について，第1期（経済復興期〔～1960〕）：地域文化健在，第2期（高度成長期〔1960～1980〕）：都市化，犯罪の多様化，第3期（バブル経済期以降〔1980～〕）：個人主義，私化，という3期に分け整理している。この第3期の到来によって，従来の更生保護行政は困難を迎えることとなり，その打開策として，地方公共団体との関係強化，保護司の専門性向上・保護司組織の充実，地域社会の実証的研究の要，そして更生保護の「まちづくり」への積極的関与をあげている。鮎川潤「地域社会の変動と保護司の役割」更生保護52巻4号（2001年）6頁以下では，地域社会の変動の要因として，①都市化と都市の過疎化，②住民組織の形態の変容，③個人を単位とする新しい住民の登場をあげ，こうした要因により，隣人に無関心なコミュニティならぬ地域が出現していることの問題を指摘している。鮎川は，このような状況に対しては，社会的資源として十分に活用されていない高齢者・母親による保護司のネットワーク形成が重要であるとする。

13　刑事立法研究会編『21世紀の刑事施設』(日本評論社, 2003年)。とりわけ，中川孝博「コミュニティ・プリズン構想の提唱」同書29頁以下参照。

14　労働力調査によれば，バブル経済のただなかの1990年の完全失業率は2.5％程度であり，また，全労働人口に占める正規雇用者の割合は約92％であった。

15　これが1990年代末から開始された労働関係諸法の改正による労働市場の規制緩和策の産物であることはいうまでもない。

16　Young, J., 1999, *The exclusive society: social exclusion, crime and difference in late Modernity*, London : SAGE. また，保護観察における社会的排除を論じるものとして，Smith, D., and Stewart, J., 1998, 'Probation and Social Exclusion', *Crime & Social Exclusion*, Oxford: Blackwell, 96-115.

17　「犯罪不安」については，内閣府が定期的に実施している「社会意識に関する世論調査」において「悪い方向に向かっている分野」の「治安」が1つの指標となる。「治安」が悪くなっ

たとする割合は 2000 年以降急増している。複数回答ではあるが，1980 年代のバブル経済時代には 10％にも満たなかった数値は，2005 年の調査では 47.9％に達している。しかしながら他方，法務省も 2000 年および 2004 年に参加している国際犯罪被害調査（International Crime Victims Survey: ICVS）においては，犯罪被害率に大きな変化がないことが示されており，「犯罪不安」と現実の犯罪情勢との齟齬が明らかとなっている。これらの詳細は，2000 年の調査について，浜井浩一＝安東美和子＝立谷隆司＝横地環＝岡田和也「第 1 回犯罪被害実態（暗数）調査」（法務総合研究所研究部報告 10，2000 年）および岡田和也＝浜井浩一「第 1 回犯罪被害実態（暗数）調査（第 2 報告）先進 12 か国に関する国際比較」（法務総合研究所研究部報告 18，2002 年），2004 年の調査について，近藤日出夫＝押切久遠＝高橋久尚＝樋口彰範＝小柳武＝寺戸亮二＝細川英志＝浅野法代「第 2 回犯罪被害実態（暗数）調査」（法務総合研究所研究部報告 29，2005 年）参照。また，ICVS の意義については，浜井浩一編著『犯罪統計入門』（日本評論社，2006 年）163 頁以下参照。

18 「特集　更生保護とネットワーク」更生保護と犯罪予防 34 巻 1 号（1999 年）など，1990 年代半ばごろより，従来の更生保護関係組織内にとどまらないネットワーク化が論じられるようになっている。

19 染田惠「処遇の多様化の新しい展開――多様化の類型の検討及び社会資源のネットワーク整備について」更生保護と犯罪予防 112 号（1994 年）108 〜 109 頁。

20 染田惠「刑事司法的観点から見た効果的な社会資源のネットワーク化」更生保護と犯罪予防 133 号（1999 年）60 頁以下。

21 染田・前掲注（19）71 頁では「更生保護機関が行う犯罪者の社会内処遇の主たる目的は，犯罪者の社会復帰すなわち特別予防の観点からの再犯防止である」として，副次的効果にすぎないはずの再犯防止を前面化させている。この点には違和感を感じざるをえない。

22 北澤信次『犯罪者処遇の展開』（成文堂，2003 年）64 頁以下。

23 吉田次郎「犯罪者予防更生法の手引」『更生保護論集』（更生保護制度施行十周年記念全国大会事務局，1959 年）129 頁。

24 平野龍一『矯正保護法』（有斐閣，1963 年）52 頁。

25 蛯原正敏「協働体制論の現代的課題」更生保護と犯罪予防 81 号（1986 年）16 頁。

26 松本勝「更生保護における保護観察官と保護司の協働態勢について」犯罪と非行 66 号（1985 年）51 頁。

27 保護観察事件を担当しない保護観察官は，地方更生保護委員会で仮釈放事務に従事したり，保護司会の担当事務を行ったり，「社会を明るくする運動」などの更生保護振興業務に従事している。

28　大幅増員としては，執行猶予者保護観察法施行にともなう増員（1953年度：93人），1960年に発生した1号観察少年による浅沼稲次郎社会党委員長刺殺事件にともなう増員（1961年度：100人），初期直接担当制実施のための増員（1964年度：22人），沖縄の本土復帰にともなう増員（1972年度：26人）がある程度である。なお，有識者会議の提言等を受けて，2007年度予算では50人の増員（純増24人）が要求されている。

29　岩井敬介「保護観察処遇体制の諸問題」小川太郎編『矯正論集』（矯正協会，1968年）701頁，同「保護観察制度とその問題点」『社会内処遇論考』（日本更生保護協会，1992年，初出1972年）12頁など。

30　御厨勝則「保護観察官の育成と成長への展望」更生保護と犯罪予防120号（1996年）7頁以下は，理想とする保護観察官像の3条件として，①専門性，②人間性，③組織性をあげ，「自己研さん」を通じて保護観察官自身が変化・成長するとしており，マニュアル志向を戒めている。また，中川邦雄「保護観察官の専門性論の現実的視点」更生保護と犯罪予防127号（1997年）1頁以下は，処遇技法の高度な専門性でなく，保護観察官という職務上の問題から専門性の問題にアプローチしている。

31　現在も組織再編は進行中であるが，2001年の「全国保護観察サービス」の設置を皮切りに，保護観察の中央集権化が進められ，次いで矯正サービスとの統合が図られ2004年には「全国犯罪者管理サービス（NOMS: National Offender Management Service）」に統合され，保護観察官は犯罪者管理官（Offender Manager）と名称を変えることになった。河原田徹「英国の保護観察サービスの変革とパートナーシップ（前）」犯罪と非行148号（2006年）175頁。この犯罪者管理という発想においては，いかに合理的に犯罪行為者を処遇するかに焦点があてられており，保険数理的なリスク査定の手法を用いることとされ，ケースワークに基づいた社会復帰の理念は放棄されている。

32　「ワット・ワークス（What Works）施策」とは，「すべての保護観察政策および実務は効果があるという実証データに基づかなくてはならない」という命題のもと，1998年から開始された行動科学等を用いたプログラム開発施策である。この施策は，マーティンソンが1974年，社会復帰処遇に対してNothing Worksと悲観的な評を下したことや，1990年代前半保守党政権下での拘禁刑増大施策（Prison Works）への反省から開始されたものである。詳細は，多久島晶子『連合王国における社会内処遇プログラムの新しい展開――「What Works施策」について』「竹内基金」国際交流事業実地調査報告書（日立みらい財団，2002年），西川正和＝河原田徹「英国の保護観察制度に関する研究――社会内処遇実施体制の変革と地域性の再建」法務総合研究所研究部報告28号（2005年）など参照。

33　Goodman, A., 2003, 'Probation into the millennium: the punishing service?', *The New Politics of Crime and Punishment*, Devon: Willan, 199-222., Cavadino, M. and Dignan, J.,

2006, 'England and Wales: Stop-go and the upwards Zig-zag', *Penal Systems: A Comparative Aprroach*, London: Sage, 62-76. イギリスの保護観察制度を批判的な見地から紹介したものとして，守山正「イギリスの保護観察の変節」更生保護と犯罪予防 147 号（2006 年）16頁以下がある。また，このような刑事政策の変容の傾向を早くから指摘していたものとして，Freeley, M. M, and Simon, J., 1992, 'The New Penology: Notes on the Emerging Strategy of Corrections and its Implictions', *Criminology*, 30(4), 449-474.

34 河原田徹「英国の保護観察サービスの変革とパートナーシップ（後）」犯罪と非行 149 号（2006 年）161 頁。

35 藤野隆「保護司の地域性再考」更生保護と犯罪予防 132 号（1999 年）2 頁。

36 西川正和＝寺戸亮二＝大塲玲子＝押切久遠＝小國万里子「保護司の活動実態と意識に関する調査」（法務総合研究所研究部報告 26，2005 年）11 頁以下。

37 前掲注（36）71 頁以下。

38 犯罪被害者との関係では，本書第 9 章森久論文参照。

39 たとえば，近畿地方更生保護委員会＝更生保護法人近畿更生保護協会「近畿の更生保護概況」（2006 年版）によれば，近畿地方更生保護委員会管内における 2006 年 4 月 1 日現在の協力雇用主の業種合計は 524 である。しかし，雇用されている者の合計は 84 人でしかなく，うち 74 人（88％）が建設業に従事している。同様の傾向は他の地域にも見られ，関東地方更生保護委員会管内では，全被雇用者数 183 人のうち，建設業に雇用されている人数は 120 人（65.6％），中部地方更生保護委員会管内では 95 人中 62 人（65.3％），九州地方更生保護委員会では 136 人中 102 人（75％）であり，実際の就労局面では建設業への偏りが甚だしく大きいといえる（数値はいずれも 2006 年 4 月 1 日現在の各地方更生保護委員会の資料による）。

40 刑務作業に農業を積極的に採り入れよとの小泉純一郎前首相の発言をもとに，法務省が農業政策を所管する農林水産省に刑事施設被収容者の受入れを打診したところ，農林水産省所管の農業協同組合にその話が回され，「犯罪者なんてとんでもない」と結局にべもない返答しかなされなかったという笑えないエピソードもある。

41 本書第 6 章渕野論文参照。

42 その概要については，岡田和也「更生保護における就労支援」矯正講座 27 号（2006 年）59 頁以下参照。

43 ただし，筆者は同法において矯正処遇が義務化されたことについては，その効果の面から疑問を感じている。刑事立法研究会編『刑務所改革のゆくえ』(現代人文社，2005 年) 29 頁。

44 拘禁と就労の関係では，津富宏「厳罰化の時代に」『犯罪の被害とその修復──西村春夫先生古稀祝賀』（敬文堂，2002 年）104 頁以下が，刑事施設への収容が就労にマ

イナスの影響を与えていることおよび就労が刑事施設への収容にマイナスの影響を与えていることを明らかにしている。

45　社会福祉施設における福祉労働や高齢者事業団等が行う高齢者事業と競合する面があるとはいえ、これらの先例は参考となるだろう。

46　これらの就労困難者に対する試行雇用奨励金の制度は2003年度から厚生労働省において体系化されつつあるという。

47　1998年法律第54号および1999年法律第87号および同年第107号により改正される前の1947年法律第67号。

48　地域社会や地方公共団体が刑罰に対して無答責であったことに関して、石塚伸一「犯罪に対する地域社会の責任」法律時報76巻8号（2004年）40頁以下参照。

49　この点に関しては、更生保護との関係では肯定的な評価を与えることもできようが、他方、現在法制審議会で審議が開始されている社会奉仕命令について、その実施を地方公共団体ないしその外郭団体に委託したり、警察罰の執行や戦前の仮釈放者に対してなされた警察監視への道を開く可能性のあるものであることにも注意を要する。

50　更生保護事業法（1995年法律第86号）3条2項
　　地方公共団体は、更生保護事業が犯罪をした者の更生を助け、これにより犯罪を防止し、地域社会の安全及び住民福祉の向上に寄与するものであることにかんがみ、その地域において行われる更生保護事業に対して必要な協力をすることができる。

　保護司法17条（改正・1999年法律第160号）
　　地方公共団体は、保護司、保護司会及び保護司会連合会の活動が、犯罪をした者の改善及び更生を助けるとともに犯罪を予防し、地域社会の安全及び住民福祉の向上に寄与するものであることにかんがみ、その地域において行われる保護司、保護司会及び保護司会連合会の活動に対して必要な協力をすることができる。

51　狭間香代子「社会福祉実践の新しい視点——ストレングス視点とは何か」更生保護55巻10号（2004年）24頁。同25頁以下では、ソーシャルワークが専門化・科学化していく過程で問題を利用者に内在する病理として突き止め、それを治療しようという視点であったことが批判的に検討されている。

52　民事上の事項ではあるが、成年後見制度に関して親族後見人や専門職後見人とは異なるボランティアとしての「市民後見人」を要請しようというNGOが全国的な活動を行っており、地方公共団体に対しても専門窓口を設置するように働きかけを行っているという。こうした働きかけに対しては、積極的な援助を行っている地方公共団体もあるという。その活動の概況については、「高齢社会NGO連絡協議会」ホームページ（http://www.janca.gr.jp/）参照。

53　有識者会議第1回会議における麻生光洋事務局長（法務省保護局長〔当時〕）の発

言など。

54 制度の概要については，野田哲之「所在不明となった仮釈放者及び保護観察付執行猶予者の所在調査に関する保護観察所に対する協力について」警察学論集 59 巻 7 号（2006 年）89 頁以下参照。

55 2006 年版犯罪白書 233 頁。

56 たとえば，東京の中野区保護司会などいくつかの保護司会では，少年，就労，精神保健，生活援護，住宅，多重債務，法律援助，児童虐待等，更生保護の対象者のニーズに合致する社会資源がどこに存在するのかについて紹介する小冊子を作成し，研修に用いている。このような取組みは，保護観察所や保護司会だけにとどまらず，広く地方公共団体や社会福祉協議会，民間ボランティア団体との協働により，さらに積極的になされるべきであると考える。

57 ナクロ（The National Association for the Care and Resettlement of Offenders；NACRO）は，19 世紀以来の刑余者に対する慈善精神を受け継ぎ，刑事施設からの出所者の帰住援助を目的に 1966 年に創設された団体である。1999 年に若干の位置づけの変更がなされ，'Nacro, the crime reduction charity' と名称を変更し，犯罪予防を掲げたが，現在も帰住援助が活動の中心を占めている。ナクロは 1,400 人以上のスタッフと 1,000 人ほどのボランティアで組織され，帰住援助，住居確保，教育と雇用の援助，青少年への非行予防の働きかけ，地域社会と家族との関係援助，犯罪予防のための政策提言という 6 つの領域に関し 200 以上のプロジェクトを全国的に実施している。ナクロの活動の詳細については，同団体のホームページ（http://www.nacro.org.uk/）参照。

58 大阪精神医療人権センターは，大阪府公認の精神科病院に対するオンブズマンである。詳細は同センターホームページ（http://www.psy-jinken-osaka.org/）。同様に，精神科医療ユーザーで組織する団体は全国に少なくない。

59 精神保健及び精神障害者福祉に関する法律 25 条の 2 では，「保護観察所の長の通報」として「保護観察所の長は，保護観察に付されている者が精神障害者又はその疑いのある者であることを知つたときは，すみやかに，その旨を都道府県知事に通報しなければならない」と措置入院に関する通報義務を保護観察所長に課している。

60 そのほか，更生保護の対象者のなかには，その精神障がいや知的障がいゆえに犯罪を行わざるをえなかったにもかかわらず，その後の援助が十分でない者が少なくない。2005 年の矯正統計年報によれば，知的障がいの一応の目安とされる知能指数 69 以下の新受刑者は 7,390 人であり，新受刑者の約 23％ を占めている（ただし，同統計の「精神診断」において「知的障害」と分類されている者は 287 人にすぎない）。医療観察制度の導入により精神保健福祉士（PSW）が保護観察所に常駐することになったとはいえ，精神保健観察

の対象とならない者についてはなお通常の保護観察官が処遇にあたることになっており，当該対象者の抱える障がいに対し十分な対応ができるとは言い難い現状がある。このような状況に対しては，専門的知識を有する保護観察官の育成や更生保護の対象者のニーズに対応した保護観察制度・施設の確立が急務である。厚生労働省は，2006年6月に厚生労働科学研究（障害保健福祉総合研究事業）「虞犯・触法等の障害者の地域生活支援に関する研究」という3年間の研究班を立ち上げたが，その途は緒についたばかりである。

61　NPO法人北九州ホームレス支援機構が展開する自立支援住宅事業で自立支援住宅に入居したホームレスの定住率は約90％であって，犯罪等に関わらざるをえない人もほぼ皆無であるという。山崎克明＝奥田友志＝稲月正＝藤村修＝森松長生『ホームレス自立支援』（明石書店，2006年）270頁。同機構についてはホームページ（http://www.h3.dion.ne.jp/~ettou/npo/）も参照。また，野宿者の自立支援を行っている団体は東京，大阪をはじめ全国各地に存在し，住宅提供，就労相談・あっ旋等の事業を行っている。

62　森松長生「ホームレス自立支援センター北九州報告」新宿ホームレス支援機構編「季刊 Shelter-less」29号（2006年）12頁では，きめ細やかなアフターケアこそが生活再建の鍵であるとしている。

63　DARCとはDrug Addiction Rehabilitation Centerの略であり，当事者同士によるミーティング等のプログラムを通じて薬物依存からの回復を図ることを目的とした自助団体である。近年では全国各地で設立されている。刑事施設で義務づけられた「薬物依存離脱指導」で設定された「標準プログラム」には「民間自助団体」が例示されているが，実質的には各地のDARCが協力することになるものと思われる。

64　河原田・前掲注（31）180頁。1998年以降，この「保護観察研究学位（Diploma in Probation Studies）」が保護観察官の資格要件とされた。

65　最近のものでは，藤野隆「専門性向上への道を探る」更生保護と犯罪予防120号（1996年）1頁。御厨・前掲注（30），中川・前掲注（30）など。

66　「ソーシャル・インクルージョンと更生保護」法律のひろば45巻7号（2006年）2頁。

67　炭谷茂「ソーシャルインクルージョンとは何か――現代日本社会において必要な理由」更生保護57巻12号（2006年）12頁以下。

（藤井剛／ふじい・つよし）

第9章 更生保護と被害者

1. はじめに

　2004年12月，日本における犯罪被害者支援の根拠となる犯罪被害者等基本法（以下，「基本法」）が成立した。この法律においては，犯罪等により害を被った者およびその家族または遺族（以下，「犯罪被害者等」）に対する支援を国および地方自治体の義務として明確に定め（基本法1条），①すべての犯罪被害者等に対する個人の尊厳にふさわしい処遇の保障，②個々の犯罪被害者等の事情に応じた適切な施策の実施，③犯罪直後から再び平穏な生活を営むことができるまでの犯罪被害者等への継続的支援の実施（基本法3条）という3つの基本理念を掲げる。この基本理念を今後実現していくために，内閣府に設置された犯罪被害者等基本計画検討会において，犯罪被害者等施策の各論点に関する審議がパブリックコメントを挟んで11回にわたって行われ，犯罪被害者等施策推進会議（基本法24条）は2005年12月に「犯罪被害者等施策基本計画」（以下，「基本計画」）を策定した。犯罪被害者等施策推進会議や犯罪被害者等基本計画検討会には，実際に犯罪被害経験を有する構成員も参加していたほか，基本的施策に関する犯罪被害者団体からの要望等も取り入れながら議論が進められた[1]。基本計画では，各省庁が原則1年以内，大きな制度改正または財源の確保を要するものについては2年以内に検討，結論を出すべき課題が多数設定されているが，さらに検討会が積み残した重要課題として「犯罪被害者等に対する経済的支援制度」，「継続的支援体制」，「民間団体への支援」については，今後3つの「検討のための会」を設けて引き続き審議されることになっている。また，犯罪被害者等施策推進会議は基本計画策定後5年間に各省庁が基本計画に則り実施した施策について，検証・評価・監視する役割を担うことが規定されている[2]。

　基本法は，その18条（刑事に関する手続への参加の機会を拡充するための制度の整備等）において「国及び地方公共団体は，犯罪被害者等がその被害に係る刑事に関する手続に適切に関与することができるようにするため，刑事に関する

手続の進捗状況等に関する情報の提供，刑事に関する手続への参加の機会を拡充するための制度の整備等必要な施策を講ずるものとする」と定める。ここでいう「刑事に関する手続」とは「犯罪発生後の捜査段階，公判段階，刑の執行終了までの刑の執行段階（受刑段階，仮釈放段階を含む）」とされ[3]，更生保護にかかる被害者施策も主にここに含まれるといえよう。さらに，基本法 11 条（相談および情報の提供），19 条（保護，捜査，公判等の過程における配慮等），20 条（国民の理解の増進）の各条項に関連して，「更生保護官署及び保護司による継続的被害者支援」が「今後講じていく施策」として予定されている[4]。

一方，2005 年 7 月に設置された更生保護のあり方を考える有識者会議（以下，「有識者会議」）は，従来から保護局内において進められてきた「更生保護基本法」構想[5]と，2004 年末からの一連の「重大再犯事件」発生を契機に発足し，以下の 6 つを検討事項（案）としている。すなわち，①更生保護の理念，②保護観察の充実強化，③仮釈放のあり方，④更生保護の担い手（人的体制）のあり方，⑤円滑な社会復帰のための施策，⑥その他（社会奉仕命令，自宅拘禁等新たな制度の導入，恩赦制度の運用のあり方等）である。この 6 つの論点のなかで，とくに被害者との関わりに言及されている具体的検討事項は，②における保護観察処遇と被害者の関係，および③における被害者意見の取扱いについてである[6]。しかし，有識者会議においては一連の「重大再犯事件」をきっかけに「保護観察の実効性，なかんずく再犯防止機能に向けられる国民の目が厳しいものとなって」いるという問題意識が最初に強調されており[7]，より大きな枠で捉えると，それは将来の被害を危惧する「国民」の目，つまり将来の犯罪における「潜在的被害者」たる「国民」への配慮ともいえよう。「被害者感情やこれに同調する社会感情は，一見，非生産的であるが，実は抑止力の要求と表裏であり，だから治安の悪化に伴って悪化する」[8]ものだとすれば，検討事項①において「改善更生」と「再犯防止」の関係性が激しく議論されている背景には，過去の犯罪における「現実の被害者」のみならず，「潜在的被害者」感情の悪化が大きく寄与しているように思われる。

基本法前文の「国民の誰もが犯罪被害者等となる可能性が高まっている今」という表現にも顕著であるように，「潜在的被害者」たる国民の意識に今最も強く響くのは「人々に対する被害者理解の教育が犯罪防止に役立ち，被害者の視点を取り入れた犯罪者の処遇が再犯を防ぐ」という「被害者学の視点からの犯罪対策」であり，これこそが「犯罪防止の切り札」であるという考え方[9]である。つまり，前述の更生保護の理念に関する議論に沿っていえば，まず「再犯予防」あっ

ての「改善更生」ということになるだろう。確かに，現状において著しく立ち遅れている「被害者理解」をまず深めていくことの重要性や，すでに一部で被害者の視点を取り入れた行為者処遇が奏功している実例があることは言及するまでもない。しかし，「現実の被害者」に対する施策の積極的推進と更生保護のあり方，そして国民一般と更生保護のあり方は，本来峻別して考えるべきではないだろうか。なぜなら，国民一般は「潜在的被害者」であると同時に，「潜在的加害者」でもありうる存在であって，さらに被害や加害いずれも新たに生み出すことのない社会をめざす「担い手」としての主体性も有していると考えられるからである。

このような基本的視点に立ち，本稿では現在の更生保護制度と被害者の接点について確認し，現在検討されている今後講じていく施策の若干の検討を行ったうえで，更生保護と被害者支援の関係性について，あるべき方向性を考えてみたい。

2. 更生保護における被害者の現状

まず，現行の更生保護制度が被害者と接点を持ちうる場面について整理する。

(1) 在監者・在院者の環境調整

「環境調整」とは，対象者の円滑な社会復帰を図ることを目的として，本人が矯正施設に収容されている間，釈放時の帰住予定地の環境を保護観察官および保護司があらかじめ調査し，問題が認められる場合には本人が受け入れられるように調整に努めることである（犯罪者予防更生法〔以下，「犯予法」〕52条）。その際の調査事項として，犯罪・非行に対する社会の感情，被害弁償状況，被害者の感情等があり（仮釈放及び保護観察等に関する規則〔以下，「仮釈放等規則」〕11条1項），これらの調査結果は地方更生保護委員会および矯正施設へ送付され，仮釈放審理，矯正施設における処遇，保護観察における重要な参考資料として活用するものとされる。調査方法は記録調査，保護司による被害者生活外形調査，被害者・遺族面接調査等の形態がとられている。被害者等に接触して行われる被害者（感情）調査について，必要性が運用慣行によって判断され，明確な基準があるわけではないが，現実には生命・身体犯，および多額の財産犯等が対象となっているという[10]。近年では，直接面接による被害者調査の結果，仮釈放後，対象者に賠償や謝罪行動を起こさせるのに適当と思われる場合には，担当保護司を通じて被害者訪問のコーディネート等を行っている場合についての事例報告もある[11]。従来，対象者の矯正施設収容中の環境調整における被害者

調査は、被害者の犯罪によるダメージを考慮して、仮釈放審理に際してはじめて行っていたが、近年、「単なる時間の経過では、被害者感情の融和が期待できない事案の多いことが示されている」として、「被害者の心情やその置かれた状況を把握することに努める」ため、早期化する傾向にあるようである[12]。

(2) 仮釈放審査における被害者感情

仮釈放は「懲役又は禁錮に処せられた者に改悛の状[13]があるときは、有期刑についてはその刑期の3分の1を、無期刑については10年を経過した後、行政官庁の処分によって仮に出獄を許すことができる」（刑法28条）と規定され、その審査における具体的許可基準が以下のとおり定められている。すなわち「①悔悟の情が認められること、②更生の意欲が認められること、③再犯のおそれがないと認められること、④社会の感情が仮出獄を是認すると認められること」（仮釈放等規則32条）である。④における「社会の感情」とは、「被害者又は遺族の感情、犯罪地又は帰住地の感情、社会一般の正義感情、倫理的な感情、共犯者との均衡を総合したもの」と解され、社会感情調査の1つとして被害者調査が行われる。なお、少年院からの仮退院の基準には、「改悛の状」にあたる項目は含まれていない（仮釈放等規則33条）。

仮釈放の手続は、まず矯正施設の長または地方更生保護委員会の職権によって開始され（犯予法29条）、矯正施設の長は仮釈放申請にあたって、①犯罪または非行関係における、被害の弁償の状況、被害者の感情、犯罪・非行に関する社会の感情、②保護関係における帰住先の近隣者の本人およびその家族に対する感情を考慮して審査しなければならない（仮釈放等規則17条）。また、地方更生保護委員会は保護観察官をして仮釈放審理の準備のために必要な調査を行い（仮釈放等規則15条）、その調査項目には「被害弁償の措置」も含まれている（仮釈放等規則16条）。この保護観察官による調査では、本人に対する面接調査も行われるため、その際、被害者等の感情を融和するための具体的方法についても指導するという[14]。また、とくに必要がある場合には、環境調整の際同様、被害者調査も行われる。

2003年度に受刑者の仮釈放に関して行われた被害者調査は760件[15]であった。ただし、仮釈放等規則32条は前述の許可基準を「総合的に判断し、保護観察に付することが本人の改善更生のために相当であると認められるときに（仮釈放を）許すものとする」とされていることから、社会感情（被害者感情を含む）は仮釈放可否の判断資料ではあるが、要件ではないというのが通説である[16]。しかし実

務上，生命・身体犯など一般に被害者感情が厳しいとされる場合には，「被害者感情が悪いのに，いわゆる服役期間の相場的なもの，基準日的なものより早く出ることはまずない」という[17]。

(3) 被害者等に対する出所情報等の提供

被害者等に対する当該犯罪行為者の出所情報等の提供については，1999（平成11）年2月9日付法務省刑事局長通達「被害者等通知制度実施要領」（以下，「要領」）[18]が2001年1月22日に改正され，同年10月より実施されている。改正前，この制度による通知の目的は「刑の執行等について被害者をはじめとする国民の理解を得ること，刑事司法の適正かつ円滑な運営に資すること」であり，通知対象者である「通知を希望する被害者等又はその代理人である弁護士や目撃者等」に対して「事件の処理結果，公判期日，刑事裁判の結果」を通知することがその内容であった。改正後，この通知内容が従来に加えて「懲役，禁錮又は拘留の刑の執行終了予定時期（実刑判決確定後すぐ，申出様式なし），仮出獄又は自由刑の執行終了による釈放及び釈放年月日（釈放後，書面による申出が必要），それに準ずる事項」（要領第3(5)）へ拡大された。通知を行う窓口は検察官であり，行刑施設の長からの通知に基づいて被害者への通知を行う。これは「被害者に対する窓口の一本化」のために，従来の検察庁の被害者等通知制度と窓口を同じくしたと説明されている。被害者等の「再被害防止は極めて重要な課題」であり，被害者等に対する出所情報の通知制度は「検察庁の被害者等通知制度の一環として導入されたものであるが，行刑施設及び地方委員会にかかわる新たな局面の被害者保護施策」であるとされた[19]。表[20]は2001年の改正後約2年間でのこの制度による被害者等への情報の提供状況を示したものである。

表 受刑者の釈放等に関する被害者等への情報の提供状況 (2001年10月〜2003年12月)

被害者等通知	釈放予定等通知				
受刑者を釈放した事実および釈放年月日の通知	仮出獄による釈放予定	自由刑の執行終了による釈放予定	仮出獄による指定帰住地	仮出獄以外の事由による帰住予定地	その他
2,639	128	275	55	39	5

注1 法務省刑事局の資料による。
　2 「その他」は，収容中の特異動向および仮出獄許可決定の取消しの通知である。

(4) 保護観察における被害者

更生保護では対象者に対する処遇の1つとして，被害者・遺族に対する直接

的な謝罪・賠償等を指導・助言することも行っており，保護観察官・保護司が仲介してその実現を促進する場合がある。

また，必要に応じて保護観察中に対象者に課される特別遵守事項（仮釈放等規則5条）に「損害賠償に努めること」，「被害者の冥福を祈り，損害賠償に努めること」，「被害者の慰謝・慰霊に努めること」等を含める場合もある[21]。しかし，これはその違反に対して仮出獄取消しといった不良措置と結びつくような性格のものではなく，強制力を伴わない「訓示規定」であって[22]，「あくまで対象者の改善更生に向けた処遇としてのものであり，被害者支援はその反射的効果にすぎない」[23]とされる。同時に，現実問題として保護観察対象者は「当面の就職先の確保や社会への適応に精一杯であり，たとえ被害弁償や慰謝の措置に関する遵守事項が課せられていても，被害弁償等は後回しとなる傾向が見られる」[24]のも事実である。

その他，間接的な被害者に関連した処遇として，交通事犯の対象者に対する交通事犯被害者理解のための指導，短期保護観察者に対して公共の場の清掃に参加させる社会奉仕活動，更生保護施設における教誨師による説教やカウンセラーによる面接を通した悔悟の情の醸成と精神的安定等がある[25]という。

このような現行制度運用上の場面における更生保護と被害者の接点は，基本的には「保護観察対象者の改善更生や矯正施設被収容者の社会復帰を本来的な目的としてなされるものであり，被害者が抱える問題に真っ正面（ママ）から取り組むという性格のものではない」[26]が，2001年より実施されている「被害者等に対する出所情報等の提供」については「被害者のための施策」として明確に位置づけられており[27]，従来の他の接点とはその性格を異にする。

一方，「更生保護と被害者との関わりをどのようにとらえるか」という考え方については，1980年代以降，被害者学の立場からの問題提起[28]や社会情勢に呼応するかたちで，主に更生保護に関わる実務家，また一部研究者から意見が提示されてきた。これらの考え方は主に3つの立場に分類できるとされる[29]。

1つは「更生保護において被害者の権利を強調することは，犯罪者処遇に応報的観点を持ち込むことにつながり，犯罪者処遇の改善更生思想を後退させる危険がある」という考え方（消極説）[30]である。

もう1つは「更生保護における被害者支援などの関わりは，犯罪者の社会復帰に資するか，少なくとも社会復帰の妨げにならない範囲に限って行われるべきである」という考え方（限定説）[31]である。

さらにもう1つは「更生保護における被害者支援は，被害者の回復と犯罪者の

更生双方に資する」という考え方（積極説）[32]である。

消極説の考え方を「原則論として大切にすべき一方，教条的に貫こうとすれば，被害者問題への姿勢を消極的にしかねない」[33]とし，「むしろ，被害者に対する配慮が足らざることによって犯罪者処遇の基盤を危うくする危険があることを重視すべき」[34]という批判がなされている。また，限定説の考え方については，その根底に更生保護官署の慢性的なマンパワーの不足ゆえに，「さらに被害者支援を行うとするなら，本来業務である犯罪者処遇はどうなるのかといった，一種の戦線拡大への懐疑論」があるものの，それは「必要な定員が得られ，保護観察対象者の指導に当たる者，被害者との対応に当たる者，それを調整する者といった役割分担が可能になれば，解消する問題」[35]であるとして，原理的な問題はないものとされる。その結果，近年の議論の傾向としては，積極説の立場が有力になりつつあるように思われる。それは冒頭で述べた被害者施策の積極的推進やその背景とも密接な関わりを持っているといえるだろう。

3. 検討されている施策と予想される法改正

有識者会議での議論はいうまでもなく更生保護制度全体の検討を行っており，被害者にかかる施策については，内閣府の犯罪被害者等施策の審議動向を見ながら随時検討していくべきことが確認されていたため[36]，2005年12月に犯罪被害者等施策推進会議が公表した「犯罪被害者等基本計画」[37]に示された更生保護にかかる犯罪被害者等施策を確認したい。基本法各条項に関連し挙げられた「今後講じていく施策」は，以下のように大別できる（〈　〉内は基本計画における該当施策）。

a. 保護司と協働した更生保護官署による被害者等への加害者情報の提供の拡大〈第2－2（基本法15条関係）(1)イ，第3－1（基本法18条関係）(20),(21)〉

　　従来の被害者通知制度の適切な運用に加え，更生保護官署が保護司との協働態勢の下，犯罪被害者等に対し，加害者の収容先，加害者の処遇に関する情報，加害者の釈放予定等を含む刑事裁判終了後の加害者に関する情報を提供できるよう検討を行い，2年以内を目途に必要な施策を実施する。

b. 保護観察処遇におけるしょく罪指導の徹底〈第3－1(24)ウ〉

　　犯罪被害者等の意向等に配慮し，謝罪および被害弁償に向けた保護観察処遇における効果的なしょく罪指導を徹底していく。

c. 保護司と協働した更生保護官署による被害者・加害者間の仲介〈第3－1(22)〉

　　a.に関連して，更生保護官署が保護司との協働態勢の下，犯罪被害者等が置かれた状況および心情等を矯正施設に収容されている加害者または保護観察中の加害者に伝える仲介をすることについて検討を行い，2年以内を目途に必要な施策を実施する。

d. 仮釈放審理における被害者の安全への配慮と被害者の意見陳述〈第3－1(26)，(27)〉

　　仮釈放に際し，地方更生保護委員会において，事案に応じた犯罪被害者等の安全確保に必要な遵守事項の適切な設定に努め，保護観察所において，当該遵守事項を遵守させるための加害者に対する指導監督を徹底していく。さらに，法務省は仮釈放の審理をより一層犯罪被害者等の意見を踏まえたものとすることについて，犯罪被害者等による意見陳述の機会を設けることを含め検討し，2年以内を目途に必要な施策を実施する。

e. 保護司と協働した更生保護官署による刑事裁判終了後の継続的被害者支援〈第4－1（基本法11条関係）(34)〉

　　法務省において，更生保護官署が保護司との協働態勢の下，犯罪被害者等に対し，その被害にかかる刑事裁判が終了した後の支援を行うことについて検討を行い，2年以内を目途に結論を出し，その結論に従った施策を実施する。その際，地域社会における関係諸機関・団体等との連携・協力のあり方についても，あわせて検討する。制度として更生保護官署による各被害者施策を行うにあたり，保護観察所内に新たに被害者対応を専門的に行う職員として「被害者支援官専任保護観察官」（以下，「被害者支援官」）を置くことが検討されている。また，保護司についても同旨の「被害者支援専任保護司」を選定することも検討する。

　また，有識者会議が2005年12月に公表した「中間報告」[38]では，被害者に関連した今後の「検討事項」として，「加害者が犯罪被害者等と同じ地域で生き続けられるように，真の社会復帰や改善更生を図るためには，犯罪被害者等の立場に改めて配慮し，犯罪被害者等の意見や心情に目を向けるべきであるとの見解も述べられている」こと，仮釈放について「犯罪被害者等の意見をどのように聴取するかなどについて基準を策定し，意見を聴取した場合には，地方更生保護委員会がどのような対応をとったのか，理由を付して犯罪被害者等に示すことが必要であるとの意見がある」ことを挙げ，「犯罪被害者等からも信頼される更生保護制度を構築する必要がある」とし，更生保護官署が担う犯罪被害者支援について議論を進めることが確認されている。このような方向性は，2006年6月27日に公表された有識者会議の最終提言[39]においてもほぼ維持され，その提言事項

における更生保護が「緊急に取り組むべき諸課題」の1つとして「犯罪被害者への支援」を掲げ，「3 仮釈放のあり方の見直し」において「(4) 被害者意見の適切な取扱い」を，「5 国民・地域社会の理解の拡大」において「(5) 犯罪被害者等への支援」を提言している。

しかし，内閣府における犯罪被害者等施策は，前述のとおり基本計画を策定したにすぎず，具体的施策の実施までに残されている多くの検討課題についていずれも2年以内を目途に結論を出すこととなっている。これらの検討課題は今回の有識者会議のみならず，その後も法務省において引き続き審議されるものと予想される。そのため，以下ではとくに有識者会議最終提言が触れている「更生保護官署による犯罪被害者等支援」と，「仮釈放審理における被害者意見の取り扱い」について若干の検討を行う。

(1) 被害者支援の中心的担い手としての保護観察所

まず基本的視座として，保護観察所が被害者支援の中心的担い手となるということの意味を再度確認する必要がある。

更生保護制度の目的は「犯罪をした者の改善及び更生を助け，……（中略）……社会を保護し，個人及び公共の福祉を増進すること」（犯予法1条）であり，保護観察は対象者の「改善更生」を図ることを通じて，更生保護の目的を達成しようとする関係にある[40]。つまり，従来の保護観察所は「行為者の社会復帰を目的として，保護観察を通した支援を行うこと」をその任務として，更生保護の目的に資するものであった。保護観察所が被害者支援を行うという構想の発端には，これまでの行為者支援によって保護観察所が蓄積してきたケースワークの経験をベースとして，また，現行の刑事司法で最も被害者と接する機会を有しているのは更生保護官署であるという事実から，保護観察所が被害者に対する支援を行うことが「保護観察所業務の発展」と位置づける認識があるといえよう。確かに，保護観察所が行為者支援を行うなかで培ってきた「能力」は，被害者支援においても一側面においては有用かもしれない。しかし，保護観察所が被害者支援を行うことについては，以下のような点で問題があるといわざるをえない。

第一に，保護観察所内においての目的衝突の問題がある。「被害者支援官」の構想は，従来の保護観察官の業務とは別に，被害者支援を専門に行う担当者を置くことで，保護観察所内での目的衝突による葛藤を解消するというものである。しかし，保護観察自体がそもそも対象者への「指導監督」と「補導援護」という2つの側面の対立を常に抱えながら，まず対象者本人の立場に立ち，援助によっ

てその問題性を除去・軽減し，その反射として（再犯予防も含んだ）コントロールも実現されるという方法論を採ってきた。そのようななかで，被害者の立場に立った場合に考慮すべき「再犯防止」や被害者への支援をほぼ同時に達成しようとしていくことは，「更生保護がシステムとして，被害者の援助と対象者の社会復帰という二つの目的を調和させつつ実務を進めていくことは矛盾を抱え込むこと」にならざるをえず，「この目的衝突は，結局，対象者への援助の後退と『コントロール』の強化となって『調和』させられる」こととなり[41]，対象者の社会復帰にも，被害者の支援にも資することができない，という結果を生むことになる。

第二に，被害者支援の担い手としての保護観察所の信頼性の問題がある。被害者に対する支援を行うことが「保護観察所業務の発展」であるという保護観察所自身の「能力」についての理解は，主観的な意識としてはありえても，当事者（被害者・行為者）双方から見て，つまり当事者の主観的な観点で「信頼に値する支援者」と判断されるだろうか。従来，更生保護官署が行ってきた担当者と対象者の信頼関係に依拠した処遇や支援は，無論，まず対象者が支援者を信頼できるかどうかが絶対的な条件となる。藤井誠二によれば，被害者の支援者に問われていることは，日本における既存の被害者自助団体が運動を進めるなかで行われてきた「エンパワーメントをした被害者が新たな被害者を支援するという『関係性』」に学び，「被害者とともに闘っていけるかどうか」[42]だという。支援者がいったいどのような立場に立って支援を行うのか，支援者には確固たる立場性が要求される。ただし，それは自助団体における犯罪被害者と同様の「当事者性」を求めるのではなく，被害者のニーズに寄り添いながら，肯定や否定ではない冷静なアドバイスを行いうる「第三者」としての立場性を有するということであろうが，少なくとも加害者の支援を行う機関に属さないという立場性は不可欠であろう。

第三に，継続的被害者支援の必要性から生じる，保護観察所の能力の限界の問題がある。被害者支援は，被害者自身が被害から回復したと主観的に実感するまでの継続性が求められる点から考えて，保護観察所が支援を行うことの限界は明らかであろう。「更生保護官署がいつからいつまで被害者に関われるのか示していただきたい」という犯罪被害者等基本計画検討会における委員からの疑問に対して，法務省は「加害者の保護観察期間が終了した後も引き続き更生保護官署の職員が犯罪被害者等の支援に関わるためには，法改正を含めた検討が必要となる」と自ら認めているように[43]，保護観察所が行為者の保護観察期間内で被害者支援を行うのであれば，そこにはおのずから時間的・時期的制約が伴うこととなり，少なくとも被害者支援の「中心的担い手」として位置づけるのは困難である。

また，更生保護の現場は保護観察所による被害者支援についてどのような見解を示しているのだろうか。全法務省労働組合（以下，「全法務」）は基本法成立直前に「犯罪被害者等基本法に基づく具体的支援の方策について（見解）」[44]を公表している。そのなかで，更生保護官署が被害者支援をあわせて行うことになれば，「どうしても被害者に感情移入せざるを得ず，被害者の視点・立場を強く意識して保護観察等対象者と相対することに」なり，その結果，「保護観察等対象者は処遇者の変化を読み取って『味方でなくなった』と処遇者の指導に心を閉ざし，信頼関係に基づいた処遇の場が成立しなくなる」と指摘する。同時に，被害者にとっても「創設以来一貫して犯罪者の改善更生，援助を担ってきた保護観察所及び保護司に対し，被害者が心を開くことはできないのではないか」とし，被害者支援に携わる民間団体関係者が更生保護官署による支援は「困難・ナンセンス」と回答している旨を述べている。また，基本法成立後，全法務によって実施された職員アンケートの結果が，前述の全法務の見解を裏づけるものであったことを踏まえ，改めて更生保護官署が被害者支援の中心的役割を担うということについて反対の姿勢を示している[45]。

(2) 保護司による被害者支援の問題点

　基本計画案における更生保護官署による被害者施策は，その多くを保護司との協働態勢において実施することを予定している。その際の保護司の活動は，従来の保護司業務の枠を超えたものであり，保護司が被害者支援を独立の業務として行うためには，保護司法の改正を要する。具体的には，保護司法1条に掲げられている「保護司の使命」，すなわち「犯罪をした者の改善及び更生」，「犯罪の予防のための世論の啓発」の2つに加え，新たにもう1つの使命として「被害者の支援」を並列させることになる。しかし現行体制において，従来の「保護司の使命」と矛盾なく，新たな保護司の任務として「被害者の支援」を位置づけることが果たして可能であろうか。

　そもそも被害者支援を行う担い手として，保護司の活用が提案された背景には，保護司の特性として挙げられる「地域性」，「民間性」，「継続性・補充性」の行為者処遇における有効性があるだろう[46]。これらの特性が被害者支援においても本当にその効果を発揮することができるのか考えてみたい。

　3つの特性のうち，「継続性・補充性」とは，保護観察期間終了後の対象者が自らの人生の節目に保護司に挨拶に訪れる等，期間的制約等を受けず，公的機関との間には築かれにくい関係性が構築され，それが実質的なフォローにもな

りうるというものである。この点は確かに被害者支援の継続必要性に対応しうる可能性もあるのかもしれないが、そもそもそのような関係性を築くことが可能であるかという前提において、懸念すべき問題点があるように思われる。

「地域性」について、更生保護にはすでに保護司が各地方で活動することにより、全国的ネットワークが存在している。しかし、現行業務（＝行為者支援）においてもマンパワーが不足し、必ずしも対象者への保護司のマッチングが容易ではないとされるなかで、業務の追加に伴う保護司定員の増員が行われたとしても、都市部はともかく郊外では保護司の確保が難しいこと、またさらに地区ごとの保護司定数の問題もあり、実質的に従来の行為者支援業務と被害者支援を分業することが可能なのかどうか疑わしい。

また、「民間性」について、保護観察官と異なり、保護司がボランティアとして自発的に対象者の支援を行うということ自体が、対象者にとっては保護司に多大な信頼を寄せる一因ともなりうる。また、保護司による処遇は、個々の裁量に委ねられたところが大きく、一定程度規格化された保護観察官による処遇と比して弾力性に富んでいるとされる[47]。それでも保護観察処遇においては、保護観察官と同様、保護司も「指導監督」と「補導援護」の両面を常に意識せざるをえない。それは、前項で指摘した保護観察官が抱える矛盾を保護司も抱えうることを指す。むしろ、民間ボランティアとして活動する保護司にとって、自らに与えられている裁量の大きさゆえに、保護観察官以上に、その葛藤は大きいのではないだろうか。

さらに、全法務は被害者支援における保護司の活用について、仮に保護観察官同様、「被害者支援専任保護司」を設置したとしても、「更生保護担当保護司と被害者支援担当保護司がそれぞれの利益を代弁し争い、保護司内部の対立を招き」かねないこと、さらにその対立回避のために「被害者及び処遇者（対象者）それぞれの利益を抑制してしまう可能性もあり、何よりもこのような状況になれば被害者及び処遇者（対象者）にとって、支援及び更生保護の効果がなくなることになれば、制度を創設する意義が」ないとしている[48]。また、前述の全法務職員アンケートの結果のなかにも、まだ具体的な制度の概要が見えない被害者支援について、保護司の戸惑いの声が職員に届いていることが示されている。

(3) 仮釈放審理における被害者感情の取扱のあり方

「社会感情を斟酌することが仮出獄の審査に不可欠なことのように思われているが、例外的にはその必要があるかもしれないけれども、一般的には無視してよろしいし、またそうすべきかもしれない。なぜか、社会感情を問うのは、刑罰の本

質として立法上で含まれているものもあるし，また，それが犯罪直後のものであれば，裁判時の量刑ですでに織りこまれたものもあろう。それらのものを審理の上でとりこむのは，二重になることになる」という小川太郎による指摘[49]をはじめとして，被害者感情の宥和を仮釈放の絶対条件とすることには，仮釈放の消極化を招き妥当ではないと実務家等からこれまで異論[50]が唱えられてきた。つまり，前述の消極説の立場が有力であった。現在行われている議論のなかでも，被害者の意見や感情を仮釈放の許否に直截に反映させるということについては，直ちにコンセンサスを得ることが困難であろう[51]。むしろ，さしあたり仮釈放審理における被害者感情の取扱いのあり方として中心的論点になりうるのは，仮釈放審理にあたっての被害者の意見聴取（ないし陳述）結果を特別遵守事項や対象者の処遇に反映させることが妥当か否かである。

　前述の積極説の立場を採る太田達也は，日本で仮釈放にあたっての被害者意見陳述制度を設けた場合には，「事件から現在までの被害の影響，受刑者の（仮）釈放に対する不安，謝罪や損害回復など犯罪者に対する要望などを被害者に陳述することに主眼を置いたうえで，その結果得られた被害者の心情や意見については，それを仮釈放の否定的な判断材料として用いるのではなく，受刑者の処遇や仮釈放の遵守事項設定，保護観察における指導監督上の参考にすることに用いるべきである」[52]とする。具体的には「仮釈放の遵守事項に被害者への接近禁止などの条項を盛り込んだり，矯正ないし更生保護の過程において犯罪者と被害者との間で謝罪や損害回復などを目的とした仲介を行うこと」などが想定されている。(ママ)

　太田は「犯罪者の社会復帰とは被害者の存在を忘れてよいということではなく，被害者の苦悩に目を向け，可能な限り，被害の回復に努めることこそ真の意味での社会復帰を果たすことができる」[53]という。つまり，「犯罪者が再び犯罪を犯すことなく社会生活を送るようになること」[54]であった従来の「犯罪者の社会復帰」という概念を拡大し，「犯罪者が被害者に対する責任（国家に対する責任ではない）をきちんと果たす」ことが「更生」であり，「真の社会復帰」を果たす条件となるというものである。

　この「真の社会復帰」という概念が，これまでの刑事司法における「責任」や「改善更生」の考え方の枠内で想定されうるものなのかについて，むしろ従来は刑事責任を果たすということとは別個のもの，「第三の責任」を果たすことだと捉えられていたといっていいだろう[55]。近年，更生保護の分野においても，制度化を含めた導入可能性が議論されている「修復的司法（Restorative Justice）」における「修復責任」に基づいて果たされるべきものは，この「第三の責任」に基づいて果た

されるべき内容と近似しているといえる[56]。しかし、「第三の責任」は「刑事責任が認められる人には当然に求められる」とされながらも、これは「いわゆる内心の問題であり、これらを直接に取り扱うすべを（刑事司法は）持たない」ことから、従来の刑事司法では「強行法規のようにある状態を確実に実現することを求めるのではなく、第三の責任を果たすよう働きかけるとともにそれを可能にするような場を提供することが現実的である」と考えられていた[57]。

このように考えられていた背景には、行為者の社会復帰を阻害する要因についての現実的考慮があるように思われる。安形静男によれば、社会復帰の阻害要因は内的阻害要因としての「人格的疎外」、外的阻害要因としての「社会的疎外」と「法的疎外」の3つがあるとする[58]。このうち「法的疎外」とは前科の登録や資格制限等、法的に行為者に制約を加える要因を指す。「社会的疎外」とは、行為者に対して向けられる社会の攻撃・回避行動等、社会的に行為者を疎外する要因である。この「社会的疎外」は雇用問題に最も端的に表れ、それを克服する援助活動が「社会内処遇といわれるケースワーク活動や、非行防止のための地域組織化活動」であるという。そして、「人格的疎外」とは「更生の意欲の発現を妨げている人格の構造」である。「社会復帰の中核的要因をなすものは、本人の更生の意欲であり、自助の精神である。クライエント（client）の自己決定の原則、本人参加の原則が処遇上重視されるのも、このためにほかならない」と言われるように、この「人格的疎外」という内的阻害要因をまず克服することが、社会復帰の最も根本的な前提であろう。更生の意欲が自らの犯罪行為を振り返ることと密接不可分であることはいうまでもないが、日本の「仮釈放審理の場における反省の弁に最も多く登場するのは、『家族に迷惑をかけた』という一言」であり、「日本という母性原理の強く働く社会においては、近代的自我の確立を基礎とし、父性原理に基づくキリスト教的な贖罪意識は生じ難く、総じて『自らの腹を痛めて自分を生んでくれた』母親への原罪意識に立ち戻ることが、日本型の罪の意識である」と安形が指摘するように[59]、対被害者との関係で対象者に生じうる罪の意識は、対象者の内的な「人格的疎外」要因の克服における過程ではなく、むしろ外的な「社会的疎外」要因の克服の過程で考慮すべきものとして認識されてきたものだと考えられる。それは「犯罪をした者の立ち直りの核にあるものは、主として家族（とりわけ母親）や恋人や友人や保護司など、恩義のある人々を裏切れないという思い」、つまり「意味ある他者への愛着にめざめることにほかならない」[60]のであって、この「人格的疎外」の克服なくして、行為者が外的要因の克服に伴う種々の困難に、自発的に立ち向かうことは不可能であるという視点に立つからで

はないだろうか。そのような「種々の困難」のなかには、たとえば、被害者に対する謝罪の手紙や訪問を、一度断られたからといって諦めてしまうのではなく、なんとか最初の接点を持つことができるまで、また、最初の謝罪後も長い年月をかけて繰り返し誠意を見せようと自ら努力し続けるといったことも含まれるだろう。

　この「人格的疎外」克服の重要性という視点は、行為者の社会復帰を支援するアメリカの民間非営利団体「アミティ」における取組みにも見ることができる[61]。アミティのプログラムでは、行為者本人たちと、同じようにかつて行為者であったスタッフで構成されるグループのなかで、「当事者」同士が対等に自身の「被害」体験を徹底して語り、自らの過去の感情を対象化して受け止め、それが「加害」体験へつながった経緯を行為者自らが受容する。その結果、自己や他者への加害行為を繰り返さないための道筋が見えてくるのだという。このような過程は「感情を自分のものとして感じ、表現し、同じく他の人も感情をもった『人』であると理解できる力」、「エモーショナル・リテラシー（emotional literacy）」を身につけ、行為者自身が「社会化」されるための過程でもある。アミティにおいて、行為者が最初に意識する「意味ある他者」は、かつて行為者であった「当事者」（＝スタッフ）であり、行為者は彼らに応答（respond）しようとする責任（responsibility）を意識し、応答する能力（responsibility）を身につけようと努力する。坂上香は、アミティでは「『当事者』主導だからこそ、制度側が期待する型にはまった『改悛の言葉』ではなく、自発的で主体的な『当事者の語り』が生まれる」とし、アミティスタッフのように「同じような問題を共有しつつも、確実に『変容』を遂げている……（中略）……ロールモデルとしての『当事者』たちを、どう生み出し、どう後押しし、どう矯正の中で生かすことができるのか。それこそが、矯正現場をはじめとする、私たちの社会全体に問われていること」[62]であると指摘する。保護観察においてのみならず、矯正施設内においても、現行制度上の贖罪指導はこのような「当事者」の視点が取り入れられたものではなく、行為者の「改悛の言葉」だけを求めることが企図されてはいないだろうか。前述の「修復的司法」の導入についても、刑事司法における「修復責任」や「被害者のニーズ」の位置づけが課題となるだけでなく、「行為者自身の自己修復」（行為者の多くは犯罪行為以前の状態が安定していなかった場合が多いことから、アミティで用いられる「社会化」という言葉のほうがより適切かもしれない）が、刑事司法における「更生」を目的とした営みのなかで意識されていることが前提となるのではないだろうか。そもそも、他者から支えられて生きている自己、そういう自らの存在に価値を見出すことすら覚束ないままの人間が、他者に敬意を払い、他者が失われることや傷つけら

れることの重大性を認識し、被害者に対する罪の意識を深く実感して「真の社会復帰」を実現するよう（法的な強制力をもって）義務づけられるということの意味を改めて考える必要があろう[63]。

　更生保護における被害者の再被害の防止、また被害者への直接的謝罪・賠償等の取組みがまったく否定されるべきものとは思われない。とくに謝罪・賠償については、前述のように、すでに効果を上げている実践的取組みが存在することも事実である。しかし、その前提として、対象者が被害者に「与えた影響」やそれに由来する「今後与え得るかもしれない恐怖」等の心情を自ら理解しようと努力するという姿勢がなければ、実行性に欠けるばかりか、対象者の再犯防止という「『特別予防的な影響づけ』には意味がなく、この執行を担当する者にとっては、単なる監視業務しか残らなくなる可能性」[64]があり、履行のための対象者監視の強化と形式的・外形的謝罪や賠償のみが横行するのではないだろうか。

4. むすびに代えて
——行為者の社会復帰と被害者支援のあるべき方向性とは

　基本法の成立過程に大きな影響を及ぼした自民党「犯罪被害者のための総合的施策のあり方に関する提言」は、国家による犯罪被害者のための施策実施は「加害者の民事責任及び刑事責任を減じるものではない」[65]とし、たとえば、判決前の被害者・行為者間の示談の有無が量刑に影響する場合等、被害者が支援を受けてその結果に一定の納得をすることが、行為者の法的な利益につながるのでは、という被害者の猜疑心を払拭したうえで各施策が進められなければならない点を強調する。揺れ動く被害者感情のなかに、このような猜疑心も存在することは、現在の日本における被害者支援の未成熟さを考慮すれば当然のことであろう。しかし、刑事司法の枠内において、なんらかのかたちで被害者が行為者との接点を有する以上は、それが行為者に（制度的にのみならずではなく内面的にも）なんらかの影響を及ぼし、結果として実質的にプラスの作用をもたらす可能性もある、ということ自体は否定しえないであろう。そのような被害者と行為者の接触による多様な効果について、被害者・行為者双方の自発的な受容が困難な時点においては、まずそれぞれの当事者のために、別個の目的や理念をもって行われる支援こそ必要なのではないだろうか。

　確かに、被害者支援にこれまで保護観察官や保護司が経験的に蓄積してきたケースワークの手法等を活かすことはまったく不可能なことではない。ただし、そ

のためには専門的に被害者支援に取り組む機関としてまったく別個の機関を設立し十分な人員を配置することと、従来の更生保護官署に必要な増員を行うことが不可欠である。たとえば、内閣府に新規に「社会局」といった名称の機関を設置し、犯罪・災害等、さまざまな要因によって減少した社会全体の福祉の増進を目的とした機関とする。そのなかに従来の更生保護官署たる更生保護課と被害者支援課のような別の目的を有する課を設け、対象者の意思に基づいて接点を持つことが互いに有効な場面が存在するならば、その際は有機的連携をとるということもできる。前述の全法務のアンケート結果においても、被害者支援に特化した「新規の機関を設けるべき」であるという意見が見られ、更生保護官署による被害者支援の「安易な導入は被害者支援の足かせとなり許されない」として、よりよい被害者支援機関の新設を訴える意見が最も多数を占めている[66]。現在の更生保護官署をわずかに増員し、そのうちの一部を新たな被害者支援部門へ割いた程度では、更生保護官署が現状において抱えている困難を被害者支援に持ち込むことにもなりかねず、基本法における「国の責務」を果たすことにはなりえないであろう。

被害者への支援は、広義の刑事司法において、またその範囲外においても、行為者と被害者を対抗軸的に捉え、双方の権利を侵食したり、その権利に基づく福祉を減殺させたりするような方法ではなく、当該犯罪行為とその結果の支配から当事者が自立的に生きるための長期的・継続的支援であるべきである。その実現にあたっては、被害者支援・行為者支援いずれについても、これまで行われてきた当事者同士の自助的支援の可能性に学び、そのような「当事者」による自助活動をより一層充実させていくための支援も不可欠であろう。そして、そのなかで「現実の被害者・行為者」ではない「第三者」が行いうる、「第三者」でなければできない支援とは何かを改めて考える必要がある。われわれが確立すべき「当事者性」は「潜在的被害者」や「潜在的行為者」に偏ったものではなく、冒頭に述べたように、被害や加害いずれも新たに生み出すことのない社会をめざす「担い手」としての「当事者性」かもしれない[67]。

このような基本的なヴィジョンを持ちながら、更生保護において考えられるべき被害者との関わりについて、具体的施策について検討しなければならない。とくに、現在すでに行われている施策のうち、再被害防止を目的とした更生保護官署から警察への出所者情報の提供（基本計画第 2-2(1)、第 3-1(19)）については、被害者に対する行為者の情報の提供とは切り分けて考える必要があり、被害者に対する情報提供にあたっては現行制度における情報提供主体としての検察の妥当性、提供すべき情報の範囲について早急に検討を要する。また、環境調整や

仮釈放審査に際しての被害者調査については，有識者会議の最終提言においても指摘されているとおり，実施基準の不明確さ，実施方法，その結果の取扱い，仮釈放審査の際の被害者の意見陳述の法的な位置づけ等に問題があり，詳細な検討を早急に進めなければならない。

1　犯罪被害者等基本計画検討会第1回資料2-1「犯罪被害者等基本法の基本的施策に係る犯罪被害者団体等の要望」（2005年4月28日）（http://www8.cao.go.jp/hanzai/suisin/kaigi/sankou2-1.pdf〔2007年1月10日現在〕）。
2　犯罪被害者等施策推進会議および犯罪被害者等基本計画検討会の開催状況や計画策定の状況については内閣府の犯罪被害者等施策のホームページ（http://www8.cao.go.jp/hanzai/index.html〔2007年1月10日現在〕）を参照。
3　牛山敦「犯罪被害者等基本法の概要」法律のひろば58巻5号（2005年）44頁。
4　犯罪被害者等施策推進会議第1回参考資料2-2「基本的施策と各省庁における犯罪被害者等支援の取組」（http://www8.cao.go.jp/hanzai/suisin/kaigi/sankou2-2.pdf〔2007年1月10日現在〕）。
5　江畑宏則「更生保護分野における立法の動き」犯罪と非行113号（1997年）41頁以下。
6　更生保護のあり方を考える有識者会議第4回議事概要「有識者会議における検討事項（案）」（2005年9月27日）（http://www.moj.go.jp/KANBOU/KOUSEIHOGO/gaiyou04.html〔2007年1月10日現在〕）。
7　更生保護のあり方を考える有識者会議第1回議事録（2005年7月20日）（http://www.moj.go.jp/KANBOU/KOUSEIHOGO/gijiroku01.pdf〔2007年1月10日現在〕）における法務大臣挨拶の一節。
8　所一彦「更生の思想」刑政115巻4号（2004年）75頁。
9　諸澤英道「犯罪防止の切り札，被害者支援と被害者理解教育」都市問題研究57巻2号（2005年）30頁。
10　北澤信次「更生保護における被害者の視点」『犯罪者処遇の展開――保護観察を焦点として』（成文堂，2003年）237頁。
11　井坂巧「被害者調査の結果に基づき，被害者遺族の感情に配慮した調整を行った事例について」更生保護と犯罪予防144号（2005年）60頁以下，田中傳一「被害者遺族から教わったこと」更生保護と犯罪予防141（2003年）61頁以下等。
12　松田慎一「更生保護行政における犯罪被害者への配慮について」家庭裁判所月報54巻5号（2002年）11頁。

13 立法研改訂要綱案では，仮釈放の基準について，第132条（任意的仮釈放の審理）コメントで「とりわけ，刑法28条に規定する『改悛の状』については再検討の必要がある」としている。

14 松田・前掲注（12）14頁。

15 『平成16年版　犯罪白書』346頁。

16 松本勝「社会感情再考——被害者感情を中心として」犯罪と非行112号（1997年）55頁。

17 松本勝「仮釈放及び保護観察からみた被害者問題」犯罪と非行124（2000年）53頁。

18 田野尻猛「検察庁における被害者支援の現状について」家庭裁判所月報52巻11号（2000年）42頁によれば，1999年の被害者等通知制度実施要領の制定時には，すでに出所情報の提供への拡大が企図されていたことが窺える。

19 田野尻猛「被害者等に対する出所情報の通知の実施について」刑政112巻4号（2001年）57頁。

20 『平成16年版　犯罪白書』346頁。5-4-4-3表。

21 川原富良「犯罪被害者と矯正保護」森下忠編『日本刑事法の理論と展望　下巻』（信山社，2002年）267頁。

22 松本・前掲注（17）56頁。

23 津田賛平「更生保護と被害者支援」41巻2号（2004年）3頁。

24 藤本晴史「更生保護における犯罪被害者への配慮」法律のひろば54巻8号（2001年）59頁。

25 松本・前掲注（17）58頁。

26 廣川洋一「更生保護と被害者——被害者の声を通して考える」犯罪と非行114号（1997年）225頁。

27 早川智之「警察における被害者連絡制度について」家庭裁判所月報52巻11号（2000年）11頁。

28 たとえば，宮澤浩一「加害者処遇と被害者の視点」罪と罰22巻2号（1985年）45頁等。

29 小畑哲夫「犯罪被害者と仮釈放をめぐって」法律のひろば55巻7号（2002年）48頁以下。

30 たとえば，北澤信次「更生保護における被害者の視点」『犯罪者処遇の展開——保護観察を焦点として』（成文堂，2003年）250頁がこの説にあたるとされる。

31 たとえば，佐藤繁實「被害者と更生保護」法律のひろば53巻2号（2000年）45頁がこれにあたるとされる。

32 たとえば，太田達也「更生保護における被害者支援」犯罪と非行125号（2000年）38頁がこれにあたるとされる。

33　田中一哉「更生保護における被害者問題への対応」更生保護 50 年史編集委員会編『更生保護の課題と展望：更生保護制度施行 50 周年記念論文集』（日本更生保護協会，1999 年）635 頁。

34　小畑・前掲注（29）49 頁。

35　小畑・前掲注（29）49 頁。

36　更生保護のあり方を考える有識者会議第 5 回議事録（2005 年 10 月 27 日）（http://www.moj.go.jp/KANBOU/KOUSEIHOGO/gijiroku05.pdf〔2007 年 1 月 10 日現在〕）。

37　犯罪被害者等施策推進会議「犯罪被害者等基本計画案（骨子）」（2005 年 8 月 9 日）（http://www8.cao.go.jp/hanzai/kotu.pdf〔2007 年 1 月 10 日現在〕）。

38　更生保護のあり方を考える有識者会議「中間報告」（2005 年 12 月 26 日）（http://www.moj.go.jp/KANBOU/KOUSEIHOGO/houkoku01.pdf〔2007 年 1 月 10 日現在〕）。

39　更生保護のあり方を考える有識者会議「更生保護制度改革の提言──安全・安心の国づくり，地域づくりを目指して」（2006 年 6 月 27 日）（http://www.moj.go.jp/KANBOU/KOUSEIHOGO/houkoku02.pdf〔2007 年 1 月 10 日現在〕）。

40　久保貴「更生保護と被害者──保護観察処遇に被害者の視点を取り入れるとはどういうことか？」所一彦編『犯罪の被害とその修復』（敬文堂，2002 年）27 頁。

41　土井政和「更生保護への期待」更生保護 50 巻 1 号（1999 年）21 頁。

42　藤井誠二「新設『被害者支援官』は成功するか　真の支援はともに『闘う』ことだ」中央公論（2005 年 5 月号）71 頁。

43　犯罪被害者等基本計画検討会第 4 回資料 3（法務省資料）「大久保構成員の第 4 回検討会に関する質問及び要望について」（http://www8.cao.go.jp/hanzai/suisin/kihon/pdf/4/houmu4.pdf〔2007 年 1 月 10 日現在〕）5 頁。

44　全法務省労働組合「犯罪被害者等基本法に基づく具体的支援の方策について（見解）」（2004 年 11 月 17 日）（http://www.cpi-media.co.jp/zenhoumu/hogo/hogo03.htm〔2007 年 1 月 10 日現在〕）。

45　全法務省労働組合「更生保護職場における犯罪被害者支援に関するアンケートの結果について」（www.cpi-media.co.jp/zenhoumu/hogo/hogo07.pdf〔2007 年 1 月 10 日現在〕）。

46　安形静男「保護司制度を考える」『社会内処遇の形成と展開』（日本更生保護協会，2005 年）218 頁。

47　安形・前掲注（46）220 頁。

48　全法務省労働組合・前掲注（44）。

49　小川太郎「仮出獄の思想」犯罪と非行 43 号（1980 年）43 頁。

50　たとえば，松本・前掲注（16）56 頁は，「応報感情を背景とする『許しの概念』を強

調すると，(中略)生命・身体犯や多額の損害を伴う財産犯については被害者・遺族の感情が必ずしも宥恕しない場合が多いという事実があり，結果として社会感情の是認は犯罪者を社会が受け入れるために必要であるとする理由に反し，受刑者の社会復帰に必ずしも有益に機能しなくなるし，仮釈放の許可自体も消極的になるおそれが生ずることになる」とする。

51　太田達也「更生保護における被害者支援〔2〕——釈放関連情報の提供と被害者の意見聴取を中心として」犯罪と非行 125 号（2000 年）54 頁以下。太田は，被害者の意見陳述が権利として認められているアメリカにおけるパロール審理の段階の被害者意見聴取制度について，「審理の精緻化」，「被害者の心情充足」といった一定の効果を認めつつも，「二重評価の問題」，「情報の関連性」，「被害者の心情への逆効果」，「仮釈放手続の応報化」といった問題点を指摘したうえで，現状の被害者調査とは一線を画した被害者意見の遵守事項・処遇への反映を前提とした制度を提案している。

52　太田・前掲注（51）66 頁。

53　太田・前掲注（51）74 頁。

54　太田達也「犯罪被害者支援の国際的動向と我が国の展望」法律のひろば 53 巻 2 号（2000 年）13 頁。

55　久保・前掲注（40）24 頁は，「第三の責任」について，「現行の刑事上の責任」と「現行の民事上の責任」それぞれに関連するもの以外の「情報の提供や犯罪被害者に対する補償など国等が行うべきものと，被害者への謝罪や自己の行為の反省など社会通念上加害者が負うのが相当であると考えられているもの（加害者であれば示すことが望ましいと考えられている態度や行動など）が含まれる」としている。

56　小長井賀與「更生保護における修復的司法の可能性——修復的司法に関するビデオ調査の結果を踏まえて」更生保護と犯罪予防 141 号（2003 年）45 頁は，「修復責任」を定義するのは容易ではないとしつつも，便宜的に「加害者が自らの犯罪行為が，被害者及び被害者を含めた周囲の人々との人間関係に与えた害をあるがままに受け入れ，謝罪し，自らに可能な具体的方法で害を修復する努力をすること」と定義したうえで，現行更生保護制度の枠組みのなかで修復的司法を行うにあたっての中心的課題として「対象者が修復責任を履行することを指導し援助することは，保護観察の目的に含まれるか」，「被害者のニーズを，保護観察の中でいかに位置づけるか」という 2 点を挙げている。しかし，犯予法における「更生」の概念はあくまでも刑事司法におけるものであること，すべての対象者が修復的司法に基づいた措置を必要としているわけではないことから，今のところは処遇の選択肢の 1 つになりうるのみであるとする。

57　久保・前掲注（40）26 頁。

58　安形静男「犯罪をした者の社会復帰」『社会内処遇の形成と展開』（日本更生保護協

会，2005 年）4 頁以下。

59　安形・前掲注（58）5 頁。

60　安形静男「『改悛の情』私論」『社会内処遇の形成と展開』（日本更生保護協会，2005 年）331 頁。

61　アミティについては，坂上香監督によるドキュメンタリー映画『Lifers（ライファーズ）』（2004 年）をはじめとした数々のドキュメンタリー映像作品に加え，坂上香／アミティを学ぶ会編『アミティ［脱暴力］への挑戦　傷ついた自己とエモーショナル・リテラシー』（日本評論社，2001 年)，坂上香「刑罰と癒し――『隠された過去への叫び』を聴く」法学セミナー44 巻 4 号（1999 年）68 頁以下，アミティスタッフ来日講演時の特集として「特別企画　アミティ・癒しの『挑戦』」法学セミナー 45 巻 8 号（2000 年）62 頁以下等を参照。

62　坂上香「更生における『当事者』の役割を考える――映画『ライファーズ』に観る『アミティ』の眼差し」刑政 116 巻 6 号（2005 年）40 頁。

63　飯島京子「少年犯罪被害者遺族の視点から」刑政 116 巻 4 号（2005 年）40 頁は，少年院で贖罪指導の一環として，収容されている少年たちの前で話すということについて，「『自分たちにも幼いころがあり，周りの人に支えられ今生きている。今まで成長できたことは，誰かに支えられていたから成長できたのだ』ということを分かってほしいと思うから。一人の人間の『命の尊さ』を分かってほしかったから。私の息子は生きたくても生きることができなかった。だから今生きている彼らには『生きていること』を感謝し，被害者に誠意を持って接してほしいのだ」という切実な思いを込めて接しておられる旨を述べている。

64　土井政和「世界の刑事思潮から見た更生保護の将来――ドイツにおける最近の動向を中心として」更生保護 50 年史編集委員会編『更生保護の課題と展望：更生保護制度施行 50 周年記念論文集』（日本更生保護協会，1999 年）539 頁。

65　自由民主党政務調査会司法制度調査会「犯罪被害者のための総合的施策のあり方に関する提言(経済活動を支える民事・刑事の基本法制に関する小委員会)」(2004 年 6 月 15 日)(www.jimin.jp/jimin/saishin04/pdf/seisaku-020.pdf〔2007 年 1 月 10 日現在〕) 3 頁。

66　全法務省労働組合・前掲注（45）。

67　中西正司・上野千鶴子『当事者主権』（岩波書店，2003 年）195 頁以下は，専門家や当事者ではない支援者と当事者の関係について「主人公は当事者であり，専門家は伴走者，文字どおり『共にいる人』以上でも以下でもない」とする。感情的に当事者に自らを投影して見ることだけではなく，「伴走者」としての今後を主体的に構想することも不可欠ではないだろうか。

（森久智江／もりひさ・ちえ）

第10章　薬物依存症者の社会内処遇
保護観察の医療化と福祉化

1. はじめに

　日本の刑事施設は，過剰収容である。2006年4月には被収容者の数が8万人を超えた。1996年には約5万人であったから10年で1.6倍になったことになる。これが学校だったら，もっと早く何らかの手立てが施されていたであろう。しかし，刑事司法システムを構成する警察，検察庁，裁判所，矯正，更生保護の諸機関は無策であった。いやむしろ，政治家たちは場当たり的に犯罪問題を政治化し，警察，検察は「犯罪者」や「非行少年」の数を増やす厳罰化政策を推進し，裁判所もこれを追認した。そのしわ寄せが，刑事司法システムの最後尾に位置し，これを支えてきた矯正や更生保護に及んだ。

　刑事施設の過剰収容の直接的原因の1つは，受刑者の約4分の1を占める覚せい剤事犯，とりわけ，その所持または使用を主罪名とする受刑者の増加にある[1]。ある試算によれば，覚せい剤の乱用者は約230万人[2]。その社会経済的コストは年額2,000億円に及ぶ[3]。また，覚せい剤乱用者のうちで公的機関の世話になっている人の数は，司法を1とすると，医療はその10分の1，福祉は100分の1にすぎず，過度に刑事司法に集中している[4]。

　本章では，まず，日本の薬物対策の現状を紹介する。そのうえで，これを処遇モデル論の観点から，司法，医療および福祉に分け，それぞれへの公的資源配分を試算する。われわれの分析によれば，薬物依存症に対しては，司法による処罰よりも，医療や福祉による治療と支援がより効果的である。現在の対策は，過度に刑事司法に集中しているので，これを分散するために大胆なダイヴァージョン構想（＝日本版ドラッグ・コート）を提案する。これらを踏まえ，2006年6月に「更生保護のあり方を考える有識者会議」（以下，有識者会議という）の報告書「更生保護制度改革の提言——安全・安心の国づくり，地域づくりを目指して」において提案されている薬物対策，とくに「簡易尿検査受検」の義務化を中心とする

薬物依存症者の社会内処遇に欠けている重要な論点を析出し，日本版ドラッグ・コート実現への見取り図を示すことにする。

2. 日本の薬物対策

(1) 問題処理の二極化と定型化

近年における日本の薬物対策を概観しておこう。1980年代後半から，所持と自己使用だけにかぎっていえば，「覚せい剤は検挙，シンナーは放置」という厳罰型と放任型の二極化（polarization）が定着している。近年，流行しているMDMAなどの向精神薬の取締法などにも厳罰型である[5]。

覚せい剤の所持および自己使用に対する警察，検察庁および裁判所の問題処理は，きわめて定型的・画一的である。すなわち，逮捕して勾留，更新後に起訴。公判は1ないし2回で結審し，判決。初犯なら懲役1年6月・執行猶予3年，再犯なら懲役2年の実刑という処理が一般化している。そのため覚せい剤の所持・使用ではじめて入所してくる受刑者は，3年6月の懲役刑をもって刑務所に入ってくる。

刑務所は，過剰収容で十分な薬物治療ができない。薬物受刑者は，仮釈放が認められにくいので執行刑期が長くなり，残刑期数カ月で仮釈放される。保護観察の期間が短いので十分な社会内処遇もできない。累入者になると引き受けてくれる家族や更生保護施設も見つからないので，帰住地が決まらず満期釈放。結局，出所後の早い段階で再使用して捕まる。前科があるので、また実刑。再使用・再犯と刑事施設への収容の悪循環を繰り返すことになる。

(2) 施設内処遇

矯正施設においても，覚せい剤受刑者が5,000人を超えた1980年頃から，一部の施設で覚せい剤受刑者に対する特別の処遇が始まった。1993年には覚せい剤乱用防止教育が処遇類型別指導の1つとして実施されるようになり，現在，74行刑施設のうち68施設で何らかの指導が行われている[6]。2006年5月からは，いわゆる「受刑者処遇法」の施行にともなって，薬物依存症者に特別の配慮が法律的に確認され，処遇自体も義務化の方針が示された[7]。

指導は，基本的に施設職員が担当するが，68施設のうち45施設では精神科医，保護観察官，薬剤師，警察職員，自治体職員，民間団体のメンバーなどを外部講師として招聘し，講演，講話，体験報告などが行われている。施設によっては

集団カウンセリングやグループ・ワークを行っているところもある[8]。

(3) 社会内処遇

覚せい剤乱用者については、受刑者の再入率や執行猶予の取消し率が高いことから[9]、保護観察においても保護観察対象者の問題性その他の特性を、犯罪、非行の態様などによって類型化して把握し、類型ごとにその特性に焦点をあてた効率的な処遇を実施することにより、保護観察の実効性を高めるための類型別処遇が行われてきた[10]。

処遇方針については、対象者の特徴と問題点、特別遵守事項・指示事項の例、具体的処遇方法、関連機関・社会資源の紹介および活用などを類型ごとに詳細かつ具体的に記載した資料を作成し、保護観察官および保護司の知識の向上と処遇目標の統一化を図っている。

2004年4月から全国の保護観察所で、覚せい剤事犯の仮釈放者に対する簡易尿検査が行われている。2006年6月の有識者会議の報告では、保護観察の充実強化、なかんずく、保護観察処遇の内容の充実と実効性を確保するための施策として簡易尿検査受検の義務化が提案されている[11]。

(4) 民間組織

薬物依存症者が回復するためのプログラムとしては、50年以上前にアメリカ合衆国で開発されたNA（Narcotic Anonymus）の活動がある。このプログラムは、アルコール依存症という同じ問題を抱える人たちの集団治療として開発された治療共同（Therapeutic community）の構想[12]に基づき薬物依存症に苦しむ人たちが自助グループを形成し、1日2ないし3回のミーティングを中心に共同生活を続けていく治療である。このプログラムは、薬物（NA）だけではなく、アルコール（AA）やギャンブル（GA）の依存症の治療方法として世界的に注目されている。日本でも、NAは20年以上の歴史をもち、現在、全国で100以上のグループが活動している[13]。

自助グループとしては、20年以上活動を続けている「ダルク（Drug Addiction Rehabilitation Center：DARC）」の活動がある。最近では、社会的にも認知され、刑務所や保護観察の薬物事犯に対する類型別処遇のなかに、回復者が参加し、ミーティングのファシリテーターを務めるような試みも行われている[14]。

全国35カ所のダルクを支援するシンクタンクとして発足したアパリ（特定非営利法人アジア太平洋アディクション研究所〔APARI〕）は、刑事手続のあらゆる

段階において薬物依存症者からの回復のためのプログラムを提供している。保釈中の被告人に対する薬物研修，受刑者への通信教育，仮釈放時の帰住先の提供などによって，回復をめざす人たちを支援している[15]。

(5) 悲惨な結末

依存症者の側から見れば，面白半分で「シャブ」や「スピード」などと呼ばれる禁止薬物を使い始め，使用を繰り返しているうちに依存症になり，止められなくなる。それが高じて薬がないといられないようになって，ついには幻覚・幻聴などの中毒症状が現れる。生活が壊れ，周囲に迷惑をかけているうちに不安が慢性化し，病院の世話になる。ここでも抗精神薬を処方され，結局，物質依存は止まらない。病院にたどりつくのは運のいい人で，悪い人は警察の世話になり，留置場で「クスリ」のプロにもっと上手な依存の仕方を習い，起訴される。裁判所では家族の前で涙を流し，裁判官に説教されて「二度とやりません」と誓って執行猶予をもらう。しばらくすると，刑務所に入らないのだから無罪と同じと思ってまた薬を使う。一度警察の世話になれば要注意のレッテルが貼られているので簡単に捕まり，逮捕，勾留，起訴，裁判。今度は実刑となり前刑も一緒に執行されるので3年以上も刑務所で服役しなければならない。運よく仮釈放が付いても刑期満了までは数カ月だから，保護司に面接いくときだけ素面（しらふ）なら何とかごまかせる。というわけで，また，再使用，逮捕，勾留，起訴，裁判，刑務所……。

英語では再使用のことを「リラプス（relapse）」という。re（＝back）＋labi（＝to slide）で再び滑り落ちる，再び堕落するという意味である。再使用を繰り返し，もうどうにもならなくなり，底を突く。それが回復（rehabilitation）の第一歩ということもあるが，本人にしてみれば，どこが底なのかはそう簡単には見えない。奈落の底で這い上がれない人も少なくないというのが現実である[16]。

3. 処遇モデルの検討

(1) 3つのモデル

一般に逸脱行動に対する社会の対応は，大きく分けて3つのアプローチにモデル化できる[17]。

まず第一は，司法モデルである。16世紀のヨーロッパで成立した近代法の法思想は，人間を自由な意志をもつ主体であると見なす。薬物の乱用や依存も，自らの意志で選択した行為であるから，その行為と結果に対しては，行為者自身が

非難されるべきであり，自ら責任をとらなければならない。責任のとり方は，行為の質やその時代，その社会でさまざまであるが，刑罰という制裁（サンクション）によって報いるのが最も厳しく，かつ効果的な方法であると考えられている。このようなアプローチを「司法モデル（リーガル・モデル：LM）」と呼ぶことにしよう。

第二は，医療モデルである。近代の医学は，ヒトを精巧な機械になぞらえて考えた。病気は機械の故障であるから，その修理が必要であり，これが治療であるということになる。薬物への依存も，精神または身体の病気であるから，治療の対象となる。病気は，外科，内科その他の方法によって治療されることになる。これを「医療モデル（メディカル・モデル：MM）」と呼ぶ。かつての医療は，専門家である医師が，患者の意志を聞かずに心や身体を治療してしまうことがあった。1970年代には，このような権威的医療が批判され，患者の自己決定を基礎として，治療には十分な情報の提供を受けたうえで，同意すること（インフォームド・コンセント）を重視する医療へと向かっている。その意味では，医療においても本人の意志が重視される時代になっている。

第三は，福祉モデルで 近年，このモデルが台頭している。上記の2つのモデルが司法や医療，法律家や医師を主体として構成されているのに対して，このモデルは，患者や薬物依存症者自身を主体として位置づける。国や自治体，病院や福祉センターは，支援者の1つにすぎない。このモデルは，回復者自身も自己決定と自助的集団のグループ・ダイナミクスを重視する「治療共同体」構想と親和性をもつ。これを「福祉モデル（ウエルフェア・モデル：WM）」と呼ぶことにしよう。

薬物乱用・依存対策の3つのモデル

	司法モデル（LM）	医療モデル（MM）	福祉モデル（WM）
処遇の契機	犯罪	病気	依存症
介入の正当化	行為に対する責任	病気の治療	回復の意志
処分決定機関	国家機関	医療機関	民間機関
処遇の場面	矯正施設	医療機関	治療共同体
判断の主体	矯正施設の長	担当医師	依存症者
運営の原理	規律秩序の維持	治療の適切性	自己決定と自治
主たる関心事	処罰と保安	治療と保護	回復と支援
周囲の役割	非難と監視	憐憫と介護	分別ある隣人

(2) 薬物問題への適用

ここでは，上述の3つのモデルを薬物乱用・依存の問題にあてはめてみよう。伝統的に薬物依存症を処罰の対象と見るのか，それとも治療の対象と見るのかをめぐり，法律家と医師は論争を繰り返してきた。しかし，回復という観点から見たとき，いずれも十分な成果をあげることはできていない。近年，福祉モデルへの注目が高まっている理由はここにある。

司法モデルでは薬物乱用は，法令に違反する行為であるから，犯罪としてその行為に対する責任が追及される。その対応機関は，警察，検察，裁判所，矯正施設，保護観察所などの公的機関であり，その主たる処遇は，矯正施設で行われる。矯正施設では法令に基づき（刑事収容施設及び被収容者等の処遇に関する法律など），日常生活の事細かな部分まで施設の支配下に置かれ，重要な判断のほとんどは施設長（あるいは，その指揮下にある職員）によって決定される。施設運営の基本原理は，拘禁の確保と規律秩序の維持であり，病気治療や矯正教育は，この目的に反しないかぎりで行うことができる。関係者の主たる関心事は処罰と保安であり，周囲の人びとは，行為者を非難し，二度と同じ過ちを犯さないように監視する役割を果たそうと身構えている。

これに対して医療モデルでは，薬物乱用は，物質依存症という病気として捉えられる。医療は，病気の治療の名の下に個人に介入する。治療目的が達成されているかどうかは，医療機関が判断する。判断の主体は当該患者の担当医師であり，施設は適切な治療をめざして運営されている。関係者の主たる関心事は患者の治療と保護であり，周囲の人たちは患者には憐憫の情を示し，その介護を心遣うことが期待されている。

福祉モデルでは，物質への依存を依存症として捉える。医療では，病気を原因，症状を結果と考えるから，病気が治癒すれば物質への依存はなくなると考える。これに対して，福祉モデルでは，依存症を環境への適応の一形態，関係性の異常ないしは偏りと考える。司法によるにせよ，医療によるにせよ，強制では依存症からは回復できない。本人の回復への意志を基盤としなければならない。そのためには，民間の機関がプログラムを準備する必要がある。たしかにプログラムは玉石混交である。しかし，薬物依存症者の処遇にあっては，民間の処遇プログラムのプロバイダー（提供者）の存在が不可欠である。処遇の場面では，治療共同体の形成と維持が重要であり，判断の主体はつねに依存症者自身でなければならない。そのため運営に際しては，自己決定と自治の原理が尊重され，回復と支援の確保に傾注すべきである。その際，周囲の援助者は，当事者を支配してはな

らず，分別ある隣人として，一歩引いた位置から支援しなければならない。

(3) 薬物依存症からの回復

　薬物問題への対応という観点から考えたとき，前述の司法，医療および福祉のいずれのモデルが妥当ないしは有効なのであろうか。

　司法は，刑罰を科せば薬物乱用者はこれに懲りて二度とクスリを使わなくなると考え，重罰化を進めてきた。しかし，依存症という病に罹った人に刑罰は効果をもたない。経験的には，薬物の所持・使用を厳しく処罰すれば，刑務所と再使用の悪循環を助長するだけである。

　これに対して，医療は，薬物中毒者を入院させて治療する。これを受けようとしない中毒者は，強制的にでも入院させて治療を施す必要がある。薬物乱用者を司法処分として施設に収容し，強制的に治療する禁絶施設収容処分がその典型である。

　懲罰的司法と権威的医療とに共通するのは，裁判官や医師が処遇の主体であり，犯罪者や患者はその客体でしかないという前提理解である。たしかに，薬物依存症者を施設に閉じ込め，厳しく生活を管理して薬物から遮蔽すれば「薬物を使っていない」という状態を作ることができる。しかし，このような状態が続いていれば依存症が治ったということができるのであろうか。薬物の所持や自己使用は，直接の被害者がいない，いわゆる「被害者なき犯罪」である。他人に対する害を与えた事実あるいはその危険もないのに人を強制的に閉じ込める根拠はどこにもない。結局は，本人の意志に委ねざるをえない。しかし，その意志が働く前提までも侵してしまうのが依存症という病である。それでは，どうすべきか。

　本人の意志に委ねなければならないなら任せるしかない。しかし，ヴォランタリズム（意志至上主義）だけでは問題は解決しない，というのも経験的事実である。そこで考えられたのが治療共同体の構想で，同じ依存症という病を抱えた人たちが支えあって，自ら回復していくプログラムを確立し，これを周囲が支えていくシステムを構築しようというのである。このような発想は，すでに福祉の世界では一般化しつつあるもので，障害者自身の社会復帰の意志を尊重し，かつ周囲は最大限の支援を準備するという構えが基底にある。これを薬物依存症に適用し，司法制度の中に組み込んだのがアメリカ合衆国のドラッグ・コートである。

　それでは3つのモデルは，刑事司法のどのような考え方と親和性をもっているのであろうか。司法モデルおよび医療モデルは，刑事政策の主体を国であると考える国家的パラダイムと結びつきやすい。これに対して，福祉モデルは，当事者の意

志を周囲が支える市民的パラダイムと親和性をもつ。回復のための3つのモデルは，理念型であるから，二者択一的なものではなく，理念や目標の異なる処遇が同一システムの中で並存することは可能である。他方，刑事政策のパラダイムのほうも，それぞれの人あるいは集団の性質によって，支配的パラダイムは異なってくる。あえて図式的にいえば，本人の意志と周囲の支援を基盤に据える福祉モデルは，市民的パラダイムと親和性をもつといえよう[18]。

地域社会の薬物問題を真剣に考えている人たちが，組織の壁を越えて裁判所に集まり，当事者や支援者で構成される処遇プログラムのプロバイダーの協力を得ながら，本人の意志と合意を尊重し，きめ細かな支援をしていくドラッグ・コートは，このようなコンビネーションを具体化したものともいえる。その際，重要なことは，依存症は病であり，自らの意志で回復していかなければならないということ，そして，回復過程でのリラプスは成長のためのプロセスであり，それだけを理由にプログラムを中止しないことである[19]。

4. バランスのとれた薬物対策

(1) 薬物対策のコスト

それでは，ドラッグ・コートのような薬物依存症者に対するダイヴァージョンは，社会経済的コストの観点からは有用なのであろうか。

池上直己等の試算によれば，薬物の乱用等によって年間約2,070億円の社会的コストが消失している[20]。そのうち直接費用は約1,330億円で，これは，刑事司法費56％，医療費41％および福祉費3％である。刑事司法における施設内および社会内の処遇コストは496億円，医療コストは62億円，福祉コストはわずかに3,700万円である。

1日の1人あたりの平均コストは，刑事施設の収容費は7,617円，保護観察は868円である。医療分野での入院費用が10,504円，通院費用が6,915円である。福祉ないしは社会復帰の分野では，入寮者が5,300円，通所者のカウンセリングは1回が15,000円である。

総コストの89％が司法領域というのはあまりに偏っている[21]。これに対して，福祉の領域コストの不均衡を回復するためには，意図的に司法コストを減らし，ほかの領域，とりわけ福祉のそれを増やす努力をしなければならない。

(2) 新しいダイヴァージョン政策

新たなダイヴァージョン政策は，基本的に特別な立法措置は必要ない。刑事司法の各段階において新たなガイドラインを確立することで実施可能である。ただし，最も重要なことは，再使用が回復のための1つのプロセスであることを認めることである。
　この政策は，刑事司法の捜査・起訴，公判および矯正の3つの段階で行われる。

【ダイヴァージョン1】
　捜査および起訴の段階（起訴前段階）においては，薬物問題専門の検察官は，その起訴・不起訴に関する広範な裁量権の行使に際し，薬物使用者が医療的支援を求めれば，裁判を回避できるという選択肢を提供する。
　当該使用者は，医療機関における断薬を学習し，医療スタッフによる支援を受けた後，自助グループへの参加が可能な入寮施設で共同生活を行う。プログラムの第一段階を無事（事故なく）終了すると，自助グループとの接触を維持しながら，自宅に戻る。その結果が良好であれば，検察官は，公訴を提起しない。

【ダイヴァージョン2】
　公判段階においては，被告人自らが，不法な薬物の使用等を認め，自助グループへの参加が可能な入寮施設で共同生活を行うことを求めた場合には，保護観察付執行猶予を言い渡す。プログラムの第一段が終了すると，自助グループとの接触を維持しながら，自宅に戻る。その後，保護観察期間を無事（事故なく）終了すれば，有罪判決は，効力を失う。この間，保護観察官は，当該対象者を支援するものとする。

【ダイヴァージョン3】
　矯正段階においては，被収容者に，仮釈放を許可し，入寮施設での治療を受ける権利を与える。刑期満了まで保護観察を無事（事故なく）終了すれば，再収容されることはない。
　刑法29条は，懲役刑および禁錮刑の受刑者について，有期刑については，その刑期の3分の1，無期刑については10年を経過すれば，仮釈放を許可することができるものとしている。地方更生保護委員会は，刑事施設の外部で特別のプログラムに参加する意志と準備を有する受刑者にはすべて，原則として，仮釈放を許可する。

(3)　コスト比較

【通常のコスト】12,917,379 円［100％］；1,866 日

　試算のモデルケースとして，次のようなケースを想定した。すなわち，覚せい剤の使用で逮捕され（3 日間），勾留が 1 回更新された後に起訴（20 日間），3 カ月後（90 日）に懲役 1 年 6 月・執行猶予 3 年の判決を言い渡された。しかし，1 年後に同種の犯罪で再犯して逮捕され（3 日間），前回同様に勾留されて 1 回更新後に起訴（20 日間），3 カ月後（90 日）に懲役 2 年の実刑判決。3 年服役後に残刑 180 日で仮釈放され，取り消されることなく刑期満了で終了した。

　このモデルケースを処理するのに，前述の費用基準を適用すると問題解決に至るまで 1,866 日間，総額 1,291 万 7,379 円を要する。

　これを 100％として，後の 3 つのダイヴァージョンのコストを試算することにする。

【ダイヴァージョン 1】3,594,337 円［27.8％］；383 日

　モデルケースと同様に覚せい剤の使用で逮捕され（3 日間），勾留が 1 回更新されたが（20 日間），治療プログラムに参加することを条件に起訴猶予となり，90 日間の入院治療の後にダルクの入寮プログラムに 90 日間参加し，その後にアルバイトを見つけ，アパートを借りて自立し，平日は夜間ミーティングのみに参加し，休日は 2 回のミーティングに参加するという生活を送り，180 日後にプログラムを終わった。

　このケースでは，383 日間，総額 359 万 4,337 円を要したことになる。これは，通常のコストに 27.8％に相当する。

【ダイヴァージョン 2】4,202,404 円［32.5％］；472 日

　次のケースも，前述のケースと同様に逮捕され（3 日間），勾留が 1 回更新されて起訴され（20 日間），90 日後に懲役 1 年 6 月・1 年の保護観察付執行猶予。その際の特別遵守事項として，半年間の治療プログラム参加が義務付けられた。90 日間の入院治療の後にダルクの入寮プログラムに 90 日間参加し，上記と同じような経過を経て保護観察期間終了。

　このケースでは，472 日間，総額 420 万 2,404 円を要したことになる。これでも通常のコストの 32.5％である。

【ダイヴァージョン 3】10,333,811 円［80.0％］；1,866 日

　最後のケースも，前述のケースと同様に逮捕され（3 日間），勾留が 1 回更新されて起訴され（20 日間），3 カ月後（90 日）に懲役 1 年 6 月・執行猶予 3 年

の判決を言い渡された。しかし，1年後に同種の犯罪で再犯して逮捕され（3日間），前回同様に勾留されて1回更新後に起訴（20日間），3カ月後（90日）に懲役2年の実刑判決。刑期の3分の1(420日)で仮釈放され，残刑期間中(840日)，まず，90日間の入院治療の後にダルクの入寮プログラムに90日間参加し，その後にアルバイトを見つけ，アパートを借りて自立し，平日は夜間ミーティングのみに参加し，休日は2回のミーティングに参加するという生活を送り，180日後にプログラムを終わった。その後も夜間ミーティングに参加し，定期的に保護司を訪問し，適宜保護観察官の指導を受けながら，仮釈放を取り消されることなく刑期満了。

このケースでは，問題を処理するまでに1,866日間かかっているので，時間的にはメリットがないが，コスト面では総額1,033万3,811円で20％削減できることになる。

(4) 問題処理の総コスト

試算の基準を1999年に合わせて考えてみよう。同年の覚せい剤取締法違反の検挙人員は18,285人。そのうち，営利犯ではない所持，譲渡し・譲受け，使用の総計は17,688人。これらすべてが初犯だとして，約17,700人分の薬物問題を処理しなければならない。これを通常モデルで処理すると1人に約1,290万円かかるので総額2,280億円必要である。ダイヴァージョン1で処理すると1人約359万円かかるので総額635億円，ダイヴァージョン2だと1人420万円で総額743億円，ダイヴァージョン3だと総額1,820億円必要ということになる。ちなみに，2002年の上記と同様の非営利薬物事犯は11,610人に減った。通常モデルなら総額約1,500億円かかるので，検挙人員が6,078人減ると780億円もコストダウンできたことになる。

薬物問題処理のコストを下げるには，検挙人員を減らし，できるだけ早く刑事手続の外に出すのがより効果的である。

新たなダイヴァージョン政策の導入に成功すれば，受刑者の4分の1を削減し，その資源を刑務所本来の任務に集中することができる。過剰拘禁問題解決も決して夢物語ではない。

5. 簡易尿検査

(1) 尿検査の概要

つぎに，すでに実施されている簡易尿検査について考えてみよう[22]。

簡易尿検査は，すでに1998年から千葉保護観察所で試行的に行われていた。当初は，保護観察中の人が覚せい剤を使用しても保護観察所はそれを放置している，という批判への対応策であった。したがって，取締り的な色彩が強く，検査は再使用が疑われる者に抜き打ち的に行われていた。しかし，次第に再使用を減らすという予防目的に重点が移行し，実施日を予告し，定期的に実施するようになっていった[23]。

　法務省保護局は，2004年4月1日から「覚せい剤事犯対象者につき，本人の自発的意思に基づく簡易尿検査を実施し，覚せい剤を使用していないことを示す結果を積み重ねさせることにより，断薬の努力についての達成感を与え，もって，当該対象者の断薬意志の維持および促進を図り，その改善更生に資することを目的とする新たな処遇の導入を指示した[24]。この処遇は，覚せい剤取締法により受刑した仮釈放者を主たる対象としている[25]。

　手続的には，保護観察官が面接時に簡易尿検査の目的や意義，実施方法などを説明し[26]，対象者がこの検査に積極的に取り組むように促す。対象者がこれに同意する意志を示した場合には同意書を提出させ，検査開始の時期，検査の回数など具体的な実施計画を策定する。その際，保護観察官は，対象者の家族，身元引受人，担当保護司，更生保護施設の職員等の関係者に検査の趣旨などを説明し，その協力を求める。検査は，対象者に予告したうえで保護観察所内において実施する。対象者が拒否した場合には実施しない[27]。

　検査結果が陰性であれば，断薬の努力を十分評価し，本人に達成感を与えて，努力の継続を図るよう指導する。また，検査結果を関係者に連絡し，協力への謝意を伝え，引き続き協力を求めるとともに，本人の努力に対する賞賛と激励を惜しまないよう強く要請する。陽性であれば，保護観察官は，対象者に対して警察へ自ら出頭するよう説得し，対象者が応じないときには警察に通報する[28]。

　実施の回数および頻度については，弾力的な対応が許されており，途中で変更することもできる。また，検査の導入は，保護観察開始時にかぎられず，適宜導入してよい。簡易検査は，達成課題として陰性の結果を出すために努力することに検査の意義があるので，「抜き打ち」検査は適当でない。検査開始後，対象者が検査を拒否した場合には，強制せず，その真意の把握に努め，関係者とも連絡して，今後の対応について協議する。

　問題は，検査結果が陽性の場合の措置である。保護観察官は，対象者に警察に自ら出頭するよう促し，最寄りの警察署まで同道することを原則とする。本人が出頭しない場合には，警察に「対象者に対する尿検査の結果が陽性を示して

おり，薬物使用が疑われる状況にある」旨通報し，その旨を対象者にも告知する。対象者が保護観察所から退出しようとしても，口頭による説得にとどめ，有形力によってこれを止めることはしない。関係者等には，陽性の検査結果を速やかに連絡し，帰宅後に心情や行状が安定になる可能性がきわめて大きく，本人の動静には細心の注意を払う必要があることを説明し，理解および協力を求めるものとされている。この場合には，警察のみならず地方厚生局麻薬取締部に協力を得ることも認められている[29]。

(2) 尿検査の目的と告発義務

一般に，保護観察における社会内処遇には指導監督[30]と補導援護[31]の2つの目的があるといわれる。一義的にはいえないが，当初の抜き打ち検査は指導監督の側面が強かった。これに対して，現在の検査日を予告して行う検査は，補導援護の側面が強い。抜き打ち検査の場合，再使用した人が保護観察所に出頭しなくなってしまうので，処遇が継続できなくなってしまう。使用後2週間程度経過すると陽性反応が出なくなるといわれているので，この期間が経過してから出頭すれば陰性ということもある。医師による検査の場合は，患者は抗精神薬等の処方がほしいので通院を継続する動機づけがあるが，保護観察の場合にはこれがない。1回の不出頭で仮釈放の取消しというのも処分としては厳しく，この間に刑期が満了してしまえば処分はできない。結局，実効性のない検査になってしまうので，陰性を確認し，ポジティヴな処遇効果を事実によって確認することへと目標を変更した。そのことによって補導援護の色彩が濃くなった[32]。

問題は，陽性の場合にこれに立ち会った保護観察官に告発義務があるか否か，である。公務員は，一般に「その職務を行うことにより，犯罪があると思料するときは，告発をしなければならない」（239条2項）ので告発義務を負う。しかし，告発義務は絶対的なものではなく，「告発することによってその公務員が所属する行政機関の行政目的の達成に極めて重大な支障を来たす場合は，告発義務を免れる」と解されている。保護観察官が処罰の目的で対象者を捜査機関に告発すれば，両者の信頼関係そのものが崩れ，保護観察本来の行政目的の達成に重大な支障を来たすことにもなる。行政目的の優先を根拠に，簡易尿検査によって陽性反応が出たとしても，保護観察官は告発義務を負わないと解されている[33]。

ただし，対象者が説得に応じない場合には，警察に通報することになっている。その根拠は，陽性の場合には警察に通報することについては事前の同意を得ていることに求められる。この通報は，いわゆる「事件相談」と同じ性質の行為であっ

て，処罰の意思をともなう告発とは異なるとされる[34]。

　捜査機関では，対象者から改めて尿の提出を受ける。その際の採取の方法には，尿の任意提出と強制採尿の2つの方法がある。任意の場合には採尿に捜査官が立会し，提出された尿が間違いなく対象者自身のものであるかを確認する。強制の場合には，医師が直接採尿する。捜査機関は，保護観察所で行われた簡易尿検査と関係なく，新たに採取した尿を科捜研等の機関で正式の鑑定に付すことになる。保護観察所における簡易尿検査と捜査機関における採尿および鑑定は，まったく切り離されているので，捜査機関が保護観察官に対して「簡易尿検査の結果に関する供述を求めたり，簡易尿検査の検査キットの任意提出を求めたりするといった事態は想定できない」とされる[35]。この点については，法務省と警察庁とのあいだで協議がなされ，一定の了解に達しているようであるが，対象者の地位はきわめて不安定である。任意に出頭し，自首（刑法42条）が認められるからといって，本人が十分に自ら防御できるという保障はない。通報によって，逮捕状が発せられた場合には，保護観察官の通報が犯罪をおかしたと疑うに足りる十分な理由を証明する証拠となる。その後の取調べにおいても，簡易尿検査で陽性反応が出たという事実が重要な意味をもつことは否定できない。にもかかわらず，検体はすでに廃棄されているのである。少なくとも，陽性反応が出た時点で，弁護士による法的支援を受けることができるようにすべきであろう。

　簡易尿検査は，2005年に全国の保護観察所（全国50カ所の本庁，3カ所の支部，27カ所駐在事務所の合計80カ所）で簡易尿検査を受けた対象者は2,538名，のべ実施回数は5,515回（実施回数の平均は対象者1人あたり2.2回）であり，罪名に覚せい剤取締法が含まれる仮釈放者のほぼ半数がこの尿検査を受けている。検査結果は，99％が陰性である[36]。

6. 有識者会議の薬物問題対策

(1) 簡易尿検査受検の義務化

　現在の更生保護制度には，国民や地域社会の理解が不十分であり，過度に民間に依存し，保護観察官の専門性・意識が不十分で，指導監督・補導援護の両面で十分に機能していないという批判がある[37]。薬物事犯の社会内処遇に関して，提言では，保護観察の内容の充実と実効性の確保の施策として，処遇プログラムの受講義務および住居指定制度等の導入とならんで，簡易尿検査受検の義務化があげられている。

しかし，指導監督を重視する簡易尿検査は実効性の点で疑問であり，むしろ任意性を重視することで補導援護に重点を移行させざるをえなかったことからも，今回，薬物事犯に対して必要的簡易尿検査を導入しても，指導監督の強化につながるだけで，処遇効果が上がるとは考えられない。薬物依存問題の核心は，本人の意志を基盤として，それをいかに処遇プログラム中で具体化し，これを周囲が支援していけるかという点にある。

効果的なプログラムともなわない尿検査は，「羅針盤もなしに大海に漕ぎ出せ」と言っているようなもので，リスクの大きいギャンブルのようなものである。

(2) 効果的プログラムの開発

和田清は，好奇心や仲間関係から薬物を使い始めたばかりの薬物乱用者には薬物乱用防止教育が，薬物乱用を繰り返して厳格・妄想等の慢性中毒症状を発症している薬物中毒者には統合失調症に準じた薬物療法が有効であるとする。しかし，慢性中毒までは至っていないが，薬物がなければいられない状態にある薬物依存症者に対しては，日常生活の中で患者自身の自己コントロールを身につけるため，薬物を使用しない環境下での自身による habilitation（社会参加のための訓練）が本質的治療であり，ダルクのような治療共同体を組み込んだ新しい治療システムの開発を提案している[38]。

私見によれば，起訴猶予，執行猶予者保護観察および仮釈放の各制度を弾力的に運用し，処遇プログラムに参加することを条件に手続から逸らし（divert），治療効果が一定の段階に達した時点で，刑事事件としては終局処理するシステムを構築すべきである。起訴猶予の基準について透明性の高い要綱を設ける。保護観察付執行猶予を活用し，プログラムへの参加を特別遵守事項とする。刑期の3分の1が経過すれば仮釈放を審査し，残刑が3分の1になったら原則として仮釈放する。すべて現行制度の下で実現可能である。要は，総合的な政策判断，決断の問題である。

意識改革も重要である。医療や福祉の関係者ではすでに「薬物依存症は病気である」ことは共通認識である。同様の認識は，警察官・刑務官・保護観察官等には比較的理解されやすい。しかし，「薬物乱用は意志でコントロールできる」という観念をなかなか払拭できない法律家，とりわけ検察官と裁判官に「薬物依存症は病である」という認識を共有してもらう必要がある。法科大学院，司法研修所，継続研修などにおいて薬物問題に関する研修を義務づけるべきであろう。

更生保護事業法が改正され，地方公共団体が「その地域において行われる更

生保護事業に対して必要な協力をすること」ができることになった（同法3条2項）。これを義務化する必要がある。都道府県および政令指定都市に「自立更生促進センター（仮称）」を設置し，そこを拠点として薬物依存症からの回復プログラムを開発する。各地の自助グループや支援組織を更生保護施設として認め，その運営を財政的に支援する。

　最も重要な課題は，プログラム参加中の再使用を，回復のプロセスとして位置づけ，一定の条件の下で免責し，刑事訴追をしないことである。これらの条件が整ってこそ簡易尿検査受検の義務化も実効性を持つであろう。

7. むすび

　保護観察は変化している。2005年7月から施行された「心神喪失者等医療観察法」は，精神障害者の社会復帰支援等に従事する専門スタッフとして，社会復帰調整官を配置した[39]。1996年4月から施行された「更生保護事業法」は，事業主体である国，地方自治体および民間団体は，その事業を実施するあたり，被保護者の人権に配慮するとともに，国の行う更生の措置および社会福祉，医療，保健，労働そのほか関連施策との有機的な連携を図り，地域社会に即した創意と工夫を行い，ならびに地域住民の理解と協力を得るよう努めなければならないとしている（同法3条3項）[40]。更生保護の医療化・福祉化・地域化は不可避である[41]。

　薬物対策に関しては，刑事司法が偏重され，医療や福祉が軽視されてきた。いまや，そのアンバランスが刑事司法システムの不健全な状態の原因の1つになっている[42]。薬物依存症者の側から見れば，厳しい刑罰を科されても，抑止効果も，治療効果もなく，過剰拘禁の刑務所で服役する期間は彼らの人生にとって無為である。日本の刑事司法と薬物対策が本来の機能を果たすためには，大胆な負担軽減と資源分配のバランス回復が必要である。そのためには，薬物依存症者のダイヴァージョンとその受け皿としての治療・回復プログラムの開発が不可欠である。保護観察の医療化と福祉化を推進し，司法の介入を可及的に縮減するとともに，薬物依存症者の処遇の中心を地方自治体に移行することが喫緊の課題となる。そのためには，覚せい剤の所持・自己使用を中心とする薬物依存症に対する大胆なダイヴァージョン政策を導入し，薬物事犯の被収容者を削減して，薬物政策の重点を医療や福祉に移すことが，司法の健全性の回復につながると思われる。

1　刑務所研究のための国際センター（ICPS）の第6次刑務所人口調査によれば，人口10万人比における日本の刑事施設収容人口は58人（2004年1月1日現在）である。これは，アメリカ合衆国の8％，ロシアの11％，英国の42％，ドイツの60％であり，最も刑務所人口比率の少ない国のグループに属している。しかし，2003年末の刑事施設の被収容者は，1993年末から58.5％増えている。これに，いわゆる「代用監獄」に収容されている被勾留者を加えると被収容者は84,660人となり，人口10万人比では66人，1993年と比較する68.4％増えたことになる。2003年の収容定員比では約6％の過剰収容になっている。
2　田村善保「覚せい剤乱用者数把握のための調査研究（6）」（2004年3月発行）は，1998年から2003年までの6期にわたる調査研究の結果，覚せい剤乱用者数は，25万人の誤差を含んで230万人程度と推計し，「覚せい剤乱用者は減少していない」との結論を導いている。社会安全研究財団のウェブサイト〈http://www.syaanken.or.jp/〉参照。
3　池上直己＝山内慶太＝湯尾高根「薬物乱用・依存によるマクロ的社会経済的損失に関する研究」（「平成12～14年度厚生科学研究費補助金（医薬安全総合研究事業）・分担研究報告書」）は，1999年のデータを中心に，薬物の乱用・依存によって日本で1年間に発生する費用（経済的損失）を推計している。その結果，「①薬物乱用・依存は社会に多大な経済的損失を与えている。②直接費用の中では，『司法における費用』の割合が大きく，『医療費』よりも大きい。司法における費用の中では『警察』の占める割合が大きい。③総費用全体でみると，間接費用の占める割合が大きい」ことが明らかになった。
4　小沼杏坪「薬物乱用者・依存者に対する治療的対応──特に尿中薬物検査をめぐって」罪と罰41巻3号（2004年）6～19頁〔6～7頁〕。
5　政府は，現在，「薬物乱用防止五か年計画戦略」のフォローアップを実施している。詳しくは，以下のウェブサイトを参照。〈http://www8.cao.go.jp/souki/drug.html〉
6　類型別処遇においては，罪名，犯罪の原因となった性行，社会復帰の障害となる要因等に着目して，同じ類型に属する受刑者を少人数のグループに編成して，社会適応上の問題点を改善するための指導を行うこととした。詳しくは，細水令子「行刑施設における覚せい剤事犯受刑者の処遇」罪と罰41巻3号（2004年）27～33頁参照。
7　1981年矯正局長通達「覚せい剤事犯関係の被収容者に対する処遇の充実強化について」が発令されて以来，各施設ではさまざまな処遇が試みられてきたが，2006年5月24日から施行された「刑事施設及び受刑者の処遇等に関する法律」（平成17年5月25日法律第50号）は，82条1項（改善指導）において，「刑事施設の長は，受刑者に対し，犯罪の責任を自覚させ，健康な心身を培わせ，並びに社会生活に適応するのに必要な知識及

び生活態度を習得させるため必要な指導を行うものとする」と規定し，麻薬，覚せい剤その他の薬物に対する依存があることによって，改善更生および円滑な社会復帰に支障があると認められる受刑者に対しては，改善指導を行うにあたって「その事情の改善に資するよう特に配慮しなければならない」としている。同規定は，「刑事収容施設及び被収容者等の処遇に関する法律」（平成18年6月8日法律第58号）では103条に再編された。

8 薬物依存離脱指導では，麻薬，覚せい剤その他の薬物に対する依存がある者を対象に，5カ月間に1回50分，10回程度の指導を行い，薬物依存の新式および指導にかかる自分の問題を理解させ，出所後，薬物を使用せずに生活していく決意を固めさせ，再使用に至らないための具体的方法を考えさせることを目標としている。指導は，講義，VTR，体験発表，集団討議，グループワーク，個別面接などを内容とするが，その際，回復者（リカバリー）が講話やグループワークのファシリテーターを行っている。

9 日本では，出所受刑者の追跡調査が行われていないので，いわゆる「再犯率（一度犯罪を犯した人が再び犯罪を犯す率）」や厳格な意味での「再入率（刑務所を出所した人が再び刑務所に入ってくる率）」はわからない。これに類した数字として，刑務所に入ってきた人のうちで，過去にも受刑経験のある人の率が「再入率」として用いられるが，2005年の新受刑者の総数に占める再入者の割合は，49.5％，男子50.9％，女子29.7％である。これを覚せい剤事犯にかぎってみると，65.1％，男子67.9％，女子43.3％で覚せい剤の再入率は男女ともに高いといえる。法務総合研究所編『平成18年版犯罪白書』（独立行政法人国立印刷局，2006年）資料327～330頁から作成。

10 類型別処遇は，1990年に導入された。当初，シンナー等乱用，覚せい剤事犯，暴力団関係，暴走族，性犯罪等，精神障害等，中学生，校内暴力，家庭内暴力などを対象者としていたが，その後，問題飲酒，高齢およびギャンブル等依存の3類型を加えたほか，無職等少年を無職等に改め，家庭内暴力等にいわゆるドメスティック・ヴァイオレンス（DV）を含む認定項目を追加した。2003年には処遇要綱が全面的に改正された。

11 法務省保護局総務課「更生保護のあり方を考える有識者会議報告書『更生保護制度改革の提言——安全・安心の国づくり，地域づくりを目指して』について」刑政117巻9号（2006年）109～113頁参照。詳しくは，以下のウェブサイトを参照〈http://www.moj.go.jp〉。

12 治療共同体とは，薬物乱用を止め，個々の成長を促すことを主たる目的とする自助プログラムである（World Federation of Therapeutic Communities: WFTC の定義による）。

13 NA については，以下のウェブサイトを参照〈http://www.na.org〉。

14 DARC については，尾田真言「ダルク，アパリの提供可能な薬物自己使用事犯者に対する薬物依存回復プログラム——米国ドラッグ・コート制度を参考にして」犯罪と非行141

号（2004年）145〜176頁を参照。現在，ダルクでは，全国約40カ所の刑事施設に定期的に講師を派遣し，メッセージやミーティングのファシリテートなどのサーヴィスを提供している。

15 アパリについては，以下のウェブサイトを参照〈http://www.apari.jp〉。

16 体験談については，ダルク編集委員会編『なぜ私たちはダルクにいるのか——ある民間薬物依存リハビリテーション・センターの記録〔改訂版〕』（東京ダルク，1997年）など参照。

17 3つのモデル論については，石塚伸一「薬物依存からの回復と市民的支援」(同編著『現代「市民法」論と新しい市民運動——21世紀の「市民像」を求めて』(現代人文社，2003年)167〜185頁〔177〜183頁〕参照。

18 石塚伸一「二つの刑事政策——大きな刑事司法か？　小さな刑事司法か？」前掲注(17) 125〜146頁所収〔137〜140頁〕参照。

19 ドラッグ・コートについては，石塚伸一編著『日本版ドラッグ・コート——処罰から治療へ』(日本評論社，2007年）参照。なお，平野哲郎「ドラッグ・コート——アメリカ合衆国におけるリハビリテーション・ジャスティス（社会復帰的司法）の試み」判例時報1674号（1998年）27〜39頁，およびJ・L・ノーラン（小沼杏坪監訳）『ドラッグ・コート——アメリカ刑事司法の再編』(丸善プラネット，2006年）「あとがき」も参照。

20 池上ほか・前掲注(3)論文によれば，日本の「薬物乱用・依存による社会経済的損失は，約2,068億円であった。国民1人当り1,632円で，国内総生産の0.04％に相当する。直接費用（1,328億円）の中では，司法における費用が56％を占めていた。司法における費用の中では矯正施設の占める割合が66％で，警察の占める割合は25％であった。また医療費のうちウイルス性肝炎の医療費が89％を占めていた。間接費用（739億円）の中では，罹病による費用が92％，死亡による費用が8％であった」。

21 なお，小沼・前掲注(4) 6〜19頁は，法的規制モデル，医療モデルおよび社会福祉モデルの3つのモデルにおいて，1日あたりそれぞれの関連施設でどれくらいの人数が処遇されているかを試算し，それぞれ15,000〜20,000人，1,500〜2,000人，150〜200人と見積もっている（6〜7頁）。

22 有識者会議の提言は，尿検査の義務化を前提としているので，これを必要的簡易尿検査と呼ぶことにする。現在，実施されている簡易尿検査は，対象者の同意を前提としているので，これを任意的簡易尿検査と呼ぶ。捜査機関の正式尿検査においては，採取の方法として，任意提出と強制採尿の2つの方法がある。

23 生駒貴弘「保護観察の新たな取組み——薬物乱用減少に向けて」罪と罰41巻3号（2004年）34〜41頁〔36頁〕。なお，平井慎二「薬物乱用対策における取締処分と援

助の連携のあり方」法と精神医療14号（2000年）19～38頁，生駒貴弘ほか「覚せい剤事犯者の保護観察における尿検査の試みについて」更生保護と犯罪予防35巻1号（2001年）96～119頁も参照。

24 対象者の自発的意思に基づく簡易尿検査は，いくつかの保護観察所において実施され，覚せい剤再使用の防止に相応の効果を上げていると評価されたことから，これを全国的に導入し，再犯率の高い覚せい剤事犯対象者の保護観察のより一層の充実・強化を図ろうとしたものである。2004年2月5日付通達「簡易尿検査を活用した保護観察処遇の実施について」（法務省保護第64号）および同日付通知「簡易尿検査を活用した保護観察処遇の実施について』の運用について」（法務省保護第65号）。

25 覚せい剤事犯の仮釈放者（いわゆる「3号観察」）が中心である。ただし，交通事情，就労状況，心身の健康状態等からみて保護観察所への定期的な出頭が困難な者は対象から外されている。なお，執行猶予付保護観察中の者（いわゆる「4号観察」）および上記以外の3号観察対象者についても，覚せい剤への親和性・依存性等を考慮して，簡易尿検査を実施することがその改善更生に有効適切であると判断した場合には，上記対象者に準じて検査を実施することができる。

26 説明事項としては，㋐検査を行うか否かは対象者の自由意志に委ねられていること，㋑検査を拒否したことによって処遇上不利益な扱いを受けることはないこと，㋒検査開始後も対象者の申出によって検査を中断することができ，そのことによって処遇上不利益な扱いを受けることはないこと，㋓簡易尿検査を実施することおよび検査結果については，家族・引受人，担当保護司，本人を収容する更生保護施設の職員等の関係者に連絡すること，㋔検査が陽性であった場合には，即日，警察に自ら出頭すべきこと，および，㋕警察に自ら出頭しない場合は，保護観察官において警察に通報すること，の6点である。

27 注意すべきことは，①この検査が取締りを目的とするものではなく，断薬に向けての本人自身の自主的な努力を支持するための処遇であることを理解させること，②検査を強制したり，検査を行わなかった場合に不利益な扱いをすることは許されないこと，③検査に関する具体的な事項を説明し，検査を行う医師を示した文書に署名させ，その写しを本人に交付すること，および④関係者への連絡，とりわけ，担当保護司および更生保護施設職員に対しては，保護観察所で行う検査が市販の簡易試薬によるもので，犯罪立件の証拠となる精密な鑑定結果とは異なるものであり，陽性反応が出たとしても，それだけで不良措置等を採ることはできないことである。

28 採尿は保護観察所のトイレで対象者自身が行う。測定は保護観察官および対象者の面前で行う。尿および検査器具は，結果判明後，直ちに保護観察所のトイレおよび専用に廃棄箱に廃棄する。

29　詳しくは，佐久間佳枝「簡易尿検査の法的位置づけ」保護月報209号（2004年）1〜6頁，同「簡易尿検査の導入について」罪と罰41巻3号（2004年）72〜74頁を参照。

30　指導監督の方法として，①保護観察に付されている者と適当に接触を保ち，つねにその行状を見守ること，②保護観察に付された者に対し，前条2項に規定する事項（一般遵守事項）を遵守させるため，必要かつ適切と認められる指示を与えること，および③そのほか本人が社会の順良な一員となるように必要な措置をとることがあげられる（犯罪者予防更生法35条および執行猶予者保護観察法7条）。

31　補導援護の方法としては，①教養訓練の手段を助けること，②医療および保養を得ることを助けること，③宿所を得ることを助けること，④職業を補導し，就職を助けること，⑤環境を改善し，調整すること，⑥更生を遂げるため適切と思われる所への帰住を行うこと，⑦社会生活に適応させるために必用な措置を採ること，⑧そのほか本人の更生を完成させるために必要な措置を採ることがあげられる（犯罪者予防更生法36条1項および執行猶予者保護観察法6条参照）。

32　簡易尿検査は，「監視・取締りの目的で行うものではなく，対象者の断薬に向けた自主的努力をサポートするための指導的処遇方法として実施される」ものである（佐久間・前掲注（29）1頁）。

33　佐久間上掲，4頁。

34　佐久間上掲，6頁。

35　佐久間上掲，6頁。

36　簡易尿検査の実施状況については，保護局観察課「簡易尿検査を活用した保護観察処遇の実施状況について」更生保護57巻8号（2006年）12〜17頁。なお，2004年4月1日以降に仮釈放になり，2005年末までに保護観察を終了した覚せい剤事犯者4,792人のうち，1回以上簡易尿検査を受けた者1,834人，そのうち期間中に仮釈放を取消された者は76人で取消率は4.1％であり，簡易尿検査を受けなかった者2,958人，そのうち仮釈放を取消された者は220名で取消率は7.4％である。保護観察課長に対するアンケート調査では，プラス面としては「対象者の保護観察期間中の再犯を防止する効果が認められる」（100％）「家族が安心感を持てるなど，家族関係を好転させる効果があった」（96％）などが多く，マイナス面としては「業務量増加が増加し，他の業務に支障が生じた」（75％）があげられている（上掲13〜14頁）。

37　更生保護の現状に対する有識者会議の批判については，前掲注（11）参照。

38　和田清は，薬物乱用，薬物依存および薬物中毒という概念を区別したうえで，慢性中毒症状として幻覚・妄想等はないものの，すでに薬物依存に陥っていってしまっている薬物乱用者には「統合失調症を主とする伝統的医療モデルによる『治療』とは明らかに異なっ

た治療モデルが必要」であり，「医療には現存する社会資源を有効に活用することの必要性と共に，欠落している社会的資源を作り出していく責務もある」とする（同「薬物依存症治療の問題点と今後への展望」更生保護 57 巻 8 号〔2006 年〕22 〜 26 頁〔25 〜 26 頁〕）。詳しくは，和田清『依存性薬物と乱用・依存・中毒』（星和書店，2000 年）を参照。

39　社会復帰調整官は，精神保健福祉士の資格を有する者その他の精神障害者の保健および福祉に関する専門的知識を有する者で，精神障害者の地域ケアに携わる医療機関や都道府県・市町村，精神保健センター，保健所，精神障害者社会復帰施設などの業務が円滑かつ効果的に行われるようにするため，保護観察所の社会復帰調整官が地域ケアのコーディネーター役を果たすことが期待されている。

40　更生保護事業の対象者は，保護観察者，刑余者，執行猶予者，罰金・科料の言渡しを受けたかつての被勾留者，労役場からの釈放者・仮出場者，広義の不起訴処分を受けたかつての被勾留者，少年院退院者，婦人補導員退院者である。

41　石塚・前掲注（17）167 〜 185 頁参照。

42　石塚・前掲注（18）125 〜 146 頁参照。

（石塚伸一／いしづか・しんいち）

第11章 非行少年の処遇と更生保護制度
「立ち直り」を支えるものは何か

1. はじめに

「問いの社会化」を促す更生保護改革か

　「自分はやり直せるだろうか」、「どうすれば彼は再非行をせずに済むのだろうか」「彼女が立ち直りにきちんと向き合えずにいるのはなぜなのだろうか」。どうすれば……という「問い」は、不安を抱えながら更生と向き合う少年自身や家族等はもちろん、その立ち直りを支える人々にとっても切実である。ただ、これまで非行少年の立ち直りの課題は、社会的な課題として、また政策課題として充分認識されてきたとはいいにくかった[1]。それゆえに、ともすれば、更生をはかるべき少年自身の「性根」「心がけ」「弱さ」の問題とされ、非行からの立ち直りを自己責任と自己努力に帰してしまいがちでもあった。畢竟、問題を抱えた少年に対して、解決に向けて何が必要なのか、その問いを社会的課題として捉える意識は希薄だったともいえる。

　だが先の「問い」は、本来、社会問題、社会的課題として捉えられるべきものだろう。それは、近時の更生保護改革の端緒としての本来的な問いでもあるからだ。その問いを社会化することによって、非行を抑止する多様な社会的環境・資源の必要性について社会が自覚する機会が生まれ、それがひいては再非行を減少させ、また、非行問題に取り組む地域の人々を支え、一般的な不安感等を改善する一助になるものだろう。「更生」の語義には、「反省などによって心持ちが根本的に変化すること、生活態度を改めること」（『広辞苑』岩波書店）とある。心持ちの変化を促し、生活行動の立て直しにつながるまさにその契機と継続的な関わりが不可欠なことがわかる。犯罪者予防更生法の制定時に更生と補導援護をめぐって論議された点でもある。

　しかし、今次進められている更生保護制度改革の論議は、「更生保護のあり方

を考える有識者会議」の報告書が「安全・安心の国づくり，地域づくりに貢献し，国民の期待に応えることのできる強靱な更生保護の確立を目指すものである」[2]と示しているように，社会復帰の観点というよりは再犯・再非行防止，更生保護制度の指導監督機能の強化に重きを置いて進められている。換言すれば，国民の不安や不信を解くために，治安問題として更生保護制度が捉え直されているといってもいい[3]。こうした動きの中で，とりわけ少年の更生保護に関わって示されている改革の指針は，先の問いを社会が共有し，少年の社会復帰と再非行の防止につながるものとなるのか，更生の主体や担い手からの視点を含めて丁寧に検討することが求められていると思われる。更生保護の基本的な課題の社会化は，地域社会の問題の解決力を展望するものとなるだろう。

また，今次の改革提起において，非行を犯し問題を抱えた一人の少年の社会化（立ち直り）を支え，促すものは何かをあらためて確認することが求められている。いうなれば，更生保護を担う人々の個別の努力だけでなく，共通の悩みを抱える人々が問いを共有し，かつその改善に向けた取り組みを社会的課題として再定置していく社会的機会の組み立てが求められているのではないだろうか。

本稿では，非行等の問題を抱えた少年をめぐる政策の動向をみつつ，少年の更生保護に必要な視座をあらためて確認する機会としたい。

2. 青少年政策の転換期における少年の更生保護

(1) 「期待される青少年像」の提起と更生保護
人間と社会への不信の浸潤

1990年代半ばから，日本の政府や経済界は，種々の文書を公刊し，「社会生活のための基本的な資質すら持たない青少年の増加」への苛立ちを示しながら，総合的な経済グローバル化にともなう「競争」力強化とそのための条件整備の提起を積極的に行ってきている。そこでは，「競争に勝ち抜く」ために「ものごとの本質をつかみ，課題を設定し，自ら行動することによって問題を解決していける」「人間像」を提起し，「教育」改革の必要性を強調している[4]。もっとも，子どもの成長発達の観点からとらえる教育観は薄く，競争にたえる国家や社会のあり方と不可分な青少年の「育成」であり，「存在」といえる。

経済諸団体や政府が構想する社会と，望むべき人間像の提起からは，反面，要求される責務と役割の枠組みから外れる者への対処が導かれる。21世紀の「豊かな未来社会」の基盤を揺るがしかねないリスク要因として，学校，地域の不安

要因として，犯罪・非行，いじめ・不登校・怠学がそれとされる。また，少年犯罪の凶悪化・低年齢化が喧伝され，不安感を導く社会的リスクが高いと焦点化される子どもについては，子どもの「危うさ」が危機管理の対象とされている。「予兆行動」と表現し，早期の介入の必要性が指摘されてもいる。しかし本来，子どもの危うさは，その成長のプロセスで社会的，人間的な軋轢のなかで生まれてくるものだ。だからこそ，他者や社会とのかかわりのなかでその危うさを自分なりに解決していく力をつけていくことが大切である。子どもの危うさは，一般化され社会の支えの眼差し（声かけ，相談，支援等）を失うとき，威嚇による「抑止の対象」でしかなくなる。

また，事件のたびに子どもの「心の闇」が強調され，「心を病む」子どもの想定は，市民の不安の常態化・日常化を導くことにもなった。心の問題が象徴化されればされるほど，社会は子どもに対して距離をおこうとする。「悪しき心を持った子ども」の自己責任論が言い放たれるとともに，その危機対応のために規範意識の育成が叫ばれ，社会的責任をベースにした新たな「公共」論が提起されている[5]。日本社会の基盤を作るために，新たな「望ましい人間像」のもとでの「国」づくりの点から，一般の子どもの問題行動の抑止とそのための行為規範，道義規範の必要性が提起されているのである。

治安対策としての少年司法と教育改革は一体のものとされ，その組織基盤整備も進んでいる[6]。社会的リスク（犯罪とりわけ少年非行）を焦点化し，それに対する対応能力を示すことは，危機管理の手法として目に見えやすいものでもある。そして，それに対する対症療法としての厳罰化による統制は，社会的な納得を得やすいものであった[7]。

こうした脈絡は，2000年の少年法改正に端的に見ることができる[8]。この少年法改正は，非行行為の結果が重かった場合には，より刑事手続に近づけて扱うというように，行為の結果の重大性に応じて処分の程度を判断するものであった。つまり，どのような問題を抱えた子どもであったのかというよりは，行った行為の結果に対して，子どもであっても責任を負わせるという発想がより強く出ている。自己責任の論理を制裁によって，「責任の自覚」を制裁の重さによってはかろうとするものである。またさらに，現在，問題を抱えている子どもの前兆行動を把握することによって事前に非行の抑止をしていくことが重要だとして，その抑止方法として，補導や不良行為少年に対する厳しい対処の「制度化」が第二次少年法改正案として国会に上程されている。

非行少年という市場社会の不安定化要因に対して刑罰規制を強化し，治安の

対象たる子どもへの強い姿勢を示すことによって,「安心を創出する」という政策の枠組みと展開がよく見えてくる。

なお,少年司法の立法動向に直接影響を与えたのは,国務大臣個人の提案という形で公表されたいわゆる鴻池レポートと呼ばれる「少年非行対策のための提案」(2003年9月)である。少年犯罪からの「公衆の保護」,自己責任論を下地とした「少年・親の責任の自覚」,司法的観点からの「事実の発見」を基本的な考え方として,捜査から処遇,更生保護,健全育成活動まで幅広い見直しが積極的に説かれた。そしてこの提案のほとんどが,同年の12月の「青少年育成施策大綱」(青少年育成推進本部,2003年)に入った。その後の立法と施策は,この大綱に基づくものとなっている。

しかし,この大綱については,従前の健全育成政策,少年司法政策の累積性を無視し国際人権基準を等閑視する点から,大綱としての適格性が批判されもした。また,大綱が示す諸施策の対象は,立法のたびに拡大するばかりである。たとえば,触法少年の調査権を警察が持つ少年法第二次改正案について,当初は触法少年に限定されていたが,立法提案では,ぐ犯少年にまで拡大している。本来,「大綱」は施策の基本的考え方と枠組みを示すものであり,その限界を画する意義を持つものである。無原則な対象の拡大は,大綱の意義を没却するものだ。

規範意識形成のための「ゼロトレランス方式」の導入と子どもの社会的管理

1990年代半ばからの一連の政策と立法から,国家や社会から一定の期待を受け,また役割を背負った子ども・青少年像が浮かび上がるとともに,一方で子どもの動静を指標としてその育成の枠組みから外れる存在に対しては,社会的不安要因として規律・監視の対象とし,早期の補足をはかってきたことがわかる。補導法制の提起,非行少年の社会内処遇をめぐる議論もその文脈の中にある。

学校教育の現場は,そうした動きの実践場でもある[9]。子どもの問題行動に対する生徒指導の指針として,近年,規律の違反行為に対するペナルティの適用を基準化し厳格に適用することで規律・秩序の維持を図ることをはかろうとする「ゼロトレランス(毅然とした対応)方式」を文科省は強く打ち出し,教育関係機関が報告書を公表し具体策を示している[10]。それは,「児童生徒の規範意識の醸成に焦点を置き,そのために必要となる自律性の育成と,集団生活における全体の規律維持を図り,そのことを通じた児童生徒の社会性の育成をはかることを目指すもの」だという。教育現場に対しては,「指導のぶれることのない,強い指導」をもとめ,「『あたりまえにやるべきこと』を『あたりまえのこと』として徹底して実施

する」ことを求め，そのために「学校全体での意識の共有化，組織的対応」とともに関係機関との連携を求めている。なお，その実施にあたって，近年の法改正が参照されている。一つは，刑事処分可能年齢を16歳から14歳に引き下げ，重大事件の処分のあり方を見直した2000年の少年法改正。二つ目は，学校教育法の改正（2001年7月）で問題を起こす生徒に対する出席停止制度の改善により活用の利便性が上ったことを挙げている[11]。一連の法改正が基礎にもつ，制裁（教育的指導を強調）を背景とした「毅然とした対応」姿勢と同様の対処を求める趣旨と思われる。

少年法改正ならびに少年の更生保護改革で掲げられる「規範意識の育成」に関しては，先にあげた「青少年育成大綱」を根拠に，「あらかじめ定めた罰則に基づき，懲戒を与えることを通じて，学校の秩序維持を図るとともに，子ども自身の自己指導力を育成する」とする。たとえば，毅然としてぶれない指導として，中学での小さな問題行動等に「違反切符」を交付したり，高校で違反行為により段階を設け，指導の累積によって処分・指導を行うなどを例示している。さらに，「出席停止」制度については，学校秩序の維持，他の生徒の学習権保障のための制度で，「日頃の指導では統制しきれなくなった場合に行われる，生徒指導上の有効な手段の一つである」とし，学校と教育委員会は認識をあらためて強化すべきだとしている。「懲戒処分」（高校では停学，退学，訓告等）は，規範意識の向上させる効果的運用であり，生徒だけでなく保護者に対しても社会の一員としての責任と義務を啓発する手段とする。

これまでの教育の現場指導の現状から推察しうるように，日本社会にあっては，「規律と監視が必要とされる子ども」に対しては，制裁を背景にして強い指導が必要であり，寛容さは言い逃れを生み結果として教育効果を失い，教育機能不全を引き起こすものとして，積極的な政策価値の転換を進めていると言っていい。社会の中で非行を克服し，家族・地域社会へ還ることを支援する保護観察制度を担う人々の基本的な認識にも大きく影響するだろう。少年の立ち直りを受けとめる社会環境のあり方と密接に関わるだけに，政策価値の転換は，何をもたらすのか見通しておくことは極めて重要である。

こうした中では，子どもの実情をふまえた権利保障，すなわち子どもの「育ち――成長・発達」保障論が後退しやすくなる。またさらに，自らが抱えた問題を克服しようとする主体性からの視点，子どもの視点からの検証が忘れられがちである。

実際，子どもの権利論への批判とともに，丁寧な「子どもの置かれた実情を検証する姿勢」は後退するばかりである。他者と社会に対する市民の信頼の揺らぎ

ともいえよう。ひとり一人の人間としての権利保障への関心も減少していく。威嚇と自己責任論を基調とした「危機」克服としての「社会的再統合」施策の大きなうねりの中で、新たな少年法改正の提起であり、更生保護制度の見直しがされているのである。

いま、子ども存在を一般化し、不信と不安の中で見失いかけている子どもの実像を想起することがいっそう重要となろう。改正法案の対象が、とりわけ、更生保護の対象となる少年がどのような存在なのか、また彼らを支える担い手の人々の指針を確認する機会が必要である。そうすることで初めて、触法少年に対する手続のあり方、社会内処遇の効果的運用の方策についての展望を導くことができるのではないだろうか。個々の人間の実像を注視することが、問題解決のための基本的指針と処方の立案に寄与するものだろう。

(2) 少年法「第二次改正」の持つ意味と更生保護
問われている少年処遇の基本的姿勢——理念の見直しと連動

少年の保護観察制度の見直しを含めた少年法第二次改正案が国会に上程され、審議されようとしている[12]。更生保護制度の見直しが進む中、当該少年法改正案は少年の更生保護制度と連動する基本法の改正といえる。少年法改正案が通れば、そのまま更生保護法案に組み込まれることからすれば、単に保護観察制度の一部見直しという性格のものではない。

少年法第二次改正案の提起にあっては、立法理由を「触法少年による凶悪重大事件も発生するなど、少年非行は深刻な状況にある」とし、少年犯罪の凶悪化、深刻化をいう点では2000年の改正時と同様であり、「国民が求める安全と安心にとって必要な改正」だという[13]。

改正提案の要点は、①触法少年（14歳未満で罪を犯した少年）、ぐ犯少年（罪を犯すおそれのある少年）に対して、これまで児童相談所主体で行ってきた「調査」について、捜査機関である警察が任意または強制的に「調査」できるものとする。また、重大触法少年事件については、原則として児童相談所は家庭裁判所に「送致」しなければならないとする。②これまで少年院に収容できなかった14歳未満の少年につき、収容可能にする。③保護観察処分中の少年が何度かの指導によっても遵守事項を守らない場合、保護観察所の申請に基づいて、家庭裁判所が少年院等に送致することを可能にする。④国選付添人制度を導入する、という4点である。

法改正の項目は捜査、施設収容、保護観察、付添人と一見すると領域を異に

する項目であるが，実はそれぞれに共通する基本的な点がある。少年司法の担い手が少年自身といかに向き合うか，すなわち処遇の基本的姿勢と関わる問題である。

これまで，刑事責任年齢を14歳以上としていることから，14歳未満の子どもの非行に対しては福祉的，教育的な観点から扱うことを原則としてきた。しかし，今回の改正により，ぐ犯少年を含めて，「捜査」機関である警察が独自に「調査」権をもつことになる。捜査官と児童福祉司の「調査」の違い，とりわけ捜査機関との協力によって調査が進められている実状にあって不都合がどこにあるのか検討される必要があるだろう。施設処遇については，家族的対応を主にして子どもの抱えた問題に向き合ってきた福祉施設・児童自立支援施設ではなく，矯正教育の少年院処遇が可能となる。福祉施設と司法機関の一つである少年院処遇との異同とともに心身の成長の著しい12，3歳の思春期前期の少年の自由制約の合理性が検討されるべきだろう。保護観察については，施設収容の「威嚇」をしながら，一方で立ち直りへの支援になる。その担い手は，「民間篤志家」の保護司でもある。

改正案は，全て，福祉機関で子どもの問題に直接に向き合ってきた人々，やり直しを支える児童自立支援施設や少年院の担い手や，保護司等の人々に直接に関わるものだ。

この改正は，そうした少年司法を担ってきた現場の人々を励まし，子どもへ関わるあらたな意欲と希望を沸きたたすものなのか，そうした点を社会が今一度確認する機会が必要であろう。威圧と強面，威嚇から「非行の事実の解明」「非行の抑止」（改正理由）は進むのか。法改正によって，我々は，子どもに関わってどのような社会を作ろうとしているのかが問われている。

処遇の担い手の意識と密接な「改正」

少年法「改正」は，法的な「制度の一部の見直し」であり，少年法の基本をかえるものではないといわれがちである。はたして精確であろうか。前節の文脈の中から，少年法改正の意味について，その特徴を次のようにみて取ることができる。そこから制度見直しの持つ意味を再確認しておこう。

第一に，子どもの「刑罰による教育」観の加速である。少年事件の凶悪化，増加の声に押されるようにして少年法は2000年に大きく改正された[14]。子どもの抱えた問題性より，非行の結果の重大性に焦点をあて，「原則逆送制度」，すなわち，ある一定の非行結果については原則的に刑事裁判に回す制度を新たに作っ

た。はじめて，少年審判に検察官の関与も認め，厳罰化，必罰化を進める改正であった。刑罰も教育であり，子どもにも責任を問うことで，「規範意識」を持たせる必要があると立法提案者は論じたが，愛国心と規範意識を強調した教育基本法改正の露払いでもあった。一方で，子どもが自分の権利を自覚できる機会は不十分なままである。

2000年改正前後から，司法過程における子どもの実像を知ろうとする姿勢は消え，立法提案の科学的根拠を検証する姿勢も少年事件凶悪化論にかき消され，厳罰化のいっそうの進行により社会には「威嚇」によって問題を解決していこうとする指向性が高まりつつある。今回の触法少年を中心とする改正法案も，14歳未満の子どもであっても，福祉ではなく司法（治安問題）が対処することによって，「社会の納得と安心」を得ようとするものといっていい。

我々の社会は，子どもの失敗（非行等）に対して，その子ども自身の資質の問題として捉え，責任を問おうとしている。そうした社会的意識の広がりからか，子どもの抱えた問題の背景，その教育・家庭環境等への関心は薄れ，非行からの立ち直りとそれを支えようとする社会の意識も低下してきている。

第二の特徴は，司法と福祉の分化・階層化の促進である。

警察による「調査」権について，「非行のない少年を誤って処分しないためにも，非行少年については個々が抱える問題に即した適切な処遇を行うためにも不可欠」としているが，年少少年事件の事案解明には，事件立件に重点を置く捜査手法的な調査では，誤った事実が引き出される可能性のあることが小児精神科医や福祉関係者からすでに指摘されている[15]。基本的問題として，思春期前期の成長途上の子どもの事件について，科学的検討が可能な形で改正根拠が提案されておらず，対処についても処遇の点からも十分な状況にない。

触法事件の法的な枠組みは，少年法と児童福祉法の二元的連携の中にあるが，あくまで主体は子どもの福祉，ケースワークの思想のもとにおいて対処することとしてきた。刑事事件として扱えないだけでなく，扱うことによる弊害の大きさも考慮されていた。

「通告」制度は，あくまで通告された福祉機関が主体となる。その調査は，子どもの問題性の発見，非行の背景に力が注がれることだろう。しかし，「捜査」機関としての警察の「調査」は，どうしても事件「立件」に重点が置かれる。基本的に事案へのアプローチを異にしているのだ。改正案では，警察は，事件の「送致」主体になるという。「送致」は，送るべき事件の実体を調査し明らかにする活動でもあり，そうでない事件を裁量的に選別することができる。福祉機関の現

状と課題，役割等の検証作業がなされもせずに，制度理念を変えていいものだろうか。

事件として重い事案は司法に回し，軽微な事案を福祉が担うという今回の改正の基本的発想は，司法と福祉の分化と施設処遇の階層化を進めるものであろう[16]。

第三には，改正の持つ前記二つの特質が相乗的に進行することで，手がかかり負担が重く面倒な事案（人間，状況，事実）に対して，社会的に「力による解決」を求めがちになることである。たとえば，社会内で更生することを求められた少年に対して，指示に従い順調な少年であれば問題はないが，指導に乗りにくく面接来訪の約束を破りがちな少年に対しては，制裁を掲げ威嚇をすることが「指導の効率・効果性」を高める担保になる。

しかし，ここに欠けるものは，少年の更生の過程と抱えた問題性への注意関心が向きにくくなることだろう。またこのことは，そうした点を調査するシステム（制度，運用）自体の衰退につながっていくことになるだろう。立ち直りの順調な少年に対するよりも，本来社会復帰に困難を抱えている少年ほど，施設収容の道を開くことに繋がり，社会内処遇は担い手にとってみれば「やりやすさ」，少年からしてみれば「ともかく言うことを聞いておく」処遇になりはしないだろうか。

少年法改正がもたらすものは，少年の処遇に対する基本的な担い手の意識を変えていくことに繋がり，社会自身が子ども一人ひとりの抱える問題性への関心より，その子どもの行動の結果の重大性，行動様式によって判断しがちになっていくことを危惧する。

少年の抱えた問題性（要保護性）への関心を高め，その逓減のあり方を種々の観点から探る機会が必要と思われる[17]。

希薄化する少年法の理念

改正の焦点でもある14歳未満の少年，成長期でもあり危うさもある思春期の少年に，我々の社会はどのような姿勢を取ろうとしているのか。換言すれば，健全育成，捜査から更生保護まで少年司法制度の基本的考え方，思想が問われているといってもいいだろう。いわば，少年法の転換期である。少年の更生保護の理念は，少年法と別にあるわけではない[18]。

子どもは他者との関わりのなかで，自分の安定を見いだし，その中で自己の統御の仕方や社会性を徐々に学び取っていく。そうした過程があって，被害者や非行への反省は本来深まっていく。少年法の理念のもとで日本社会は，問題を抱えた子どもを受け入れつつ立ち直りの機会を多様に用意する社会であろうとしてき

た，しかし，厳罰化の進行は，その社会が持つ「社会の復元力」を衰退させていくことになるだろう。

遵守事項違反の場合の少年院収容については，新たな「保護処分」の類型を作るものであるが，威嚇的な要素の入った社会内処遇の性格を大きく変えるものであり，ここでも保護観察官等と少年の関係の取り方に関わる基本思想から検討されるべきだ。

目に見える非行対策が叫ばれるなかで，問題を抱えた子どもへの社会的支援への関心は薄くなるばかりである。そうしたなかで，少年院をはじめ，いま子どもの収容施設は定員一杯の状態にある。いま，子どもの処遇に関わっている人々を励まし，自信と意欲を引き出すことが重要に思われる。本来，その役割は「理念」にある。「理念」は，制度の基本的あり方を規定し，その制度を担う者の指針でもある。直截に言えば，少年司法の制度のもとで働く意欲をわきたたす源泉なのではなかろうか。厳罰化は，子どもへの関わりを薄める一方で理念の希薄化を招いている。

「安心と安全」を生み出すことへの関心は，人間と社会への不信をその底流にもっている。不信を基礎にした威圧的な政策立法は，いわば，予防的な観点から事前規制を積極的に容認し，処分の形式化を導きかねないのではないだろうか。ひいては一元的な価値の敷衍，事態への多様な接近の衰退（社会的関係・社会性の衰退）を導くにもなろう。「冷たい熱狂」とでもいえる。そうした脈絡の中での今回の少年法「改正」案である。人間への信頼の萌芽を見いだすことよって事実に迫り，事態を変えていくことよりも，威嚇を優先した法案である。ニヒリズムの中の子ども立法ともいえる。誰に向けた改正なのか。

3.「保護観察」制度改革の実質は何か

改正法案

少年法第二次改正案では，「犯罪者予防更生法の一部改正」を前提に，少年法の保護観察中の者に対する措置を新設する。

犯罪者予防更生法（以下，犯予法）の改正――保護観察中の者に対する措置

　　第41条の3　保護観察所の長は，保護観察の保護処分を受けた者が，遵守すべき事項を遵守しなかったと認めるときは，その者に対し，これを遵守するよう警告を発することができるものとすること。

2　保護観察所の長は，前項の警告を受けた者が，なお遵守すべき事項を遵守せず，その程度が重いと認めるときは，少年法26条の4第1項の決定の申請をすることができるものとすること。
少年法の改正——保護観察中の者に対する措置
　　第26条の4　家庭裁判所は，犯罪者予防更生法41条の3第2項の申請があった場合において，保護観察の保護処分を受けた者がその遵守すべき事項を遵守しないとの程度が重く，その保護処分によっては本人の改善及び更生を図ることができないと認めるときは，決定をもって，児童自立支援施設若しくは児童養護施設送致又は少年院送致の保護処分をしなければならないものとすること。

　法案提起の趣旨は，「保護観察に付された少年に対する指導をいっそう効果的にするための措置等」の整備のためとする。保護観察対象者で遵守事項違反があった場合，不良措置として，少年院からの仮退院者（2号観察）には戻し収容，仮釈放対象者（3号観察）には措置の取消，保護観察付き執行猶予者（4号観察）には執行猶予の取消が採りうるが，保護観察処分対象者（1号観察）には，不良措置ができないというのである。そのため，現在，保護観察中の少年に遵守事項違反があった場合，保護観察所に呼出し，引致ができ（犯予法41条），遵守事項違反によって新たな虞犯事由があると判断するときは，家庭裁判所に「通告」ができる（犯予法42条）が[19]，それに加えて，上記のように遵守事項違反への警告の後，その程度が重い時家裁へ不良措置を送致できることとした[20]。
　この少年の保護観察の制度変更について，有識者会議が少年の健全育成，保護の理念との関わりや更生保護制度における成人との関係をふまえて検討したとは言い難い。改正案の内容，保護観察制度の変更の意義とその必要性等が事務局から説明され，若干の質疑が行われているが，事務局も「すでに法案となっているものについて，ここで議論するのは必ずしも適当ではない」としてそれ以上の質疑になっていない[21]。「提言」でも，特に少年に対する措置は採り上げられていない。
　なお，法案が提起されてから，理論的な観点を含めて多様な疑問や批判が提起されている。たとえば，①遵守事項違反に関連して「ぐ犯通告制度」（犯予法42条）がありながら活用されていない背景を含めて，その運用状況について充分な検証がなされていない。②保護処分の継続・延長ではなく新たな保護処分にあたる。③遵守事項違反を要保護性の変化とし，積極的に累非行性の可能性としてすぐに位置づけられない。④家裁の終局処分としての社会内処遇選択と拘禁

処遇選択は本来異なり，施設収容への処分変更は施設処遇の執行猶予的な性格を強め，社会内処遇の本質を変える。⑤保護観察の本質が監督・監視に傾きその機能が低下する[22]，等々である。立法提起者はこれら問題提起への説明責任を果たすべきである。

「指導の効率化」の実質

　提案の背景に「遵守事項の重要性を認識させ，実効性ある保護観察を行うことが困難な面があった」とし，「来訪しない」少年がいることによって「指導が困難」になり，非行性の深化が懸念されることが導入の根拠とされる。「遵守事項を守らない」ことの繰り返しが，結果的に自己に不利益が及ぶことを自覚させることで，振る舞いをただす。すなわち自己規制を期待するというものだ。基本的には「威嚇」への期待である。規範覚醒を威嚇的手段によって促そうというものだ。しかし，政府は「比較的穏やかな手段によるもので，強制的契機は少ない」とし，処遇選択の幅を拡げるものだとしている[23]。

　しかしここには，なぜその問題はその方法で解決されなければならないのか，との問いに充分答えてはくれていない[24]。「来訪しない」「指示に従わない」少年の実状として何があるのか，その背景の確認には困難が予想される。しかし一方では，それをせずとも「違反」の確認だけは累積する。つまり，改正趣旨としては遵守事項違反の規範覚醒を求めていながら，それに対する働きかけのために遵守事項に反する行動とその背景に踏み込む負担を現場（保護司）任せにしてしまうだけに，実際上，新制度は形式的なものにならざるを得ない。指導に従わない「扱いにくい者」は，保護観察処遇不適格・困難者ということになりそうだ。そうした者に対する威嚇と制裁は，なぜ違反が繰り返されるのか，その過程に目が向かわずその処分が自己目的化しかねない。指導の効率化は説得的に根拠づけられず，実態は威嚇である[25]。

　しかし，少年の保護観察制度は，家族や友人，学校等での社会的関係や自己意識の形成に失敗した少年が，社会関係の中で自分に期待される役割を取得し，それを統合する自我を育てることを，制度構想の基盤に追いてきたはずである。それはいわば「社会化 Socialization」の動きを重視してきたからだ。他者との関係の中で必要とされる役割を取得し，そうしたなかでアイデンティティを取得していく保護観察という社会内処遇を通じた「社会化」のプロセスは弱体化せざるを得ない。厳罰や威嚇は，自己目的化しやすい危うさを持っている。

　保護観察が，現在「いかにあるのか」を考える契機が望まれ，新制度構想は，

本来，いわば少年の保護観察失敗事例の検討と課題から導かれたことの説明が丁寧になされるべきにもかかわらず，そこが抜け落ちることによって，結果的に保護司が苦心し，困難の焦点を見定める機会を封印することになってしまうだろう。繰り返しの注意，警告の機会があるのだから，強制的・威嚇的ではないというが，いわば「処分権者の論理」であり，その関係性を修復する議論の契機は用意されていない。

「指導監督」の教育的機能

　保護観察には，「指導監督」と「補導援護」の両面があり，遵守事項（犯予法34条2項。①一定住居に居住し正業に就くこと，②善行保持，③犯罪性ある者と交際しないこと，④転居，長期旅行の時には許可を求めること）は，指導・監督の一貫とされている。その方法は，接触を保ちその行状観察を行うこと，遵守事項の遵守のために必要かつ適切な指示を与えること，社会の順良な一員となるために必要な措置をとることとされている（犯予法35条）。補導援護の方法については，①教養訓練の手段への援助，②医療保養への援助，③宿泊援助，④職業補導，就労支援，⑤環境改善，調整，⑥適切な帰住援助，⑦更生完成への必要な措置である（犯予法36条1項）。

　なお，少年とその更生に関わる担い手との関係を規律する法的な枠組みとして，「遵守事項」，「特別遵守事項」を位置づけることができる。前者は指導監督的な性格を持ちつつ，後者の対象少年の特性に応じた特別遵守事項は援助の指針と捉えることができる。

　指導監督と補導援護は，ともに極めて教育的，福祉的要素を持っている。権力的側面の色彩が強い「指導監督」とされるが，指導監督の実質は教育でもある。教育はそこから内発的なものを引き出すことが求められる。行動の動機付け，自発性を促す指導は，教育の実践的指標でもある。ゆえに，教育は学ぶ者とそれを支える者との全人格的な接触による営みということがいえるだろう。その場を担う人々は，畢竟，その人間性と専門性（事態に臨む姿勢・技術）をかけることになる。

　しかし一方で，指導に従うことを求め，しばしば，従わない場合には制裁によって従わざるうえない状況を作り出しがちでもある。しかし，強制や威嚇がもたらすものは，面従腹背ではなかろうか。保護観察の現場は，極めて「いきがり，悪ぶる，開放感，不安，焦燥」など不安定な状況にある対象少年たちに向き合う場である。そこに求められるのは，不安定な少年たちへの助言と援助だろう。何より少年が

それを必要としている。

「保護者への措置」への留意

　「遵守事項」は保護観察官・保護司と本人のみの問題にとどまらない。犯予法の改正案では，保護観察所の長は保護観察に付されている少年の保護者に対して，必要があると認めるとき，「その少年の監護に関する責任を自覚させ，その更生に資するため，指導，助言，その他の適当な措置をとることができる」（犯罪者予防更生法改正案 36 条の 2，更生保護法案 59 条）としている。保護者への措置については，現行でも事実上行われているが，法的根拠を明確化するものである[26]。

　遵守事項の履行にあっては，家族，保護者等の協力が欠かせないことはいうまでもない。しかし，一方で保護観察中の少年の遵守事項違反について親権者に損害賠償責任を求める事案など，更生に対する保護者としての協力の担い方について近年「親権者の監護責任」が問われる事例が散見されている。2007 年 2 月には，保護観察中の 3 少年による金品強取目的で暴行を加えた強盗傷人事件について保護者へ損害賠償請求がなされ，親権者の監護責任を認めなかった事案がある[27]。遵守事項違反につき，保護観察実施機関と対象者の関係だけでなく，社会内処遇における親権者の役割が問われたことになる。そうした中で懸念されるのは，保護観察における遵守事項の「履行義務」の責任が保護者に過度に密接なものとされるならば，保護者と少年との関係は社会復帰を促し，支えるというより，問題を起こさせないような監督性が強く表に出がちになることである。保護者への指導が形式的なものになれば，保護者も帰住先として受け入れを拒みかねない。

　近年，補導等に関する自治体条例で保護者の監督責任の自覚と責任が言及されるなど，社会復帰だけでなく非行予防との関わりでも，少年の日常生活や社会活動と密接な者との関わり方が問われはじめており，今後慎重な検討を要す課題となろう。保護観察における，社会復帰に向けた処遇の中核として保護観察所の総合的な処遇連携のプランニングと調整，プログラムの開発が必要となる。負担も重いだけに，保護観察官の人員の確保とともに，求められる処遇の再確認が必要だろう。

4. 少年の更生保護改革に求められる視座

(1) 非行少年の実像の共有

学びと対話から脱落する少年

「少年司法運営に関する国連最低基準規則」いわゆる北京ルールズの第1条「基本的展望」は，地域社会の中で少年がその成長と発達を適切に保障されることが，ひいては不安定な成長の一時期を有意義なものとし，非行防止に連なる最良の社会政策につながるとしている。そしてそのために，最終章の30条「計画政策立案，評価の基礎としての調査研究」では，準則の具体化のために「少年の多様なニーズ」の把握に定期的に努めることが不可欠だとしている。少年司法政策と立法の基礎は，まず少年非行の実状と少年の具体像を把握することにあるのだ。しかし，日本では，非行少年に対する社会的イメージは，社会を驚愕させ耳目を集める事件や少年非行対策で強調される「非行の凶悪化」といった非行動向への一括りにした評価だけが伝わりがちである。

少年鑑別所の実務家は，社会から隔離と自己変革を求められ入所してくる少年たちを次のように紹介する[28]。

「知的な能力に関して，少年鑑別所の少年たちに目立つのは，学力の低さである」。知能は決して低くなくとも，学力はおしなべて低いという。その学力は，小学3年生レベルで止まり，「九九の六の段以降が怪しく，分数の通分加減ができない子が多く，分数の割算は例外なくできない。また速度の問題が苦手」[29]という。しかし，少年たちは「自分の学力が信じられない低さだということを周囲が言うほどには自覚して」おらず，いままで勉強してなかったから成績悪いけれどもこれから頑張るといって，頑張れば何とかなると思って屈託がないという。しかし，中学の発達途上の3年間，教室にいたことが無駄だったと思えるほど残酷な現実でありながら，元教師の保護司さんなどに特別授業で関わってもらうと「嬉々として，分かるようになりました。もっと勉強して高校へ行きます」という。「勉学や向上の意欲がなくなっての学業不振ではない」。しかし，圧倒的な学力不足のもとで，鑑別所に入ってくる少年たちは「自己評価が低く，自己像が悪く，無力感が強い」。共通するのは，「非常な低学力と自己像の低さ」だと指摘する。

小学生の時は，大人としてのアイデンティティの再構成の前で，「自分は何者でどの程度の人間かなどと自己評価することはない」が，青年期に入ってしまった中学生は，自分を何かにつけて他人と比較し，自分がいかなる人間かを見つけるためにも，「友達づき合いはもっとも重大な関心事になり，他人の些細なことばに傷つき，些細な出来事を自分に結びつけては劣等感に悩み，未来を考え，迷う。そこでの『学力が低い』という事実は，自己評価に愕然とするほどのインパクトを与える」。「勉強ができないことに悩み始めた時に，親からの追撃を受けて，混乱し，

当惑し，時には激しく反発する。この繰り返しのなかで，そうだ，何だかんだ言っていても，回り中が成績の良い子を優れた子と見ており，自分は劣った人間なのだという結論を強めてゆく」[30]。

なお，非行少年たちは鑑別所では実に落ち着いているという。「自分の置かれた立場を自覚して行動を変えるような適応能力は，彼らにないものの一つ」だといい，規則正しい生活と「何より自分に関心を持ってくれ，話を聞いてくれるだけで嬉しい」[31] ゆえのようだ。彼らとの対話について，以下のように言う。稚拙な自己弁護と誤解，曲解にちりばめられているが，本意をゆっくり探りながら，やりとりを続けるうちに，自分の行為の意味を理解しはじめ，浅くとも反省し，未来への決意を固めていく，と。

非行を犯した子どもの実像の一端を知ることができる。自由制約をうけている少年の一端である。保護観察など社会の中で立ち直りの機会を見つけようとしている非行少年の多くに重ねることができるだろう。「社会の人々，親，本人が思っているほど『心がけ』の問題ではなく，性格の偏りや，軽い知的障害など，人格の弱点による適応障害であることが多い」という。規範意識にかけ，社会を不安に陥れるイメージとは異なることがわかる。施設にしろ社会内にしても，彼らに必要な指導と支援の糸口は，生活リズムの組み立てと話を聞き向き合う姿勢が重要な鍵になりそうだ。「学校を離れてしまうと，保護観察にでもならない限り誰かに自分の気持ちを聞いてもらえる経験はできない」という指摘は，社会内処遇の議論の一つの視点を提起している。非行少年と向き合うことについて，あらためて少年司法の理論的，方法論的な指針を確認が求められている。

(2) 「担い手論」と「立ち直りの主体の視点」——少年の社会化を支えるものは何か

「更生の主体」性と「担い手」との関わり

少年の施設収容を可能にする保護観察制度の変更を核にした更生保護制度の改革は，少年司法の基本的理念といかなる点で連動しているのだろうか。

有識者会議においても，更生保護改革における少年の位置づけについてほとんど議論されていない状況をふまえて理念との関わりに留意するとき，更生の主体である少年自身の非行克服へ向けた主体性を引き出す契機を持っているのか，また一方，指導・援助の担い手の意欲を増進させるものであるのか，という更生への主体的契機の観点から検証することが不可欠であるように思われる。

人間はその生活の社会的関係において孤立していくとき，最も苦しみ，自棄に

陥りやすいとされる。それは，自己承認の機会を失うことでもあるからだ。非行少年が地域社会の中で更生に向けた「やり直し」の機会となる保護観察は，孤立的な状況からの出発でもある。疎外感と不安を抱える中での更生である。それゆえ，立ち直りに不可欠なのが，社会的関係回復を支え，援助してくれる人間や組織の存在である。保護観察制度における，保護観察官や保護司といった一定の専門性とボランティア性を持った「担い手」は，単なる取扱い担当者ではない[32]。

　「更生」は他者との社会的関係の再構築であり，生活再建の端緒形成である。そしてそうした過程そのものが更生の内実・実質をつくることになる。その点で，少年と担い手である保護観察官と保護司等の関わりのあり方が極めて重要な意味を持つことになる[33]。

　少年司法の目的ともいえる，少年が非行を克服して成長発達を遂げるとともに（少年の福祉の実現）少年の尊厳の尊重に根ざした公正な取り扱いが，ひいては積極的な処遇の実効性をもたらすだろう。その核心は，担い手である。少年の更生保護は，更生保護の担い手とともに歩む「自己の回復の過程」ということができる。他者との関わり方の改善等，社会的な自己回復は，「立ち直り」の枢要な部分である。

　そうした観点からすれば遵守事項違反等は，一面，逆説的にいえば「負の自己承認の手だて」「自己を見失いつつある過程」といえなくもない。それに対して求められるのは，少年が自分を見つめる機会をいかにつくるかだろう[34]。

　保護観察対象の少年と更生保護の担い手の関係性は，異質でかつ対等な関係ではないだろう。その関係性をつなぐのは，少年法の理念のもとでの，犯予法，保護司法の目的の実現である。その実質は，コミュニケーションと支援による総合的な「社会的関係の構築」ともいえる。そこでの「関係の維持」について，「離脱を許さない」として不良措置を迅速に採れるようにする改正法案の制度構想は，関係不全に「いら立つ担い手」の要求の添うものではあるが，「保護」の実質を変えていく契機を含んでいる。有識者会議の提起の前提には，「更生意欲のない者」の存在があり，そのものの行動と生活の探知を積極的に認めるものだが，逆説的に言えば，更生意欲を高く持った対象者の方が少ないのが実態だろう。更生意欲は対人間的な関係の中から生起し，信頼への返答であったり，葛藤の積み重ねの中から生まれるのではないだろうか。

　「不良」措置への対処の迅速化とその判定ためのシステムの新設は，処罰ではなく問題点を発見する方向で検討される必要があろう。

　少年院処遇・仮退院後の保護観察を受けた元少年の言葉が，少年司法の核

心を想起させてくれる。その青年は，自分自身や自らの非行を見つめ直し，再非行をせずにすんだことについて，「不安定な時期に更生を支えてくれる人との出会い」が大きかったことを指摘する。再犯を防ぎ，新しい被害者を生み出さないために，少年と向き合い，支える人間の存在が不可欠だというのである。自分を振り返りながら「一度過ちを犯した人間にとって，再犯というのは本当に身近にある」といい，「保護観察というシステムのなかに，もっともっと自分を変えるチャンス，また健全な人間関係のネットワークを作って上げることが大切だと思う」とする[35]。さらに，再犯の防止のために，多様な人や地域社会との関わりの中で，人への思いやり，地域を守ろうとすることの大切さを知る機会を作っていくことを提起する。社会復帰とは，多様な人や組織との関わりの中で再犯を防ぐ過程ということができるだろう。

担い手の意識と密接な「法制度の改正」

　威嚇を基礎にした制度は，その制度のもとで何が生み出されるのかについて，社会的に共有すべき更生保護の課題を掘り起こす批判的視点は弱くなる。徹底して少年の課題を発見する意欲を必要としなくなるからだ。総体的な少年の環境問題を含めた要保護性を探索する担い手の力量は，総体的に低下することになるだろう。制裁による解決は，担い手の意識を変えることになる。施設収容処分の選択は，その力量の低下を自覚する機会を失うことになりはしないだろうか。

　有識者会議の提言では，「担い手のあり方の再構築」が提言されている（有識者会議報告書，21頁以下）。そこでは，①官民協働として，保護観察官と保護司の役割分担の明確な整理，観察所の保護司への対応の充実，②保護観察官の採用・育成の見直し，③保護司の確保，支援の見直し，等である[36]。確かに，現状の見直しに向けた課題が提起され，それぞれに取り組みが求められている事項である。しかし，焦点としての保護観察「制度を変える」ことにより，何が変わるのかに関して，見通しが充分とは思われない。

　今回の少年法第二次改正の焦点のひとつであり，更生保護制度の根幹である「少年の保護観察制度の変更」，すなわち遵守事項違反に対して施設収容を可能にする改正の基本的問題は，現場の運用を担う担い手の意識を変えていくことにあると考える。

　遵守事項は，少年の場合，（立ち直りに向けた）指導監督の側面とともに生活再編のための支援の一定の目安としての意味も持っている。さらに特別遵守事項は，とりわけその少年の個別性への対処方針を示すものと考え得るだろう。少年

の更生保護の理念は，少年の抱えた問題（要保護性）の逓減，解消による再非行の防止と考えることができるが，そのためにたとえば遵守事項違反をどのように捉えるのか，処遇の担い手自身が試される局面でもある。

　そうした指導・監督と支援の総合的な処遇指針の性格を持つ遵守事項について，「義務違反の徴表の指針」「保護観察処遇の限界の目安」のとすることは，現実的には担い手の意識としてかなり心理的な負担軽減となることだろう。その目安に従って少年の保護観察成績評価は，ある意味簡便になる。しかし，そのことは保護観察の処遇指針の組み立ての契機をどこに見つけるか，指針の一つを失うことにもなろう。来訪しなくなるということは，遵守事項で守れずにいる点が，観察官や保護司等の関わりが必要な少年の問題性の徴表であり，処遇の端緒とも思われる。そうしたことからすれば，保護観察の処遇機能の衰退は避けられないだろう。もちろん，実際は保護司一人が関わるには限界がある場合も多い。そのような場合にこそ，観察官等を含めた機関連携と保護司支援のあり方が検討される必要があると思われる。

　「制度の変更」は，時間の経過の中でその担い手の意識を変えていく。保護観察制度は，少年の抱えた問題性が最も先鋭的に現れる部分，すなわち「処遇のあり方」を検証する機会を失うだけでなく，担い手の処遇意識を確実に変えていくことになるのではないだろうか。

　なお他面で，百歩譲って，施設処遇の選択肢を入れたとしても，施設処遇の必要性，つまり要保護性を何に求めるのか。本来，保護観察中にその調査が行われることになるのだろうが，その処遇的観察の機能は重視されてないということになる。保護観察から施設処遇への転換をする選択根拠を何に求めるのか。（保護観察所長の警告を無視し，家裁へ送致された場合，指導に従わないとの「新たな非行」に対する処分と言うことになろう。受理後，家裁調査官は送致されてきた社会記録に基づき，自らの調査をふまえ判断することになるが，現行の犯予法42条に基づく「ぐ犯による通告」との差異を見いだしにくい）違反を繰り返した，ということだけでは単なる制裁に過ぎない。本来社会内処遇が必要とされた少年について，施設処遇を選択することは，あらたな処分要素が生起したことになる。その根拠を何に求めるのか，説明がなく議論は尽くされていない。現行の犯予法42条に基づく「ぐ犯による通告」の機能性を含めて，検証が求められる。

(3) 改革の検証指針としての子どもの権利保障に関する国際準則
子どもの権利条約と権利保障の実践的方法論

子どもの権利条約は，子どもの最善の利益をはかること，つまり「子ども一般」ではなく，問題を抱えている個々の子どものニーズを引き出すことによって具体的な権利保障をはかっていくという思想と方法論を提起している。すなわち，子どもの権利に関する諸規定は，当該社会，大人世代が子どもとの関係のあり方を見直す指標であり，その直接的なメッセージである。

子どもの抱える問題への多様な観点からの接近が，子どもと社会の利益につながることになる。また，子どもの権利の救済，侵害の回復と予防等，実質的な社会改革的な「制度構想」を提起するものでもある。条約の締約「国」だけでなく，国内のあらゆる機関に対して条約遵守・実施義務を課していることから，そのことを確認することができるだろう[37]。

子どもの権利条約の認識は，いま議論の途上にある社会内処遇論を含めて，既述の子ども関連の立法や政策を支える発想とは大きな隔たりがある。

しかし，我々は子どもの権利委員会の勧告から，進行しつつある政策・立法をあらためて考える具体的な架け橋や道筋を導き出すことができる。日本政府への2度にわたる国連子どもの権利委員会による勧告では，条約上の権利を実施するためにあらゆる適切な立法上，行政上その他の措置をとることを求め，立法とその過程に子どもの権利条約を具体的な形で反映させることを求めている[38]。なお，2004年1月の勧告では，施策の総合性を示す「青少年育成施策大綱」を評価はするが，その具体化の過程で子どもの参加等を確保するなど，権利条約を反映させる形で見直すべきだとしている。そして少年法改正に関しても，従来の子どもの権利条約の考え方からは，あきらかに後退している部分があると明確に指摘している。こうした点からすれば，厳罰的色彩を強めた改正少年法は5年後の2006年に見直しを行うこととされているが，改正を導いた基本的姿勢や運用の課題を検証・論議しないまま，14歳未満の子どもの非行への対処や社会内処遇に関する制度枠組みをあらたに立法提起しようとする姿勢は，子どもが抱える種々の問題解決へ向けたものとは思われない。

社会の中で非行からの立ち直りの機会を探る子どもにとって，いま何が必要なのかをめぐる議論には，子どものニーズの検証と担い手論を含めた子どもの権利保障のあり方をさぐるスタンスが必要ではなかろうか。北京ルールズをはじめとした国際準則は，その実践的な指針となるものだ。

関係構築型（子どもの権利基盤型）アプローチ

近年，子どもの権利条約の精神と原則を国内立法・施策に反映させるための

包括的で実践的な方法として、権利基盤型アプローチ（the rights-based approach／RBA）が提起されている。それは、「①国際人権法の目的および諸原則を充分に踏まえ、②条約締約国としての実施義務・説明責任を前提として、③条約および関連の国際人権文書の各規定の有機的関係に留意しつつ包括的視点でとらえながら、④権利の保有者を軸とした対話、参加、エンパワーメントおよびパートナーシップの精神にのっとって、⑤子どもの人権および人間としての尊厳の確保につながる変革をもたらそうとするアプローチ」[39]とされ、まさに権利条約の具体化の過程の指針となるものである。

なお、さらに、この子どもの権利条約の実践としての権利基盤型アプローチは、国家に対してのみ要求されたものではなく、先に触れたように民間の機関に対しても要求されている点が大きな特徴である。つまり、国家機関だけではなく、民間の様々な子どもに関わる機関についても、子どもの権利保障について検討する機会の確保が必要だということを積極的に説いている。少年司法の更生保護「改革」をめぐる立法や制度見直しにおいてもそれは活かされるべきである。

5. 少年「処遇論」の深化――社会内処遇における支援の意味

子どもは、目の前の大人に依存的で迎合的だったりする。ときに、存在を無視し反抗的だったり欺きもする。非行の事実や自らの行動を「ことばにする」ことが、彼らにとって容易でないことも多い。社会の中にあって非行からの立ち直りの契機を必要としている少年や、その途上にある少年にとっては、誰が、どこで、どのように接するのかが重要になる。

少年司法にあっては、子どもの特性を考慮し、他者との社会的関係をどのように作っていくか、彼らの具体的体験を通して自らのものにしていく支援が必要だろう。社会内処遇の核心は、社会的存在としての自覚と出発の契機を多様な支援と試みの中で提起することではないだろうか。そのために「他者と関わる力」のトレーニングが欠かせない。自分が他者から認められたりしたときに、人は素直に喜ぶ。その喜びは、他者への関心の出発でもあろう。そこから、多くの人間は「話す」ことに気持ちを向ける。少年の社会化の重要なきっかけでもあろう。保護司がボランティア（「民」）であることの意義の一つもそこにあると思われる。その指針は、先の国際準則等からも、日々の実務家の実践からも導くことができる。

非行少年の立ち直りに深く関わってきた自立援助施設のスタッフの女性が、人と話し始める子どものことを次のように紹介してくれたことがある。彼らは人に誇れ

るものがなく自信もない。しかし，何かの折りに彼らの良いところを見つけ出すと，素直に喜び，それが影響するのか他者と話し始めるのだという。自分を受けとめてくれる他者がいることを知り，実感できるとき彼らの気持ちの中に変化が生まれ始めるのかも知れない。

　社会の中におかれた少年の実態に迫るために，彼らの声をきこうとする姿勢と体制が重要になるだろう。もとより少年法は，本来それを基本的な理念とし，そうした姿勢は，少年司法の調査・捜査から立ち直りの全過程で，あらゆる運用の担い手に求められている。ちなみに少年法第二次改正案は，福祉的・教育的対応をする組織と人間から，意欲と関心を奪いかねないと危惧している。

　非行からの回復の契機は，自分と向き合う人間の存在を実感でき，かつその人間との関わりのあり方が，非行からの回復の過程そのものなのであろう。

　今次の施設収容処分を可能にする改正提案は，制度設計の指針を前述の点から再検討が必要であろう。子どもの権利保障論は，こうした社会的議論を積み上げることによって，まさにその厚みを増すことになる。なお，これらは実際には，少年処遇論として実務現場で検討を積み重ねてきているものだ。家裁の保護的措置論，施設ならびに社会内での処遇実践論のなかで説かれてきたものでもある[40]。それらの共通する要素を引き出しただけに過ぎない。少年が葛藤しつつ自分を取り戻し，社会でやり直すために何が必要なのか。担い手が少年と向き合う基本的姿勢（保護主義の理念）が処遇論の実質であり，いま更生保護改革論のなかで求められるのは，効率的保護観察機能強化論でも，アピールしやすい安全安心のための監視強化論でもなく，一人の更生を援助し再非行を防ぐために必要な理念・方法論を共有することだろう。

6. むすびに——支援のネットワーク化

「問題の社会化」機能の衰退のなかで
　制度運用において「何が問題なのか」は，自動的に「問題化」するわけではない。保護観察の現場で，処遇困難な状況が社会的な不安や制度危機を生みだしているとされるときに，その問題の焦点がどこにあるのか，そして，改善として何が必要かの検討のためには，その制度の理念との突き合わせの中で検討することが欠かせない。遵守事項を守れない少年を放置しておくことが問題なのか，遵守事項を守らせることが重要なのか，遵守事項を守れない状況を生みだしていることが問題なのか，等々問題をどう捉えるかによって，対処のあり方も異なる。少

年への制裁と威嚇によって見せしめにすることは可能だが，遵守事項の設定のあり方の問題でもある。

運用現場の問題は，これまで社会的に受けとめられる機会は少なかった。逆説的に言えば，非行少年がどのようにして社会に戻っていくのか，どのような機関や人々がかかわっているのか，何が課題とされてきたのか，更生保護に関する問題は社会化していない問題ゆえに，耳目を集めた保護観察中の再犯という事件で一気に関心が集中し，安心を求めて法制度改正が提起されたともいえるだろう[41]。非行少年の保護観察を含めた更生保護の問題を社会の中で考える機会を持ちにくかったこと，その点を確認しておく必要がある。「問題を社会化する」ために，すなわち，少年の再非行を防ぐために何が求められるのか，担い手のあり方を変える必要があるのか，人材等社会的資源の活用なのか，威嚇と矯正による強制処分なのか等々，その指針を見いだすために問題の社会化が不可欠だろう。

保護処分を受けた少年（41,000 人，2005 年）の約 6 割（25,230 人）が保護観察になる実状からして，社会内で更生することについて考える機会は，そうした少年を支える人材や機関への理解をうる出発でもある。そうした意識を育む機会のない社会は，徹底した排除と差別が進行していくことになりかねない。立ち直りの問題を社会化するために，更生保護の中核機関たる保護観察所は，更生保護の社会的説明を果たしつつ，当該少年に関わる関係機関や人材へのコーディネート機能を果たすとともに，担当する保護司との処遇指針見直しの共同作業を担うといった二重の機能を果たすことが求められるだろう。少年専門官の創設も検討すべきだ。

監視機能の強化と地域社会形成

更生保護制度の構築は，すぐれて「どのような社会を形成しようとするのか」という課題と密接である。たとえば非行少年や問題を抱えた少年が地域社会の中で自ら生活を立て直すには，社会的環境や社会意識が大きく影響するからだ。非行を行った少年がもう一度社会の中でやり直すことについては，成人に比してその支援と援助にとりわけ意識的な関わりが求められる。たとえば少年への「就労支援」一つとっても，経験等もなく，いわば手間のかかる成長期の少年を雇用する企業は極めて限られ，現実に支援の枠組みも実体も希薄なままである。学校復帰も受け入れの問題から多くが厳しい状況にある。成人と異なり，非行少年の立ち直りには何が必要なのか，方法論の確認と具体的施策の検討が注意深く行われる必要があるだろう。それは少年処遇論として展開されてきたところだが，焦点はその

基本的理念を社会が共有しない限り制度の定着が展望しにくいところにある。更生保護改革が示す施策の基本的精神が、そうした少年処遇に対する理解と共感を導くことにつながっていくのかが問われる必要があろう。

　当該社会の法制度の構築は、いかなる社会を構想しているかを見通す手だてでもある。現在、日本の刑事司法制度は、重罰化、厳罰化の手法を採りつつ「安心の確保」と「社会の規範覚醒」を求めている。少年法第二次改正法案と更生保護改革の基調は、権威性と威圧による厳しさを強調することによって、司法制度への信頼を回復しようとするものだろう。いわば社会的統制の強化によって今後の社会形成をはかろうとしているといっていい。しかし、社会的統制の強化が安全と安心を確保する合理的な選択なのか、十分な説明の機会がもたれてきたとは言いにくい[42]。

　更生保護、とりわけ少年の更生保護制度は、少年が社会的な存在として種々の関係を取り戻していくこと、すなわち社会復帰の機会を社会が支援し援助することによって、ひいては再非行を抑止しようとするものである。その社会の支援と援助の制度的枠組みが、広く社会の中で了解可能なものとして認識、意識されることによってその制度は、動き始めることになるだろう。その社会的認知の機会をいかに作るかは、現在の制度への理解とあらたな制度構想のあり方にかかっている。

1　「犯罪にかかわる世界」と「一般市民の日常生活」に境界を設けることによって市民を犯罪にかかわる世界から隔離してきたと指摘するものに、河合幹雄「裁判員制度が問う市民と情報」朝日新聞2007年3月5日。
2　「更生保護のあり方を考える有識者会議」報告書『更生保護制度改革の提言――安全・安心の国づくり、地域づくりを目指して――』（2006年6月27日）1頁。
3　治安悪化対策が政治の焦点として強調され始めるとともに、青少年政策の基本的認識に変化がおきている点については、佐々木光明「『青少年健全育成』政策に関する覚え書き――社会的再統合と健全育成政策の転換」『民主主義法学・刑事法学の展望　上巻』小田中聰樹先生古希記念論文集（日本評論社、2005年）579頁以下を参照されたい。
4　経済団体連合会『グローバル化時代の人材育成について』（2000年3月28日）、『21世紀を生き抜く次世代育成のための提言――多様性、競争、評価を基本にさらなる改革の推進を』（2004年4月19日）。経済同友会『個が活き活きと輝き集う多縁社会ニッポン――21世紀を担う人々へのメッセージ』（1997年4月26日）、『志ある人々の集う国――志を育て、尊重し、達成できる新しい日本を目指して』（1996年6月30日）。政府にあっては、たとえば

行政改革委員会規制緩和小委員会報告書『創造で作る新たな日本』(1995年12月5日)等。
5 　教育基本法改正の論議の過程において端的な形で表出した。
6 　たとえば従前の学校警察連絡協議会とは別に，個別の学校と警察の相互連絡体制整備等が進んでいるが，子どもの消極的情報だけが個別情報として利用されることの問題は慎重に検討すべきである。その問題は，地域社会で更生を図ろうとする少年の保護観察対象少年の場合と連動している。いかなる機関がどこまで少年の個別情報を共有するのか，それは地域での更生のあり方，担い手の問題と密接である。
7 　「犯罪・治安の政治化」とも言えるが，そこで示される「安心と安全」のための処方箋は，「厳罰化」による社会統制に傾きがちで，とられた予防措置の実効性は検証不能であることが多く，行政はその説明責任をはたしているとはいいにくい。
8 　改正少年法の運用状況を含めた理論的検討を行うものに，葛野尋之編『少年司法改革の検証と展望』(日本評論社，2006年)。
9 　文科省は，同級生殺害触法少年事件を契機にして「新・児童生徒の問題行動対策重点プログラム」(2003年9月27日)をまとめ公表し，指導組織体制の整備，有害情報対策・情報モラルの充実，社会性の育成教育の充実，家庭教育支援の4点を重点課題として取り組みを強化することを求めている。
10 　国立教育政策研究所生徒指導センター「生徒指導体制のあり方についての調査研究」報告書 (2006年5月)。なお，朝日新聞2006年6月17日私の視点──寛容度ゼロ生徒指導，同新聞2007年1月14日。「生徒指導メールマガジン」16号 (2006年1月31日)，http://www.mext.go.jp/a-mennu/shotou/seitoshidou/magazine。
11 　配慮すべき法改正の三つ目に，児童虐待防止法の制定 (2000年11月) による早期発見通告義務が規定されたことを上げているが，他の機関との連携を強めることの趣旨である。問題行動の生徒についての他機関の連携としては主に警察が考えられるが，引き渡しや情報提供の促進は教育現場のあり方を変えつつある。
12 　この「改正」法案は，2004年9月8日，法務大臣が法制審議会に諮問し (諮問第72号)，法制審議会少年法部会の審議を経て，2005年2月9日の法制審議会総会 (第144回) で承認，同日付で答申された「少年法等の一部を改正する法律案要綱」に基づくものである。その後，2005年3月1日，政府は「少年法等の一部を改正する法律案」を閣議決定し，同日法案を国会に提出。6月14日には，衆議院本会議で南野法務大臣 (当時) が趣旨説明を行ったが会期切れで廃案となった。しかし，その後2006年2月に再上程，継続審議扱いとなっていた。なお，少年法改正案は更生保護法案と連動し少年更生保護について基本的な改正案でもある。少年法改正案は，2007年4月19日，更生保護法案は，2007年4月27日に衆議院法務委員会で強行採決された。ともに実質的な質疑は行われて

いない。

13　法改正の必要性について，立法事実に合理的根拠は極めて薄い。趣旨説明では「触法少年による凶悪重大事件も発生するなど少年非行は深刻な状況にある」としているが，触法少年事件の凶悪事件に分類されている非行件数が大きく増加に転じているわけでなく，またその分類の8割は放火事犯である。他の年齢層とは異なる放火がなぜこの年代に多いのか，また，どのような事犯であるのか。そして，そのような非行の背景の調査に何が重要なのか，十分な社会的な検討がなされていない。長崎，佐世保事件など社会的に注目された事件が背景とされているが，14～15歳で刑事手続きが必要とされた事件は，2000年の改正以後3件である。少年法の基本的性格を変えるべき合理的な根拠となるのか，その根拠をより明確にすべきである。なお，凶悪論への統計的批判については，日本弁護士連合会「少年法『改正』問題Q＆A」（2005年4月29日）パンフレット，石井・坪井・平湯『少年法少年犯罪をどう見たらいいのか』（明石書店，2001年），河合幹雄『安全神話崩壊のパラドックス』（岩波書店，2004年）等参照。

14　殺人等凶悪事件が決して増加しているわけではなく，むしろ少年事件特有の事案への対処が必要ともいえる。

15　社会保障審議会児童部会・社会的養護のあり方に関する専門委員会は報告書（2003年10月）を提出していたが，2004年10月に少年法改正との関わりで説明を受け，その後の討議で委員会意見を出している。

16　触法事件の場合，その被暗示性や萎縮性等の子どもの特性の点から，その初動の局面での接触のあり方が事実の発見との関わりを含めて子ども自身へ大きく影響する。事案の軽重を問わず，誰が，どのように，いかなる場所で関わるのか，決定的に重要である。この点に関して，法制上の議論だけではなく，医療，心理，福祉等の観点から子どもに関わる実務家からの意見聴取だけでなく，別途総合的な検討の場が必要にも思われる。

17　改正論議の中で「処遇選択の多様化」がしばしば言われるが，要保護性への関心が薄れがちな中にあっては，施設収容の拡大と「囲い込み」が進みやすくなるだけにも思われる。それは，「安心」と引き替えに社会の非行問題対処への関心を衰退させることに繋がりはしないだろうか。

18　いま，少年法を支える理念が変容しつつありながら，問題の焦点は見えにくい。改正は，今後何を引き出すことになるのか。改正法案の問題を見通す「検証軸」を確認しておく必要があると思われる。そこから，改正案が導く今後について我々は考える契機をもつことが重要だろう。一部の政治家の声高な少年犯罪凶悪化論に翻弄されることなく，子どもの非行の問題に一人の大人としてどう向き合うのか，その姿勢を社会の議論のなかで確認していく必要があるだろう。漠然としたイメージからの判断ではなく，子どもの実状から考えるた

めにも，多様な立場からの実態紹介は立法提起者の責任である。

19 1982年から2年間に最高裁家庭局に報告のあった保護観察所長からのぐ犯通告のあった裁判例について，実務取り扱いの紹介とぐ犯通告に関連する問題を検討するものに，上垣猛「犯罪者予防更生法第42条のぐ犯通告に関する裁判例に関する総合的分析」家裁月報40巻8号（1988年）があり，ぐ犯通告の活用を指摘している。

20 保護処分の取り消し，変更に対する現行少年法の制限としては，少年法27条——競合する処分の調整としての保護処分の取消，少年院法11条——収容継続，犯予法43条——戻し収容であり，司法機関と執行機関の分離の趣旨である。家裁の執行機関への関与としては，少年法28条——報告・意見の提出要求，少年審判規則38条1項——視察，同2項——勧告がある。

21 有識者会議では，更生保護改革における少年の位置づけについて充分な議論が尽くされたとはいいにくい。座長が，「保護観察に付された少年に対する指導を一層効果的にするための措置等の整備」に関する法案を含む少年法の一部を改正する法律案が国会に上程されていることをあげ，「法律の是非の検討はしにくい」としたこともあり（2006年5月19日第15回会議録14頁），少年司法全体の観点からの検討は行われていない。少年の保護観察のあり方は，残された検討課題の一つとして第15回会議で若干触れられただけである。

22 改正問題について触れた論考は多様だが，更生保護との関連でいくつかのみ挙げておく。斎藤豊治『少年法研究2 少年法改正の検討』（成文堂，2006年）。斎藤豊治・守屋克彦編著『少年法の課題と展望』（成文堂，2006年）第4章少年法の第二次改正（斎藤豊治執筆）305頁以下。武内謙治「少年法第二次改正——保護観察遵守事項違反に対する施設収容規定の問題点」法律時報78巻6号（2006年）。武内謙治「保護観察の制度改革と少年の教育」葛野尋之編『少年司法改革の検証と展望』（日本評論社，2006年）322頁以下。なお，同論文では保護観察の現状から改正案の合理性を批判的に検証している。葛野尋之「少年法改正の背景と問題点」法学セミナー607号（2005年）。加藤暢夫「少年の処遇と保護観察——遵守事項違反による施設収容問題を中心に」法律時報77巻6号（2005年），佐々木光明「少年法制の課題——子どもの声をきく司法へ向けて」法律時報77巻6号（2005年）。なお，石井智之「英国の保護観察サービスにおける『公衆保護』のあり方について」犯罪と非行142号（2004年）は，イギリスの「2000年刑事司法及び裁判所業務法」により改変された保護観察制度を紹介する。

23 有識者会議第15回2006年5月19日会議録20頁。

24 違反が繰り返される遵守事項がどのようなもので，どれだけの頻度かについての具体的な統計は公表されていない。また，たとえば，「来訪しない」ということについて，その事情や背景，その問題をチェックする充分な体制にないのか，それともチェック可能だがその機

能より少年の自己責任の問題として宣明したほうが指導効果が高まるというのか，いずれも明確ではない。

　保護司が作成する「保護観察経過報告書」には，来訪のないこと，往訪しても不在なとの事情が書かれるが，その記載は保護司に任されている。保護観察官はその報告書や口頭での連絡に基づき「良好」「普通」「不良」と評価し，採るべき措置の指示を示す。あるいは観察官が連絡を取る。しかし評価する保護観察官は，少年の生活実態について把握しているわけでなく，少年への感銘力ある指導となるか疑問が残る。いっそ，権力的に威嚇する方が指導性が上がるというわけであろう。

25　「来訪しない」というが，少年が来訪すべき責務を根拠づける規定はなく，本来，保護観察官・保護司が往訪することによって遵守の方策を探ることを犯予法は求めていると思われる。来ないことが問題なのか，来ないという状況が保護観察制度運営上機能不全の印象を与え，その影響を考慮したのか，威嚇自体の目的性は見えにくい。

　なお，保護司のもとで遵守事項が守られていないとき，担い手の保護司にのみがその解決を担わざるを得ない状況下では，保護司の実状としては，強制力を背景にして，いわば脅してでも指導の円滑さを求めたくなるのも心情であろう。往訪の約束を守らないなどが頻回に及び，深夜の遊興等が見込まれる状況で，一人対処にあたるのは心労でもある。この遵守事項違反の頻回化の背景とそれへの対処は，実際は処遇見直しの契機と見ることもできる。まさに「個別処遇の端緒」と指摘する実務家も多い。

26　佐々木光郎「家庭裁判所の調査における『保護者に対する措置』」犯罪と非行141号（2004年）では，措置の対象者としての保護者だけでなく，保護者から見た措置の是非を検討している。課題として，採った措置への外部からの評価が可能にすべきとしている。藤原正範「『保護的措置』試論――組織化と法制化の展望」日本福祉学会編『司法福祉学研究』3号（2003年）。

27　最高裁判所第二小法廷平成18年2月24日判決／原審札幌高裁平成17年1月28日判決。いずれも保護観察中の19歳数カ月の少年3人が，テレクラを利用して呼び出した被害者に金品強取目的で暴行を加えた強盗傷人事件につき，損害請求が親権者になされた事案がある。保護観察中の遵守事項違反が親権者により是正されず，本来戻し収容すべきであるのにも関わらず事件に結びつく監護義務違反があったとして監護責任が争われた事案である。

　3人はいずれも年少時に深夜徘徊や対教師暴力等で補導されたりし，非行深度を深めている。たとえば一人は，中学卒業後に就いた塗装工の職も早期に退職し，16歳で暴行やシンナー吸引等の非行事実により保護観察，同年に恐喝の非行事実により医療少年院送致の処分，初等中等少年院を出院後17歳10月には親権者に対する傷害等の非行事実によ

り特別少年院送致の処分を受けた少年である。19 歳 4 月で特別少年院を仮退院して保護観察に付されている。他の二人も同様に少年院出院後に再非行で特別少年院に収容され，19 歳数カ月で仮退院，保護観察処遇とされた。3 人には，犯罪者予防更生法 34 条 2 項所定の一般遵守事項に加え，特別遵守事項として「友達を選び，悪い誘いに乗らないこと」，「定職に就いて辛抱強く働くこと」，「進んで保護司を訪ね，指導，助言を受けること」等が定められた。この遵守事項の履行について，親権者が適切な監督義務を果たしていないとして賠償請求がなされている。

これについて，裁判所は，いずれも，まもなく成人に達する年齢にあり，既に幾つかの職歴を有し，親元を離れて生活したことなどから，①親権者としてそれぞれに対して及ぼし得る影響力は限定的で，遵守事項を守らせる適切な手段も有していたとはいい難い。また，②本件事件のような犯罪を犯すことを予測し得る事情があったともいえず，さらに，③それぞれの生活状態自体が直ちに再入院手続等を執るべき状態にあったといえない。として親権者の監督義務違反を認めず民法 709 条にもとづく損害賠償責任を否定した。

28　髙橋由仲『非行少年へのまなざし』（朱鷺書房，2003 年）。
29　髙橋，同書 110 頁。
30　髙橋，同書 118 頁。
31　髙橋，同書 205 頁。
32　司法制度改革審議会「中間報告」（2000 年 11 月 20 日）では，改革の 3 つの柱として人的基盤の拡充，制度的基盤整備，国民的基盤の確立を掲げたが，国民的基盤の確立の中で，「更生保護は刑事司法の延長線上に位置し，保護司が保護観察官の補完的作用を担って民間ボランティアとして無報酬で更生保護の事務に従事することも広い意味では国民の司法参加制度として評価することができる。」とし国民の司法参加の拡充という観点から本制度の充実のため適任者確保の方策の検討を提起しているが，刑事司法との関わりで更生保護に触れるところはない。

なお，司法制度改革審議会最終意見書について，構造改革全体の観点から，「強い市民」中心の統合システム作りであり，新自由主義社会の「強い国家」の一環としての司法作り，競争秩序に適合的な司法制度作りであり，こうした「社会システムは，対等な市民同士のヨコの市民関係を調整する制度は拡充しようとしているが，……階層的な不対等のタテの関係については単純に回路を拡充しようとしていない」との批判は（渡辺治『「司法改革」の本質と背景』法と民主主義 No.360，2001 年 7 月），犯罪と非行に関わる更生保護のあり方について，その後の制度構想で社会内処遇の監視・治安強化的な論調が出てくる経過からすれば，検証の視点として閑却することはできないであろう。

33　保護司は観察所の主催する「研修」によって処遇スキルの向上等その専門性を高める

取り組みを行っているが，一方では，主に自主性と奉仕の観点からボランティアとしての意義も強調される。

34　近時の「いじめ」に関わって，自死する子どもの問題は，孤立し親や教師等周囲との接点を持てずにいるときに深刻化することが指摘されている。また自殺した子どもへの周囲の悲しみ等を見つつ，死が究極の自己承認と誤解してしまう側面もあるとされている。土井隆義「優しい関係」世界，2007年1月号，中島義道「いじめの『本当』の原因」新潮45，2007年1月号，朝日新聞2006年12月27日付「論壇時評」。

35　才門辰史「出院生からのメッセージ　僕の少年院」刑政118巻2号（2007年）106頁以下。少年非行における再犯について，当該元少年は少年院での生活と社会での生活とのギャップの大きさを指摘する。「どんなに少年院で頑張れたとしても社会に出て環境が元に戻ってしまえば，少年院で学んだ心を維持し続けることは非常に難しい」として，再犯せずにいる少年が7割から8割いることを評価したいともする。そこからは，出院後の少年の置かれている環境の厳しさを推察しうる。

36　本文であげた項目以外に，担い手のあり方の再構築として④更生保護施設への支援強化，⑤自立更生支援センター構想の推進を掲げている。

37　国連子ども特別総会（総会特別会期第27会期）成果文書「子どもにふさわしい世界」（A World Fit for Children）（2002年5月10日），国連子どもの権利委員会日本政府への第2回総括所見（2004年1月30日），子どもの権利委員会一般的討議「サービス提供者としての民間セクターおよび子どもの権利の実施におけるその役割」勧告（第31会期，2002年9月20日）。

38　「子どもの権利委員会」は，日本政府に対し1998年と2004年に「総括所見」を示した。第1回では，子どもの身体拘束のあり方について，代替的な方法をさぐるべきだとして代用監獄の見直しを指摘し，その改革の状況の報告を次回への課題とした。しかし，2004年の審査にあたっては，日本政府は前回の勧告をほとんど考慮することなく政府報告を行っている。それをふまえて，2004年の第2回勧告では，2000年の改正少年法の厳罰化・必罰化について，刑罰対象年齢の引き下げや身体拘束期間が長くなったことを懸念し，条約と国際準則が求める内容に逆行するものだと断じた。少年の刑事手続についても，「子どもにふさわしい手続」になっていないと指摘している。なお，手続のあらゆる段階で子どもへの支援，法的援助とそれへのアクセスの保障をもとめてもいる。勧告は，法的拘束力を持つものではないが，条約締約国として道義的責務と国際社会の中での信頼獲得のために，尊重されるべきものである。また，日本の少年司法の権利保障を検証し，理念を確認する機会と位置づけるべきだろう。

39　平野裕二「子どもの権利条約実施における権利基盤型アプローチの意味合いの検討」

子どもの権利研究 5 号（2004 年）78 頁。日本弁護士連合会「子どもの権利条約批准 10 周年にあたり，同条約の原則及び規定に基づく立法・施策を求める決議」（2004 年 10 月）。

40　家裁調査官の観点からの処遇論に，石井葉子「家庭裁判所における家族・少年への援助」刑政 114 巻 8 号（2003 年）32 頁以下。少年との面接・接触と記録記載のあり方など機関連携の中で処遇論の差異にふれるものに，大阪家裁「少年保護事件における関係機関との連携のあり方について（1）——児童福祉機関及び少年鑑別所との連携」家裁月報 44 巻 8 号（1992 年），浦和家裁「少年保護事件における関係機関との連携のあり方について——児童相談所との連携」家裁月報 44 巻 9 号（1992 年）。矯正については，刑政誌をはじめ多様な論考が蓄積されている。板垣嗣廣「対象者の特質と処遇の意味づけ」刑政 112 巻 10 号（2001 年）14 頁以下は，対象者に必要な処遇見直しを提起する。吉田秀司「矯正教育体系化構想の策定」刑政 113 巻 5 号（2002 年）36 頁以下は，処遇についての社会的説明責任の自覚と方法について触れ，小澤直樹「立ち直る少年たちが教えてくれるもの」刑政 114 巻 7 号（2003 年）は，処遇の実質論。1980 年代半ばの非行の低年齢化が話題になっているなかで施設処遇のあり方の議論を誘発しようとするものに，奥平裕美「少年院における中学在学少年の処遇について」家裁月報 37 巻 6 号（1985 年）。現在の厳罰化のなかでの矯正のあり方については，澤登俊雄「社会復帰思想の再確認——矯正の活性化を求めて」刑政 113 巻 5 号（2002 年）28 頁以下。

41　保護観察中の少年による連続ピストル射殺事件（永山事件，1969 年）にかかわって，国会では保護観察制度と保護育成の観点から保護観察の改革の方向性について質疑答弁が行われている。折しも，少年法の対象年齢の引き下げの改正の検討が進んでいるなかで，「保護観察の不行き届き，不徹底，これば一番のポイントでありまして，厳罰主義で臨めばこれが解決するという問題じゃない……（途中略）人間対人間としての真の保護観察行政が行われてしかるべき」として予算的措置をともなう保護観察の充実をめぐる提案がなされている（第 61 国会 1969（昭 44）年 4 月 22 日衆議院法務委員会会議録 15 号，山田太郎議員と政府・法務省の質疑）。

なお，同様に保護観察中の小松川女子高生事件では，国会で保護観察対象少年の問題性に関する科学的測定についての質疑が行われ，法務総合研究所がそうした科学的アプローチをはかるとし，その設立への理解を求めている（第 31 国会 1959（昭 34）年 2 月 5 日衆議院法務委員会会議録 3 号，猪俣議員への愛知法務大臣の答弁）。更生保護の課題について国会で議論される機会は多くはない。更生保護における保護観察官や保護司の役割の重要さを確認しつつも，抱えている事件数の実状や執務環境の厳しさが指摘され予算的，制度改革が概括的に質疑・答弁されているものに第 48 国会 1965（昭 40）年 2 月 9 日衆議院法務委員会会議録 2 号。第 142 国会 1998（平 10）年 4 月 7 日衆議院法務委員

会会議録 9 号等。

42 ヴォルフガング・ハインツ，武内謙治訳「裁判官は裁くときに何を引き起こすのか」法政研究 72 巻 1 号（2005 年）253 頁。少年司法における処分や働きかけ等に関する評価測定を行い，そこから少年司法の「目標と目的」が再検討されるべきことが提起され，評価研究のいくつかが紹介されている。

（佐々木光明／ささき・みつあき）

第4部
比較研究

第12章 電子監視と社会奉仕命令

1. はじめに

　近時，保護観察対象者の犯罪及びかつて保護観察対象者であった者の犯罪が世間の耳目を集めることとなった[1]。保護観察対象者とは，成人にかぎっていえば，仮出獄（仮釈放）を許された者と執行猶予を言い渡される際に保護観察に付された者である（前者を3号観察といい，後者を4号観察という[2]）。そして，保護観察とは，対象者の「再犯の防止」と「社会復帰」という，2つの目的を実現するものである。ところが，保護観察対象者及びかつて保護観察対象者であった者が再犯を犯してしまっている現状から，従来の保護観察で行ってきたことに問題があったのではないかという批判が生じている。このような観点から，「更生保護のあり方を考える有識者会議」（以下，「有識者会議」）において議論がなされてきた[3]。そこでは，再犯の防止といった監視・監督を重視した保護観察制度が示唆されている。このような監視・監督を重視した保護観察において考えられる制度として，電子監視と社会奉仕命令がある。有識者会議では，当初から「社会奉仕命令，自宅拘禁等新たな制度の導入」が検討事項として挙げられ，また，同会議の最終的な「報告書」では，電子監視等による「行動監視等の制度については，諸外国の制度，関連するシステムの進展等についての調査研究を引き続き行う必要がある」としている[4]。本稿は，電子監視・社会奉仕命令を日本で導入することが可能であるか否かを諸外国の議論を参考にして検討するものである。

　ただし，ここでは注意が必要である。確かに，電子監視や社会奉仕命令は，それをすでに導入している国では，たいていは保護観察所を中心に実施されている。しかし，これらの国々では，裁判官が言い渡す刑罰の1つとして位置づけられているのが通常なのである。これは，社会内で刑罰を履行することから，「社会内刑罰」と呼ばれる[5]。この社会内刑罰のうちで権利制約性が強いものとして電子監視があり，そして，それよりは緩和されたものとして社会奉仕命令がある。そのため，電子監視・社会奉仕命令が，本来は日本の保護観察の遵守事項レベルの議論では

ないのである。しかし，有識者会議をはじめ日本での導入論の多くは，遵守事項のレベルであるように思われる。そこで，本稿は，社会内「刑罰」としてのほか，遵守事項としての導入についても検討することとする。そうすると，比較法を行う理由が問題となりうるが，実施方法については参考になるし，何より実施に伴う功罪については，法制度が異なるとしても多くの示唆を受けられるはずである。

次の**2.**では，議論の前提として，電子監視・社会奉仕命令とは何か，そしてイギリス（イングランド・ウェールズ）を例にとり，それらが刑事司法でどのような位置にあるのかを見てみる。

2. 議論の前提

(1) 電子監視・社会奉仕命令とは何か

電子監視とは，刑事施設に収容する代わりに，対象者が指定された時間に指定された場所にいるかどうかをモニタリングする制度である。午後9時から翌朝の午前6時までは自宅にいなければならない，という在宅拘禁命令や外出禁止命令が下された場合を考えてみる。このとき，その内容を対象者に守らせるためには，対象者がその時間にその場所にいるかどうかをチェックすることが必要となるが，それを電波発信装置によって行うのである。これは，たとえば次のような方法によって行う[6]。対象者は，くるぶしか腕に，個人識別装置もしくはタグと呼ばれる電波発信装置をつける。その電波発信装置が，指定場所にある監視装置に信号を送る。このとき，対象者が指定時間に指定場所にいる場合は，監視装置は電話回線によって，対象者らを管理しているモニタリング・センターにその旨の情報を送る。対し，少しでも指定時間に遅れた場合は，その旨の情報が，モニタリング・センターに送られる。そして，電波発信装置は，そもそも勝手に外すことも許されず，また，勝手に装置を改造すること等も許されない。時間に遅れた場合，勝手に外したり，改造した場合は，いずれもそのことが直にモニタリング・センターに送られ，在宅拘禁命令それ自体の取消しとなりうる（場合によっては，拘禁刑を科される可能性がでてくる）。なお，監視装置が自宅の電話回線を使用し，それに付随して設置されるため，家族の同意を必要とするのが通常である。

電子監視は，もともとは1960年代アメリカで開発されたものである[7]。それが1980年代ごろから各国で普及しはじめ，現在では，多くの欧米諸国が導入している[8]。

一方，社会奉仕命令とは，刑事施設に収容する代わりに，一定期間の特定さ

れた時間に無報酬で労働をすることによって行われるものである。対象者は、たとえば、2年間といった一定期間に、週に3日、毎日午前9時から午後5時といった期間内において、保護観察官の監視下でボランティア活動をする。活動内容としては、福祉施設で高齢者や障害者の世話をしたり、公園や道路といった公共施設を清掃すること等である。

社会奉仕命令は、イギリスで1970年代に考えられ[9]、1972年に立法化された後に各国で普及し、現在では、多くの欧米諸国が導入している[10]。

(2) 社会内刑罰の適用例

電子監視や社会奉仕命令は、ともに刑務所の過剰拘禁対策として考え出されてきた。そして、ほとんどの欧米諸国においては、そのような過剰拘禁状態があるため、むしろこの2つの制度を導入していない国家を探すことがもはや困難な状態にある。もっとも、2つの制度が、刑事司法プロセスにおいて、どのように出てくるのかということについては、各国で差異がある。そのため、ここでは、イギリスを例にとって具体的な適用を見てみることとする。イギリスについて見てみる理由は、社会奉仕命令の母国であるとともに、ヨーロッパの社会内刑罰において主導的な役割を果たしてきているからである。

イギリスにおいては、刑事裁判で有罪であることが認定された被告人に対して、裁判官は、罰金（fine）、拘禁（prison）を科すことができるほか、社会内刑罰（community sentence）を科すことができる。裁判官は、罰金刑より重いが、しかし、拘禁刑を科すまでもない場合は、社会内刑罰を科すことができるのである。さて、この社会内刑罰であるが、2000年の法改正の前後で若干名称と内容が変更している[11]。まず、改正前であるが、1991年刑事裁判法は、以下のことを定めていた（以下は、いずれも16歳以上を対象とするものである）。まず、保護観察命令（probation order）である。これは、対象者が6カ月以上3年以内の期間内に、指定された箇所に保護観察官とともに出席することや、保護観察官による訪問調査を受けることである。そして、社会奉仕命令（community service order）である。これは、対象者が、40時間以上240時間以内の期間内で、保護観察官の監視の下で無償で労働を提供するものである。また、保護観察命令と社会奉仕命令を複合した、複合命令（combination order）がある。これは、1年以上3年以内の保護観察命令に40時間以上100時間以内の社会奉仕命令を組み合わせるものである。さらに、外出禁止命令（curfew order）がある。これは、対象者が、最大で6カ月、特定の場所（通常は、自宅）に1日2時間から12時間いることを要求されるも

のである。この外出禁止命令において、電子監視が使用される。

　以上の命令は、いずれも対象者の明白な同意がなければ言い渡すことができなかったが、1997年犯罪（量刑）法により、同意なしで科すことが可能となった[12]。

　そして、2000年刑事司法および裁判所法により、名称が次のように変更となった。まず、保護観察命令が社会内更生命令（community rehabilitation order）に改称され、社会奉仕命令が、社会内処罰命令（community punishment order）、複合命令が、社会内処罰及び更生命令（community punishment and rehabilitation order）となった（そのため、社会奉仕命令という用語が、現在のイギリスでは使われなくなっている）。さらに、社会内更生命令と社会内処罰及び更生命令に電子監視つきの外出禁止命令を付加することが可能となっている。

　以上の議論を前提にして、電子監視・社会奉仕命令の順に検討することとする。次の3.では電子監視を検討する

3. 電子監視

(1) 実施状況

　イギリスでは、電子監視は1989年に最初に使われている。このときは、まだ刑罰として使用することが許されていなかったため、保釈（bail）の条件として試験的に3つの地域で導入された。しかし、この実験における成功率（つまり、期間内を違反なく過ごすこと）は低いものであった。というのも、50人を対象にして行われたが、結果は29人の者が保釈の取消しとなったからである。その内訳は、11人の者が保釈中に犯罪を行い、18人の者が遵守事項の不履行をしたというものであった[13]。もっとも、このような高い失敗率の理由としては、対象者の3分の2が17歳から25歳であり、半分以上が拘禁刑を受けた経験のある者であったからであるとされている[14]。

　そして、1995年から、電子監視と組み合わせた外出禁止命令が実際に実施されることとなる。まず、2回に分けて試験的に実施された。1995年には、3つの地域で計83人の対象者に実施された。ここでの対象者の平均年齢は26.5歳であり、対象者の犯罪類型は主に窃盗（25％）、強盗（17％）そして無免許運転（14％）である。ここでの成功率は、76％であるとされている[15]。1996年には、対象地域を広げ、対象者も375人に増やし、このときは、82％の者が成功することとなった。ここでの対象者の平均年齢は26.4歳であり、対象者の犯罪類型は主に窃盗（28％）、強盗（19％）そして無免許運転（13％）であった。なお、半数弱がか

つて拘禁刑を受けたことがあり，4分の3の者がかつて社会内刑罰を受けていたとされている[16]。このような実験を踏まえ対象地域を増やし，全国的な実施は，1999年からとなっている。そして，早期釈放者に対する電子監視の導入は，1999年に試験的に行われている[17]。ここでは，3カ月以上4年以下の拘禁刑を科されている者を60日以下の電子監視つきの外出禁止命令にするというものであり，21,400人が対象となった。結果として違反により刑務所に戻された者は5％にすぎず，そのうち68％が命令違反であった。

　以上のようにプロベーションにおいてもパロールにおいても電子監視が導入されているわけであるが，2004年から2005年にかけての内訳を見てみると，外出禁止命令では22,603人であり，早期釈放者に対しては19,096人となっている[18]。

　次にスウェーデンの実施状況を見てみる[19]。スウェーデンでは，拘禁刑の代替刑として電子監視が導入され，1994年に一部の地域で試験的に実施され，1997年以降全国的に広がっている。ここでの対象者は，3カ月以下の拘禁刑を言い渡された者であり，その半分が飲酒運転である。ここでの成功率は，90％を超えると報告されている[20]。そして，2002年までにかぎった数であるが，18,000人が電子監視を刑罰として受けている。また，2001年には電子監視の対象者を早期釈放者にも広げている。ここでの対象者は，2年以上の刑を受けている者であり，刑期の最後の1カ月から4カ月の間に電子監視を受けるというものである。目的は，出所後の高い再犯率を下げることにあった。2002年までにかぎった数であるが，対象となった者は200人弱であり，違反率は2％であると指摘されている。

　そして，オランダの実施状況について見てみる[21]。オランダでは，1995年に試験的に導入された後，1999年から全国的に実施されている。これは，1年以下の拘禁刑対象者に電子監視を実施するというものである。2001年では，60前後の適用例があったとされている。なお，1999年から新たな法制度により，早期釈放者に対して贖罪プログラム（penitentiary programme）を実施するようになっており，その内容は，早期釈放者が6週間から1年の間に社会復帰のための活動を週に最低でも26時間するというものである。電子監視はこのときに使用される[22]。2001年には，601人がこの贖罪プログラムに参加し，そのうち328人が電子監視の対象となっている。オランダにおける電子監視も，イギリス，スウェーデンと並んで90％という高い成功が報告されている[23]。

　そして，電子監視は，以上のような国だけではなく，アメリカ，フランス，イタリア，ポルトガル，カナダ，ベルギー，スイスといった多くの国々でも利用されている。

(2) 分析と検討

　電子監視には，まず，拘禁刑を回避できるというメリットがある。そして，コストの削減というメリットもある。1999年に行われたイギリスの早期釈放者を対象とする実験は，対象者を刑務所に収容した場合にかかった費用から，電子監視に伴う諸経費を引くと，3,670万ポンドの経費節約となるとし，刑務所のスペースとしては1,950カ所の節約となったとしている[24]。確かに，このようなメリットはありうる[25]。しかし，問題がなくはないように思われる[26]。

　ある論者は，次のようなメタレベルの問題点を指摘している[27]。それは，①電子監視による在宅拘禁は，犯罪者のコントロールや監視といったものを，刑務所だけではなく社会にまで広げてしまっている，②電子監視の法的根拠について疑義があるにもかかわらず，電子監視により対象者を罰したり，居住場所を制限すること，ないしは対象者のプライバシーを侵害することが法的に正しいとされうるのか，③在宅拘禁は対象者の家族や私的なサポートネットワークといったものの関与を促進することになるが，そのようなことは，もともと政府が引き受けていたものではないか，④在宅拘禁は，刑務所人口を削減するものではなく，むしろ，必ずしも拘禁刑とはならない者をも含んでしまい，統制網の拡大となる傾向がある，⑤在宅拘禁が拘禁刑より安上がりでありうることから，対象者，対象者の家族そして私的なサポートネットワークのための，財政的かつ社会的な負担が増大する可能性がある，というものである。

　以上の議論は，いずれも説得的である。確かに，刑罰の執行が事実上，家庭等に委ねることになることは問題であるし，そのことが，家族の負担につながりうると思われる[28]。そして，重要なのは，電子監視という代替手段があることにより，裁判官が，もともと拘禁刑の対象とはならない者をも，拘禁刑の対象者（＝電子監視の対象者）としてしまう可能性がある。つまり，統制網の拡大の問題が出て来てしまうことである。一般的には，電子監視の導入は，統制網の拡大となるとされている[29]。このような問題点をクリアするために，導入国のなかには，統制網の拡大とならないように，いったん裁判官が拘禁刑を言い渡した後に，期間的なブランクを設け，その後にさらに裁判官が拘禁刑（のまま）か電子監視に代替するかを決定するという法制度を採用しているのである[30]。対し，ほとんどの導入国では，このような措置を講じていない以上，統制網の拡大の問題があるといってよい。そして，刑罰の執行が家庭等に委ねられているため個々の執行コストが低く，さらに統制網の拡大につながりうる[31]。このことは，同時に，対象者，対象者の家族そして私的なサポートネットワークの負担もさらに増大してしまうという悪循環

をもたらすと考えられる。

ところで，電子監視を科すことの法的根拠の問題が指摘されているが，確かに従来から電子監視を正当化する論拠はあまり提示されてはこなかったといえる。通常は，①拘禁刑に比べて電子監視による在宅拘禁のほうが緩和されているから許容できる，また，②電子監視による在宅拘禁のほうが人間的であるから許容できる[32]，といった論拠が提示されているにすぎない。しかし，「より緩和されている」という理由だけで，緩和されたとされているほうの刑罰を正当化することはできないはずであり[33]，その緩和されたとされている刑罰それ自体が正当化根拠を有する必要がある[34]。そして，「より人間的である」ということ自体にも疑問が向けられる。というのも，このとき，対象者が社会内にいるにもかかわらず，電子監視によりその者の自由を制限しているのであり，過度のプライバシー侵害となることは否定できず，対象者の心理的負担も大きいと思われるからである[35]。そのため，実際に通常の保護観察に比べて違反率は高いのである[36]。なお，拘禁刑の非人間性も問題にされている。確かに，そのような事情はありうるが，それはそれ自体独自に対処すべき問題であって，電子監視導入の論拠とは直接はつながらないはずである。

そして，その刑罰内容とリンクする議論が，再犯防止（特別予防）効果である。スウェーデンにおいては，再犯率が低いとされている[37]。しかし，他の国では，それと反対のデータを示すことが多いのである[38]。では，なぜスウェーデンにおいては，再犯率が低いのかが問題となる。すでに指摘がされていることではあるが[39]，スウェーデンにおける再犯率の低さは，保護観察スタッフ（等）による，対象者への社会復帰のためのサポートが存在したのであり，むしろ再犯率の低さはそのことに起因している可能性がある。確かに，電子監視による利点として，社会内で処遇をすることによって，より社会復帰に資することが挙げられることが多い。しかし，社会内で処遇をすること，さらに保護観察官等のサポートが重要なのであり，社会復帰に寄与しているのは，電子監視の使用それ自体ではないのではないか，ということなのである[40]。以上のような理解からは，電子監視を導入することには，否定的にならざるをえない。

次の**4.**では，社会奉仕命令を検討することとする。

4. 社会奉仕命令

(1) 実施状況

イギリスでは，1972年刑事裁判法により，社会奉仕命令が実施されるようになった[41]。対象者は，17歳以上の者であり，当該犯罪により拘禁刑を言い渡されなければならない者である。このとき，裁判所は，命令を言い渡す前に，保護観察官やソーシャルワーカーによるによるリポートを検討したうえで，対象者が社会奉仕命令に適すること及びその仕事が有効であることを納得しなければならない。仕事の期間は，1年以内に40時間から240時間までの無償労働をしなければならないというものである（1982年から16歳の者も対象者となり，そこでは期間が40時間から120時間であった）。なお，対象者が仕事場に出席しなかったり，指示された仕事を行わない場合は，命令の違反として裁判所に戻され，（さらなる命令の続行とともに）罰金，時として命令それ自体の取消しとなりうる。

まず，1973年に試験的に6カ所で実施された後に，1978年から全国的に実施されることとなった。次に実施状況であるが，1987年を見ると有罪を言い渡された被告人1,544,800人のうち，社会奉仕命令を言い渡された者は，35,900人となっており，全体の2.3％を占める。そのうちで命令違反となったのは6,600人であり，社会奉仕命令を言い渡された者の18％となっている（その6,600人のうちで拘禁刑となった者は2,300人である）。そして，1991年には，社会奉仕命令が16歳の者に対しても240時間言い渡せるようになり，2.(2)で述べたとおり，2000年には名称が社会内処罰命令となっている。なお，1998年の実施状況を見ると，社会奉仕命令を言い渡された者は48,500人であり，主に窃盗や盗品関与といった犯罪類型が対象である。対象者のうち前科のない者は37％であり，かつて拘禁刑を受けた者は20％となっている。そして，成功率（つまり，違反とならずに社会奉仕命令を最後まで履行した者の割合）は，72％となっている[42]。

次にフランスの状況を見てみる[43]。フランスでは，1983年の立法により社会奉仕命令が導入されている。しかし，導入当初の1984年に対象となったのは，2,231人にすぎなかった。ここでの対象者の犯罪の内訳は，窃盗および盗品関与が65.5％であり，無免許運転および飲酒運転が12.3％となっている[44]。そして，次第に対象者となる者が増加し，1986年に6,492人，1994年に10,779人，そして1998年には，11,670人となっている。フランスでは，ほかの国とは異なり，社会奉仕命令を刑罰として言い渡せる場合と執行猶予に付加する場合があるが，前者について，現在では，18カ月以内に40時間から210時間の労働が定められている。

そして，フィンランドの状況を見てみる[45]。フィンランドでは，1991年に試験的に4つの地域で導入され，全国的な展開は1997年からとなっている。対象者は，8カ月以下の拘禁刑対象者となっており，犯罪の種類は問われていない。社会奉

仕命令の時間は、20時間から200時間とされている。そして、裁判官は、社会奉仕命令を言い渡す場合であっても、まず拘禁刑を言い渡す。次にその拘禁刑を次のように換算して、社会奉仕命令の時間数に換算する。それは、1日の拘禁刑が1時間の労働に代替することを原則として、14日の拘禁刑が20時間の拘禁刑に代替し、240日（8カ月）の拘禁刑が200時間の労働に代替する、というものである。典型的な実施例としては、1週間に2回2時間から4時間の労働をすることであるとされている。対象者の犯罪は、58％が飲酒運転であり、24％が軽罪であり、拘禁刑対象者の35％が社会奉仕命令となっている。そして、85％の者が成功している。

社会奉仕命令は、以上のような国だけではなく、スコットランド、ドイツ、ノルウェー、イタリア、アメリカ、オーストラリア、ポルトガルといった多くの国々でも行われている。

(2) 分析と検討

社会奉仕命令によるメリットは、拘禁刑の回避であり、コストの削減である。イギリスでは、1人あたりの社会内処罰命令（旧社会奉仕命令）は2,000ポンドであり、12カ月の拘禁刑が37,500ポンドであるとされている[46]。また、フィンランドにおいても1日あたりの拘禁にかかる費用の3分の1で、1時間あたりの社会奉仕命令の費用をまかなえ、6カ月の拘禁刑と（それに対応する）180時間の社会奉仕命令とを比較すると、後者は前者の11％から15％ですむという。しかし、社会奉仕命令については、以下のような問題がある。

ここでは、3.(2)で述べたことの多くがあてはまる。まず、社会奉仕命令が拘禁刑より緩和されているということを導入の論拠とすることはできないはずである。また、刑罰の執行を対象者および対象者の家族に委ねることになるため、そこでの負担も否定できない[47]。そして、統制網の拡大の問題がある。オランダの社会奉仕命令について検討した論者は、オランダでは法制度上は社会奉仕命令が拘禁刑の代替刑として位置づけられているにもかかわらず、運用上は、執行猶予（等）の代替刑となってしまっているという[48]。また、刑罰の執行を社会に委ねてしまうことによる経費の削減が[49]、統制網の拡大にさらに寄与してしまう危険性がある。

次に再犯防止（特別予防）効果が問題となる。スイスで行われた実験は、短期拘禁刑に比べて再犯防止効果があるとしている[50]。この実験には、実験方法に問題があるが[51]、しかし、それをおくとしても、結局成功した原因が、刑罰があくまでも「社会内」で留まることにより、社会奉仕命令の対象となった者の感情上

プラスになったことであるならば[52]、そのことが成功のファクターとなりうることは格別[53]、社会奉仕命令の履行それ自体が成功のファクターとはなってはいないと考えられる。実際に、同種犯罪の同種犯罪者間において、執行猶予となった者と社会奉仕命令となった者との再犯率を比較した研究は、両者の再犯率はほぼ同じであるとされている[54]。

　そして、刑罰を履行している場面が、あくまでも「社会内」であることの問題点も存在する。確かに、ここでの刑罰の履行が無償の労働による奉仕である以上、社会にとってポジティブであることは否定できない。また、このことにより、対象者が再社会化を図ることができるかもしれない[55]。しかし、社会内で無償労働をさせることによる、見せしめ効果も存在するように思われ、プライバシーの観点から問題がある[56]。そして、社会奉仕命令が社会の側からのサポートを必要としていることから、その目的（たとえば、対象者の受入れ先の確保）を達成するため、いわば「目立つ」ことが必要なのであり[57]、このことをさらに悪化させうる。さらに、以上のプライバシー侵害は、当該命令があくまでも「刑罰」であることからより深刻な問題がある。というのも、刑罰一般の果たすべき役割としては、犯罪者が刑を履行することによって、自らの行ったことについて反省をしていくということがある。ところが、社会奉仕命令では、反省をしていくというプロセスを客観的に目に見えるかたちで社会にパフォーマンスをすることが要求されているのであり、このことが対象者の尊厳を傷つけているということができるからである[58]。以上のような理解からは、社会奉仕命令を導入することはできない。

　なお、社会奉仕命令には、以上のような拘禁刑の代替刑としての位置づけのほかに、罰金刑の代替刑として検討すべきではないかという指摘がなされることがある[59]。これは、罰金刑は金銭を支払うことが刑罰内容なのであるが、このとき対象者が払えない場合はその両親が払いそれで終わってしまうし、逆に、代わりに払ってくれる近親者等が存在しない場合には対象者には拘禁刑が科されることになるというジレンマを問題にする[60]。そのため、一律に社会奉仕命令を科すという。

　しかし、罰金を払えるか払えないかという「不平等」性から導入論を導くことは困難である。というのも、そもそも一般的に社会内刑罰は、①犯罪者の類型としては、薬物中毒者、外国人やホームレス等が対象となりにくく、かつ、②犯罪の類型としては、薬物事犯、暴力事犯や性犯罪等が対象となりにくくなっていると指摘されているからである[61]。そうであるならば、仮に罰金刑の代替刑として社会奉仕命令を導入するとしても、今度は、社会奉仕命令の対象とはできない者が出てくるのであり、このことも、やはり別の意味で「不平等」であるだろう。

もっとも，さらに次のような批判がありうる。つまり，罰金刑を払えない者に拘禁刑を科すのはやはり妥当ではなく，社会奉仕命令は，このことを（一部でも）回避できる，と。だがこの問題は，罰金の延納や分納（さらには執行猶予）制度の充実化やそれとともに，働き場所のあっせん等によって十分対処できるはずであり[62]，説得的な批判とは思われない。

　次の**5.**では，電子監視・社会奉仕命令を日本で遵守事項として導入することができるかどうかを検討することとする。

5. 日本への導入の可否 [63]

(1) 従来型の保護観察

　日本での導入については，まず，遵守事項として従来型の保護観察に導入することができるかを検討する。従来の保護観察の遵守事項については，3号観察と4号観察とでは，以下のような相違があった。

　3号観察については，「一定の住居に居住し，正業に従事すること」，「善行を保持すること」，「犯罪性のある者又は素行不良の者と交際しないこと」そして「住居を転じ，又は長期の旅行をするときは，あらかじめ，保護観察を行う者の許可を求めること」が遵守事項として定められている（犯罪者予防更生法〔以下，「犯予法」〕34条2項1号ないし4号）。4号観察においては，「善行を保持すること」，「住居を移転し，又は一箇月以上の旅行をするときは，あらかじめ，保護観察所の長に届け出ること」が遵守事項として定められていた（執行猶予者保護観察法〔以下，「観察法」〕5条1号及び2号）。このように実体法規に規定されている遵守事項を法定（一般）遵守事項というが，その内容は今述べたとおり異なっている。ただし，異なっている点として，3号観察においては，さらに法定遵守事項のほかに「法務省令の定める範囲内で……遵守すべき特別の事柄」を遵守することが要請されていることが挙げられる（犯予法31条3項）。この遵守事項を特別遵守事項というが，これは4号観察においては規定されていなかった[64]。

　しかし，このように3号観察と4号観察の別個の取扱いには疑問が呈され，何より，4号観察に特別遵守事項を設定することができないということに合理性は存在しないとされてきた（この立場自体は支持できると思われる）[65]。そのため，2006年の法改正により，4号観察においても特別遵守事項を設定することが可能となっている（その他の改正も含め，改正後の観察法5条を参照）。

　特別遵守事項とは，きわめて抽象的である法定遵守事項を具体化するものであ

り，対象者の再犯の防止と社会復帰の必要性から設けられるものである。たとえば，他人の物に手を出さないこと，飲酒を慎むこと，被害者及びその遺族への慰謝に努めることといったものがある。ここに，電子監視や社会奉仕命令を，特別遵守事項として設定するということが考えられるのである。というのも，たとえば，電子監視により外出禁止にしておけば再犯を防ぐことに資するように思われるし，また，社会奉仕命令によりボランティア活動をすることが社会復帰に役立つようにも思われるからである。

　だが，従来からなされてきた特別遵守事項との差異があることは明白である。たとえば，夜間外出の禁止や居住制限が特別遵守事項として定められることは，（更生保護施設での生活が遵守事項として定められる場合を除いて）なされてこなかったし，勤労することを遵守事項として定められることがあったとしても，ボランティア活動が定められることはなされてこなかったからである。そのような従来の運用は，一言でいえば，対象者の人権は一般の人々と異なるものではなく，「対象者の再犯防止，あるいは改善更生という観点からその必要な範囲内で権利の制限ができる」にすぎない[66]という考えであるといえる。そのような考えを前提にするならば，導入はできないはずである[67]。

　また，遵守事項の違反のチェックが，形式的かつ機械的になされてきたわけではないことも考え合わせる必要がある。実務上も再犯の禁止と直接に結びつくような遵守事項を除いては，繰り返し違反し，かつ，保護観察官・保護司による再度の指導も無視したという場合にはじめて取り消されているからである[68]。しかし，実際に電子監視や社会奉仕命令を導入すると，遵守事項が厳格に扱われてしまう可能性が出てくる。電子監視にかぎった議論ではあるが，「対象者が軽微な遵守事項違反を犯しながらも何とか社会に適応し，自立していくことを求める姿勢」からは，「遵守事項違反について電子機器によって黒白がつくあり方は，これまでの保護観察実務にはなじみにくく，違反者の処理に困難が予想される」[69]という批判がなされているが，それは以上の意味で理解できる。そして，このような批判は，社会奉仕命令においても妥当するであろう。というのも，現実の社会奉仕命令においては，指定された場所に指定された時間に来ることが要求されているのであり，違反が保護観察官・保護司に明白であり，そこでは厳格な対処が予想しうるからである。

　以上のような理解からは，電子監視・社会奉仕命令を従来型の保護観察の上に構築することはできないであろう。しかし，問題はここからである。従来の保護観察とは異なる制度設計もありうるからである。

(2) 監視・監督型の保護観察

　有識者会議がそうであるように，近時議論されているのは，従来の保護観察とは異なった，いわば監視・監督型の保護観察である。たとえば，ある論者は，「監督を緩和した施設内処遇」といえる程度の「監督を強化した社会内処遇」を提案し，遵守事項として，居住指定，定期出頭命令，薬物等の抜き打ち検査そして夜間外出禁止命令を提案し，それらにあわせて電子監視・社会奉仕命令を導入すべきであるとする[70]。このようなスタンスから遵守事項として設定できるかを次に検討する。

　まず，監視・監督型の遵守事項をどの機関が設定するのかという問題がある。電子監視や社会奉仕命令等の人権制約的な遵守事項を非司法機関が認定するのだとするとそこには問題がある。というのも，プロベーションにかぎっていえば，諸外国において電子監視・社会奉仕命令を科す機関は，通常は裁判所であるからである。それは，過度の人権制約となる遵守事項は，裁判官が最終的には判断すべきであるということ[71]，すなわち，そのような遵守事項はもはや刑罰であるということが認識されているからであろう[72]。このことに関連して，すでに「保護観察の内容を強化して対象者の自由を今以上に制限するためには，その前提として，保護観察の法的性質についての検討が必要である」[73]という見解が提示されている。この見解が示唆しているように，監視・監督型の遵守事項の導入といえども，それがあくまでも現行刑法上の保護観察を前提にする以上，仮に更生保護関係法規の改正を踏まえたとしても，そこには自ずと限界があるということなのである。

　もっとも，電子監視・社会奉仕命令があくまでも現行刑法上の保護観察の枠内になお収まるはずであるという反論がありうる。そして，さらに次のような批判が付加されうる。つまり，①仮に人権制約的な遵守事項であることが否定できなくとも，拘禁刑となるよりかは良いし，同じことではあるが，②そのような遵守事項があることと引き換えに執行猶予ないし仮出獄となるならば，それは導入すべきではないか，と。

　しかし，このような議論には疑問がある。というのも，そのような代替手段があることによって，たとえば，もともと保護観察をつける必要のない執行猶予者に社会奉仕命令つきの保護観察が付加されてしまうこともありうるし，また，本来ならば援助的な保護観察で十分である仮出獄対象者に（電子監視つきの）在宅拘禁が遵守事項として付加されてしまうことがありうるからである。ここでは，監視・監督的側面が強調されている以上，従来型の遵守事項の設定と異なり，遵守事項

の設定が対象者にとって適切であることの保証もない。それは，本来の目的とは異なって使われてしまう危険性といってよい。つまり，すでに指摘した「統制網の拡大」がかたちを変えて現出してくる危険性が存在するのである。

そして，過度に使われてしまう場合には，次のような問題がある。それは，監視・監督型の保護観察においては，ボランティアである保護司の役割はどうなるのかということである。保護司による保護観察は，少なくとも対象者とのいわば情緒的な信頼関係が前提となっている以上，監視・監督型の保護観察とは相容れないように思われるからである[74]。もっとも，監視・監督型の保護観察では保護司は関与せず，もっぱら保護観察官によって行う，という方法も考えうる。しかし，今度は，保護観察官の人数が限られていることから，民間機関に委託してしまう場合や，さらには（とりわけ電子監視において想定できるが）警察が関与してくる危険性が出てくるのである[75]。そうすると，保護観察における社会復帰という側面が過度に減殺されてしまい妥当ではない。

6. おわりに

(1) まとめ

本稿の結論は，電子監視・社会奉仕命令ともに，日本に導入すべきではないということである。その論拠の背景には，保護観察が再犯の防止や社会復帰という目的を実現させるものであり，そのような目的を実現するためには，より人権制約的でない方法によるべきであるという考えがある（これは一種の「比例の原則」といってよい）。確かに，諸外国では（電子監視・社会奉仕命令等の）社会内刑罰が上述の目的を達成しているかのように見える場合もある。しかし，そこに寄与しているのは，結局は，資格取得や就労のサポートといった援助的側面であるということは，繰り返すところである[76]。

(2) さらなる検討

以上の議論を，電子監視における高いリスクのある対象者を例にとり，2つの異なるレベルからさらに検討することとしたい。

すでに述べたとおり，イギリスにおいては，電子監視により再犯率を低くすることに成功していなかった。この原因としては，高い（失敗）リスクのある対象者の存在がある。このような対象者は，薬物中毒，アルコール中毒や無職であったり，反社会的な態度を示すことがあるとされている[77]。そのような対象者は日本でも容

易に想定しうるが，問題は，そのような対象者に対して，（援助的側面が付加されたとしても）依然として監視・監督的意味合いが否定できない電子監視を実施してしまうことが適切であるのかということである。電子監視のメリットとして，拘禁刑に伴う負担が回避できるという議論がある。しかし，そのような対象者を前提にすると，むしろ電子監視が心理的な負担となってしまっているのではないか，さらには電子的に監視・監督されることによる一種のスティグマ効果が生じてさえいるのではないかという疑問が生じる。そのような問題点を回避するためには，援助的側面に純化することが考えられるのである。

他方で，電子監視は，高いリスクがあるが援助を必要としない対象者に対しては適切である，とする見解がありうる[78]。しかし，「援助を必要としない」というカテゴリーの想定には疑問がある。むしろ，高いリスクのある電子監視対象者に対しては，援助的な処遇が効果があるとされているからである[79]。このことは，高いリスクのある対象者といえども，監視・監督が重要であるわけではないということを示している。結局は，高いリスクがある対象者においても，そのリスクを否定できるだけの社会復帰のための適切な援助，より正確には対象者のニーズに適切に対応する「オーダーメイド」のサポートがなにより必要であるということに収斂できるのである。

最後に，諸外国における電子監視や社会奉仕命令の導入が，原則として厳罰化の1つであることも指摘しておく必要があると思われる[80]。そのようなハードな法政策の実効性・正当性に疑問を抱くならば，導入に積極的であるべきではないのである。

＊補論

近時，社会奉仕命令を刑罰として導入しようとする動きがある。このことについても，付言しておく。2006年1月17日，法務省は，懲役刑や罰金刑等の従来の刑罰に加えて，社会奉仕命令を新設するための検討チームを発足させると発表した[81]。そして，同年7月11日には，法務大臣が社会奉仕命令を刑罰として刑法典に組み入れるため（そこでの名目は，犯罪者の社会復帰の促進と刑務所の過剰収容対策である），法制審議会で検討することを明らかにし，同26日には法制審議会諮問77号として諮られることとなった。

以上のような導入論に対して，本稿の立場からは，再犯防止効果や統制網の拡大といった観点から疑問がある。なにより，刑罰論の観点から，その（非）妥当性について検討する必要があるのではないかと思われる。さしあたりは，倫理的

な観点からの検討が必要である（少なくとも，「拘禁刑よりは軽いため許される」といった議論は，受け入れられない）[82]。次に，ここでは新たな議論に着目したい。それは，当該刑罰の（非）妥当性をそれを執行するための具体的な制度設計を含めて考えるという見解である[83]。この見解を参考にすると，たとえば，社会奉仕命令（を含む社会内刑罰）はその執行のために特殊な手続を定めているため，そのような特殊性により図らずも露呈されてしまっている，刑罰としての（非）妥当性が別途，検討対象になりうると考えられるのである。

1　いわゆる「重大3事件」（2004年11月の女児殺害事件，2004年12月の女性監禁事件，2005年2月の幼児通り魔殺人事件）である。
2　欧米では，プロベーション（probation）やパロール（parole）といった用語が使用されるが，3号観察がパロールにあたり，4号観察がプロベーションにあたる。
3　議論状況については，www.moj.go.jp/KANBO/KOUSEIHOGO（以下，「有識者会議のホームページ」として引用する）を参照。本稿の議論と直接関わるのは，とくに第4回会議（2005年9月27日）の議事およびそこでの配布資料である。
4　「更生保護制度改革の提言」（2006年6月27日，有識者会議のホームページ）30頁。前者の検討事項については報告書44頁を参照。なお，検討事項の初出は，第4回会議における配布資料。
5　アメリカをはじめとして，中間的刑罰（intermediate sanction）という言葉が使われることがあるが，これは，社会内刑罰とほぼ同義である。
6　Penny Snow, Electronic Monitoring of Offenders, *International Review of Law Computers*, Vol.13 (1999), 406ff. なお，電子監視には，本文中に述べるもののほか，GPS（Global Positioning System）による追跡調査や音声識別装置によるものがある。また，本稿の議論とは直接かかわらないが，電子監視を保釈の条件として科す場合もある。このことにつき，刑事立法研究会編『代用監獄・拘置所改革のゆくえ』（現代人文社，2005年）24頁注15〔豊崎七絵〕，109頁〔水谷規男〕を参照。
7　Mike Nellis, Law and Order, in: David P. Dolowitz et al., *Policy Transfer and British Social Policy* (2000), 101によれば，電子監視は1960年代に開発された後，1980年代初期にアルバオーキーの判事ジャック・ラブが，『スパイダーマン』のコミックで悪者がスパイダーマンを電子的に監視していることにヒントを得て，まず5人の被告人に試験的に導入したのが始まりであるという。
8　ヨーロッパ保護観察協議会（CEP）のホームページ（www.cep-probation.org．以

下，「CEPのホームページ」として引用する），Markus Mayer et al. ed., *Will Electronic Monitoring Have a Future in Europe?* (2002) が網羅的である。

9　もっとも Anton M. van Kalmthout et al., *Sanctions-Systems in the Member-States of the Council of Europe Part1* (1988), 10ff によれば，このような刑罰体系自体は，古くから見られるものであり，たとえば17世紀のはじめのドイツのベルンにおいては，罰金刑の不履行者に対する拘禁刑を回避するために，市の壁を建造させたり，町の運河を掃除させるということが行われていたとしている。

10　CEPのホームページ，Hans-Jörg Albrecht et al. ed., *Community Sanctions and Measures in Europe and North America* (2002) が網羅的である。

11　改正前の社会内刑罰については，George Mair, Community Penalties and the Probation Service, in: Mike Maguire et al. ed., *The Oxford Handbook of Criminology* (2nd, 1997), 1195-1232, そして改正後については，Peter Raynor, Community Penalties, in: Mike Maguire et al. ed., *The Oxford Handbook of Criminology* (3rd, 2002), 1168-1205 が詳しい。なお，本文中に挙げたものの他の社会内刑罰としては，1998年に導入された「薬物治療および検査命令（drug treatment and testing order）」というものがある。

12　その理由であるが，Sue Rex, The Development and Use of Community Sanctions in England and Wales, in: Albrecht et al. ed., *op. cit.*, 166 は，被告人の同意を必要とすることが，裁判所の権威を損なうように見える。そして，公判時点における同意が問題なのではなく，刑の期間中に刑の内容を被告人が進んで遵守することが重要なのであり，この点からは，被告人が拘禁刑を恐れて公判で同意することは問題がある。また，ヨーロッパ評議会の社会内刑罰についての規則自体，被告人の明白な同意を必要としているわけではない，とする。

13　George Mair et al., *Electronic Monitoring*, Home Office Research Study 120 (1990)。なお，George Mair, Electronic Monitoring in England and Wales, *Criminal Justice*, Vol.5 (2005), 263f は，①電子監視の導入がアメリカに倣ったものであるにもかかわらず，イギリスでは刑務所の深刻な過剰収容状況はなかったこと，②当時アメリカでは電子監視が刑を科す際や早期釈放時に使われていたのであり，異なった目的で利用されたこと，さらには，③電子監視の経済効率や倫理的な問題についての事前の調査がなされていなかったことを批判する。

14　Mair, *op. cit.* (Fn.13), 264f. 1日あたりの監視されている時間が長かったことも原因であるとされている。*Ibid.*, 266。

15　George Mair et al., *Curfew Orders with Electronic Monitoring*, Home Office Research Study 163 (1996).

16　Ed Mortimer et al., *Electronic Monitoring in Practice*, Home Office Research Study 177 (1997).

17 Kath Dodgson et al., *Electronic Monitoring of Released Prisoners*, Home Office Research Study 222 (2001).

18 イギリスの National Probation Service のホームページ（www.probation. homeoffice.gov. uk. 以下，「イギリス保護観察サービスのホームページ」として引用する）に詳細な対象者数が掲載されている。

19 Kjell Carlsson, Intensive Supervision with Electronic Monitoring in Sweden, in: Mayer et al. ed., *op. cit.*, 69-76.; Eva Olkiewicz, The Evaluation of a Three Year Pilot Project on Electronic Monitoring in Sweden, in: Mayer et al. ed., *op. cit.*, 77-80. スウェーデンの電子監視は，通常，ISEM（= Intensive Supervision with Electronic Monitoring）と呼ばれている。坂田仁「スウェーデンにおける電子的統制を伴う強化観察」犯罪と非行 125 号（2000 年）201 〜 230 頁も参照。

20 Ruud Boelens et al., *Electronic Monitoring in Europe* (1998), CEP のホームページ。

21 Ruud Boelens, Electronic Monitoring in the Netherland, in: Mayer et al. ed., *op. cit.*, 81-88.; René A. Schaap, Results of the Evaluation of the Netherland Project on Electronic Monitoring, in: Mayer et al. ed., *op. cit.*, 89-92.

22 Anton M. van Kalmthout, Community Sanctions in the Netherlands, in: Albrecht et al. ed., *op. cit.*, 390f.

23 Boelens, et al. *op. cit.*

24 Dodgson et al. *op. cit.*

25 もっとも，このような単純な計算によってコスト削減があったとしてよいかには問題がある。たとえば，後述するように電子監視には，統制網の拡大という問題があるし，また，通常の保護観察と比べて違反率が高いため，結局は違反により拘禁刑となる場合が多いという問題もあるからである。そうすると，結局はコスト高となりうるという指摘は可能である。Dennis J. Paulumbo et al., From Net Widening to Intermediate Sanctions, in: James M. Byrne et al. ed., *Smart Sentencing* (1992), 229-244.

26 かつては，電子監視装置が風雨に耐えられないのではないか，また，目立ちすぎるのではないかといった技術的な批判があった。しかし，近年ではそのような批判はあまり聞かれない。そして，電子監視の対象者は，その諸経費を負担することになっていることを批判されていた。しかし，たとえばイギリスにおいては，経費は徴収されないし，スウェーデンにおいても，金銭的に余裕のある者は金銭を払うが，これは被害賠償のために使われるのであり，経費を徴収されているわけではない。

27 Anita Gibbs et al., The Electronic Ball and Chain?, *The Australian and New Zealand Journal of Criminology*, Vol.36 (2003), 2.

28　Terry L. Baumer, Electronically Monitored Home Confinement, in: Byrne et al. ed., *op. cit.*, 61. この点につき，Francoise Richardson, Electronic Tagging of Offenders, *The Howard Journal of Criminal Justice*, Vol.38 (1999), 168 は，実体験からそのことを述べている。

29　Karl F. Schumann, Widening the Net of Formal Control by Inventing Electronic Monitored Home Confinement as an Additional Punishment, in: Mayer et al. ed., *op.cit.*, 192.

30　スイス，オーストラリア，そしてニュージーランドがそうである。ただし，このような制度を採用してしまうと，Gibbs et al., *op. cit.*, 15 が言及するように，裁判官が 2 度刑を宣告することの問題点，つまり，「二重の危険」の問題が生じてくる。

31　藤本哲也『刑事政策の新動向』（青林書院，1991 年）49 頁。

32　日本でこのことを述べるものとして，坂田・前掲注（19）220 頁。

33　たとえば，死刑が刑罰として許容されているからといって，（死刑より軽いはずの）むち打ち刑等の過酷な身体刑が許容できるとは，死刑に賛成する論者であってもいうことはできないはずである。

34　社会内刑罰一般についてであるが，Andrew von Hirsh, The Ethics of Community-Based Sanctions, *Crime and Delinquency*, Vol.36(1990), 165 がこのことを指摘する。

35　土井政和「世界の刑事思潮から見た更生保護の将来」『更生保護の課題と展望』（日本更生保護協会，1999 年）536 頁。

36　Palumbo et al., *op. cit.*, 237ff.　通常の保護観察における違反率は 15%であるのに対し，電子監視における違反率は 34%であるとされている（アメリカのアリゾナ州）。このような実情に照らすと，電子監視の導入が過剰収容対策となるという議論に対しては，懐疑的にならざるをえない。前掲注（25）も参照。

37　Carlsson, *op. cit.*, 72.　3 年以内の再犯率が，電子監視の場合は 11%であり，拘禁刑の場合は 24%であるとされている。

38　イギリスでは，再犯率は低いとはされていない。たとえば，Dodgson et al., *op. cit.*; Darren Sugg et al., *Electronic Monitoring and Offending Behaviour*, Home Office Research Findings 141 (2001).　1996 年に行われた試験調査（前掲注〔16〕とそれに対応する本文を参照）の再犯率を検討した後者の文献は，2 年以内の再犯率は約 73%であるという。

39　土井・前掲注（35）538 頁。

40　このような議論については，たとえば，Norman Bishop, Social Work and Electronic Monitoring, in: Mayer et al. ed., *op. cit.*, 230.　なお，後掲注（79）も参照。

41　Ken Pease, Community Service Orders, *Crime and Justice*, Vol.6 (1985), 54f.；Jean Hine, Community Sentences and the Work of the Probation Service, in: Monica A. Walker ed., *Interpreting Crime Statics* (1994), 64ff.

42　以上は，Sandra Scicluna, *Community Service in Europe* (2001), CEP のホームページ。

43　Annie Kensey, Community Sanctions and Measures in France, in: Albrecht et. al. ed., *op. cit.*, 209-242.; Scicluna, *op. cit.*

44　Nicole Maestracci, Le Travail d'Interet General, in: Hans-Jörg Albrecht et al. ed., *Community Service* (1986), 97f. なお，Kalmthout et al., *op. cit.*, 129ff は，拘禁刑の回避という目的を達成するために導入したにもかかわらず，導入当初の利用率の低さから，刑務所人口の削減とはならなかったとする。

45　Terttu Utriainen, Community Sanctions in Finland, in: Albrecht et. al. ed., *op. cit.* (Fn.8), 193-207.; Scicluna, *op. cit.*

46　イギリス保護観察サービスのホームページ。なお，社会内更生命令は 2,000 ポンドであり，複合命令は 4,000 ポンドであるとされている。

47　たとえば，保護観察官（等）が，社会奉仕命令の履行を確保するために，対象者の自宅を何度も訪問する場合が考えられる。Cf. Hirsh, *op. cit.*, 171.

48　E. C. Spaans, Community Service in the Netherlands, *International Criminal Justice Review*, Vol.8 (1998), 1-14. とくに，統制網の拡大は，短期ないし中期の社会奉仕命令を言い渡す場合に多く見られるという。

49　ただし，これは「一見そう見える」というだけの話である。前掲注（25）の議論を参照。

50　Martin Killias et. al., Does Community Service Rehabilitate Better than Short-term Imprisonment?, *The Howard Journal of Criminal Justice*, Vol.39 (2000), 40-57.

51　それは，対象人数が少ないこと（123 人），そして，14 日以内というきわめて短期間の拘禁刑対象者の実験であることである。

52　Martin Killias, Community Service in Switzerland, Albrecht et al. ed., *op. cit.* (Fn.10), 544f.

53　Cf. Loraine Gelsthorpe et al., Community Service as Reintegration, in: George Mair ed., *What Matters in Probation* (2004), 233.

54　Spaans, *op. cit.*, 5ff. イギリスの社会奉仕命令導入当初の調査については，Pease, *op. cit.*, 86f に紹介があり，とくに再犯率が低いとはされてはいない。

55　日本でこのことを説くものとして，大谷実「イギリスの社会内処遇」罪と罰 17 巻 4 号（1980 年）12 頁。なお，以上のような議論からは，対象者自身の損害回復と社会による再統合がありえるため，社会奉仕命令が修復的司法の議論とリンクしてくる。

56　鈴木康之「イギリスにおける社会奉仕命令」家裁月報 43 巻 5 号（1991 年）19・20 頁。さらに，藤本哲也編『現代アメリカ犯罪学辞典』（頸草書房，1991 年）243 頁〔竹村典良〕

57 Community Sanctions (2005), CEP のホームページ。なお，ルーマニアにおいては，社会奉仕命令を受けることが不名誉であるため，多くの者が労働を拒否して違反により拘禁刑を科されているという。

58 Hirsh, *op. cit.*, 168 は，飲酒運転を犯した者に，自らの飲酒癖を示すステッカーを車のバンパーに貼らせるという例に挙げ，このような場合に，倫理的にのけ者であることを示しつつ尊厳をもって社会で生活を営むことができる者などいないとするが，このような指摘は社会奉仕命令一般にあてはまるように思われる。また，ハーシュは，われわれは，被告人に自らの行いを恥じてもらいたいと思うかもしれないが，被告人にあたかも恥ずべきものであるかのように行動してもらいたいわけではないとするが，社会奉仕命令には「恥ずべきものであるかのように行動する」という側面が否定できないように思われる。前掲注（57）も参照。

59 日本でも，かつて法制審議会において検討されたことがある。岩橋義明「財産刑をめぐる基本問題について」ジュリスト 1023 号（1993 年）60 〜 81 頁。

60 たとえば，Joe Hudson, Community Service, *Federal Probation*, Vol.54 June (1990), 8f.

61 Anton M. van Kalmthout, From Community Service to Community Sanctions, in: Albrecht et al. ed., *op. cit.* (Fn.10), 599. 日本での社会奉仕命令の導入を検討した，菅沼登志子『法務研究報告書第 82 集第 2 号・社会内処遇における社会奉仕活動の研究』（法務総合研究所，1995 年）103・104 頁も，対象者を貧窮者に限定しようとしている。

62 吉岡一男「犯罪被害者と刑事システムの課題」『犯罪の被害とその修復・西村古稀』（敬文堂，2002 年）223 頁参照。

63 日本では，すでに少年を主な対象として「社会奉仕活動」が行われている。このことから，導入論が導かれうる。少年独自の問題も関係するため詳述できないが，本稿の立場からは，社会奉仕活動それ自体の正当性を疑問視する余地があるように思われる。

64 ただし，裁判所による「特別訓示事項」と観察法 7 条に規定されている「指示事項」が，それに代替する近似した役割を果たしているとされてきた。

65 たとえば，江畑宏則「更生保護分野における立法の動き」犯罪と非行 113 号（1997 年）42 頁以下。

66 たとえば，松本勝「仮出獄と遵守事項」更生保護 47 巻 3 号（1996 年）10 頁。このようなスタンスの背景にあるのは，特別遵守事項の内容は「本人の自由を不当に制限しないものでなければならない」，とする仮釈放および保護観察等に関する規則 5 条の規定である。

67 電子監視にかぎった議論ではあるが，川崎政宏『法務研究報告書第 83 集第 3 号・仮釈放における遵守事項の研究』（法務総合研究所，1997 年）104 頁は，「犯罪者の改

善更生を目的とする保護観察,仮出獄制度とは,その目的において相容れない」としたうえで,そもそも「憲法上疑問があり……特別遵守事項で導入できる問題ではない」とする。さらに,同書 109 頁も参照。

68　この点については,千條武『法務研究報告書第 69 集第 2 号・仮出獄の取消しに関する実証的研究』（法務総合研究所,1981 年）の分析も参照。

69　瀬川晃「犯罪者の電子監視の現状と展望」犯罪と非行 81 号（1989 年）31 頁。

70　染田惠「日本における犯罪者の社会内処遇の多様化の新しい可能性」犯罪と非行 118 号（1998 年）145 頁以下,同『法務研究報告書第 86 集第 1 号・犯罪者の社会内処遇の多様化に関する比較法制的研究』（法務総合研究所,1998 年）105 頁以下。

71　この点につき,染田・前掲注(70)書 116 頁,山田憲児『法務研究報告書第 75 集第 2 号・保護観察付刑執行猶予の取消し等に関する研究』（法務総合研究所,1989 年）262 頁も参照。

72　日本で,社会奉仕命令の「刑罰性」に言及するものとして,朝倉京一「刑事制裁としての『奉仕作業』」『刑事法学の現代的展開・八木古稀（下）』（法学書院,1992 年）331 頁。なお,本稿・補論も参照。

73　佐伯仁志「『更生保護のあり方に関する有識者会議』において検討すべき事柄について」有識者会議第 4 回配布資料・有識者会議のホームページ。更に第 15 回会議（2006 年 5 月 19 日）の議事録によれば,「24 時間 GPS 機能によって〔保護観察対象者の〕所在を確認できることを要求するとすれば,これはもう電子監視制度の導入になりますので,仮に導入するとすれば,相当な議論が必要であると思いますし,法律上の明確な規定が必要であると思います」（佐伯発言）とされている。有識者会議のホームページ。

74　なお,瀬川晃「社会内処遇の過去と未来」犯罪と非行 100 号（1994 年）339 頁,341 頁注 14 は,社会奉仕命令の監督者（スーパーバイザー）の職務内容が重労働であるため,保護司が行えるかどうか懐疑的である。

75　すでに,保護観察対象者の所在不明者の調査を警察が行っている。法務省保護局「当面の対策について」有識者会議第 5 回（2005 年 10 月 27 日）配布資料・有識者会議のホームページも参照。

76　IPS（集中的保護観察）プログラムの実験データを詳細に検討した論者は,対象者の再犯を防止するためには,監視やコントロールを強調することはミスリーディングであり,処遇の質や量の改善に注意を払うべきであるとしている。James M. Byrne et al., The Effectiveness Issue, in: Byrne et al. ed., *op. cit.*, 297.

77　Sugg et al. *op. cit.*

78　Cf. Raynor, *op. cit.*, 1196.

79 James Bonta et al., A Quasi-Experimental Evaluation of an Intensive Rehabilitation Supervision Program, *Criminal Justice and Behavior*, Vol.27 (2000), 312-329. もっとも，電子監視それ自体には再犯防止効果がないとされている以上，電子監視と援助が合わさったことにより効果があったのではなく，効果はもっぱら援助によってもたらされたと解すべきであろう。

80 瀬川・前掲注（74）340 頁。電子監視と社会の保守化との関係については，Robert Liliy, From an American Point of View, in: Mayer et al. ed., *op. cit.*, 272f が指摘する。

81 また，同年 1 月 19 日，日本弁護士連合会は，社会奉仕命令を「執行猶予と実刑の中間」として位置づけたうえで，その導入について肯定的な態度を示した。同「更生保護改革についての意見」(www.nichibenren.or.jp/ja/opinion/report/060119.html)。

82 Hirsch, *op. cit.* がこの問題の議論について参考となる。

83 王雲海「死刑罪名などの比較研究（中国と米国）」一橋法学 2 巻 1 号（2003 年）59〜88 頁，同『死刑の比較研究』（成文堂，2005 年）。

（甘利航司／あまり・こうじ）

第13章 韓国における社会内処遇制度の現状と課題

1. はじめに

　韓国において固有の意味での社会内処遇制度が誕生したのは，1989年に少年法上の保護観察，社会奉仕命令，受講命令が実施されてからである。その後，1995年の刑法改正によって，成人犯罪者に対しても保護観察，社会奉仕命令，受講命令などが1997年から全面実施された。一方，更生保護制度は，日本の植民地時代を経て，1961年の更生保護法制定により実施されてきたが，1995年保護観察法と更生保護法の統合により新しい時代を迎えた。また，1981年には，検察段階において犯罪少年に対する善導条件付起訴猶予制度が実施され，1995年5月からは，成人犯罪者に対する保護観察所善導条件付起訴猶予制度も実施されている。これらの社会内処遇制度は，現段階で明確に効果があると評するには時期尚早であるが，ともかくその人道性，効率性，経済性において拘禁刑より長所がある制度として認識されていることは事実である。

　本論文では，韓国の代表的な社会内処遇制度である保護観察制度，社会奉仕命令と受講命令制度，更生保護制度，保護観察所善導条件付起訴猶予制度の4つを取り上げ，制度の内容と運用現況およびその成果や課題などを紹介しながら，とくに保護観察と更生保護制度については日本との相違点も検討し，最後に，これら社会内処遇制度についての課題を提示したい。

2. 保護観察制度

(1) 保護観察制度の歴史

　社会内処遇制度として「保護観察」という用語が韓国ではじめて使われたのは，1963年の改正少年法からである[1]。すなわち，1963年第1次改正少年法におい

て保護処分の1つとして，保護観察を新設した。しかし，保護観察法の不備のために十分には運用されなかった。その後，1988年保護観察法の制定により本格的に少年事件に対して保護観察が実施されるようになり，根拠法も少年法から保護観察法へ移行した。

　成人犯罪者を対象とする保護観察の施行は，1975年に制定された社会安全法（1989年に保安観察法へ移行）によって，反国家事犯に対し，保安処分としての保護観察処分が実施されたのが最初である（3条1号）[2]。その後，1980年社会保護法が制定され，常習累犯者と触法精神障害者に対する保安処分が可能となり，その仮出獄者に対しても保護観察が実施された（3条3号）。しかし，社会安全法と社会保護法上の保護観察は保安処分的性格が強かったため，軽微な犯罪を行い，しかも再犯の危険性が低い犯罪者を対象とする本来の意味での保護観察とは距離があった[3]。このうち，社会保護法は2005年8月4日廃止され，「治療監護法」がこれに代わった。「治療監護法」は，常習累犯者に対する従来の「保護監護」を廃止し，触法精神障害者に対する「治療監護」のみを定めており，その治療監護が仮終了したとき保護観察が開始されることになっている。

　一方，1994年「性暴力犯罪の処罰及び被害者保護などに関する法律」が制定され，刑の宣告猶予，執行猶予，仮釈放対象の性暴力犯にも保護観察が実施されるようになった（16条）。その後，1995年1月保護観察法は「保護観察等に関する法律」（以下，「保護観察法」）と改称され，従来の更生保護制度を同法に吸収した。また，1995年12月には，刑法に保護観察制度が規定され（59条の2，62条の2，73条の2），1997年1月から保護観察制度が成人にまで拡大・実施されるようになり，基本的な社会内処遇制度として位置づけられることになった。保護観察対象者は，矯導所（刑務所）における収容処遇と比べて経済的であり[4]，再犯率も比較的低いと評されている。

　当初，韓国においては，1970年代と1980年代初にも保護観察制度の全面導入を主張した実務家はいたが，学界では保護観察制度についての関心はそれほど高くなかった。一部では，保護観察制度について，日本帝国主義時代の「思想犯保護観察法」などを連想し，この制度の導入に反対したり，慎重論を主張する見解もあった[5]。しかし，1980年代半ばに入り，ようやく学界でも保護観察制度を本格的に紹介し，これを導入しなければならないと主張されるようになった[6]。その主張の要旨は，保護観察制度の持つ人道性，効率性，経済性という長所を強調する大同小異のものであった。

他方，保護観察制度について批判的な見解には次のようなものがあった[7]。

①人道性に関する批判。第一に，社会内処遇も国家権力の主導下で行われるかぎり，それは本質的に強圧的でしかなく，このように自主性が排除された状況における教化は不可能である。社会内処遇がたとえ拘禁を排除しても処遇担当機関と処遇内容において国家権力が直接介入するのであれば，処遇の強圧性は依然として存在し，社会内処遇においても施設内処遇が持つ矛盾はそのまま残る。すなわち，処遇の場が社会へ移されただけで，処遇の論理と構図は施設内処遇と変わらない。むしろ，国家権力の主導する「社会内処遇」ではなく，社会共同体が自ら解決しようとする「社会の処遇」でなければならない[8]。第二に，保護観察の人道性は，拘禁との関連でも問題になる。保護観察制度が活用されるとしても矯導所（刑務所）は依然刑罰制度の中心として残り，保護観察制度が必ずしも矯導所への収監率を引き下げることにはならない[9]。第三に，犯罪者の社会再統合のためには住居・職業などの問題が解決されなければならないが，それが解決されないまま社会への再結合を試みても実効性がない[10]。第四に，保護観察処分が増加するに伴って，社会復帰という名目での社会統制の範囲も拡大するため，適正手続がないがしろにされるおそれがあり，刑事司法制度の根本的な改革を阻害し，社会問題のいけにえとして個々の犯罪者にのみ焦点をあわせることになる[11]。

②効率性に関する批判。第一に，少年法における保護観察対象者の再犯率が低い理由は，保護観察の効果ではなく，もともと他の類型の少年犯に比べてその罪質と不良性の面で軽微な場合が多いため結果的に再犯率が低いだけなのである[12]。第二に，保護観察で同時に求められる対象者の自主性の尊重と強圧性との矛盾が本質的に解決されていない。統制が保護観察の主な目的であれば，社会復帰は「嫌でもしなければならない人たち」を前提としなければならず，強圧的機能をもったプログラムを導入せざるをえない。その実施過程においては，対象者の社会復帰に不可欠な自主性が欠如しており，本来の社会復帰の効果をもたらすことは難しい[13]。第三に，保護観察を実施しても，犯罪者に対する烙印効果は依然として存在する。すなわち，保護観察は施設拘禁より相対的に烙印効果が小さいとはいえ，相変わらず犯罪者と看做されて処遇を受けることから，烙印効果はそのまま残る。それによって再犯への誘因を克服できなくなるばかりか，保護観察の実施によって，矯導所へ収監された者たちは相対的により凶暴な者と評価されることになり，かえって矯導所内の受刑者に対する烙印効果を拡大する危険すらある[14]。

③経済性に関する批判。施設内処遇が完全に廃止されていない状態（あるいは廃止できない現実的な状況に鑑みれば）での社会内処遇の主張は，さらなる費用支出を意味するだけであり，全体的に経費が増えることになる。そればかりか，社会内処遇の実効性を確保するために施設内処遇に劣らない多くの専門家と支援が必要になることを考慮すれば，社会内処遇と施設内処遇に対する費用を単純比較して社会内処遇がより経済的であるとは決していいきれない[15]。

(2) 保護観察の法的性格

現在，韓国においては保護観察の法的性格について大きく3つの見解がある。第一に，保護観察は保安処分の1つの形態であるとの見解である[16]。保護観察の刑事政策的目的が行為者の改善という特別予防目的にあるという点では，犯罪の特別予防を目的とする保安処分とそれほどの違いはない。とくに大法院の判例では，「……保護観察は刑罰ではなく保安処分の性格を持つものとして，過去の不法に対する責任に基づいた制裁ではなく将来の危険性から行為者を保護し，社会を防衛するための合目的的措置……」であると述べている[17]。第二に，自由刑の一種または刑執行の一形態とする見解である[18]。保護観察は，刑の宣告または執行の猶予期間中あるいは仮釈放の期間中に刑罰に代わって保護主義的善導処分の方法として行うものであり，それは，非施設的行刑処遇の性格を帯びる。すなわち，刑執行の1つの形態にほかならない。したがって，保護観察は自由刑（罰金刑の宣告または執行猶予による場合は罰金刑）の1つの形態とみて間違いない，というのである。第三に，独立の制裁手段とする見解である[19]。もし，保護観察制度を単純に刑執行の一形態として見るだけならば，これは本来の意味の保護観察制度とはいえない。保護観察によって刑の執行が変わるというものではなく，まったく内容が異なる別の制度として代替されるものであると見なければならない。したがって，保護観察制度は刑罰でも保安処分でもない第三の刑事制裁である。すなわち，犯罪者を社会内で処遇することによって短期自由刑の弊害を回避し，また犯罪者を将来再犯の危険から保護することによって再社会化を達成するための現実的最善策であり，たとえ保護観察が外形的には刑の猶予や仮釈放の条件として行われるものであっても，その本来の性格は刑の猶予の条件ではなく，犯罪者に対する「独立した処遇方法」であるというのである。

思うに，刑罰は犯罪に対する直接的な処罰であるのに対し，保護観察は刑罰のように処罰性のある制裁とは言いきれない。そのため刑罰と同視することはできない。また，保安処分が，社会防衛のために犯罪者に対して直接に自由を制限

するのに対して，保護観察は社会防衛よりも対象者の改善と教化を通じた社会復帰という側面に重点をおいて行われるものであるから，保安処分と同視することもやはり問題がある。保護観察は，刑罰および保安処分に代わる性格をもって科されるものであり，その内容や処罰の程度において大きな相違があるため，刑罰でも保安処分でもない第三の独立した制裁と認めるのが妥当であろう。さらに，韓国においては，すでに1975年の社会安全法や1980年の社会保護法による保安処分が保護観察の名目のもとに運用されたこともあって，その否定的な影響により，1997年刑法によって施行された保護観察が監視や監督を重視する傾向をもっているようである。したがって，保護観察と保安処分とを明確に区別し，保護観察制度の更なる発展をはかるためにも，保護観察を第三の独立した処遇制度として見る立場が妥当であると考える。

(3) 保護観察の根拠法による種別
①刑法上の保護観察
(i)保護観察付宣告猶予

刑の宣告を猶予する場合に，再犯防止のために指導および援護が必要なときには，保護観察を命ずることができる（59条の2第1項）。これは，任意的保護観察であり，期間は1年である（同第2項）。また，保護観察付宣告猶予を受けた者が保護観察期間中に遵守事項に違反し，その程度が重いときには，刑の宣告猶予を取り消し，猶予した刑を宣告することができる（61条第2項）。

(ii)保護観察付執行猶予

刑の執行を猶予する場合には，保護観察を命じたり，社会奉仕または受講を命じたりすることができる（62条の2第1項）。こちらも任意的保護観察であるが，この条項の文理によると，保護観察，社会奉仕命令，受講命令をそれぞれ独立した処分として規定しているのかどうか明確でない。その結果，解釈上，保護観察と社会奉仕・受講命令を結合できるとする説[20]と結合できないとする説[21]に分かれている。判例は前者の立場をとっているが[22]，立法的に解決することが望ましい。保護観察期間は，執行を猶予した期間である。ただし，法院は猶予期間の範囲内で保護観察期間を定めることができる（同第2項）。また，保護観察または社会奉仕命令・受講命令のついた執行猶予の言渡しを受けた者が，遵守事項や命令に違反し，その程度が重いときには執行猶予の宣告を取消すことができる（64条第2項）。

(iii)保護観察付仮釈放

仮釈放された者は，仮釈放期間中，保護観察を受ける。ただし，仮釈放を許可した行政官庁が必要でないと認めるときはそのかぎりでない(73条の2第2項)。執行猶予あるいは宣告猶予の場合とは異なり，原則的に必要的保護観察を定めているが，例外を認めているため（刑法73条の2第2項），任意的保護観察としての性格が強い。仮釈放された者が監視に関する規則に違反し，または保護観察の遵守事項に違反した場合，その程度が重いときには仮釈放を取り消すことができる（75条）。

②治療監護法上の保護観察

2005年8月4日新しく制定された治療監護法は，心身障害または麻薬・アルコール類その他薬物中毒の状態で犯罪行為を行った者で，再犯の危険性があり，特別な教育・改善および治療が必要であると認められる者に対して，適切な保護と治療を行うことによって再犯を防止し，社会復帰を促進することを目的としている（1条）。

治療監護法上，被治療監護者に対する治療監護が仮終了したとき[23]，被治療監護者が治療監護施設以外での治療のために法定代理人へ委託されたときには，保護観察が開始される（32条）。これは必要的保護観察であり，保護観察の期間は3年である。また，被保護観察者が，禁錮以上の刑にあたる罪を犯したとき（過失犯を除く），法定遵守事項またはその他の保護観察に関する指示・監督に違反したとき，治療監護期間が仮終了した保護観察対象者の病状が悪化し再治療監護が必要であると認められたときには，治療監護審査委員会の決定によって治療の委託を取り消して再び治療監護を執行することができる（36条）。

治療監護法上の保護観察は，保安処分的な性格が強く，保護観察法上の保護観察審査委員会ではなく治療監護審議委員会が保護観察の管理と執行に関する事項を審査・決定する（35条第2項，37条第1項・第3項2号）。

③家庭内暴力犯罪の処罰等に関する特例法上の保護観察

この法は，家庭内暴力犯罪の刑事処罰手続に関する特例を定め，家庭内暴力犯罪者（家庭保護事件）に対して，環境の調整と性行の矯正のために保護処分を科すことができることを規定している。その保護処分の1つとして，最長1年の範囲内で保護観察を命ずることができる(40条第1項4号，45条第1項，第2項)。

④性暴力犯罪の処罰および被害者保護などに関する法律上の保護観察

法院が性暴力犯罪者に対して刑の宣告を猶予する場合には，1年間の保護観察を命ずることができる（16条第1項）。さらに，法院が性暴力犯罪者に対して刑の執行を猶予する場合にも，その執行猶予期間内で一定期間の保護観察や社会奉仕または受講を命ずることができる。この場合，2種以上を結合することもできる（同第2項）。また，性暴力犯罪者であって仮釈放された者は，仮釈放期間中，保護観察を受ける。ただし，仮釈放を許可した行政官庁が必要でないと認めるときはそのかぎりではない（同第3項）。

⑤少年法上の保護観察
　少年法上の保護処分として短期保護観察処分を受ける者（32条第1項2号）は，6カ月の保護観察に付する（33条第2項）。また保護観察（32条第1項3号）処分を受ける者のその期間は2年とする。ただし，少年部判事は保護観察官の申請によって決定として1年の範囲で，1回にかぎってその期間を延長することができる（33条第3項）。
　以上の短期保護観察または長期保護観察処分のとき，16歳以上の少年に対しては社会奉仕命令または受講命令を同時に命ずることができる（32条第3項）。

⑥少年院法上の仮退院者に対する保護観察
　少年院長は矯正成績が良好の者のなかで，保護観察の必要があると認められる保護少年に対しては，保護観察審査委員会に仮退院を申請しなければならない（少年院法44条，保護観察法22条第1項）。保護観察審査委員会の審査によって仮退院と保護観察が決まった少年について保護観察が行われる（保護観察法23条第1項・3項，25条）。その期間は，退院日から6月以上2年以下の範囲で審査委員会が決めた期間とする（同法30条4号）。

⑦青少年の性保護に関する法律上の保護観察
　この法は，性売買行為の対象になった青少年に対して処罰ではなく少年法上の保護処分ができるように規定している（13条，14条）。これによって，その対象少年に前述の少年法上の保護観察処分が行われる。

(4)　保護観察機関
①保護観察審査委員会
　保護観察に関する事項を審査・決定するために法務部長官の所属下に保護観

察審査委員会を設置している（保護観察法5条）。その主要担当事務は次のとおりである（同法6条）。すなわち，①仮釈放とその取消しに関する事項，②仮退院とその取消しに関する事項，③保護観察の仮解除とその取消しに関する事項，④保護観察の停止とその取消しに関する事項，⑤仮釈放中の者の不定期刑の終了に関する事項など，保護観察の実効性に関する重要な業務を行っている。

保護観察審査委員会は，現在ソウル，釜山，大邱，光州，大田など5地域に設置されており，その構成は，高等検察庁次長検事を委員長とし，判事，検事，弁護士，大学教授，保護観察所長，矯導所長，少年院長などが委員に委嘱され，委員数は5人以上9人以下で（同法7条），任期は2年である（同法8条）。

②保護観察所

保護観察所は，保護観察，社会奉仕命令，受講命令および更生保護に関する実施と事務を管掌し，そのほか，善導条件付起訴猶予とされた少年の善導，犯罪予防委員に対する教育訓練および業務指導と犯罪予防活動などの保護観察に関わる諸業務を執行する，法務部長官所属の機関である（保護観察法14条，15条）。とりわけ職制上は法務部保護局長の指揮・監督を受けて保護観察業務を直接執行する機関である。

2007年現在，全国で14カ所の保護観察所と23カ所の保護観察支所，また5カ所の保護観察審査委員会がある。保護観察職公務員の定員は735名である（2006年12月現在）。このなかで特別職と技能職を除いた保護観察職員439人が保護観察業務を遂行している。しかし，保護観察対象者の数を考えれば人員不足の問題が深刻である[24]。このために，保護観察対象者の要求に対応しうる十分な指導・監督と補導・援護を実施することができないという問題がある。保護観察職員の中で，5級以上の公務員で構成されている保護観察官は，刑事政策学，行刑学，犯罪学，社会事業学，教育学，心理学，そのほか保護観察に必要な専門的知識を備えた者でなければならない（保護観察法16条第2項）。

一方，保護観察所の長は，収容機関の長の依頼によって少年受刑者および少年院収容者について，その少年の環境調査を行い（保護観察法26条），その結果，必要であると認めるときは，本人の環境改善のための活動を行うことができる（同法27条）。

③犯罪予防志願奉仕委員

犯罪予防志願奉仕委員は，犯罪予防活動を行い，保護観察活動および更生

保護事業を支援するために組織された民間ボランティア団体である（保護観察法18条）。犯罪予防志願奉仕委員の任期は2年であり，法務部長官が委嘱する名誉職である（同法18条第2項）。

　民間志願奉仕者に対する法的根拠は，1961年9月30日に制定された更生保護法上の更生保護委員制度がその嚆矢である[25]。また，1988年12月31日に制定された「保護観察等に関する法律」によって，保護観察官と協力し保護観察業務を担当する保護委員を設けることができるようにし，1989年7月から保護善導委員を委嘱し始めた。しかし，それぞれの民間ボランティア団体の活動がその職務において重複する部分が多かったため，体系的・効率的な活動が難しいという問題が指摘され，1996年6月12日「犯罪予防志願奉仕基本規定（法務部訓令第363号）」を制定し，保護観察所の保護善導委員，韓国更生保護公団の更生保護委員，善導条件付起訴猶予を実施している検察の少年善導委員を「犯罪予防志願奉仕委員」として統合した。現在，約16,540名の犯罪予防志願奉仕委員が委嘱されている（2004年12月31日現在）。このなかで，保護観察対象者を担当し指導する委員は1,546名であり，担当対象者の数は3,252名である。これは，前年比，犯罪予防委員の総数が約1.0％増加したにもかかわらず，保護観察対象者を実際担当する委員総数は約28.3％減少した結果であり，犯罪予防志願奉仕委員による保護観察活動が相対的に萎縮した証拠である[26]。このように，犯罪予防志願奉仕委員制度の活性化において問題があり，これは，統合以降，既存のボランティアらがそれぞれの所属意識を失っていること，また，その資格と活動実績に対する要件が強化されたことにも原因があると思われる。

⑸　保護観察の実施

　保護観察の実施は保護観察法に基づいて行われる。①保護観察法は，保護観察の実施および社会奉仕命令と受講命令の執行に関する保護観察所の管掌事務に関する内容を定め（15条1号），また，少年に対する判決前調査ができることを規定している（19条第1項）。実務においては，判事の要求がある場合，刑事訴訟法上の証拠調査の方法を利用し，成人に対しても判決前調査を例外的に実施している。また，法院が保護観察を命ずる判決を言い渡したときには，その日から10日以内に判決文謄本および遵守事項を記載した書面を被告人の住居地を管轄する保護観察所長に送付しなければならない（20条第1項）。②保護観察は，法院の判決や決定が確定したとき，または，仮釈放および仮退院となったときから開始される（29条第1項）。保護観察対象者は，大統領令が定めるとこ

ろによって，住居・職業・生活計画その他必要な事項を管轄保護観察所長に届けなければならない（同条第2項）。このような保護観察は，保護観察対象者の住居地を管轄する保護観察所所属の保護観察官が担当する（同法31条）。③保護観察官は，保護観察対象者の改善と自立のために必要であると認められる適切な援護を行う（34条第1項）。援護の方法については，宿所および就業の斡旋，職業訓練機会の提供，環境の改善，保護観察対象者の健全な社会復帰のために必要な援助の提供などである（同法第2項）。④また，一般（または法定）保護観察遵守事項（32条第1項）と，そのほか必要であると認められる場合には，保護観察官が指導および監督のために適切な指示事項を科することができる（33条第1項）。保護観察法施行令によって保護観察対象者に特別に科する遵守事項は，次の各号の事項と保護観察対象者の生活力，心身の状態，犯罪または非行の動機，居住地の環境などに鑑み，保護観察対象者が守ることができると認められ，自由を不当に制限しない範囲で対象者の改善と自立に役立つ具体的事項でなければならない（19条）。その例示は次のとおりである。㋐再犯の機会や衝動を与えるおそれのある場所に出入りしないこと，㋑射倖行為にはまらないこと，㋒酒類を過度に飲まないこと，㋓麻薬・向精神性医薬品・大麻・その他乱用や害毒作用を起こすおそれのある物質を使わないこと，㋔家族の扶養など家庭生活において責任を履行することなどである。

　表1（次頁）は，2001年から2005年までの保護観察実施現況である。これらの制度が成人犯に実施された1997年以降，10万人を超えて持続的に増加してきた。しかし，このなかでも少年法上の保護処分対象者と仮退院者は減少していることが特徴である。これは，最近の少年犯罪の減少によるものではないかと思われる[27]。

　一方，保護観察付執行猶予制度の実施前後，執行猶予処分の推移を比較してみると，執行猶予も増加していることがわかる[28]。しかしこれは，犯罪者の増加によるものであって，保護観察付執行猶予制度の積極的な活用による結果とはいえないようである。

　表2（次頁）は，2001年から2005年まで保護観察期間中の再犯率の現況である。成人の場合は，増加傾向にあるが，少年の場合は，横這いないし漸減傾向にある。成人より少年のほうが再犯率が高い。この表では，全体的に7〜8％くらいの低い再犯率を示しているが，他の調査では20％を上回っているという見解もある[29]。

　最近，韓国では，保護観察の新しい特別遵守事項として，夜間外出制限命令

表1　保護観察実施現況

年度	対象者	計	宣告猶予	執行猶予	少年法上保護処分	仮釈放者	仮退院者	社会保護法上対象者	家庭暴力法上保護処分	性売買特別法対象者	善導条件付起訴猶予	性購買者
01	開始	145,021	8	72,895	51,516	4,956	5,971	1,594	3,918	—	4,163	—
	終了	92,598	6	48,914	30,257	3,016	3,722	725	3,062	—	2,896	—
	現員	52,423	2	23,981	21,259	1,940	2,249	869	856	—	1,267	—
02	開始	146,090	5	81,668	45,328	5,788	4,235	1,535	4,056	—	3,475	—
	終了	91,193	2	53,535	25,669	3,718	2,596	701	2,911	—	2,061	—
	現員	54,897	3	28,133	19,659	2,070	1,639	834	1,145	—	1,414	—
03	開始	147,734	8	86,022	43,388	4,613	3,206	2,459	4,214	—	3,824	—
	終了	95,937	4	58,243	25,545	3,368	2,121	831	3,107	—	2,718	—
	現員	51,797	4	27,779	17,843	1,245	1,085	1,626	1,107	—	1,106	—
04	開始	148,818	12	91,995	39,468	4,427	1,813	3,610	4,305	48	3,140	—
	終了	94,446	5	60,841	22,895	2,842	1,309	1,364	3,159	11	2,020	—
	現員	54,372	7	31,154	16,573	1,585	504	2,246	1,146	37	1,120	—
05	開始	146,895	20	87,661	38,299	6,038	820	3,205	3,695	614	3,333	3,210
	終了	91,659	10	56,357	21,959	3,899	539	1,476	2,629	337	1,970	2,483
	現員	55,236	10	31,304	16,340	2,139	281	1,729	1,066	277	1,363	727

出典：韓国保護観察所ホームページ（http://www.probation.go.kr）；社会奉仕命令と受講命令の人員が含まれている（法務部, 保護観察統計年報, 2006年版, 26面）

表2　保護観察期間中の再犯率現況（％）

区分		年度 2001	2002	2003	2004	2005
総計		7.2	7.2	7.1	8.1	7.5
成人	小計	3.1	3.3	3.3	6.8	6.3
	刑法	2.1	2.4	2.5	5.7	5.7
	社会保護法	16.0	16.5	16.3	23.2	18.9
	性暴力法	2.9	3.4	3.0	4.3	2.3
	家庭暴力法	0.9	0.9	1.0	2.2	2.5
	性売買処罰法	—	—	—	0.0	1.4
	善導委託	1.0	1.1	0.7	0.7	1.4
少年	小計	9.7	10.1	10.2	9.7	9.4
	刑法	7.9	8.6	9.2	11.0	7.7
	少年法	9.8	10.2	10.3	10.1	10.2
	性暴力法	6.7	6.8	6.8	4.2	2.6
	家庭暴力法	0.0	0.0	9.1	0.0	0.0
	性売買処罰法	—	—	—	0.0	0.0
	善導委託	2.2	1.8	1.7	2.8	3.7

出典：法務部, 保護観察統計年報, 2006年版, 30面

に伴う音声識別監督制度（CVS：Curfew Supervising Voice Verification System）を導入し試験的に実施している。この制度の対象者は，窃盗・強盗，性暴力事犯などの夜間時間帯の犯罪者であり，制限時間は，夜10時から翌日朝6時までである。パソコンによる自動電話機が対象者の音声を聞き取って本人を認識・判

別する[30]。

⑹ 日本の保護観察制度との相違点

　第一に，日本は，少年法上の保護処分としての保護観察と犯罪者予防更生法上の仮退院者・仮釈放者，刑の執行猶予者に対する保護観察を規定している（少年法24条第1項1号，犯罪者予防更生法33条第1項，刑法25条の2）。すなわち，日本の刑法では執行猶予つき保護観察のみを定めているが，韓国においては，刑法のなかで直接，執行猶予者・宣告猶予者・仮釈放者に対する保護観察を定めており，さらにさまざまな特別刑法によって保護観察を規定している。つまり，韓国では，保護観察の対象範囲を刑法と他の多くの特別刑法に分けて定めていることが特徴である。第二に，韓国の保護観察制度は，主に判事の裁量による任意的保護観察となっているものの，例外的に，治療監護法上の対象者に対する保護観察（32条）と，性暴力犯罪者が未成年者の場合の保護観察（性暴力犯罪の処罰及び被害者保護などに関する法律16条第1項）は，必要的保護観察である[31]。これに比べて，日本の保護観察制度は，刑の執行猶予者に対する場合は，任意的保護観察（25条の2第1項前段）と必要的保護観察（25条の2第1項後段）に分かれており，仮釈放者と仮退院者に対する保護観察は必要的保護観察となっている（犯罪予防更生法33条第1項2号・3号）。第三に，韓国においては，執行猶予者に対する保護観察を実施する場合は，その必要によって社会奉仕命令または受講命令を同時に付加することもできる（刑法62条の2）。これは，少年法上の保護処分としての保護観察を決定する際も同じであるが，ただし，この場合は16歳以上という年齢的制限がつく（少年法32条第3項）。第四に，保護観察の運用においても，韓国は日本より更生保護との分離が顕著である。すなわち，韓国の保護観察は，対象者に対する援護ないし援助より監督（監視）のほうへ傾いているように見える。これは両国の関連法律を見ても明らかである。すなわち，韓国の保護観察法は，1条の目的について，「この法律は，罪を犯した者で，再犯防止のために保護観察，社会奉仕・受講及び更生保護など体系的な社会内処遇が必要であると認める者に対して，指導・援護を行うことによって健全な社会復帰を促し，効率的な犯罪予防活動を展開することにより，個人及び公共の福祉を増進させるとともに社会を保護することを目的とする」と定め，対象者の社会復帰より再犯防止を優先的目的としている。一方，日本の犯罪者予防更生法は，1条の法律の目的において，「この法律は，犯罪をした者の改善及び更生を助け，……」と定め，少なくとも犯罪者の改善・更生を第一次的な目的

として掲げているのである。第五に，韓国では，法院は，少年に対して刑の宣告猶予および執行猶予に伴う保護観察・社会奉仕・受講を命ずるために必要であると認めるときは，法院の所在地または被告人の住居地を管轄する保護観察所の長に対して，犯行の動機，職業，生活環境，交友関係，家庭状況，被害回復の有無など，被告人に関して必要な事項の「判決前調査」を求めることができる（保護観察法19条）。さらに実務においては，制限的ではあるが成人に対しても例外的にこの判決前調査を実施している。第六に，仮釈放手続においても，韓国は日本と異なり，少年の手続と成人の手続とを区別している。すなわち，少年の場合，仮釈放審査決定機関は，法務部長官所属下に設置される「保護観察審査委員会」であり，同委員会は少年に対する仮釈放の適否と保護観察の必要性の両方を審査決定する権限を持つ（保護観察法5条，6条，23条第3項）。これに対して，成人の場合は，仮釈放の審査と保護観察の審査が別々の機関によって行われ，前者は法務部長官所属下の「仮釈放審査委員会」[32]が行う（行刑法49条）が，保護観察の審査は「保護観察審査委員会」が行う（保護観察法24条第1項）。つまり，成人の場合は，仮釈放が許可されたあと，はじめて「保護観察審査委員会」によって保護観察の審査決定が行われるのである。

3. 社会奉仕命令と受講命令制度

(1) 意義

社会奉仕命令（Community Service Order）とは，有罪が認定され，または保護処分の必要性が認められた者に対して，一定時間無給で社会に有益な勤労をするように命ずることをいう（社会奉仕命令及び受講命令執行準則，2001年8月10日，2条1号）。受講命令（Attendance Centre Order）とは，有罪が認められ，または保護処分の必要性が認められた者に対して一定時間の講義，体験学習，心身訓練，奉仕活動などの犯罪性改善のための教育を受けることを命ずることをいう（同準則2条2号）。社会奉仕命令及び受講命令執行準則1条は，その目的について，「……対象者に健全な勤労意識と望ましい価値観を培わせることによって社会復帰を促進し，再犯を防止すること」であると定めている。

これらの制度は，1988年少年法の全面改正によって，保護観察処分と併合して命ずることを規定したのが最初であり，1989年7月1日から実施された。成人犯に対しては，1994年「性暴行犯罪の処罰及び被害者保護等に関する法律」で刑の執行猶予者に命令を科することができると定めたことが端緒である。さらに，

1995年刑法改正によって執行猶予者に対する社会奉仕命令と受講命令が新設され，1997年1月1日から成人犯に対しても全面的に実施された。そのほか，社会奉仕命令と受講命令を科することができる法律としては，1998年施行された「家庭暴力犯罪の処罰等に関する特例法」，「青少年の性保護に関する法律」，「性売買の斡旋等の行為の処罰に関する法律」などがある。

　この制度については，肯定的な見解が多い反面，批判的な見方も少なくない[33]。第一に，制度の目的自体が曖昧である。すなわち，過剰拘禁の緩和，社会復帰，社会に対する補償，応報的処罰などカメレオンのような多様な性格を持っているために，一貫性のある運営が難しい。第二に，地域社会に基づいた処遇の有用性が実証されていない。第三に，この制度の主な機能ともいえる短期自由刑の対処方策という側面も実際の運営においては明確に発揮されていない。第四に，法官も明確な法的基準なしに量刑を行い，作業時間の算定基準が明確ではない。第五に，社会奉仕命令対象者のなかでも失業者の割合が増えており，失業者を社会奉仕命令対象者とすることは，刑罰的意味があまりないため，失業者と就業者との間に作業負担という面で不公平が生じる。

(2) 制度の詳細

①執行の基本原則

　命令は，対象者の犯罪内容，職業・素質・性別・年齢など個人的特性と地域的特殊性を斟酌し，処罰効果，賠償効果及び教育効果があがるように行わなければならない（同準則3条1項）。社会奉仕命令は，対象者の能力と適性などを考慮して地域社会に実質的に寄与できるよう執行しなければならない（同2項）。また，共犯者は，同じ場所，同じプログラムに配置・執行してはならない。ただし，その不作用を最小化するという枠内では一緒に執行することもできる（同3項））。

②根拠法別にみた対象者と類型

　①刑法上，社会奉仕命令と受講命令の対象者は，社会奉仕または受講を条件として刑の執行猶予を言い渡される者に限定している（62条の2）。この場合の社会奉仕時間は500時間，受講命令は200時間の範囲とする（保護観察法59条第1項）。②性暴行犯罪者について刑の執行を猶予する場合には，その執行猶予期間内で一定期間の社会奉仕または受講命令を命ずることができる（性暴行犯罪の処罰及び被害者保護等に関する法律16条第2項）。その社会奉仕命令の

時間は500時間，受講命令の時間は200時間の範囲内とする（保護観察法59条第1項）。③家庭暴力犯について必要であると認める場合には，社会奉仕命令または受講命令を言い渡すことができる（家庭暴力犯罪の処罰などに関する特例法40条第1項3号）。独立処分であり，履修時間は社会奉仕・受講命令ともに100時間を超過することができない(41条)。④性売買犯罪者についても社会奉仕・受講命令を100時間の範囲で科することができる（性売買の斡旋など行為の処罰に関する法律14条第1項3号，15条）。こちらも独立処分である。⑤少年法上，保護処分として保護観察処分を決定するとき，16歳以上の少年について社会奉仕または受講命令を同時に附加することができる（32条第3項）。その時間は，社会奉仕と受講命令ともに短期保護観察処分の場合には50時間，そして保護観察処分の場合には200時間をそれぞれ超過することができない（33条第4項）。また保護観察官がその命令を執行する場合は，本人の通常の生活を邪魔してはならず，短期保護観察または保護観察が終了もしくは仮解除された場合には，これを執行しないと規定している（33条第4項）。

　社会奉仕命令は，原則的に保護観察が命じられるすべての対象者について附加することができ，受講命令がふさわしい場合でも，執行機関および教育プログラムの状況と内容などを考慮し，適切な社会奉仕命令を附加することができる。社会奉仕命令にふさわしい成人対象者の類型としては，①自分を卑下し，または目的をもたずに生活しながら自分の能力がよくわからない場合，②社会的に孤立し，断片的な行動パターンを示している場合，③勤労精神が稀薄で人の財物を貪るとか，職務と関わって不当な対価を受けとった場合，④飲酒運転，無免許運転など重大な交通法規違反罪を犯した場合，⑤その他，社会奉仕命令を科することが適切であると判断される場合，などである。社会奉仕命令にふさわしい少年対象者の類型としては，①親の過保護によりわがままで排他的な性格を現す場合，②生活窮乏の経験のない場合，③勤労精神が稀薄で無為徒食をする場合，④退廃享楽と過消費に染まった場合，⑤軽微な非行を繰り返し，家庭から疎外されている場合，⑥その他，社会奉仕命令を科することが適切であると判断される場合，などである。他方，社会奉仕命令にふさわしくない対象者の類型としては，①麻薬やアルコール中毒によって罪を犯した場合，②常習的でひどい暴力または性的倒錯による罪を犯した場合，③精神疾患や重症精神的障害の状態にある場合，④肉体的障害により科された作業を遂行できない場合，⑤保安観察の対象となる公安犯罪者の場合，などである（大法院例規97-1, 1998年6月1日, 5条）。

　受講命令にふさわしい対象者の類型については，①ボンド・ブタンガスを吸い

こむなど，薬物乱用犯罪を犯した場合または麻薬犯罪の場合，②アルコール中毒による犯罪の場合，③心理・情緒上の問題と結合した犯罪（性犯罪など）を犯した者として適切なプログラムを通じて治療を受けさせる必要がある場合，④その他，受講命令を付け加えるのが適切であると判断される場合などが例示されている（大法院例規97-1，1998年6月1日，5条）。

③履修時間決定

社会奉仕・受講命令の履修時間は，関連法律で定めた範囲内で法院の判事が決める。具体的には，対象者の改善可能性，犯罪の軽重，未決拘禁の有無などを総合的に考慮して決めるが，これについての一般的な基準は次のとおりである。①刑事事件では，執行猶予期間1年単位で50時間ないし150時間の範囲内で8の倍数になるように決めて命ずる，②家庭保護事件では，100時間の範囲で8の倍数になるように決めて命ずる。時間を延長する場合にもこれと同じである。③少年保護事件では，50時間（短期保護観察に付け加える場合），または200時間（保護観察に付け加える場合）のそれぞれの範囲で8の倍数になるように決めて命ずる（大法院例規97-1，1998年6月1日，6条）。

④命令の執行手続

命令は保護観察官が執行する（命令準則第5条）。命令執行担当官は，命令執行計画の樹立，命令執行を地域的，季節的，社会的環境に従って適切に執行できる分野及び協力機関[34]などを積極的に発掘しなければならず，執行監督など命令執行に関するあらゆる事務を管掌する（準則第6条）。命令の執行は，言渡された刑または保護処分が確定した判決文・指揮書の受領など執行要件を備えたときから1カ月以内に着手することを原則とする。ただし，執行猶予期間，保護観察併合可否，執行与件の確保可否などを考慮して，着手時期を調整することもできる（準則12条2項）。社会奉仕の執行分野および場所は，対象者の犯罪内容，住居地との距離，家庭環境，性別，身体条件など諸々の事項を斟酌して保護観察官である執行担当官が決める。ただし，法院が執行分野や場所を指定した場合はそれに従わなければならない（準則14条1項）。命令の執行は，特別な事情がないかぎり，平日昼間に実施することを原則とする。ただし，担当官は，生業または学業などやむをえない事由によって対象者が希望しており，対象者の数，命令の性質など諸々の事項を斟酌して必要であると認めた場合は，夜間または休日に執行することもできる（命令執行準則15条1項）。1日の執行時

間は，休憩時間を含めて9時間を超過することができない。例外的に超過履行をする場合であっても，1日13時間を超えることができない（同条3項・4項）。

命令執行担当官は，協力機関に配置された対象者の本人確認，出欠および執行内容などを確認するために協力機関に対する出張確認と，同時に画像電話機を通した確認を並行して行わなければならない（準則22条1項）。保護観察所長は，画像電話機設置に必要な専用回線確保，回線料の納付など諸設置費用を負担し，画像電話機を使った対象者監督業務以外の一般通話料金は協力機関長が負担することを事前に告知しなければならない（同4項）。画像電話機を活用した監督は，対象者が配置された協力機関に1日2回実施し，点検時刻はできるかぎり，非定期化しなければならない。ただし，該当協力機関に対する現地出張を行った場合は，当日1回以下で実施することができる（同7項）。協力機関長は，対象者が命令執行を完了したり，対象者の所在不明または指示不履行などによって命令執行が困難なときは，ただちに執行状況書を担当官に送付しなければならない（準則23条2項）。この監督方法は，2005年5月から全面実施されている。

担当官は，執行命令書を受けても執行命令に応じなかったり，執行現場に配置されたあと，担当官または責任者の執行に関する指示に従わなかった対象者については召喚し，その理由を命令執行不履行理由書によって報告させなければならない（準則25条1項）。保護観察所長は，第1項による召喚にもかかわらずこれに応じなかったり，その理由に関する報告の結果，必要だと認めた場合は，拘引，留置，処分変更，執行猶予取消しなどの制裁措置がとられる場合がありうることを警告しなければならない。また，警告以降にも執行命令に関する指示に従わないため，その執行が困難であると判断される対象者については，保護観察法上の手続によって拘引し留置したあと，執行猶予の取消を申請することができる（同2項）[35]。保護観察所長は，協力機関の助力を受けて受講命令を執行する場合は，予算の範囲内で執行に必要な費用の全部または一部を協力機関の長に支給することができる（準則32条）。この規定は，社会奉仕命令には定めがない特別規定である。2006年度，受講命令の執行予算は，おおむね9億2,000万ウォン程度である。そのほとんどが講師料である。また，2006年度，社会奉仕命令の執行予算は，1億4,000万ウォン程度である[36]。予算は毎年少しずつ増えてはいるが，依然として大幅に不足している状況であり，実際の経費の約50％にすぎないという。

⑤命令の内容

社会奉仕命令の主な分野及び作業内容は次のようなものである（準則29条2項）。①自然保護活動（公園・河川・高速道路・国道辺の汚物除去およびごみ分離作業），②福祉分野奉仕活動（老人ホーム・孤児院・障害者施設支援，患者看病補助，社会福祉機関・団体の福祉関連事業補助など），③公共施設奉仕活動（邑・面・洞〔日本の市・町・村にあたる〕事務所など行政機関業務補助，郵便物分類補助，図書館蔵書整理，文化財保護，資源再生公社のリサイクル事業サポートなど），④対民支援奉仕活動（田植，稲刈り，果物収穫など農村奉仕，山火事・風水害など災害復旧活動，低所得・庶民層など疎外階層に対する基礎生活支援活動），⑤その他，地域社会に有益な公共分野の奉仕活動である。

受講命令の執行は，対象者の犯罪内容によって薬物乱用防止教育，アルコール乱用防止教育，精神・心理治療教育，性暴力防止教育，遵法運転講義，家庭暴力防止教育など適切な専門課程を提供しなければならない（準則36条）。教育方法は，講義・視聴覚教育・参加式討論，奉仕活動などその他適切な方法による（同37条）。36条による受講命令の執行課程には次の内容を含むこともできる（同38条2項）。①人間関係訓練，心性開発訓練など人性教育のための集団指導，②克己訓練，体育活動，肉体的活動を必要とする奉仕活動など心身鍛錬訓練，③礼儀および遵法教育，④名士・出獄人などの経験談受講または自由討論，⑤職業教育，⑥一般教養教育などである。

(3) 実施現況

表3　社会奉仕命令実施現況

年度 区分	2001	2002	2003	2004	2005
人員	43,361	45,026	46,074	45,252	39,709
刑法	33,918	36,123	37,400	38,620	33,334
少年法	8,041	7,667	7,379	5,574	5,325
性暴力法	543	423	388	421	363
家庭暴力法	859	813	907	617	486
性売買処罰法	—	—	—	20	201

※出典：韓国保護観察所ホームページ（http://www.probation.go.kr）；法務部,保護観察統計年報, 2006年版, 31面

表3を見ると，刑法に根拠した社会奉仕命令は，2004年までは増加したが，2005年からは大きく減少している。少年法上の社会奉仕命令は，毎年漸減傾向を示している。

表4　受講命令実施現況

区分 \ 年度	2001	2002	2003	2004	2005
人員	11,236	11,901	12,232	15,384	15,849
刑法	8,881	9,575	9,618	2,255	11,597
少年法	1,706	1,361	1,682	2,042	3,295
性暴力法	48	85	89	105	135
家庭暴力法	601	880	843	982	706
性売買処罰法	—	—	—	—	116

※出典：法務部, 観察統計年報, 2006年版, 38面

　一方，受講命令の実施現況は，表4のとおりであるが，刑法上の受講命令が70％以上を占めており，全体的に漸増していることが特徴である。特に，2005年からは性買収罪の起訴猶予処分者に対する性買収防止教育（John School）制度が施行されたため，受講命令はもっと増える見込みである。

表5　受刑者と執行猶予者現況

年度 \ 区分	矯正施設における1日平均受刑者現況	第１審公判事件における執行猶予者現況
1989	27,171	58,932
1990	28,267	66,601
1991	30,049	76,241
1992	31,169	70,824
1993	32,054	78,056
1994	33,207	70,445
1995	32,895	76,883
1996	32,848	83,197
1997	33,123	78,263
1998	35,125	93,247
1999	38,364	88,451
2000	37,120	87,759
2001	37,036	87,374
2002	37,111	85,659
2003	36,458	82,338
2004	34,609	83,987

※出典：法務部, 犯罪白書, 1990年版・2005年版

　表5は，社会奉仕命令および受講命令の効果を検討するために，これらの制度が導入される前後の矯正施設における1日平均受刑者数と第1審公判事件における執行猶予者数の推移を比較したものである。すなわち，これらの制度が施設拘禁の代替として積極的に活用されているかどうかを見るための資料である。社会奉仕命令と受講命令制度が施行された1997年以前の1989年から1996年までの8年間を見ると，受刑者数は漸増しており，執行猶予者数も増加している

ことがわかる。制度の施行後である1997年から2004年までの変化を見ると，受刑者数は1999年を頂点としてその後は漸減している。反面，1997年以前と比較すると，約14～30%増加している。一方，執行猶予者のほうは，1998年をピークとしてその後は漸減している。しかし，1997年以前と比較すると約11～37%増加している。このような現象は，**表6**からわかるように，全体的に被検挙者数の増加に起因するのではないかとみられる。また，受刑者数の増減と執行猶予者数のそれとの間には負の相関も見られない。したがって，受刑者数が著しく減少する反面，執行猶予者が一貫して増加するような，つまり，両命令制度が施設内拘禁の代替として積極的に活用されているという顕著な証拠は確認できない。

表6　被検挙者現況

年度	1989	1990	1991	1992	1993	1994	1995	1996
人員	1,179,156	1,326,775	1,418,168	1,451,942	1,656,113	1,582,428	1,599,930	1,681,321
年度	1997	1998	1999	2000	2001	2002	2003	2004
人員	1,802,720	2,010,814	2,081,797	2,126,258	2,234,283	2,267,557	2,184,975	2,284,095

※出典：法務部，犯罪白書，2005年版，28面

4.　更生保護制度

(1)　沿革

　韓国において更生保護が実施されたのは，日帝時代の1911年から1912年にかけて各監獄の職員規約により，民間篤志家の協力を得て各地名をつけた出獄人保護会，保護園などが発足してからのことである[37]。この団体は，刑務所長を代表として会費と寄付によって運営されていた。このような出獄人に対する保護事業は，そのころ，免囚保護，免囚保護会または簡単に保護会とも呼ばれる場合が多かった。はじめは単純に出獄者に対する個人的な慈善救護心だけがこの事業の基礎であったが，徐々に再犯を防止し，社会を保護するという刑事政策的な目的も帯びるようになった[38]。その後，1916年から1918年にわたる同規約の改正によって，保護という用語の代りに有隣会，輔成会，自強会，有終会，救護所などさまざまな名称を使用した。

　1942年3月23日，刑事政策的保護事業のための制度として朝鮮総督府が朝鮮司法保護事業令などを制定・公布し，日本の司法保護制度と同じ形態に変えてから，司法保護という用語を使用し始めた。同時にこのときから国家の監督を受け始めた。

1945年8月15日，光復以後，収容保護団体である司法保護と観察保護団体である司法保護委員会が財団法人として構成・運営されたが，1950年朝鮮戦争によって同事業は事実上中断された。休戦成立後，同事業は再開されたが，その活動実績は少なかった。1961年9月の更生保護法が制定されるまで存続していた司法保護団体には，各矯導所（刑務所）所在地に17の司法保護会と5つの司法保護委員会および3つの司法保護事業補助会があったが，その活動は微々たるものであった。

　1961年9月30日，更生保護法の制定によって，既存司法保護会および同委員会を廃止し，中央には中央更生保護指導会，地方には地方検察庁所在地に8つの更生保護会を，そして矯導所所在地には17の更生保護所を設置し，法務部長官の指示・監督下に置いた。1988年には，保護観察法が制定されたが，1995年1月5日，社会内処遇に関する法を統合して出所者の事後管理業務の効率性を高めるために，従来の更生保護法と保護観察法を統合し，「保護観察等に関する法律」を公布した。また，この法律により，既存の更生保護会が「韓国更生保護公団」に改編され，更生保護を担当する実質機関として現在に至っている。

(2) 更生保護の対象

　更生保護の対象者は，刑事処分または保護処分を受けた者として，自立更生のための宿泊提供，旅費の支給，生業道具・生業造成金品の支給または貸与，職業訓練および就業斡旋など保護の必要性が認められる者である（3条第3項）。「刑事処分や保護処分」には，刑法が規定する懲役，禁錮，罰金，拘留，科料などの刑罰（刑法41条）や少年法が規定する監護委託，短期保護観察，保護観察，短期少年院送致，少年院送致，児童福祉法施設などへの監護委託，病院などへの委託の保護処分（32条第1項），それ以外に治療監護法上の治療監護も含まれる。また，保護観察中の者も更生保護の対象とすることができるが，韓国では主に満期釈放者に対して実施している。保護観察中の者に対しては，保護観察所長からの協力要請によって更生保護を行うことができるが（保護観察法36条），その場合は少ない。

(3) 更生保護の手続

　更生保護に関する事務は，保護観察所が管掌する（保護観察法14条第1項，15条2号）。そして更生保護事業を支援するために，犯罪予防志願奉仕委員を

置くことができる(同法18条第1項)。犯罪予防志願奉仕委員は，名誉職とする(同法18条第4項)。また，保護観察法の「第5章更生保護」で規定する更生保護は，更生保護対象者および関係機関の申請によって開始される任意的保護にかぎられる。すなわち，更生保護対象者および関係機関は，保護観察所長，更生保護事業の許可を受けた者または韓国更生保護公団に対して，更生保護の申込みをすることができる(同法66条第1項)。申込みを受けた者は，ただちに保護必要性の有無の判断，および，保護を行う場合には，その方法を定めなければならない(同法第2項)。保護決定をしたときは，ただちに更生保護に必要な措置を行わなければならない(同法第3項)。

(4) 保護の方法

更生保護は，①宿食提供(帰住地のない出所者に6～12カ月間宿所，食事および衣服などを提供し，各種の生活指導および精神教育を行い，就職活動を勧奨して自立基金貯蓄指導)，②職業訓練(特定の技術のないため就職に困ったり，新しい技術を身につけたい出所者にその希望・適性・経歴などを考慮して就職が容易な職種の資格証が取得できるよう教習所などに委託教育実施)，③就職斡旋(一定の就職先がない出所者に対して企業を営む犯罪予防委員，更生保護後援委員，その他の篤志家などと連携して就職斡旋)，④緊急援護(出所後疾病・負傷などで苦しんでいる出所者に円滑な社会生活ができるよう治療費，就職交通費，救護穀物支援)，⑤住居支援(法務部と建設交通部が連携して犯罪と拘禁によって崩壊した家庭機能を取り戻すため，扶養家族がいる生計困難な出所者に賃貸住宅を低廉に支援[39])，⑥事前面談(出所1～3カ月前に矯正機関を訪問して出所予定者に更生保護事業を案内し，再犯誘発要因をあらかじめ把握して，出所前に社会復帰の準備ができるよう個別および集団相談実施)，⑦社会性向上(女性家族部支援によって女性出所者の個別特性に適した母性保護教育，集団相談治療など女性社会性向上専門プログラム支援)，⑧その他自立支援(社会福祉施設への委託斡旋，戸籍取得および住民登録再登録，医療支援，生計補助金品支給，家庭環境調整など対象者の自立に必要な事項支援)，などの方法による(同法65条第1項)。その具体的な内容は，大統領令で定めている(同条第2項，保護観察法施行令41条～46条)。保護の期間については，①宿食提供については最長1年間に制限しているが(保護観察法施行令41条第2項)[40]，その他のものについては，期間の定めがないことが特徴である。宿食提供は，更生保護公団の全国14支部で運営する27の生活館で行っている。就職斡旋については，

韓国更生保護公団がインターネット就職支援センター（http://job.mojra.or.kr）を開設して支援している[41]。

表7　更生保護実施現況[42]

年度 内容	2001	2002	2003	2004	2005
計	35,882 (100%)	35,989 (100%)	39,796 (100%)	42,103 (100%)	47,560 (100%)
宿食提供	2,254 (6.3)	2,336 (6.5)	2,495 (6.3)	2,491 (5.9)	2,680 (5.6)
職業訓練	1,421 (4.0)	1,407 (3.9)	1,491 (3.7)	1,280 (3.0)	1,650 (3.5)
就業斡旋	3,422 (9.5)	3,284 (9.1)	3,328 (8.4)	3,142 (7.5)	3,373 (7.1)
緊急救護	—	—	—	241 (0.6)	1,641 (3.5)
再社会化教育	2,301 (6.4)	1,887 (5.3)	2,304 (5.8)	2,295 (5.4)	2,899 (6.1)
事前面談	17,002 (47.4)	18,044 (50.1)	18,994 (47.7)	20,286 (48.2)	20,174 (42.4)
事後管理	4,607 (12.8)	4,208 (11.7)	4,423 (11.1)	4,668 (11.1)	5,727 (12.0)
その他自立支援	4,875 (13.6)	4,823 (13.4)	6,761 (17.0)	7,700 (18.3)	9,416 (19.8)

　表7は，最近の韓国更生保護公団の更生保護実施現況である。全体的に対象者が増えている。事前面談を除けば，自立支援が最も多い。自立支援のなかには，合同結婚式[43]も含まれている。事後管理とは，対象者が更生保護施設を退所したあとも持続的な支援を行うことを意味する。たとえば，少年専用の更生保護施設であるソウル恩平出張所における「事後管理」の具体的な内容は，就業斡旋後援護（職場に電話・訪問），復学後援護（交通費支給など），発病の場合の援護（入院措置・治療費支給など），貧困対象者に対する経済的支援（お米支援など）が全体の80%を占め，残りが戸籍取得斡旋，孤児青少年に対する里親縁組，ボランティアの床屋の紹介などの保護事業である。

(5)　韓国更生保護公団

　1961年9月30日制定された更生保護法によって，更生保護会が設立され，更生保護事業を担当することになった。その後，1995年1月5日，更生保護法が保護観察法へ吸収統合され，更生保護会は，1995年6月1日，「韓国更生保護公団」として改編された。同公団は，ソウルに所在する本部以外に全国広域単位の大都市に14支部（地方検察庁所在地：ソウル，ソウル北部，仁川，水原，

春川，清州，大田，大邱，釜山，蔚山，昌原，光州，全州，済州）を設置しており，さらに9カ所の出張所（ソウル支部の管轄下に恩平・松坡，ソウル北部支部の管轄下に道峰，水原支部の管轄下に三美・安養・孝鏞，昌原支部管轄下の晋州，光州支部管轄下に順天・大光）と6カ所の青少年シェルター（水原支部の義旺・清白，大邱支部の大邱，大田支部の鶏龍，釜山支部の江西，光州支部の光山）がある[44]。このなかで，三美出張所は女性専門生活館，孝鏞と蔚山出張所は就業専門生活館であり，また恩平・道峰・順天出張所は男子青少年生活館，松坡・安養出張所は女子青少年生活館である。韓国更生保護公団は，法務部所管の公益法人として予算面でも約80％程度が国からの支援であり，保護観察法に基づいて更生保護事業を直接担当している実務機関である。現在，役員の定員は，理事長1名，理事9名，幹事1名（現員それぞれ1名，7名，1名），職員定員は152名（2006年5月現在139名）である。このほか，支部の運営委員として198名，ボランティアによる職能別の後援会員(135後援会，2,926名）が業務にあたっている。公団での更生保護対象者の多くは窃盗や詐欺などの財産犯と暴力犯であり，殺人などの凶悪犯は少ない。

(6) 更生保護事業者

　更生保護事業をしようとする者は，法務部令が定めるところによって法務部長官の許可を得なければならない。許可を得た事項を変更しようとする際も同じである（保護観察法67条）。法務部長官が更生保護事業を許可する基準としては，①更生保護許可事業に必要な経済的能力を持つこと，②更生保護事業の許可申請者が社会的信望のある者であること，③更生保護事業の組職および会計処理基準が公開できるものであること，などである（同法68条）。更生保護事業の許可を得た者は，法務部令が定めるところにより，次の年度の業務計画と前年度の会計状況および事業実績を法務部長官に報告しなければならない（同法69条）。現在，更生保護事業者は，キリスト教であるプロテスタント系が3カ所（世界教化更保協会，ダマン宣教会，韓国キリスト教教化福祉院），カトリック系が2カ所（パスカ教化福祉会，天使の家ヤンジツム）を運営しており，このうち，2施設が財団法人，残り3施設が社団法人である。もう一つの非宗教財団法人として「行政更生保護会」があるがその実績は少ない。予算に関しては，約20％程度が国からの支援であり，残りを義捐金と事業所運営などによって補っている[45]。

　更生保護事業者による更生保護の内容として，ダマン宣教会の場合は，基本宿食提供以外に就業斡旋と職業訓練を中心に行っており（現人員214名：2005

年10月現在），なかでもとくに家庭を持っている一部対象者に住居を貸与し，また治療監護所からの被釈放者も受け入れて治療と保護を行っていることが特徴的である。もう1つのプロテスタント系の世界教化更保協会では，女性専用施設（ダビダ女性シェルター）を運営しており，居場所のない女性を受け入れ基本宿食提供，就業斡旋，旅費支給，信仰および人性教育などを行っている。この他，カトリック系の「天使の家」は，青少年専用（中高校生）の施設（現人員15名：2006年9月現在）として，就業指導，学校通学，人性指導などを行っている。行政更生保護会を除いた5つの民間更生保護事業者による更生保護実施人員は，2000年に6,211名，2001年に5,050名であり，それぞれ同年の公団の実施人員の約23.3％と14.2％を占めている[46]。

(7) 日本の更生保護制度との相違点

第一に，日本は更生保護の措置の1つとして，保護観察や更生緊急保護を定めており（犯罪者予防更生保護法3条以下），したがって保護観察も更生緊急保護も広い意味での更生保護に含まれる。しかし，韓国においては，更生保護制度を独立の制度として規定している（保護観察法3条第3項，第5章）。すなわち，韓国においては，狭義としての更生保護それ自体を意味しており，更生保護という概念のなかに保護観察などを含まない。第二に，韓国においては，日本と異なり仮釈放などの保護観察対象者が更生保護の対象になることは少なく，大半が刑の執行終了者である満期釈放者で占められている。第三に，韓国は更生保護事業者以外にも，全国的・単一組織である韓国更生保護公団を設立し，更生保護措置の実施主体となっている。他方，日本は韓国のような単一の更生保護組織が存在せず，更生緊急保護は国の責任で実施され（犯罪者予防更生法48条の2第2項），ほかに更生保護事業者などに委託して行うものとしている（同条第2項）。第四に，韓国では，更生保護措置を必要とする者および関連機関は，保護観察所長だけではなく，更生保護事業者，韓国更生保護公団に直接更生保護の申請をすることができる（保護観察法66条第1項）。他方，日本では，本人の申出があった場合において，保護観察所長がその必要があると認めるときにかぎり，更生緊急保護が行われる（犯罪者予防更生法48条の3第1項）。第五に，日本は，更生緊急保護措置の期間について，その開始から一括して最長1年と定めているが（犯罪者予防更生法48条の2第4項），韓国においては，更生保護の方法のなかで宿食提供（保護観察法65条第1項1号）の場合にかぎって最長1年の期間を定めているだけである（保護観察法施行令41条第2項）。

つまり，ほかの更生保護の方法（保護観察法65条第1項2号ないし6号）に対しては，具体的な期間の限定がない。第六に，日本の更生保護施設は，施設での宿泊保護をその前提としているが，韓国更生保護公団の場合は，宿泊保護以外にも宿泊を伴わない職業訓練や就業斡旋などの措置を実施している[47]。第七に，日本の更生保護施設の長や補導員は同時に保護司でもあるが，韓国の更生保護公団の職員は，必ずしも日本の保護司に該当する犯罪予防志願奉仕委員に同時に任命されているわけではない[48]。第八に，韓国更生保護公団では，更生保護の対象者の選定において日本とは異なり，罪種を理由として保護の申請を却下することはない。公団と更生保護事業者（ダマン宣教会の場合）はともに自立可能性のない高齢者・放火犯・性犯罪者についても受入れには比較的寛容であり，触法精神障害者の保護も積極的に行っている[49]。

5. 保護観察所善導条件付起訴猶予制度

(1) 意義

検察官による保護観察所善導条件付起訴猶予制度とは，保護観察官の善導（補導）を受けることを条件として対象犯罪者を起訴猶予処分とする制度であって，公式の司法手続からはずして社会復帰に必要な援護を受けさせることができる韓国特有の検察段階におけるダイバージョン制度の一種である[50]。

この制度は，1978年4月1日，光州地方検察庁が犯罪少年に対して実施したことが最初であるが，その後1981年1月1日から少年善導保護指針（法務部訓令第88号）に基づいて全国検察庁に拡大実施された。さらに，1995年1月5日，保護観察法の改正（15条3号）により，保護観察所善導条件付起訴猶予制度として新設され，成人犯罪者についても1995年5月から施行されることになった。現在，犯罪少年に対しては，指針による善導条件付起訴猶予制度も並行して行われているが，この制度は，保護観察官ではなく犯罪予防志願奉仕委員（善導委員）による善導を条件として起訴を猶予するものである。その手続においては，保護観察所善導条件付起訴猶予制度とそれほど相違はない。以下では，主に保護観察所善導条件付起訴猶予制度を中心に紹介する。

(2) 善導条件付起訴猶予処分の手続

保護観察所善導条件付起訴猶予処分は，年齢と犯罪の動機・手段および結果など諸般の事情を斟酌して，専門的な善導が必要な犯罪者をその対象とする

（保護観察所善導委託規定〔法務部訓令第365号，1995年4月〕3条1項）。その善導期間は，再犯可能性が高い一級起訴猶予者に対しては1年，再犯可能性が低い2級起訴猶予者については6カ月である（同規定4条1項）。主任検察官は，善導対象者の等級を決めるとき，犯罪の動機，手段，結果，改悛の情，家庭環境及び交友関係などの事情を斟酌しなければならない（同2項）。主任検察官が保護観察所に善導委託をするときは，保護観察所と協議しなければならない（同5条1項）。善導責任を引き受けた保護観察官は，その善導業務を充実して行うという保護観察所善導引受書を主任検察官に送付し，主任検察官は，これを事件記録に綴る（同4項）。主任検察官は，善導対象者から遵守事項を履行して生まれ変わるという内容の誓約書と保護者からは保護観察官の善導に積極的に順応・協力するとの内容の連名誓約書を提出させ，遵守事項を記載した書面を善導対象者および保護者へ交付すると同時に，遵守事項に違反した場合の措置を厳重に警告しなければならない（同6条1項）。その遵守事項は，第一に，善導猶予処分を受けたあと7日以内に居住地を管轄する保護観察所に出頭して担当保護観察官に報告すること，第二に，善導期間中勝手に居住地を移動せず，居住地を移転したり，1カ月以上の国内外旅行を行うときは，保護観察官に報告すること，第三に，悪い習慣を捨てて善行を行い，犯罪性のある者と交わらないこと，第四に，善導期間中，保護観察官の善導教育および指示に従うこと，第五に，生業に携わり，自分の仕事を怠らないこと，第六に，麻薬・向精神薬・大麻・ボンド・シンナー・ブタンガスなど有害な物質を使用しないこと，第七に，射幸行為にはまらず酒類を飲み過ぎないこと，第八に，以上の事項に違反した場合には，猶予事件の再起訴など不利益処分を受けることになる点を心に刻むことである（同6条2項）。

(3) 保護観察所の善導実施

保護観察所長は，対象者に対する善導業務を管掌し（同10条1項），所属保護観察官のなかで善導対象者を担当する保護観察官を指名する（同2項）。保護観察官が対象者を善導するには，善導教育，集団治療または相談など適切な指導を行わなければならず（同11条1項），保護観察官が必要であると認めるときには，善導対象者の家族，隣人，親友にも接触することができ（同2項），善導の目的達成のために必要なときは，学費補助，就学・就職斡旋，その他経済的な支援を行うことができる（同3項）。担当検察官は，保護観察官による善導実施方法が不適切であったり，その方法を変更する必要があると認めたときは，

善導実施方法を変更させることができる（同12条）。保護観察官は，善導期間の最終月に善導状況，措置内容，解除または延長・取消しの必要性の有無についての意見を善導経過通報書に記載し，担当検察官に報告しなければならない（同13条3項）。保護観察官は，対象者に再犯・所在不明・住居の移転・死亡・遵守事項の顕著な違反・その他善導実施が継続できない事由が発生したり，そのおそれのあるときは，ただちに担当検察官に口頭または書面で通報しなければならない（同14条1項）。この通報を受けた担当検察官は，保護観察官と協議し，善導委託の取消しなど必要な対策を講じなければならず（同2項），その善導対象者の所在が不明な場合，担当検察官は保護観察官に洞・面事務所を通した対象者の居住移動状況を調査させたり，必要であると認めたときには，ほかの地方検察庁または支庁検察官に所在探知を嘱託することもできる（同3項）。

(4) 事後管理

担当検察官は善導対象者に対する善導期間中，善導実施結果が十分でないと認めたときには，保護観察官の意見を参考にして善導期間を3カ月ずつ2回延長することができる（同15条1項）。保護観察所長は，善導対象者が居住地を移動した場合には，善導委託処分を下した地方検察庁または支庁の担当検察官と協議したあと，新居住地を管轄する保護観察所長に善導委託事案を移送することができる（同16条1項）。担当検察官は，善導対象者が善導期間または延長期間を無事終えたときには，その善導委託を解除する（同17条1項）。善導委託を解除したときには，その後善導対象者が再犯を行った場合でも前の善導猶予事件について再捜査しない（同3項）。担当検察官は，善導期間中の対象者に，再犯，遵守事項の顕著な違反，所在不明の事由が発生した場合には，保護観察官の意見を参考にして，その善導委託を取り消すことができる（同18条1項）。この場合は，善導猶予事件について再捜査する（同3項）。

(5) 実施現況

表8　保護観察所善導条件付起訴猶予実施現況

年度	2001	2002	2003	2004	2005
成人	646	636	625	582	699
少年	3,517	2,839	3,199	2,558	2,648

※出典：韓国保護観察所，保護観察統計年報，2006年版，22面・23面

表8を見ると成人の場合は横這いを示しているが，少年の場合は増減を繰り返

している。とくに成人の場合はその数が微々たるものとして積極的に活用されていないことがわかる。

表9　保護観察所善導条件付起訴猶予対象者再犯率（保護観察期間中）（%）

年度	2001	2002	2003	2004	2005
成人	1級（3.8） 2級（0.8）	1級（2.7） 2級（0.9）	1級（2.1） 2級（0.6）	1級（1.9） 2級（0.6）	1級（1.9） 2級（1.4）
少年	1級（5.2） 2級（1.9）	1級（4.7） 2級（1.6）	1級（4.5） 2級（1.5）	1級（3.8） 2級（2.8）	1級（4.0） 2級（3.7）

※出典：韓国保護観察所，保護観察統計年報，2006年版，30面

表9の再犯率をみると，成人，少年ともに1級の対象者の再犯率は2級の場合より高くなっているものの，漸減している。気になる点は，少年の再犯率が成人のそれよりはるかに高いことである。

この保護観察所善導条件付起訴猶予制度においても，成人・少年ともに，施設内拘禁を代替する制度としてまではまだ遼遠であるのではないかと思われる[51]。

6. 韓国における社会内処遇制度の課題

韓国の社会内処遇制度が施設内拘禁を代替する本当の意味の社会内処遇制度になるためには，以下のような課題が解決されなければならない。

(1) 保護観察制度の課題

第一に，保護観察制度が成人犯にまで全面実施されることになったが，その実効性を確保するためには，実務上人的・物的資源の補充が必要である。とくに，犯罪者が毎年増加し，保護観察対象者が増えている状況に鑑みると，保護観察担当職員の大幅な増員が急務である。現在，9級以上の一般保護観察職員1人あたり，担当している対象者は約340人である。これは，韓国での保護観察職員1人あたりの対象人員は80名が適当であるとの主張があることからみても[52]，適正人員の4倍以上の負担であり，多すぎることは言うまでもない[53]。また，保護観察官の増員は，最初から専門的知識を備えた者を対象に行われなければならない。現在韓国における保護観察所職員のなかで保護観察専門家は約30%にすぎない[54]。したがって，保護観察官採用試験の応募資格のなかで，保護観察法上の専門的知識を備えていることをその要件として明示しなければならない。第二に，保護観察職員の増員に伴って保護観察機関の増設も必要である。現在保護観察機関1カ所あたり平均7〜8市郡を担当しているが[55]，この状態では対象者

との接触の確保がきわめて困難である。地域社会に基盤を置いた保護観察を行うためには，少なくとも全国の法院と支院に対応させて保護観察所を増やさなければならない。第三に，現在韓国での保護観察はかなり指導・監督（監視）のほうへ傾いている。保護観察の内容をより多様化させる一環として，更生保護機関との適切な連携のなかで補導・援護にも活動を広げることが望まれる。第四に，保護観察法上少年犯に制限的に認めている判決前調査制度および環境調査の範囲を拡大し，成人犯においても保護観察の適格性を判断するための判決前調査制度が実現できるよう保護観察法を改正しなければならない。第五に，現在保護観察からほとんど離れている犯罪予防志願奉仕委員制度を活性化しなければならない。保護観察所における犯罪予防志願奉仕委員の放置が，保護観察所職員の過重な業務負担の1つの重要な原因になっていると思われる。犯罪予防志願奉仕委員の統合以降，所属意識の喪失による沈滞した雰囲気を蘇らせる方策として，保護観察所専属の犯罪予防志願奉仕委員を新たに委嘱することを考えるべきである。これは，地域社会の有用な資源を活用しながら，同時に地域社会の協力・紐帯関係の構築を図るという点からも大きな意味がある。第六に，刑法上の任意的保護観察を必要的保護観察としないかぎり，猶予だけでは犯罪者の再社会化という刑事政策的目的を達成することが難しいため，必要的保護観察を導入する法改正を検討すべきである[56]。第七に，付加処分だけではなく，独立した刑および自由刑の代替処分としての保護観察制度と検事の起訴猶予処分に伴う保護観察制度の導入を積極的に検討する必要がある。第八に，刑法上の執行猶予に関する規定を明確にし，犯罪者の社会復帰を援助する観点から保護観察と社会奉仕・受講命令を同時に結合できるように改正すべきである。第九に，保護観察法32条第2項は，保護観察対象者の遵守事項として「犯罪とつながりやすい悪い習慣を捨てて善行を行い，罪を犯す恐れのある者たちと交際したり交わったりしないこと」と定めている。また，保護観察官は保護観察対象者に対してこのような遵守事項を履行するにおいて適切な指示を行うことをその指示・監督の方法として定めているが（33条第2項第2号），これは，包括的・抽象的規定であり，保護観察の正当性を根拠づける「明確性の原則」に違背するだけでなく，あまりにも道徳的であり訓育的な内容であるため，より具体化するか削除することが望ましい[57]。

(2) 社会奉仕命令・受講命令制度の課題

第一に，社会奉仕命令対象者の同意を要件としていない現行刑法の規定の仕

方が，強制労役を禁止する憲法（12条第1項）に違反するとまではいえないとしても，社会奉仕命令制度の趣旨が犯罪者の再社会化にあるという点に鑑みれば，法院は，対象者に対して社会奉仕命令の履行可能性について確認する必要がある。このように，法院が対象者に同意を求めることが行為者の社会復帰のためにも望ましい。対象者の自主的な協力を前提としない社会奉仕活動ははじめから不可能であろう。第二に，前述のように，刑法上執行猶予を宣告する際，保護観察及び社会奉仕・受講命令のうち，どちらか1つだけを命じるか，それとも保護観察と命令とを併科することもできるかについて，より具体的に明示することが必要である[58]。ほかの保護観察と命令との同時併科の場合と同じように，独立した刑罰としてではなく，基本的に対象者の社会復帰援助の観点から保護観察に命令を付加すべきかどうか検討すべきである。第三に，多様な社会奉仕・受講命令プログラムの開発と専門的人材と執行予算の確保が必要である。少年と成人の差異に配慮し，行為者の性行改善のために適切なプログラムを用意し，また専門的人材を養成して命令対象者に対して技術的・専門的対応ができるよう工夫しなければならない。さらに，現在の執行予算確保率は50％にすぎないため，とくに受講命令の場合，過密クラスの状態で実施されるケースが多い。命令の円滑な執行のために予算不足の問題を解決することが急務である。第四に，多様な社会奉仕・受講命令プログラムの開発とその効果について検証を行うことが必要である。とりわけ，対象者の社会復帰援助の目的を持たず，かぎられた人的・財政的資源のなかでの社会奉仕・受講命令の運用に対しては，ネット・ワイドニングになるだけだとの批判があることに注意しなければならない。第五に，刑法上の社会奉仕時間は，最長500時間となっているが，社会奉仕命令制度の本来の趣旨は対象者に執行猶予期間中平常の生活をさせながら週末や休暇期間を利用して社会奉仕活動を履行させることにあるから，計500時間もの社会奉仕は多すぎる。実務においても100時間以上200時間以下の対象者が半分以上を占めている[59]ことを考慮して，時間数を少なくする必要がある。第六に，刑法は執行猶予付社会奉仕・受講命令のみを定めているが，宣告猶予の場合や仮釈放の場合にも適用が可能か否かの検討も必要であろう。ただ，仮釈放については行政処分となっているため，仮釈放決定の主体を法院に変えないかぎり，行政機関に刑罰権を与える結果になるおそれがあるため，現行法のままでは不可能だと思われる。第七に，少年法上の社会奉仕・受講命令制度においては，少年の立ち直りを援助する観点から，非行少年に社会奉仕をさせながら，他方では，教育として受講命令を受けさせることができるようにすることも検討すべきである。また，受講命令

については，12歳以上16歳未満の少年に対しても拡大適用する方策を検討すべきである。

(3) 更生保護制度の課題

第一に，韓国更生保護公団の組織による更生保護活動の中心が大都市に集中し，その管轄区域が広すぎて充実した更生保護が難しいという問題がある。この問題を解決するためには，まずは，支部および支所の増設が必要である。第二に，公団職員数の増員問題の解決が急務である。支部やその出張所では順番に夜間当直まで勤めなければならないため，職員らは絶対的な職員不足を訴えている状況である。第三に，公団の確固たる位相の定立が必要である。現在は半官半民の曖昧な性格を持っているが，このような状態に不安を感じている職員もいる。これは財源の問題とも関連するが，財源は国が補助するにしても，運営は完全に民営化し，自律の幅を拡大するほうが望ましい。第四に，犯罪予防志願奉仕委員制度を活性化し，更生保護専属の犯罪予防志願奉仕委員を更生保護公団が独自に委嘱できるよう権限を付与すべきである。第五に，民間の更生保護事業者においては，財源調達の確保が最も重要な問題であるが，その１つの解決方法として収益事業所の運営がある。しかし，現在はたとえ工場で生産される商品の質が良くても販売先の確保が難しいのが現実であるため[60]，その商品を国が官庁への納品物品として採択するなどの方策を工夫することが必要である。第六に，少年に対する更生保護の拡大・充実のために韓国更生保護公団の少年専用施設を増やす必要がある。現在少年対象者に対する更生保護専用施設は公団の出張所の形態で全国に５カ所しかないが，少なくとも各支部別に１カ所は設置して少年に適切な更生保護を行うことが望ましい。

(4) 保護観察所善導条件付起訴猶予制度の課題

第一に，保護観察所善導条件付起訴猶予制度は，検察段階での社会内処遇制度であるという意義はあるものの，法務部訓令によって善導期間が決まり，さらにその期間中に猶予された事件が起訴されることもありうるという点で対象者の負担や不安があまりにも大きすぎるため人権侵害のおそれもあるのではないかと思われる。検察段階で充実した社会内処遇制度として活性化するためには，細部についての運用の根拠規定も法律として定めなければならない。第二に，現在の訓令規定による処分対象者の選定，等級の決定，および，それに伴う善導期間の決定についての基準が曖昧である。第三に，一般保護観察との区別が曖昧であり，

保護観察官の善導責任を過度に押しつけることになりかねず，また，保護観察官の業務負担を加重なものにするおそれもある。つまり，保護観察に対する担当検察官の介入ないし権限の見直しが必要ではないかと考えられる。第四に，善導条件付起訴猶予制度についての根拠法律を保護観察法第15条に統合すべきである。つまり，保護観察官や犯罪予防志願奉仕委員に善導を委託し，起訴を猶予する制度としてまとめ，法律で規定するほうが望ましい。第五に，韓国では少年法において検察官先議制を取っているが，検事が起訴・不起訴の決定を行う段階で少年の特性と環境を科学的・体系的に調査できる制度的方策が十分でないのが現状である。検事がこの制度の対象者を選定する際は，犯罪事実よりも犯罪少年に関連する情状がより重要な判断要素であるともいうことができ，このような専門調査ができる少年調査官などを新設する方法も工夫しなければならない。第六に，この制度自体の存否に関する問題であるが，保護観察との区別が曖昧なことから，普通の保護観察付起訴猶予という新しい制度としてすべきかどうかについて検討が必要ではないかと思われる。

1　1942年3月23日，令6号によって公布された朝鮮少年令の4条第3号に少年に対する保護処分の一種として「朝鮮総督府少年保護司の観察に付すること」という規定を置く一方，6条第1項は「少年に対して執行猶予を言渡したり仮釈放を許可する場合，その猶予期間または残刑期の間少年保護司の観察に付する」と定めていた。これが，最初の少年保護観察の前身ともいえるだろう。

2　当時の社会安全法では，反国家事犯に対する保護観察，住居制限，保安監護の保安処分を定めたが，1989年新しい保安観察法では，保安観察1つだけを定めている。

3　김혜정, 成人犯保護観察의 運營에 관한 調査研究, 韓国刑事政策研究院, 2001, 33面。

4　2001年基準で年間1人あたり収容（監督）費用は，矯導所（刑務所）在所者の場合が約850万ウォン，保護観察対象者の場合が約38万ウォン，少年院収容者が約1,670万ウォンである（이성칠, 韓国保護観察의 現況과 課題, 韓国刑事政策研究院, 2003年, 122面）。しかし，これは同時に保護観察での予算不足を証明しているともいえる。

5　신진규,「保護観察制度 導入의 基本方向」, 青少年犯罪研究, 第6集, 1988年, 10面。

6　呉英根,「保護観察制度 施行 10年의 回顧」, 刑事政策研究, 第10巻第4号, 1999年, 5面。

7 この批判的な見解のほとんどは，もともとアメリカから広がったことである（呉英根，犯罪人의 社会内処遇에 관한 研究，서울大学校大学院，博士学位論文，1988年，22面以下参照）。

8 李寿成,「社会内処遇의 紹介와 評価——共同体에 의한社会的処遇提示」，非常勤研究委員論文集第2輯，法務研修院，1988年，56～57面，73面。

9 呉英根,「保護観察制度의 理論的基礎」，青少年犯罪研究第6輯，法務部，1988年，147面。

10 이정연・이창숙,「새 밀레니엄 時代에 保護観察制度가 나아가야 할 方向」，生活科学論集，第3巻，2000年，前掲論文，55面。

11 宋廣燮，刑事政策（新訂版），유스티니아누스，2003年，598面。

12 최인섭・진수명,「少年保護観察의 評価와 効率性分析，韓国刑事政策研究院，1993年，108面。

13 呉英根,「保護観察制度의 理論的基礎」，青少年犯罪研究第6輯，法務部，1988年，145面。

14 박영수,「韓国少年保護観察制度의 運営実態와 運用上의 問題点」，青少年犯罪研究第9輯，法務部，1991年，234面。

15 金容宇・崔載千，刑事政策，博英社，1998年，328面。

16 배종대，刑法総論，2001年，10面；김일수,「保安処分과 刑罰不遡及의 原則」，法律新聞，1997年9月1日，15面；이재상，刑法総論，2000年，598面；千鎮豪,「保護観察 関連法律의 問題点과 改善方案」，刑事政策研究，第10巻，第4号，1999年，73面。

17 大法院1997年6月13日宣告97도703判決。

18 차용석,「保護観察制度의 効率的施行方策」，青少年犯罪研究，第7集，1989年，10面；신진규,「保護観察制度 導入의 基本方向」，青少年犯罪研究，第6集，1988年，12面；홍정원,「成人保護観察対象者 指導・監督・援護等 保護観察技法에 관한 研究，法務研究，第25号，1998年，235面。

19 呉英根,「保護観察制度의 活性化方策」，刑事政策研究，第1巻，1986年，200面；박형남,「社会奉仕命令制度의 適正한 運用方策」，社会奉仕・保護観察制度解説，法院行政処，1997年，14面；이재홍,「保護観察과 刑罰不遡及의 原則」，刑事判例研究第7集，刑事判例研究会，1999年，14面；김혜정，成人犯保護観察의 運営에 관한 調査研究，韓国刑事政策研究院，2001年，33面。

20 呉英根,「社会奉仕命令制度와 그 問題点——英国의 経験을 中心으로」，刑事政策研究，1991年，281面；김윤성,「保護観察制度의 成人犯 拡大実施에 따

른 諸問題研究」，青少年犯罪研究第10集，174面。
21 박상기，「改正刑法의 内容과 問題点」，刑事政策研究，第7巻第1号，1996年，146面。
22 大判1998年4月24日宣告98도98（判例広報1998年1562）。
23 治療監護法上の治療監護施設での収容期間は最長15年である。しかし，薬物中毒者の場合は2年である（16条2項）。廃止された社会保護法上の治療監護期間は，絶対的不定期刑であった。
24 이성칠，韓国保護観察의 現況과 課題，韓国刑事政策研究院，2003年，117面。
25 방봉혁，「保護局創設20年의 발자취」，法務部，保護，通巻13号，2001年，273面。
26 法務研修院，犯罪白書，2005年版，322面。
27 最近韓国における少年犯罪の減少原因の明確な究明については，さらなる研究が必要であろうが，まず考えられることの1つは，全体的な少年人口の減少のためではないかと推測される。
28 法務研修院，犯罪白書，1999年版，179面；2005年版，202面。
29 このような差異は，統計算出方式の違いから生じ，法務部側に誤謬があると主張する（이성칠，前掲注〔24〕144～147面）。
30 ソウル南部保護観察所，業務現況，2005年11月21日，16面。その意味で韓国においては，継続的電子監視システム（Aktiv-System）制度は実施していないが，断続的電子監視システム（Passiv-System）制度は，試験的に実施しているといえる。さらに，2007年4月2日，性犯罪者に位置監視器を装着させる法案が国会で可決された。2008年から施行される。
31 刑法上の仮釈放者に対する保護観察も原則的には必要的保護観察となってはいるが，ただし，仮釈放を許可した行政官庁（法務部長官）が必要でないと認めるときには，保護観察の免除ができるようになっている（刑法73条の2第2項）ため，結局，任意的保護観察といえる。
32 仮釈放審査委員会は，委員長を含む5人以上9人以下の委員で構成される（行刑法50条第1項）。また，その委員長は法務部長官がなり，委員は判事・検事・弁護士，法務部所属の公務員および矯正に関する学識と経験に富んだ者で法務部長官が任命または委嘱する（同第2項）。
33 박상기・손동권・이순래，刑事政策，韓国刑事政策研究院，1999年，517面。
34 2005年現在，社会奉仕命令の協力機関は，854カ所（行政：36，公益：179，医療：46，福祉：576，その他：17）であり，受講命令の場合は，253カ所（薬物：54，遵法運転：34，心理治療：37，家庭暴力：53，性暴力：32，その他：43）である（法務部，保護観

察統計年報，2006 年版，36・43 面）。

35 2005 年度成績不良者に対する制裁措置現況は，社会奉仕命令の場合は 7,068 名である（拘引：431 名，緊急拘引：30 名，留置：428 名，警告：5,886 名，執行猶予取消し：208 名，保護処分変更：70 名，期間延長：9 名，家庭保護処分取消し：6 名）（法務部，保護観察統計年報，2006 年版，36 面）。受講命令の場合は 2,099 名である（拘引：108 名，緊急拘引：38 名，留置：128 名，警告：1,713 名，執行猶予取消し：31 名，保護処分変更：46 名，期間延長：21 名，家庭保護処分取消し：14 名）（法務部，保護観察統計年報，2006 年版，43 面）。

36 この資料は，2007 年 2 月 5 日行った韓国法務部保護課に対する電話調査による。

37 김정희，「한국更生保護公団의 발자취를 찾아서──제 1 부 更生保護制度 嚆矢에서 司法保護会까지」，2002 年，4 月 23 日，1～2 面；韓国更生保護公団ホームページ論文資料室（http://www.mojra.or.kr/）。

38 허주욱，矯正制度의 改善方策에 관한 研究，江原大学校博士学位論文，1998 年 8 月，238 面。

39 Full House 制度というマンション賃貸事業を試験的に実施している。

40 実務においては，最初 6 カ月，最長 9 カ月で運用している（韓国更生保護公団，更生保護事業案内書，2006 年，4 面）。

41 現在，会員登録企業 2,377 個，就業斡旋 1,453 名である（韓国更生保護公団，業務現況，2005 年 11 月，11 面）。

42 保護観察法 84 条 3 号にもとづいた「韓国更生保護公団の決算報告書」（2001 会計年度事業実績及び決算報告書～2005 会計年度事業実績及び決算報告書）による。

43 合同結婚式は，事情により結婚式を挙げられなかった者や新たに結婚する者に対して公団が主催して行うもので，2001 年 67 組，2002 年 67 組，2003 年 67 組，2004 年 71 組，2005 年 77 組であった（韓国更生保護公団ホームページの資料室）。

44 韓国更生保護公団，業務現況，2005 年 11 月，6 面。

45 太田達也，「韓国における更生保護事業の特色と刑事政策的意義」（二・完），慶応義塾大学，法学研究，第 77 号第 7 号，2004 年，108 面以下が詳しい。

46 김성준，「한국 更生保護事業의 現況 및 向後 推進課題」，犯罪防止포럼 11 号，2002 年，85 面。

47 太田・前掲注（45）84 面。

48 ただし，公団の理事である企業役員のなかでは，犯罪予防自願奉仕委員に任命されている者がおり，民間人として委嘱されている非常勤の一部公団支部長ももともとは犯罪予防志願奉仕委員である（現在の公団本部理事長も犯罪予防志願奉仕委員出身の民間人であ

49　太田・前掲注（45）120面；ダマン宣教会，業務現況，2005年10月，3～5面。

50　「善導条件付起訴猶予制度は，元々少年法改正以前に保護観察制度が活性化されていなかった状況の中で少年犯に対する一時的な手段として行われたものにすぎず，現在のような保護観察制度の定着に伴い，当然廃止されなければならなかった。それにもかかわらず，保護観察官による善導を条件とする制度を創設したことは，さらに大きな問題である。特に，この制度を成人犯にまで拡大したことは大変なミスである」という批判がある（변동열，「少年法上 保護処分의 問題点과 改善方案」，少年保護事件의 改善을 위한 会議結果報告書，法院行政処，1997年，116面）。

51　法務部，犯罪白書，2005年版，173面・177面。

52　이성칠・前掲注（24）185面。

53　保護観察官を今後3年以内に1,500名まで増やす計画にある（呉英根，「韓国の社会内処遇の現状と課題」，日韓社会内処遇制度シンポジウム，2006年11月17日，7面）。

54　이성칠・前掲注（24）196面。

55　김혜정・前掲注（3）172面。

56　千鎭豪，「保護観察 関連法律의 問題点과 改善法案」，刑事政策研究，第10巻第4号，1999年，81面；김성돈，自由刑制度의 改善法案，韓国刑事政策研究院，1995年，119面。

57　千鎭豪・上掲注（56）96面。

58　1992年の刑法改正案63条の立法理由書では，併科することは保護観察の内容を超えることになるため，保護観察と独立して判事が科すこととした，と明らかにしている（法務部，刑法改正法律案理由書，1992年，80面）。この理由書の文言を忠実に読めば，併科は否定すべきことになる。

59　이진국，社会内制裁手段의 導入과 活性化方案，2004年，143面。

60　2005年11月22日，民間更生保護事業者施設であるタマン宣教会を訪問したとき，施設の関係者がその苦衷を吐露したことがある。

　　　　　　　　　　　　　　　　　　　　　　（崔鍾植／チェ・ジョンシク）

第14章 社会内処遇をめぐる台湾の現状

2005年の法改正を中心に

1. 序説

　犯罪者処遇における最近の潮流は，施設内処遇から社会内処遇への重点の移行によって特徴づけられる。1990年の第8回国連犯罪防止会議で「国連非拘禁措置最低基準規則」(United Nations Standard Minimum Rules for Non-Custodial Measures：いわゆる東京ルールズ) が採択されたことは，その国際的傾向を示しているといえよう。また，社会内処遇の内容を見てみると，プロベーションやパロールという伝統的な形態のほかに，社会奉仕命令，電子監視，損害回復等の新しい形態が考案され，各国で実施されるようになっている[1]。

　台湾においても，2002年の刑訴法改正に始まり，2005年の刑法改正および性犯罪防止のための特別法（性侵害犯罪防治法）の改正が行われたことによって，上述のような手法が多様な形で採用されることになった。これらの法改正の経緯をみてみると，刑訴法については，2002年当時，公判での交互尋問の導入が政策的に決定されており，検察官や裁判官の負担が大きく増加すると予想されたため，その緩和策として緩起訴制度，そして被害者への賠償や社会奉仕命令などの付帯処分命令が導入された。また，刑法改正については，社会環境や犯罪内容の変化にもかかわらず，現行刑法は1935年に施行されて以来，全面的な検討が一度もなかったため，刑法を徹底的に見直す必要があるという共通の認識があった。1974年に「刑法修正委員会」が設置されたものの，「中華民国刑法修正草案」および「中華民国刑法施行法修正草案」が国会に提出されたのは15年後の1989年だった。その後も，国会での審議はなかなか進まず，部分的に各論の条文が改正されたのみで全体的な見直しはなされず，2005年になってようやく総論の部分を中心とする改正が行われた[2]。法改正の背景には，刑務所の過

剰収容があった。過剰収容は1997年にピークを迎え，121.09％に上った。その後，少しずつ低下し，2002年には106.77％に減少した。しかし，2003年から収容の状況が再び悪化し始め，2005年末になると，115.11％となった[3]。政府の統計によると，全国の主な刑務所において被収容者1人あたりの舎房内のスペースは，2005年6月の時点では平均0.8坪しかなく，被収容者の健康や秩序の維持が大変難しい状況になっている[4]。

　台湾では，軽微な犯罪で収容される被収容者が大きな割合を占めていた。ここ数年，6カ月以下の短期自由刑もしくは拘留を科されたり，または罰金を科され納付せずに施設収容されたりした者は，毎年，刑務所の新入収容者の4割強を占めている。とくに2002年には，そのような者は，新被収容者の46.75％にまで達しており，総刑務所人口の3分の1近くを占めるようになった[5]。これらの人口を減らし，過剰収容の問題を軽減させることが，大きな課題となった。一方，累犯または再犯で収容された者は，新入収容者の半分近くの割合を占めている。これもまた刑法改正の動きに影響を与えた。このように，短期自由刑や罰金で収容される者の減少と累再犯者の減少が法改正のねらいとなった。

2. 社会内処遇をめぐる法改正

　上述のような背景の下で2005年に刑法は改正された。1935年現行刑法公布以来，最も大幅な改正だといわれている。刑法の総条文数363条のうち，総則67条，各則22条，合計89条が修正，削除，または新設された。総則にかぎってみれば，改正された条文は3分の2にも達した。なかには，執行猶予の付帯処分として，社会奉仕や被害者への謝罪，弁償などの措置が導入された（新刑法74条）。それとほぼ同時期に，性侵害犯罪防止法も改正され，保護観察期間中の集中監督，尿検査，電子監視を採用することとなった。これらの法改正は，2002年刑事訴訟法改正による社会内処遇手法の導入も含め，台湾の犯罪者処遇に大きな影響をもたらした。

(1) 概観：大幅な刑法改正と刑事政策の両極化

　法改正を主導した法務部は，今回の改正の特徴として「寛厳並進の刑事政策」（寛容と厳罰両方を兼備して進める刑事政策）をあげている。その理論的根拠は「刑事政策の両極化」の考え方にあるという。

　法務部の示した「刑事政策の両極化」とは，つまり，犯罪の内容が軽微で改

善可能な犯罪者に対し，ディバージョンや社会内処遇など緩和した刑事政策で対処する一方，犯罪の内容が重大で危険な犯罪者に対しては，厳しく処罰するということである。両極化を意識的に実現させることによって，軽微犯罪の行為者の場合，短期自由刑の弊害を回避するだけでなく，社会奉仕命令などを通じて社会に貢献し，被害者への損害賠償命令によって被害回復を促進することが期待されている。それと同時に，刑事司法機関は，重大犯罪に資源を集中させ，有効かつ適切な処罰と処遇をおこなうことができるといわれている[6]。

法務部のいわゆる「寛容」については，今回の刑法改正にかぎっていえば，社会奉仕命令付きの執行猶予を承認し，その活用を促進することを指すようである[7]。すなわち，執行猶予の対象を拡大しながら（過失犯の前歴を持っていても，執行猶予の対象とするようになる），単純な執行猶予のほかに，付帯処分という選択肢を裁判官に与え，自由刑の執行回避を図るということである。

厳罰化の内容は，第一に，併合罪の場合に処断刑の上限を20年から30年に引き上げること，第二に，無期刑の場合，仮釈放までの在監期間を一律に25年に引き上げること，第三に，有期刑の場合において，重大犯罪の累犯者，または再犯のおそれのある性犯罪者に対して仮釈放を認めないことである[8]。

厳罰化についてもう1つ言及しなければならないのは，性犯罪者の強制治療に関する保安処分の規定の改正である[9]。改正刑法91条の1では，性犯罪者に対して「再犯のおそれが明らかに減少した」ときまで強制治療を受けさせると規定されている。保安処分は性質が刑罰と異なるため，厳罰化の例としてあげることは適切ではないといわれるかもしれないが，法改正で性犯罪者の仮釈放が厳しくされたこともあり，不定期に等しい強制治療の容認は，厳罰化の延長線上で定められたものと考えてもいいだろう。すでに触れたように，刑法改正とほぼ同時に，「性侵害犯罪防治法」という性犯罪（者）に関する特別法も改正された（以下，「新性犯罪法」と略称）。新性犯罪法によって，いわゆる新しい社会内処遇の手法が数多く導入された。なかには，厳格な監視，監督の措置と見られる規定も盛り込まれている。詳しい内容は，次の「③新性犯罪法と社会内処遇の諸措置」で述べることとする[10]。

(2) 法改正の内容

台湾における社会内処遇の新たな発展を論じる場合，少なくとも3つの法改正に言及しなければならない。すなわち，刑事訴訟法における緩起訴制度の新設（2002年2月），刑法の改正（2005年2月公布，2006年7月から施行），そし

て上述の新性犯罪法の改正（2005年2月公布，2005年7月施行）である。これらの法改正によって，社会奉仕命令，夜間外出禁止命令，居住指定，電子監視などの措置が導入された。以下，この3法の改正について，簡単に紹介する。

①緩起訴制度[11]と社会内処遇の諸措置

緩起訴制度は，2002年の刑訴法改正によって導入されたものである。当時，刑訴法において当事者主義を原則とする大きな改正が行われ，公判での交互尋問が導入されることになったため，検察官や裁判官の負担がかなり増加すると予想された。そこで，その緩和策として緩起訴制度が導入され，公訴提起される事件数を確実に減少させることが法改正の主な目標とされた。そのうえ，一般予防を害さない範囲内で検察官の権限を拡大し，被害者への賠償や社会奉仕命令などの付帯処分命令を創設することによって，特別予防の実現も期待された（改正理由参照）。

以下，緩起訴処分の適用対象，付帯処分の内容，そして付帯処分命令に違反する場合の法的効果を紹介する。

まず，適用対象について，法定刑に死刑，無期刑または最低3年以上の有期刑を規定する犯罪を除いた罪を犯し，かつ刑法57条の量刑事由および公共利益を考慮したうえで，緩起訴が適切だと思われる事件に対して，1年以上3年以下の期間を決めて緩起訴処分をすることができる（刑訴法253条の1）。つまり，きわめて軽微な犯罪だけでなく，中程度の犯罪でも緩起訴の対象になりうるのである。財産犯を例とすると，強盗罪，海賊罪，身代金拐取・要求罪には適用されないが，窃盗，詐欺，横領，背任罪など実務上よく見られる犯罪は，ほぼすべてが緩起訴制度の対象になりうる。検察官の起訴するか否かについての裁量権は，この規定によって大幅に拡大された[12]。

そして，緩起訴処分の場合，検察官は被処分者に対して，下記の事項を遵守するように命令することができる。つまり，①被害者に謝罪すること；②反省書を書くこと；③（財産的・非財産的損害を含めて）被害者に損害賠償を行うこと；④国庫や指定された公益団体，地方自治体に金銭を支払うこと；⑤指定された公益団体，地方自治体またはコミュニティに40時間以上240時間以下の奉仕作業を行うこと；⑥アルコール中毒者や薬物乱用者への禁絶処分，精神障害者の治療処分，カウンセリング，その他適切な処遇のための措置；⑦被害者の安全を守るために必要な措置；⑧再犯を予防するために必要な措置を採ることである（刑訴法253条の2第1項）。

検察官が③〜⑥の事項を命令する場合，被告人に同意を求めなければならず，③と④の命令は，民事上の強制執行の対象となる，と定められている（253条の2第2項）。

上述①から⑧の命令に違反する場合，検察官は職権または告訴人の申出に基づき，緩起訴処分を取り消し，捜査を継続し，または公訴を提起することができる（253条の3第1項3号）。

上述の処分について，身体拘束を伴わないことや同意の任意性の確保を前提にしていることから，その法的性格は刑罰ではなく，したがってそれらが検察官によって行われることも憲法8条の人身の自由の保障に反しないという意見もあるが[13]，批判的な意見も多く見受けられる。具体的には，付帯処分の内容に財産権の剥奪（損害賠償，国庫等への支払い）や自由の制限（社会奉仕命令，禁絶処分等）を含むものが多いにもかかわらず，公正な裁判を経ることなく，裁判所の事前審査もないままに検察官に刑事制裁に等しい権限を与えることは，憲法8条に違反するおそれがあると主張されている[14]。また上述のような処分は，処分対象者に経済的な負担をかけたり，行動の自由に影響を与えたりするため，刑罰といえなくとも，処分対象者にとってある種のサンクションであることに違いはない。禁絶処分や治療処分，カウンセリングなどの措置については，検察官が自由に決定を行いうることにも疑問が示されている[15]。しかも，同意の任意性についていえば，253条の2の各処分には，同意を必要とするのは3号，4号，5号，6号だけであって，1号，2号，7号，8号（被害者に謝罪すること；反省書を書くこと；被害者の安全を守るために必要な措置；再犯を予防するために必要な措置を採ること）の場合は，同意を必要としていないし，採りうる措置には明確な制限がなく，実際に下される処分の内容は，比例原則に違反したり，基本的人権を侵害したりするおそれがある。したがって，任意性を前提にその合憲性を主張するのは，不十分であるように思われる。そのうえに，同意しなければ起訴されるという状況の下で，同意の任意性はどこまで保障できるかが疑問である。

そのほか，緩起訴の取消しについても問題が生じる。緩起訴処分に253条の2の付帯処分を付す場合，緩起訴の猶予期間（1年以上3年以下）と付帯処分の履行期間（「一定の期間」）という，2つの期間がある。すなわち，付帯処分を期間内に履行したとしても，ただちに緩起訴が確定するわけではなく，対象者は緩起訴の猶予期間内に故意に犯罪を犯した場合には，検察官が緩起訴処分を取り消すことができるし，すでに履行した付帯処分については，対象者への金銭の返還や賠償を認めないということである（253条の3）。対象者には，緩起訴の期

間内に二重の負担があり，常に不安定な状態にある。一方，検察官の権限が大幅に拡大されたため，それを監督する制度も早急に整備されなければならない[16]。

②条件付きの執行猶予と社会内処遇の諸措置

2005年，緩起訴の付帯処分に倣って，裁判官が条件つきの執行猶予を宣告できるように刑法が改正された（改正刑法74条）。条件つきの場合，裁判官が緩起訴の付帯処分とほぼ同じ内容のものを命令することができる。ただし，緩起訴の場合，一部の付帯処分は処分を受ける者の同意が必要とされるのに対し，執行猶予の条件については被告人の同意を一切必要としないという点に違いがある。

条件つきの執行猶予の導入とともに，執行猶予の適用対象も以前よりわずかながら拡大された。すなわち，①再犯であるが，初犯が過失犯であった場合，②故意で犯罪を犯して有期刑以上の刑罰を科されたが，5年以内に故意の犯罪を犯したことがない場合，執行猶予の対象として認められるようになった（改正刑法74条1項）[17]。

また，執行猶予の条件を遵守しなかった場合の効果として，75条の1が新設された。すなわち，条件違反の情状が重大であり，執行猶予により行為者の改悛が期待できず，刑の執行が必要であると判断された場合，執行猶予を取り消すことができる。違反の情状が重大な場合とは，たとえば，条件を履行する能力があるのに，財産を隠匿または処分し，または故意に履行しないこと，正当な理由がないのに履行を拒絶，または明らかに逃走する恐れがあることなどである（立法理由参照）。

被害者への損害賠償や社会奉仕命令などについては，執行猶予の条件または緩起訴の付帯処分としてではなく，刑罰の一種として刑法に明文化するべきであるという意見もあったが[18]，法務部はそれを採用しなかった。その理由として，刑罰の一種として規定される場合，裁判を経て命令しなくてはならなくなり不経済であること，および対象者が履行しない場合，強制執行や施設収容するための手続の制度設計が困難であることから，前述した緩起訴の付帯処分はそのまま維持するとしながら，条件つきの執行猶予を採用することにしたのである[19]。つまり，訴訟経済的観点から，捜査段階におけるディバージョンを重視しつつ，緩起訴や執行猶予の取消しという威嚇を武器にして，社会奉仕命令などの履行を担保するという考え方が示されているのである。

③新性犯罪法と社会内処遇の諸措置

すでに述べたように，刑法改正においては，性犯罪者の強制治療を「再犯のおそれが明らかに減少した」ときまで行うことが定められている（改正刑法 91 条の 1）。それでも不十分であると考えられた結果，2005 年 2 月に改正された新性犯罪法で，性犯罪者に対してさらにさまざまな「社会内処遇の手法」が導入され，性犯罪者の処遇に大きな変化をもたらした。

改正のきっかけとして，数年前の出来事をあげることができる。連続性犯罪事件で有罪判決を受け，服役中だった A 受刑者が大学入試を受験し，国立大学に合格した。彼は，入学するための形式的要件を満たし，仮釈放を申し入れたが，彼の大学合格についてのマスコミ報道により，大きな騒動が巻き起こった。精神科医が彼の再犯可能性がまったくないとは保証できないと述べたこともあり，社会のなかで彼に対する拒絶反応と恐怖心が広がった。大学側は建前上の，あいまいな言葉で彼の入学を拒絶し，法務部を含めてだれも彼の「更生」を保証することができないまま，「再犯のおそれがある」という理由で仮釈放申請は却下された。A 受刑者は申請を何回も繰り返したが，結局当人が挫折し，入学を諦めた[20]。

A 受刑者の仮釈放と大学入学は，結局認められなかったが，このことを契機に性犯罪者から社会を守る方法，とくに性犯罪者情報の登録と公開および電子監視の導入が頻繁に議論されるようになった。そして，さまざまな措置が 2005 年の法改正で明文化された。以下，その内容を紹介する。

まず，性犯罪者の強制治療については，上述の改正刑法 91 条の 1 以外に，新性犯罪法の 20 条でも定められている。新性犯罪法 20 条 1 項によると，加害者が次の条件を満たし，かつ治療や補導が必要であると判断された場合，地方自治体は心身治療や補導教育を受けるように命じなければならない[21]。すなわち，①有期刑や保安処分の執行完了；②仮釈放；③執行猶予；④刑の免除；⑤恩赦；⑥緩起訴処分の場合である。新法によると，対象者が前述の心身治療や補導教育を拒否した場合，1 年以下の有期刑を科すことも可能となった（新性犯罪法 21 条 1 項と 2 項）。

保安処分の執行が完了し，また仮釈放が認められた後でもなお治療・補導命令を認めることは，刑法 91 条の 1 に照らしてみると，矛盾するといわざるをえない。なぜならば，91 条の 1 によると，強制治療を受けて「再犯のおそれが明らかに減少した」受刑者にしか釈放や仮釈放は認められないからである。言い換えれば，釈放された性犯罪者や仮釈放中の性犯罪者は，再犯のおそれが低いと判断された人たちのはずである。にもかかわらず，そのような人を再び治療や補導の対象と

し，罰金や1年以下の有期刑をもって治療や補導を確保することは，やはり性犯罪者への恐怖心にもとづく社会的心理と，監視とコントロールの強化への欲求の現われだとしか思われない。

監視とコントロールの強化は，その他の社会内処遇の手法に混在しながら，次のような規定にも表れている。新性犯罪法20条2項は以下のように規定している：

> 前項（注：20条1項）の2号，3号（つまり仮釈放や執行猶予）で保護観察に付された対象者に対して，次の1つまたは複数の措置をとることができる[22]：①対象者への呼出しや訪問，またはグループ活動やアンケート調査への参加要請；②集中監督；③強制採尿；④居住指定；⑤夜間外出禁止命令；⑥ポリグラフ・テスト；⑦特定の場所や対象への接近禁止；⑧適切な機関や団体への仲介；⑨その他必要な処遇。

②から⑦の各号の実質的要件について少し詳しく説明する。

②集中監督：事実に基づいて，再犯のおそれがありまたは補導や管理強化の必要があると認めた場合，保護観察官が集中的に対象者を呼び出し，または対象者を訪問することができる。必要に応じて，警察の協力を求め，警察が定期的または不定期に訪問することができる。
③強制採尿：保護観察中に薬物乱用の疑いがある場合，強制採尿をすることができる。
④居住指定：対象者の住所が未定であり，または保護観察の執行にとって不便である場合，一定の住所に住むように指定することができる。
⑤夜間外出禁止命令：対象者に夜間に犯罪行為に及ぶ習性がある場合や，事実に基づいて再犯のおそれがあると認められる場合，夜間の外出を禁止することができる。
⑥ポリグラフ・テスト：対象者が心身治療や補導教育を受けるべきであると判断された場合，保護観察官はポリグラフ・テストを受けさせることができる。
⑦接近禁止命令：対象者に決まった犯罪パターンがある場合，または事実に基づいて再犯のおそれがあると判断できる場合，保護観察官が一定の場所や人物に接近しないように命ずることができる。

そして，注目されている電子監視も今回の法改正で明文化された。同20条3項において，電子監視に関して次のように規定されている。

保護観察官が，前項（2項）の4号，5号（つまり居住指定，夜間外出禁止命令）の措置を取る場合，検察官の許可を得たうえで，対象者に対して電子監視を行うことができる。

ちなみに，条文では「電子監視」ではなく，「ハイテク設備による監視とコントロール」という言葉が使われている。科学技術の進歩に応じて，さらなる精密な監視設備の使用をも視野に入れた立法だと理解されている。

性犯罪者に対する厳しい監視は，上述の規定にとどまらず，メーガン法類似の規定も明文化されている。

新性犯罪法23条によると，特定の性犯罪を犯し[23]，かつ同法20条1項の条件を満たした者は，7年間，定期的に警察機関に出頭し，身上報告，就学，仕事，使用している車両およびその変更を登録しなければならない（1項）。ただし，この規定は，18歳未満の者には適用されない（2項）。登録された事項は，公共の利益または社会の安全という目的のために，登録期間中，特定の人に閲覧を認められる（3項）。閲覧に必要な資格や条件などは，別の命令で定めるとする（4項）。

法改正の過程では，女性団体の活動が大きな影響を及ぼした[24]。性犯罪者に対して，保護観察官等による監視・監督だけでは不十分であり，再犯予防のためには，コミュニティによる監視とコントロールが必要とされた。そして，警察機関への基本資料の登録と閲覧がそれを実現する有効な手段として導入された。

草案段階では，資料を一般市民に公開すべきという提案もあったが[25]，犯罪者の人権を過度に侵害してしまうという異議が唱えられたため，協議の結果，特定の人にしか公開しないという結論に至った[26]。

3. 社会内処遇の諸措置の運用状況

改正刑法は2006年7月から施行されるため，条件つきの執行猶予の運用状況は，まだ検討の対象にすることができない。ここでは，緩起訴の付帯処分，そして新性犯罪法を中心に，関連する社会内処遇の現状を説明する。

(1) 緩起訴制度における付帯処分の現状

緩起訴とその付帯処分は，2002年に導入されて以降，実務上盛んに用いられているわけではないが，その適用の割合は徐々に上昇する傾向にある。法務統計によると，緩起訴処分の割合は，2002年2月8日に改正法が施行されてから，

2003 年度 4.6％，2004 年度 7.3％，2006 年度 8 月までに 7.2％という割合であった [27]。

　緩起訴処分に関し，付帯処分を課するかどうか，どのような付帯処分を課するかについてみてみよう。犯罪類型からみると，緩起訴処分は主に飲酒運転の場合に適用されている。その他ごく少ないが，文書偽造，窃盗などにも適用されている [28]。台湾において飲酒運転は，行政罰の対象となるだけでなく，刑罰の対象にもなる。飲酒運転と称されるものには，酒類によるもののほか，薬物や麻薬その他類似したものにより安全な運転ができない状態においての運転行為も処罰の対象に含まれている。そのような行為は刑法 185 条の 3 によると，1 年以下の有期懲役，拘留または 3 万元以下の罰金を科されることになるが，飲酒運転で短期自由刑を科されたり，罰金を支払わず（支払えず）短期間施設に収容されたりする場合が多いため，実務上厄介な問題とされてきた。

　また，緩起訴の場合に 253 条の 2 第 1 項の付帯処分を命ずるかどうかについて，2005 年 1 月から 8 月までの統計を見てみれば，15,797 件中，95％以上付帯処分が課されている。一番多く採用されている付帯処分は，「国庫や指定された公益団体，地方自治団体に金銭を払う」（11,956 件）ことであり，次に社会奉仕命令（1,494 件）である [29]。

　台北地方検察庁を例としてみると，社会奉仕命令を課された罪種では，やはり飲酒運転が一番大きな割合を占めている。2002 年の 1 年間に社会奉仕命令を適用された 1,738 件のうち，飲酒運転が 93.90％を占めるのに対して，それに次ぐ窃盗が 1.38％しかないのである [30]。また，奉仕活動の時間数について，1,104 件（63.52％）が 12 時間，439 件（25.26％）が 24 時間，195 件（11.22％）が 36 時間にわたって行われた。

　奉仕活動の内容をみてみると，必ずしも対象者が一方的に労務を提供するのではなく，法律の講義を受けたり，コミュニケーションのスキルを勉強したり，読書会に出たりすることなども含まれている [31]。

　すでに述べたように，検察官による付帯処分の一部は，処分を受ける側の同意を前提としていても，憲法 8 条の人身の自由の保障に違反するおそれがあると批判されている。しかし，一部の保護観察官の意見は，緩起訴を通じて社会内処遇を促進することに対してむしろ好意的であり，とくに社会奉仕命令をもっと活用すべきと主張されている [32]。

　その理由として，次の点があげられている。まず，社会奉仕命令の場合，罰金や拘禁に比べると，処分を受ける側にとっては，経済的損失を被ったり，仕事を失っ

たりすることがなくてすむ。また社会にとっては，奉仕命令の実践に協力することを通じて，ステレオタイプな犯罪者像を打ち破ることができ，また不景気である経済状況において社会奉仕は貴重な労働力になる。さらに，犯罪者が自分の力で社会に貢献することを学び，長い目でみると，国全体に文化的な変化をもたらすことになるかもしれないという[33]。

しかし，実際にそのような利点が実現されているのかどうか，後述に検討する。

(2) 新性犯罪法による社会内処遇の現状
①夜間外出禁止と電子監視

新性犯罪法は，2005年7月に施行されてから間もないため，その詳しい統計資料はまだ公表されていないが，そのなかでもとくに夜間外出禁止命令と電子監視が注目されている。

法務部の計画によると，第1段階では計300名の「危険性の高い」性犯罪者に対して電子監視を行う予定であり，とくに仮釈放中の一部の性犯罪者に対して腕時計式の送信機をつける方法（RFID式）をとるという。しかし実際には，その監視設備が充分に整備できていないため，予定どおりに実施されていない。現在は一部の検察官が便宜的に，テレビ電話を用いて音声と画面により本人かどうかを確認する方法をとっている[34]。

2005年9月7日，夜間外出禁止命令の遵守を確保する目的で，台湾ではじめての電子監視が行われた。夜間外出禁止と電子監視を命じられた2名の性犯罪者は，いずれも保護観察つきの仮釈放の対象者である。対象者は夜間に犯罪行為を行う傾向があり，再犯のおそれが高く，精神的に不安定であると判断されている。うち1名は結婚しており家族と同居している。タクシーを犯罪の道具にして強盗強姦という罪を何度も犯し，長く統合失調症の病歴を持つ48歳の男性である。もう1人は，シンナーを吸引して性犯罪行為に及んだが未遂に終わった25歳の未婚の男性である。現在は教会に保護されている。2人ともテレビ電話で監視されており，対象者の家に監視カメラが設置され，夜8時から朝7時まで外出禁止，トイレに行く時間は10分程度に短く限定され，入浴も8時までに済ませなければならないという。地方検察庁の当直の職員によって監視が行われていて，対象者がルールに違反したと疑われる場合，まず電話で対象者を呼び出し，明らかにルール違反があったと判断されるときは，ただちに警察局と主管機関に連絡し，現場への訪問を行うということである[35]。

②性犯罪者の登録と情報閲覧

性犯罪者の登録と情報閲覧について，「性侵害犯罪加害者登記報到及査閲辦法」（通達）が発せられている[36]。条件を満たした性犯罪者は，登録してから7年の間，6月おきに所在地の警察局に出頭し，資料の確認や更新を行わなければならない（性侵害犯罪加害者登記報到及査閲辦法5条）。

情報閲覧を認められる機関や個人およびその目的は，次のとおりである：①各学校，幼稚園，育児所，児童および少年福祉機関がスタッフの雇用等のため，②特定の性犯罪を犯した者に対して，法律による職業の制限がある場合，雇用主が応募者の情報について，閲覧を求めることができる（同法12条）。

4. 検討

(1) 社会奉仕命令について

法務部は社会奉仕命令の活用を促進している。緩起訴の付帯処分で一番多く適用されている「国庫等への支払い」は，累積金額の多さ，その使い道の不透明さや配分の公平性について不信の目を招いたことで，検察官は以前より慎重に支払命令を下すようになった。その影響もあって，社会奉仕命令の適用に関心が寄せられている。また，上述のように，保護観察官は，社会奉仕に高い評価を与えているようである。社会奉仕命令は，今後も注目されると予想できよう。

確かに，社会奉仕命令はうまく運用すればいくつかの利点が考えられる。ただし，上述の利点が実際に期待できるかどうかは，社会奉仕命令が確実に罰金や拘禁刑に代替すること，奉仕の内容や時間が対象者の生活に支障を生じないこと，奉仕場所等作業条件によってラベリングの悪影響をもたらさないことが確保されなければならないであろう。

まず，制度面からすると，検察官段階で付帯処分として課されることは，国家の統制権力の拡大につながらないかという問題がある。もともと，起訴するに足りる充分な証拠をもっていることが緩起訴の前提と定められているが，実際，検察官はそこまでの心証を持っていなくても，被疑者との取引などで，社会奉仕命令を下してしまうことも考えられる[37]。

緩起訴を運用した経験のある検察官に対する調査によると，有罪の心証が高度な嫌疑や明確な程度（80%）まで達していなくても，50%を超えれば，緩起訴をしてもいいと考えている検察官が2割いる[38]。つまり，無罪であるにもかかわらず緩起訴，さらに付帯処分を課されてしまう可能性がある。そうでなくても，そも

そも不起訴で終わるはずの事件でも、緩起訴及び付帯処分を課されてしまうことも予想される。

　実際に統計をみてみると、ここ数年、検察官が職権で不起訴とする件数がかなり減少した。たとえば、2004年の職権に基づく不起訴処分の件数に比べると、2005年には4,724件も減少した。法務部はこのことを緩起訴処分の増加に原因がある、と分析している[39]。そうだとすると、もともと不起訴ですむはずの事件は、緩起訴で取扱われ、そしてほとんどが何らかの付帯処分を課されてしまう（前掲3.(1)を参照）。結局、ディバージョンの選択肢というよりは、緩起訴制度は、国家の統制網の拡大につながり、市民の生活に不当に介入することになるものであるといわざるをえない。さらに、その場合の付帯処分が履行されなかったり、緩起訴の猶予期間中に犯罪を犯した場合を考えてみると、被収容者人口の増加をもたらすことも想像できる。この点については、社会奉仕命令だけでなく、ほかの付帯処分についてもいえるであろう。

　そもそも、捜査段階において検察官に付帯処分の権限を与え、積極的な処遇を図るという考え方に疑問を感じざるをえない。「犯罪者」ではなく被疑者に対する処遇とは、疑わしいものである。しかも、奉仕命令の履行について、通達によると警察の協力を求めることができるし、実際、警察の監督の下で行われた例もあり（次の段落を参照）、強制的色彩を帯びていることは否定できない。

　社会奉仕の運用の方法についても、なお検討する必要がある。

　まず、奉仕の内容について、台湾で1つ考えさせられる実例が報道された。飲酒運転で取調べを受けた8人に対し、検察官が彼らの同意を得たうえで、緩起訴の付帯処分として社会奉仕命令を下した。命令に従い、彼らは「お酒を飲んだら運転しない」というスローガンが掲げられている車に乗せられ、4台のパトカーの先頭でパレードを行い、町を回った。そのパレードは計3時間続いた[40]。

　このような奉仕の内容は、果たして妥当なのか。報道によると、本件では、処分を受けた者は検察官のこの処分に感謝しており、この命令に対してとくに不満がないといわれているが、見せしめのような奉仕内容はラベリングの悪影響がないか疑問を持たざるをえない。また、場面を変えて、「泥棒をしてはならない」等と書かれたベストを着せ、町中を広報させたらどうか[41]。また、社会奉仕命令の時間数は、慎重に決めなければならない。現行法は40時間から240時間と決められており、諸外国の法制度でもこの時間数とするものが多いようだが、それをどのくらいの期間内に完成させるか、処分を受ける側や受刑者の能力や仕事、生活スタイルを詳しく検討したうえで決めなければならない。さもなければ、彼らの日常

の仕事や生活に支障をきたし，命令を遵守することができなかったりすれば，かえって社会復帰に有害である。たとえば，平日の午前8時から午後5時までの時間帯を原則とし，奉仕先が必要と考え，かつ対象者の同意を得た場合だけ，夜間や休日の奉仕を例外的に認めるとすることは，対象者が普通のサラリーマンである場合，合理的ではないであろう。

このように，社会奉仕命令のネガティブな影響を避けるためには，少なくとも次の問題をクリアできなければならない。奉仕の内容について，どのような基準でその適否を判断し，どのようにして各事例に公平性を求めるか。事前に処分の内容を監督する制度はどのようなものにするべき，どのように機能させるか。比例原則に違反したり，基本的人権を侵害した場合，どのような救済手段を提供できるか。これらの問題を十分に検討しないまま，社会奉仕命令を運用するのは，あまりにも危険である。

(2) 性犯罪者に対する厳密なコントロールについて

次に，性犯罪者の処遇を検討する。

台湾のマスコミでは，性犯罪者はしばしば「悪狼」と呼ばれている。性犯罪者は凶悪な狼という意味である。その意味からも想像できるように，性犯罪は，凶暴，冷血，執拗な男性である加害者が無力で弱い女性や子どもを被害者とする犯罪だ，というイメージが大衆の心に焼き付けられている。また，性犯罪者に累犯が多いという印象はマスコミを通じて広く知られており，彼らがみな犯行を繰り返す，自己をコントロールできない，精神的に病んでいる人だと多くの人に思われているようである。

すなわち，性犯罪者は異常な人種であるとして，大衆に恐怖心が浸透しており，その処遇もますます厳しいものになっている。特に女性団体は，マスコミを通じて，性犯罪者の危険性と病的特徴を強調し，強制治療と厳しい監督を呼びかけ，さらに立法過程においても大きな影響力を発揮してきた[42]。

こうした背景もあり，「女性を守る」ための法律として，性侵害犯罪防止法を始め，家庭内暴力防止法，2005年に成立したばかりの「性騒擾防治法」（セクハラ防止法）まで，この分野においてかなり「先進的な」法律が完備されている。改正刑法91条の1または新性犯罪法の改正も基本的にこの流れに沿っているといえよう。

新性犯罪法20条にはさまざまな措置が定められているが，その目的の観点から，手段の必要性や妥当性が検討されなければならない。たとえば，なぜ性犯罪者

の処遇としてポリグラフ・テストまで導入したのか。その導入の理由は，テストを通じて性犯罪者の性的履歴を理解したり，または性犯罪者がプロベーション中にポルノなど性欲を引き起こすものを読んでいるかどうかを確認したりすることによって，性犯罪への衝動を予防することができるというものである。しかし，これはあまりにもナイーブすぎる論理であり，性犯罪者の処遇において，人権侵害やポリグラフ・テストの証明力という根本的な問題が無視されていることや，監視やコントロールがきわめて重視されていることもわかる。

また，性犯罪者に対する強制採尿にも疑問がある。薬物の濫用と当該犯罪の発生に因果関係があるのか。薬物の使用が性犯罪の再犯を引き起こす可能性はどのくらいあるのか。保護観察官がどのようなプロセスや基準でそれを判断するのか。保護観察官がそれを判断するために充分な能力を持つのか。対象者の人権を過度に侵害するおそれはないか。このような点について，必ずしも充分な議論が行われたとはいえない[43]。

もちろん，これらの規定をおくことに対してまったく反対がなかったわけでもない。反対意見としては，まず，多くの措置が性犯罪者に対してしか行われていないことから平等原則に違反するという批判がある。また，夜間外出禁止や住所の指定，電子監視などを許可する権限が検察官に与えられていることは憲法8条の人身の自由の保護に反するとも主張されている[44]。

電子監視については，設備が未整備のため広範囲な実施は先伸ばしになっているが，再犯を防ぐ強力な手段（社会を安心させる手段？）として期待されている。しかし，24時間も監視機器を身につけさせることは，プライバシーへの重大な侵害になる一方，再犯防止の明らかな効果が証明されていない，と学者から批判されている。そして，このような厳しい監視手法を，どのような犯罪者に対してとるべきか，その判断を誰に任せ，判断基準をいかに明確にするかについて慎重な検討が必要であり，監視に関わる保護観察官の訓練が充分ではないということも指摘されている[45]。

性犯罪者の登録については，犯罪者の社会復帰を考えてラベリングを回避しなければならない，よって登録制度に反対するという主張が一部の立法委員（国会議員にあたる）にあった。法務部の代表も，当初，社会復帰という目標を掲げ，無期限に延長できる強制治療が社会防衛に有効な手段であると主張し，登録には反対の意を示した。しかし，結局，性犯罪者の情報の閲覧については，一定の目的で特定な団体や個人にしか認められないということで妥協案が成立した[46]。

もともと，性犯罪者の再犯防止の必要性が，刑法の性犯罪に関連する規定の

改正や新性犯罪法 20 条の諸措置が導入された主な目的であった。しかし，危険な性犯罪者の完全な更生は不可能あるいは困難であるという見方が社会に広がっているため，いかに管理・監視をして再犯を防げるかというところに関心が置かれてしまった。結果として，仮釈放の審査が厳格になる一方，保護観察における手厚い援助ではなく，さらに強力な手段による社会内での監視が処遇の中心となってしまった。

　前述の A 受刑者の状況をさらに見てみよう。A 受刑者は大学入学を諦めてからも数回にわたって仮釈放を申し込んだが，再犯のおそれがないとはいえない，改悛の状が認められないなどの理由で，すべて却下された。この間，A 受刑者自ら電子監視の適用を申し出たうえに，一番最近の仮釈放審査では「再犯のおそれがある」という評価もなくなったため，仮釈放の許可が期待された。それにもかかわらず，2006 年 10 月に A 受刑者の仮釈放は再び却下され，これで 7 回目となった。その主な理由は，「絶対再犯はしない」という完全な保証がないことと，「RFID」電子監視システムがまだ完備されていないこと，世論が厳しいということのようである[47]。しかし，考えてみると，「絶対再犯しない」という保証は，誰ができるだろうか。仮釈放の法的要件としては，「再犯のおそれが明らかに減少した」としか規定されていないにもかかわらず（刑法 91 条の 1），いつの間にか，その要件が「再犯しない保証」にすり替えられた。その保証がなければ，犯罪者を社会から隔離する。刑務所に隔離できなければ電子監視，ポリグラフ・テスト，集中監督，尿検査などで監視とコントロールをする。あるいは，出所後の登録や情報の閲覧を通じて監視と排除を続ける。

　そもそも台湾において，性犯罪者は刑務所から出ても，きわめて厳しい社会環境に直面しなければならない。なぜなら，性犯罪者に対してさまざまな就業制限が認められているからである。最も知られているものは，性犯罪者のタクシー運転手としての就業制限が憲法解釈 584 号で合憲であると判断されたことである。そのほか，葬儀屋，不動産屋の経営者，ゲームセンターの責任者，民宿の経営者，塾の責任者などへの就業禁止がある。性犯罪者の職業の自由は多くの法律によって制限されている。

　このように，性犯罪者は，施設内においても社会内においてもきわめて厳しいコントロールと監視の下に置かれている。しかし，彼らへの援助については社会的関心が寄せられなかった。性犯罪者をこのような窮地に立たせる状況について，「囲城」（敵に囲まれているお城）と比喩的に形容されているが，まさにそのとおりである[48]。対象者がこのような環境の下で社会復帰することは，多大な努力を払っ

ても想像以上に困難かもしれない。

　犯罪の原因，そして社会復帰の責任をすべて行為者1人に負わせるのは，過酷である。ましてやその行為者を1人の人間としてみるのではなく，いつ爆発してもおかしくない危険の源とみて，いつまでも監視や排除を絶やさないことは，社会防衛のために際限なく人間の尊厳を侵害することであるといわざるをえない。

(3) 拡大されつつある社会内監視：重大犯罪・累犯・再犯への適用

　最近，1つ目される動きがある。観護法草案（保護観察法改正案）のなかに，新性犯罪法20条の諸措置を重大犯罪や累犯，再犯にも適用するという規定がある。草案11条によると，保護観察官が対象者を分類し，それに基づいて一般監督，集中監督，採尿検査，居住指定，夜間外出禁止，（電子監視を含む）科学的設備による監視，ポリグラフ・テスト，適切な機関や団体への仲介などを指示することができる。分類の基準は法務部によって定めることとされている。

　これらの規定は，対象者の自由を制限するものであるから，行政機関である保護観察官に決定権を与えることは，適正手続保障に違反するといえる。電子監視などには検察官の許可が必要とされるが，それでも疑問が残る（緩起訴の付帯処分に関する議論を参照）。また，保護観察に入ってからの負担の付加は，むしろ監視・監督の強化のためであり，非拘禁化を促進するとは考えにくい。結局，性犯罪の場合と同じように，厳罰化の産物であるとしか考えられない。

5. 結語

　社会内処遇といわれる諸措置は，さまざまな期待を背負って台湾に導入されてきた。公判における検察官の負担の軽減，さらに厳しくなっていくと予想される過剰収容の緩和，危険な性犯罪者の処遇改善など，それぞれ異なった目標が掲げられていた。上述の分析に従えば，もともと社会内処遇に期待できる自由刑の代替や犯罪者の社会復帰の促進は，その実現がきわめて難しくなっているように思われる。

　とくに，社会内処遇の発展とは裏腹に，刑法改正による厳罰化が進んでおり，草案の段階から厳罰化という学者による批判は絶えることがなかった[49]。重大犯罪や累犯に対する刑罰が厳しくなっているため，刑期の長期化や仮釈放の厳格化，そして性犯罪者の無期限に等しい保安処分によって，過剰収容がますます深刻な問題になっていくことが予想される。改正刑法は，2006年7月から施行されるの

であるが、その影響はすでに出ている。仮釈放の割合を見ると、2004年から仮釈放の審査はすでに厳しくなっている。仮釈放を認められた受刑者は以前に比べると、平均毎月700人あまり減少している。1年で仮釈放を認められる人員が7,000～8,000人程度減少している[50]。

また、2005年の法改正で、新たな社会内処遇の手法が導入された。もともと、「社会内処遇」は、「施設内処遇」の弊害を回避するための手段であり、「施設外」で処遇を行うことによって、自由刑のもつスティグマを回避し、社会から隔離せずに社会復帰を促進する方法として重視されるものである[51]。しかし、社会内処遇とはいえ、運用のあり方によってはラベリングとなる可能性も十分ありうる。社会奉仕命令や電子監視など社会内処遇の新たな諸措置を保護観察の強化という目的で運用すれば、監視とコントロールばかりが行われ、対象者の自律的な生活が妨げることになるばかりか、些細なルール違反を直ちに施設収容に直結させることになりやすく、結局は、刑罰の厳格化と過剰収容を促進してしまうことになりかねない。

充分な援助なくして、対象者の社会復帰が困難であることを忘れてはならない。社会内処遇の多様化については、監視方法の開発や監視の強化だけを図るというのではなく、多様な社会資源との協力・連携による対象者への多面的支援のあり方を模索しなければならない[52]。つまり、「社会復帰援助」の面に力点を置くことがきわめて重要である。そして、社会内処遇対象者の法的地位の明確化および人権保障が必要である。24時間の電子監視など、プライバシーを過度に侵害し、社会防衛にしか関心を払わない手法も認めるべきではないし、社会奉仕命令や電子監視を決める基準、決定機関、事前監督と事後の救済方法を明確にしなければならないと思われる。

1 石原明＝藤岡一郎＝土井政和＝荒川雅行『現代刑事政策』（青林書院，2000年）249～251頁。
2 柯耀程，刑法総論釋義―修正法篇（上）（元照，2005年）4～8頁。
3 法務部法務統計主要指標圖示，http://www.moj.gov.tw/public/Attachment/632014584963.pdf (visited on Sep. 29, 2006).
4 主計處中華民國統計資訊網，統計專區（社會指標）http://www.stat.gov.tw/ct.asp?xItem=11365&ctNode=3479 (visited on Sep. 29, 2006)。
5 許福生，刑事政策學（三民總經銷，2005年）122頁。

6　蔡碧玉「2005年刑法之修正與刑事政策」台湾刑事法学會『2005年刑法總則修正之紹介與評析』（2005年）12～14頁。

7　蔡碧玉・前掲注（6）25～31頁。ほかに，人身の自由を拘束する保安処分に罪刑法定主義を適用すること，公民権剥奪の範囲を縮小すること，18歳未満の行為者への死刑や無期刑の科刑の禁止があげられている。

8　より詳細に見ると，まず，仮釈放となるための形式的要件として，無期刑の場合，経過を要する期間が現行法の15年から25年となった。また，累犯の仮釈放についても改正が行われた。現行法では，累犯の無期刑については，仮釈放までに20年の経過が必要とされているが，改正刑法ではこの規定は削除された。その理由としては，無期刑の仮釈放までの期間は今回の改正ですでに25年にまで引き上げられたのだから，累犯について特別な形式的な要件は必要ではないとされている（77条改正理由第1項）。

そのほか，有期刑について，累犯で特定の場合には，仮釈放を認めないこととなった。改正刑法77条2項2号によると，「短期5年以上の有期刑の罪を犯した累犯で，仮釈放期間において，または刑の執行が完了した後，あるいは刑の一部執行免除の恩赦を受けてから，5年以内に故意で短期5年以上の有期刑を犯した者は」，有期刑についての仮釈放の規定を適用しないとする。立法理由によると，改正刑法77条2項2号のこの規定は，アメリカの三振法を参照し，上述のような「悔悟を知らない」犯罪者に対して仮釈放の機会を剥奪して社会の安全を守るという趣旨で設けられたものである（立法理由第3項の(2)を参照）。

そして，刑を減軽する場合の刑期が引き上げられた。現行刑法64条によると，死刑を減軽する場合，無期刑または12年以上15年以下の有期刑になる。改正刑法の場合，有期刑を削除し，死刑を減軽する場合は必要的に無期刑を科すことになった。現行刑法65条2項によると，無期刑を減軽する場合，7年以上の有期刑になるが，改正刑法によると，15年以上20年以下の有期刑になる。

9　台湾では，保安処分が刑罰と並行して行われている。現行法では，常習犯等に対する強制労働，酒癖によって犯罪を犯した者や薬物乱用者に対する禁絶処分，精神障害者に対する治療処分，性犯罪犯に対する強制治療が定められている。今回の改正において，性犯罪者の強制治療について，刑の執行前から刑の執行中または刑の執行後に治療を行うことと改正された。

10　刑法改正についてもう1つ言及しなければならないのは，死刑廃止に関する動きとの関係である。日本でも知られているように，台湾では，近年，死刑を廃止しようとする動きがある。刑法改正の厳罰化は，一見，そのような動きと相反するようであるが，法務部の関係者によると，むしろ死刑廃止に向かうための1つのステップと位置づけられている。つまり，

無期刑の仮釈放の条件を厳しくすることと併合罪の上限の引き上げにより，実質的に仮釈放のない終身刑に近づくことになり，死刑の代替策として裁判官の選択肢になり，死刑判決の減少を促進することができると考えられているようである。蔡碧玉・前掲注（6）44〜45頁参照。

11　日本の起訴猶予制度に類似したものだが，猶予期間の上限と下限が定められていること，付帯処分が明文化されている点で，日本の制度と異なっている。

12　呉巡龍「我国應如何妥適運用緩起訴制度」台湾本土法学35期（2002年6月）98〜99頁。

13　詳しくは，陳運財「緩起訴制度之研究」台湾本土法学35期（2002年6月）82〜83頁の分析を参照。

14　張麗卿「評析新増訂之緩起訴制度」張麗卿著『験証刑訴改革脈動』（2003年10月出版，五南）103頁。

15　何頼傑「検察官不起訴職権修法之總検討—第一部分：緩起訴処分」法学論著6期（2002年6月）6〜7頁。

16　「従新刑事訴訟法談緩起訴制度」研討會，「議題討論」部分，何頼傑及林鈺雄の發言。台灣本土法學雜誌35期（2002年6月）118〜123頁。

17　改正刑法は2005年2月に公布され，2006年7月1日から施行された。改正刑法における執行猶予の要件は，刑法74条1項に定められている：「2年以下の有期懲役，拘留または罰金の宣告を受け，次の状況にあたり，かつ刑の執行を暫く停止したほうが適切であると認められるものに対し，2年以上5年以下の執行猶予期間を定めることができる。①故意の犯罪で有期懲役以上の刑の宣告をうけたことがない場合；②故意の犯罪によって有期懲役以上の刑の宣告を受けたことがあるが，刑を服した後，または恩赦を受けてから5年以内に故意の犯罪によって有期懲役以上の刑の宣告を受けたことがない場合」である。

18　林山田「2005年新刑法總評」台湾本土法学67期（2005年2月）98〜99頁。

19　蔡碧玉・前掲注（6）28〜29頁。

20　周愫嫻・張祥儀「突圍：論性侵害犯罪人再社会化之可能性」月旦法学雑誌96号（2005年5月）155〜156頁。

21　新性犯罪法の対象には，強姦罪，強制わいせつ，強盗と強姦の結合罪，海賊と強姦の結合罪，身代金拐取と強姦の結合罪などが含まれている（新性犯罪法2条1項）。

22　改正刑法93条によると，仮出獄者と91条の1の罪で執行猶予となった者は，必要的に保護観察に付される。

23　合意に基づいて16歳未満の少年と性行為をする準強姦罪などは含まれず，20条1項の対象者より限定されている。

24 李佳玟「近年来性侵害犯罪之刑事政策分析：從婦運的角度觀察」中原財経法學14期（2005年6月）24頁。
25 立法院公報94巻7期院会記録516〜517頁，周清玉委員等提案を参照。
26 立法院公報94巻5期206頁，212〜214頁；同94巻7期院会記録546頁。
27 法務部法務統計最新統計資料「検察統計摘要分析」（2006年8月）http://www.moj.gov.tw/site/moj/public/MMO/moj/stat/new/newtxt1.pdf（visited on Oct. 5, 2006）。
28 法務部法務統計「緩起訴處分案件統計分析」（2005年10月14日）http://www.moj.gov.tw/public/Attachment/5121611532343.pdf（visited on Nov.27, 2005）。
29 同前掲注（28）表2。
30 林需蓉，呉永達，許育寧「對我国試行偵察中辦理社区處遇状況之研究（一）」法務通訊2170期5頁（2004年1月15日）。
31 同前掲注（30）。
32 林需蓉等・前掲注（30）5頁；林需蓉，呉永達，許育寧「對我国試行偵察中辦理社区處遇状況之研究（二）」法務通訊2171期2〜4頁（2004年1月29日）。
33 同林需蓉等・前掲注（32）「對我国試行偵察中辦理社区處遇状況之研究（二）」法務通訊2171期2〜4頁（2004年1月29日）。
34 法訊報導「性侵害犯假釋 法務部：手錶型發訊器監控」法源法律網2005年6月16日；http://www.lawbank.com.tw/fnews/pnews/pnews.php?nid=32438.00；自由電子報「電子手環追蹤假釋性侵犯」2005年9月23日 http://www.libertytimes.com.tw
35 自由時報2005年9月23日A1記事。
36 2006年1月1日から適用。ただし，12条から17条は同年7月から適用。
37 陳運財・前掲注（13）97頁。
38 呉偉豪，陳運財「緩起訴制度實務運作状況之檢討—以台北，台中，雲林地方法院檢察署為調查中心」「刑事法学研討會—緩起訴制度之理論及其實踐」2003年6月：http://www2.thu.edu.tw/~law/talk01.htm（visited on Sep.10, 2005）。
39 法務部法務統計分析，「近五年刑事偵査案件辦理情形」（2006年6月14日）http://www.moj.gov.tw/public/Attachment/68111044237.pdf（visited on Oct. 5, 2006）。
40 2002年3月28日中国時報「酒駕『緩起訴』罰他遊街宣導」；陳運財・前掲注（13）74頁より。
41 検察機関辦理緩起訴處分作業要点（通達）12条で，この2つの例は，刑訴法253条の2第1項8号「その他再犯予防のために必要な措置」の不適切な例としてあげられているが，それを奉仕命令（同条5号）の内容として指示することも十分考えられる。
42 李佳玟・前掲注（24）47〜48頁，97〜98頁。

43 性犯罪者に対して，国がその指紋，DNA資料を集めて管理することができると定められている（新性犯罪法9条）；ただし，指紋の採取は，性犯罪以外の犯罪者にも認められている。

44 盧映潔「我国刑法修正案有關增減刑罰及保安處分規定之探討與評析」月旦法学121号（2005年3月）272頁。呉景欽「對假釋犯為電子監視之可行性探討」立法院院聞33巻3期（2005年3月）47～48頁。

45 黃富源「『科技設備監控』的省思」台湾本土法学68期（2005年3月）1～2頁。

46 參照立法院公報93巻35期委員會紀錄372～373頁，375頁法務部檢察司司長蔡璧玉發言部分；373頁卓伯源發言部分；立法院公報94巻5期委員會紀錄蔡璧玉發言部分。

47 中國時報，2006年10月5日，A11版社會新聞。

48 周愫嫻ほか・前掲注（20）157頁。

49 たとえば，黃栄堅「重刑化刑事政策之商榷」台湾本土法学45期（2003年4月）66頁以下。柯耀程「鳥瞰二〇〇五年刑法修正」月旦法学教室29期（2005年3月）117頁。

50 法源法律網法訊報導「刑法修正後假釋門檻提高 監獄恐将大爆満」2005年2月17日；http://www.lawbank.com.tw/fnews/pnews.php?nid=29696.00（visited on Feb. 17, 2005）。

51 社会内処遇の必要性について，染田惠「犯罪者の社会内処遇の探求——処遇の多様化と修復的司法」（成文堂，2006年）16～24頁参照。

52 石原明ほか・前掲注（1）281頁参照。

(謝如媛／シャ・ジョエン)

第5部
資料編

更生保護に関する主な文献

　以下は，第二次世界大戦後の更生保護（保護観察，仮釈放等）に関する主な文献である。ただし，そのすべてを網羅することは紙幅の関係上不可能であるので，更生保護の歴史や実情を知る上で研究上有用なものを中心に挙げた。出版年が古いものや法務省部内の報告書については，現在では入手が困難なものも含まれるが，その重要性に鑑みて収録してある。そのような文献についても，国会図書館をはじめ，各地のいずれかの図書館には収蔵されているので，必要と考える方はぜひアクセスしていただきたい。

　なお，1990年までの図書・雑誌論文については，安形静男編『更生保護関係文献目録』（日本更生保護協会，1990）が網羅的に収録しているので，こちらも参照されたい。

研究書・研究報告書

ヘレン・ディ・ピジョン『ケース・ワークの技術と方法』［更生保護叢書1号］（日本更生保護協会，1951）

若木雅夫『更生保護の父原胤昭』（渡邊書房，1951）

小川太郎『保護観察制度について』［法務研究報告書39集8号］（法務研修所，1954）

西村克彦＝林知己夫『假釋放の研究』（東京大学出版会，1955）

栗原一夫『保護観察におけるケースワークについて』［法務研究報告書44集2号］（法務研修所，1956）

吉野栄二『更生保護会運営に関する実証的研究』［法務研究報告書45集1号］（法務研修所，1957）

小川太郎『自由刑の展開：保護観察を基点とした保安処分』（一粒社，1964）

斎藤欣子『横浜地検における起訴猶予者に対する更生保護事件について』［検察研究叢書；43］（法務総合研究所，1965）

畠山勝美『試験観察の実証的研究』［司法研究報告書17輯2号］（司法研修所，1966）

東徹『保護観察付執行猶予の実証的研究』［司法研究報告書18輯1号］（司法研修所，1966）

坂部正晴『更生保護会における被保護者処遇の実証的研究』［法務研究報告書55集5号］（法務総合研究所，1968）

菊田幸一『保護観察の理論』（有信堂，1969）

吉田次郎『刑事政策としての更生保護』（大永舎，1971）

鈴木一久『犯罪者の社会内処遇に関する比較法制的研究』［法務研究報告書57集5号］（法務総合研究所，1971）

鈴木昭一郎『保護観察の遵守事項に関する研究』［法務研究報告書60集3号］（法務総合研究所，1972）

清水義悳『保護観察ケースワークに関する研究』［法務研究報告書63集3号］（法務総合研究所，1975）

松本勝『保護観察における交通事件対象者の処遇について』［法務研究報告書64集2号］（法務総合研究所，1976）

高橋和雄『保護観察事例の実証的研究：保護観察実施過程における諸問題と処遇のあり方について』［法務研究報告書65集1号］（法務総合研究所，1977）

山口透『保護観察における居住施設の活用に関する研究』［法務研究報告書67集1号］（法務総合研究所，1979）

法務省保護局編『社会内処遇の基準と目標』［保護資料19号］（法務省保護局，1981）

千条武『仮出獄の取消しに関する実証的研究』［法務研究報告書69集2号］（法務総合研究所，1981）

宮澤浩一ほか『犯罪者の社会復帰』［現代刑罰法大系7巻］（日本評論社，1982）

市川清志『更生保護会の運営に関する実証的研究』［法務研究報告書71集5号］（法務総合研究所，1984）

橋本詔子『保護観察における環境調整に関する研究』［法務研究報告書73集5号］（法務総合研究所，1987）

高池俊子『中学生の保護観察に関する研究』［法務研究報告書74集6号］（法務総合研究所，1987）

山田憲児『保護観察付刑執行猶予の取消し等に関する研究』［法務研究報告書75集2号］（法務総合研究所，1988）

瀬川晃『犯罪者の社会内処遇』（成文堂，1991）

橋本昇『更生緊急保護をめぐる諸問題』［法務研究報告書79集1号］（法務総合研

究所,1992)

岩井敬介『社会内処遇論考』[更生保護叢書](日本更生保護協会,1992)

伊福部舜児『社会内処遇の社会学』[更生保護叢書2号](日本更生保護協会,1993)

生島浩『保護観察における家族援助に関する実証的研究』[法務研究報告書81集1号](法務総合研究所,1993)

菅沼登志子『社会内処遇における社会奉仕活動に関する研究』[法務研究報告書82集2号](法務総合研究所,1995)

安形静男『原胤昭免囚の父:更生保護史上に異彩の生涯と足跡』(北見虹の会,1995)

大坪與一『更生保護の生成』[更生保護叢書3号](日本更生保護協会,1996)

川崎政宏『仮釈放における遵守事項の研究』[法務研究報告書83集3号](法務総合研究所,1997)

西瀬戸伸子『保護観察における行動療法的技法等の実証的研究』[法務研究報告書85集2号](法務総合研究所,1998)

染田惠『犯罪者の社会内処遇の多様化に関する比較法制的研究』[法務研究報告書86集1号](法務総合研究所,1998)

鈴木昭一郎『更生保護の実践的展開』[更生保護叢書4号](日本更生保護協会,1999)

法務省保護局更生保護誌編集委員会編『更生保護史の人びと』(日本更生保護協会,1999)

常井善『更生保護と刑事政策』[更生保護叢書5号](日本更生保護協会,2002)

多久島晶子『連合王国における社会内処遇プログラムの新しい展開〜「What Works 施策」について〜』[「竹内基金」国際交流事業実地調査報告書](日立みらい財団,2002)

今福章二『更生保護施設における処遇に関する研究』[法務研究報告書89集3号](法務総合研究所,2002)

染田惠=岡田和也=吉田里日=石井智之『外国人保護観察対象者に係る処遇上の問題点対応策』[法務総合研究所研究部報告17](法務総合研究所,2002)

中野陽子=染田惠『保護観察付き執行猶予者の成り行きに関する研究』[法務総合研究所研究部報告 17](法務総合研究所,2002)

鮎川潤『非行少年のための更生保護施設に関する研究』(金城学院大学,2002-2003)

北澤信次『犯罪者処遇の展開：保護観察を焦点として』（成文堂，2003）
木村隆夫『非行克服の援助実践：ある保護観察官の実践的非行臨床論』（三学出版，2003）
西川正和＝寺戸亮二＝大場玲子＝押切久遠＝小國万里子『保護司の活動実態と意識に関する調査』［法務総合研究所研究部報告26］（法務総合研究所，2005）
西川正和＝河原田徹『英国の保護観察制度に関する研究−社会内処遇実施体制の変革と地域性の再建−』［法務総合研究所研究部報告28］（法務総合研究所，2005）
安形静男『社会内処遇の形成と展開』［更生保護叢書6号］（日本更生保護協会，2005）
松嶋秀明『関係性のなかの非行少年』（新曜社，2005）
西川正和＝大場玲子＝寺戸亮二『保護観察対象者の分類の基準に関する研究』［法務総合研究所研究部報告30］（法務総合研究所，2006）
染田惠『犯罪者の社会内処遇の探求：処遇の多様化と修復的司法』（成文堂，2006）

記念論文集

更生保護制度施行十周年記念全国大会事務局編『更生保護論集：更生保護制度施行十周年記念』（更生保護制度施行十周年記念全国大会事務局，1959）
法務省保護局編『新更生保護論集』（日本更生保護協会，1988）
更生保護50年史編集委員会編『更生保護の課題と展望：更生保護制度施行50周年記念論文集』（日本更生保護協会，1999）

記念誌

全国保護司大会事務局編『全國保護司大會誌』（全国保護司連盟，1954）
更生保護制度施行十周年記念全国大会事務局編『更生保護10年のあゆみ：更生保護制度施行10周年記念』（更生保護制度施行十周年記念全国大会事務局，1959）
更生保護制度施行十周年記念全国大会事務局編『更生保護制度施行十周年記念全国大会誌』（更生保護制度施行十周年記念全国大会事務局，1960）
更生保護制度施行三十周年記念全国大会事務局編『更生保護制度施行三十周年記念全国大会誌』（更生保護制度施行三十周年記念全国大会事務局，1980）

更生保護三十年史編集委員会編『更生保護三十年史』（日本更生保護協会，1982）

更生保護会設立百周年記念事業準備委員会編『更生保護会設立百周年記念大会誌』（更生保護会設立百周年記念事業準備委員会，1989）

更生保護四十年史編集委員会編『更生保護四十年史』（日本更生保護協会，1989）

日本ＢＢＳ連盟ＯＢ会編『ＢＢＳ運動50年の回顧』（日本ＢＢＳ連盟ＯＢ会，1997）

ＢＢＳ運動発足50周年記念誌編集委員会編『ＢＢＳ運動発足50周年記念誌』（日本更生保護協会，1997）

全国更生保護婦人連盟「35年のあゆみ」編集委員会編『全国更生保護婦人連盟「35年のあゆみ」』（全国更生保護婦人連盟，1999）

日本ＢＢＳ連盟編『ＢＢＳ運動発足50周年記念事業報告書』（日本ＢＢＳ連盟，1999）

更生保護50年史編集委員会編『更生保護50年史：地域社会と共に歩む更生保護』（全国保護司連盟＝全国更生保護法人連盟＝日本更生保護協会，2000）

日本ＢＢＳ連盟ＯＢ会編『ＢＢＳ運動の軌跡』（日本ＢＢＳ連盟ＯＢ会，2006）

※上記のほか，各地の地方更生保護委員会，保護観察所，保護司会，更生保護法人等の単位で記念誌が多く刊行されている。

法令・統計・事典

綿引紳郎『犯罪者予防更生法解説』（大学書房，1949）
中央更生保護委員会編『保護観察読本』（司法保護協会，1949）
小川太郎『更生保護法』（一粒社，1954）
東京保護観察所編『保護司の法律』（東京保護観察協会，1954）
『少年矯正保護法』（第一法規出版，1955）
法務省保護局編『更生保護法令全書』（衆望社，1956）
法務省保護局編『恩赦制度に関する資料』［保護資料12号］（法務省保護局，1957）
岡田亥之三朗『逐条恩赦法釈義』［改訂再増補版］（第一法規出版，1959）
平野龍一『矯正保護法』［法律学全集44］（有斐閣，1963）
法務省保護局編『更生保護例規集』（法務省保護局，1963）
石井照久ほか編『監獄法・恩赦法等』（第一法規出版，1964）
井上登ほか編『少年法・少年院法・犯罪者予防更生法等』（第一法規出版，1964）

朝倉京一ほか編『日本の矯正と保護　保護編』[日本の矯正と保護 3 巻]（有斐閣，1981）
吉永豊文＝鈴木一久『矯正保護法』[現代行政法学全集 20]（ぎょうせい，1986）
法務省保護局編『保護観察読本』（日本更生保護協会，1987）
原一馬『日本の恩赦と前科抹消』（佐賀県更生保護協会，1995）
法務省保護局編『保護司のための保護観察関係法規』（日本更生保護協会，1996）
法務総合研究所編『犯罪白書』（1960 年より毎年刊）
法務大臣官房司法法制調査部調査統計課編『保護統計年報』（1961 年より毎年刊）
保護観察事典編集委員会編『保護観察事典』（文教書院，1968）
新訂保護観察事典編集委員会編『新訂保護観察事典』（文教書院，1974）

※これらの文献のほか，保護司の研修用教材として，法務省保護局，日本更生保護協会等から少なからぬ小冊子が刊行されており，更生保護制度のあらましを知るうえで参考になる。

海外のパロール・プロベーション制度

法務廳成人矯正局 編『パロール（假釋放）とプロベーション（保護觀察）について：ヘインズ・アメリカ行刑組織より』（法務廳成人矯正局）
United Nations 編『プロベイションとこれに関係のある諸制度』[保護資料 7 号]（法務省保護局，1955）
ドラ・フォン・ケメラーほか『保護観察制度』[法務資料 366 号]（法務大臣官房司法法制調査部，1959）
『欧米諸国のプロベーション制度』[法務資料 368 号]（法務大臣官房司法法制調査部，1960）
N．S．ティマシェフ『プロベイションの百年』[法務資料 382 号]（法務大臣官房司法法制調査部調査統計課，1963）
『プロベイションのための犯罪者の選択』[保護資料 14 号]（法務省保護局，1967）
法務省保護局恩赦課編『外国の恩赦制度に関する資料』（法務省保護局恩赦課，1971）
法務省保護局編『更生保護関係外国法令集』[保護資料 15 号]（法務省保護局，1973）
フィリダ・パースローほか『英国における保護観察制度』[保護資料 16 号]（法務省

保護局，1975）

法務省保護局編『フランスにおける更生保護関係法令』［保護資料17号］（法務省保護局，1976）

法務省保護局編『アメリカ合衆国連邦保護観察執務要領』［保護資料18号］（法務省保護局，1976）

法務省保護局編『ハーフウェイ・ハウス』［保護資料20号］（法務省保護局，1981）

E.Kim Nelson『プロベーション及びパロールにおける有望な施策』［保護資料21号］（法務省保護局，1982）

Ｃ．Ｐ．ナットール『イングランド及びウェールズにおける仮釈放』［保護資料22号］（法務省保護局，1983）

法務省保護局編『成人プロベーションにおける緊急の諸課題』［保護資料23号］（法務省保護局，1983）

ジョン・オーガスタス『ジョン・オーガスタス：最初の保護司』［保護資料24号］（法務省保護局，1988）

法務省保護局編『アメリカ・イギリスの社会奉仕命令』［保護資料25号］（法務省保護局，1993）

『ジャービス保護観察マニュアル　第5版』［保護資料26号］（法務省保護局，1994）

法務総合研究所編『イングランド及びウェールズの保護観察所における被害者支援調査』［法務総合研究所研究部資料41］（法務総合研究所，1997）

法務省保護局編『諸外国の更生保護制度1』［保護資料27号］（法務省保護局，1997）

法務省保護局編『諸外国の更生保護制度2』［保護資料28号］（法務省保護局，1998）

法務省保護局編『諸外国の更生保護制度3』［保護資料29号］（法務省保護局，2000）

法務省保護局編『諸外国の更生保護制度4』［保護資料30号］（法務省保護局，2001）

法務省保護局編『諸外国の更生保護制度5』［保護資料31号］（法務省保護局，2001）

法務省保護局編『諸外国の更生保護制度6』［保護資料32号］（法務省保護局，2004）

雑誌

『更生保護』（日本更生保護協会，毎月刊）
『更生保護と犯罪予防』（日本更生保護協会）
『犯罪と非行』（日立みらい財団，年4回刊）
『罪と罰』（日本刑事政策研究会，年4回刊）
『矯正講座』（龍谷大学矯正・保護課程委員会，毎年刊）

執筆者一覧（掲載順。肩書は 2007 年 4 月現在）

村井　敏邦　（龍谷大学大学院法務研究科教授）
土井　政和　（九州大学大学院法学研究院教授）
正木　祐史　（静岡大学人文学部准教授）
津田　博之　（明治学院大学法学部准教授）
金子みちる　（北海道大学大学院法学研究科博士後期課程）
本庄　　武　（一橋大学大学院法学研究科専任講師）
桑山　亜也　（龍谷大学大学院法学研究科研究生）
渕野　貴生　（立命館大学大学院法務研究科准教授）
岡田　行雄　（九州国際大学法学部准教授）
藤井　　剛　（龍谷大学法学部非常勤講師）
森久　智江　（九州大学大学院法学府博士後期課程）
石塚　伸一　（龍谷大学大学院法務研究科教授）
佐々木光明　（神戸学院大学法学部教授）
甘利　航司　（一橋大学大学院法学研究科特任講師〔ジュニア・フェロー〕）
崔　　鍾植　（九州大学大学院法学研究院准教授）
謝　　如媛　（台湾国立中正大学法律学系助理教授）

更生保護制度改革のゆくえ
犯罪をした人の社会復帰のために

2007 年 6 月 11 日　第 1 版第 1 刷発行

編　者　刑事立法研究会
発行人　成澤壽信
編集人　木村暢恵
発行所　株式会社現代人文社
　　　　〒160-0016　東京都新宿区信濃町 20　佐藤ビル 201
　　　　振替　00130-3-52366
　　　　電話　03-5379-0307　（代表）
　　　　FAX　03-5379-5388
　　　　E-mail　hensyu@genjin.jp（代表）／ hanbai@genjin.jp（販売）
　　　　Web　http://www.genjin.jp
発売所　株式会社大学図書
印刷所　株式会社シナノ
装　幀　河村誠（Malpu Design）

検印省略　PRINTED IN JAPAN　ISBN4-87798-339-0　C2032
© Keijirippo-Kenkyukai 2007

本書の一部あるいは全部を無断で複写・転載・転訳載などをすること、または磁気媒体等に入力することは、法律で認められた場合を除き、著作者および出版者の権利の侵害となりますので、これらの行為をする場合には、あらかじめ小社または編集者宛に承諾を求めてください。